AF629110

Lösungen

Universum

Physik

Rheinland-Pfalz **7–10**

Universum Physik

Band 7–10 Gymnasium Rheinland-Pfalz, Lösungen

Autorinnen und Autoren:
Ruben Brand; Dr. Christian Burisch; Anneke Emse; Dr. Reiner Kienle;
Prof. Dr. Lutz Kasper; Dr. Detlef Lauterjung; Susanne Lauterjung;
Björn Mai; Thorsten Mitschke; Carl-Julian Pardall; Prof. Bruno Rager;
Dr. Ulrich Rasbach; Stefan Ronellenfitsch; Stefan Schweitzer;
Volker Torgau; Dr. Ursula Wienbruch

Redaktion:
Fabian Andorfer

Grafik:
igeldesign Franz Josef Domke;
Atelier tigercolor Tom Menzel, Scharbeutz/Klingberg;
newVISION! GmbH Bernhard A. Peter, Pattensen;
ww-visuell Werner Wildermuth, Würzburg

Layoutkonzept, Umschlaggestaltung:
SOFAROBOTNIK GbR, Augsburg & München, klein & halm GbR, Berlin

Layout und technische Umsetzung:
MatMil & Kollegen Buch- und Medienherstellung GbR, Berlin

www.cornelsen.de

1. Auflage, 1. Druck 2022

Alle Drucke dieser Auflage sind inhaltlich unverändert
und können im Unterricht nebeneinander verwendet werden.

Druck: Athesiadruck GmbH

ISBN 978-3-06-420346-4

PEFC
PEFC/18-31-166

PEFC zertifiziert
Dieses Produkt stammt aus nachhaltig bewirtschafteten Wäldern und kontrollierten Quellen.

www.pefc.de

Akustische Phänomene

Optische Phänomene an Grenzflächen

Thermische Ausdehnung in Experiment und Modell

Dynamische Prozesse

Atombau und ionisierende Strahlung

Spannung und Induktion

Kosmos und Forschung

Wärmetransporte und ihre Beeinflussung

Gesetzmäßigkeiten im elektrischen Stromkreis

Energiebilanzen und Wirkungsgrade

Sensoren im Alltag

Praxis und Forschung

Akustische Phänomene

Didaktische Hinweise

Das Thema Akustik bietet vielfältige Bezüge zur Lebenswelt der Schülerinnen und Schüler und zum eigenen Körper, wie etwa der menschlichen Stimme, dem Ohr und damit verbundenen gesundheitlichen Aspekten. Zudem ist es leicht zugänglich, weil man phänomenologisch und mit geringem mathematischem Aufwand vorgehen kann. Aus diesen Gründen ist dieses Thema gut geeignet für den Anfangsunterricht in Physik. Deshalb steht das Kapitel auch bei uns am Anfang.

Sanfter Einstieg
Die Behandlung der Akustik im Anfangsunterricht ermöglicht einen sanften Zugang zur physikalischen Betrachtungsweise. Der Mathematisierungsgrad wird deshalb bewusst niedrig gehalten. Infolgedessen haben wir uns lediglich auf die physikalischen Größen Frequenz und Amplitude von Schwingungen beschränkt. Beispielsweise haben wir auf den Begriff der Periodendauer verzichtet. Im Bereich akustischer Schwingungen ist er wenig relevant.

Strukturierung
Das Kapitel ist grob in drei Teile gegliedert:
1. Wie entsteht Schall?
2. Wie breitet sich Schall aus?
3. Wie wird Schall empfangen?

Dieser Ansatz wird auch in dem sich anschließenden Optik-Kapitel verfolgt, sodass schon durch die Strukturierung die Analogie zwischen Schall und Licht offenkundig wird. Die Schwerpunkte in diesem Dreischritt werden in Akustik und Optik allerdings verschieden gesetzt. So nimmt das Kapitel „Wie entsteht Schall?" einen großen Raum ein, während im Anfangsunterricht über die Entstehung von Licht wenig ausgesagt werden kann. Dafür ist die Ausbreitung von Schall relativ knapp dargestellt, weil die Thematisierung der Ausbreitung von Wellen älteren Jahrgängen vorbehalten bleibt. In der Optik dagegen nimmt die geradlinige Ausbreitung von Licht einen großen Raum ein.

Wie entsteht Schall?
Damit Schall entsteht, muss etwas schwingen. Dies ist die zentrale Aussage des ersten Lernabschnitts. Anschließend beschäftigen wir uns damit, welche Eigenschaften eine hörbare Schwingung haben muss. Ein Schwerpunkt unserer Betrachtung ist die Unterscheidung von Wahrnehmung und Messung. Alltagsbegriffe werden den physikalischen Größen Frequenz und Amplitude zugeordnet.

Arbeitsmethoden
Einen methodischen Schwerpunkt stellt die Aufzeichnung von Schwingungen dar. Hier wird neben den klassischen Methoden die Aufzeichnung mithilfe von Computer und Soundkarte und mithilfe von Smartphones verwendet. Dies hat den Vorteil, dass die Messgeräte den Schülerinnen und Schülern sogar zuhause zur Verfügung stehen, im Gegensatz zum Oszilloskop. Der Umgang mit den aufgezeichneten Schwingungsbildern und auch die Interpretation durchaus komplexerer Aufnahmen stärken die Fähigkeit der Schülerinnen und Schüler, mit Diagrammen zu arbeiten.

Mit vielfältigen Experimenten werden die Schülerinnen und Schüler zu eigenen Handlungen animiert. In erster Linie geht es dabei um genaues Beobachten und Protokollieren dessen, was man getan und beobachtet hat. An einfachen Beispielen, die häufig auch als Heimversuche durchgeführt werden können, werden sie an naturwissenschaftliches Vorgehen herangeführt.

Wie breitet sich Schall aus?
Bei der Ausbreitung von Schall haben wir auf den Begriff der Welle verzichtet. Anhand eines Modells kann aber eine Veranschaulichung der Schallausbreitung gelingen, die die Erweiterung im Wellenbild zu einem späteren Zeitpunkt zulässt.
Wir thematisieren die Schallgeschwindigkeit, argumentieren dabei aber mathematisch nur mit dem Dreisatz. Da die Schülerinnen und Schüler aber Erfahrungen hierzu in den Unterricht mitbringen (z. B. die Gewitter-Regel), halten wir es für unumgänglich, hierauf in angemessener Art und Weise einzugehen.

Wie wird Schall empfangen?
Beim Schallempfang steht das menschliche Ohr als Schallempfänger im Mittelpunkt. Darüber hinaus werden aber auch die angrenzenden Bereiche Ultraschall und Infraschall behandelt, wobei wir hier auf die Hör- und Stimmbereiche von Mensch und Tier eingehen.
Im Sinne der Leitperspektive „Prävention und Gesundheitsförderung" ist es wichtig, auch auf die Gefahren von Lärm, insbesondere vom Hören lauter Musik über Kopfhörer, einzugehen.

Experimentelle Hinweise
S. 19 ff.: Hier bietet sich der Einsatz eines Soundeditors (z. B. Audacity) und/oder entsprechender Smartphone-Apps (z. B. Speichinger Schallpegelmesser) an.

1 Wie entsteht Schall?

Schall umgibt uns überall

Seite 14

1a) Nenne mindestens fünf weitere Beispiele für Schallerzeugung.
b) Beschreibe jeweils eine Möglichkeit, wie du die schnelle Bewegung dabei nachweisen kannst.
c) Beschreibe, was du hörst, wenn du mit einem angefeuchteten Finger über den Rand eines dünnwandigen Glases streichst. Hast du eine Vermutung, welche Teile schwingen? Schreibe auf.

a) Weitere Beispiele sind:
- Anschlagen eines Kochtopfdeckels,
- Anschlagen einer Porzellanschüssel,
- Anschlagen einer Flasche oder eines Glases,
- Anblasen einer Trillerpfeife
- Anzupfen eines auf einer Papp- oder Plastikschachtel gespannten Gummis,
- Fahrradklingel

b) Man berührt den Kochtopfdeckel gleich nach dem Anschlagen mit den Lippen. Die Vibration ist spürbar. Oder man streut Grieskörner auf den Deckel. Diese hüpfen beim Schwingen vom Deckel.
Wenn man die Schüssel nach dem Anschlagen berührt, dann bricht der Ton sofort ab. Die Schüssel kann nicht mehr schwingen.
Die Flasche oder das Glas hören sofort auf zu schwingen, wenn sie berührt werden.
Die Vibrationen der Trillerpfeife sind spürbar.
Wenn man den gespannten Gummi nach dem Anzupfen mit den Lippen berührt, dann ist die Vibration des Gummis spürbar.
Die Schwingungen der Fahrradklingel hören sofort auf, wenn man die Klingel festhält.

c) Wenn der Finger gut gleitet, dann ist ein hoher Ton zu hören. Vermutlich schwingt das Glas, denn wenn man es mit einer Hand berührt bzw. festhält, dann kann man keinen Ton hören.

Seite 15 (Material)

Versuche – Schallerzeugung

V1 Knarrender Becher
a) *Vermutung:* Durch das Anzupfen des gespannten Fadens wird dieser in schnelle Schwingungen versetzt und ein hörbarer Ton entsteht.
b) Je nach Länge des Fadens entsteht ein anderer Ton.

V2 Klangstäbe
a) *Vermutung:* Durch das Anschlagen des Stabes mit dem Hammer schwingt der Stab sehr schnell hin und her. Es entsteht ein hörbarer Ton.
Wenn man den Stativstab nach dem Anschlgen in Wasser taucht, dann spritzt es und der Ton ist nicht mehr zu hören.
b) Je länger der Stab ist, desto tiefer ist der entstehende Ton.

V3 Quietschender Luftballon
a) Je stärker die Luftballonöffnung auseinander gezogen wird, desto höher ist der Ton.
b) Vermutlich schwingt der Gummi der Luftballonöffnung. Wird der Gummi mit den Lippen berührt, dann spürt man die schnellen Vibrationen.

V4 Flaschenklang 1
a) *Vermutung:* Durch das Anschlagen schwingt das Glas der Flasche.
b) Je mehr die Flasche mit Wasser gefüllt ist, desto höher ist der hörbare Ton.

V5 Flaschenklang 2
a) *Vermutung:* Durch das Anblasen schwingt die Luft in der Flasche.
b) Wenn man die Wassermenge vergrößert, dann entsteht ein höherer Ton.

Schall und Schwingungen

Seite 17

1 Auch im Alltag sind Größen und Einheiten wichtig. Notiere mindestens fünf Beispiele.

Größe	Einheit
Zeit	Sekunde, Minute, Stunde
Länge	Zentimeter, Meter, Kilometer
Geld	Euro, Dollar
Gewicht	Kilogramm

2 Bestimme die Frequenz deines Pulsschlags. Zähle dazu deinen Puls für eine geeignete Zeitspanne (z. B. 15 s).
Gegeben: Zahl der Pulsschläge: $n = 20$
Zeitspanne: $t = 15\,\text{s}$
Dann beträgt die Frequenz des Pulsschlags:

$$f = \frac{n}{t} = \frac{20}{15\,\text{s}} = 1{,}33\,\text{Hz}.$$

3 Ein Pendel benötigt für 15 Schwingungen 22,5 s. Berechne die Frequenz.

Gegeben: Zahl der Schwingungen: $n = 15$, Zeitspanne: $t = 22{,}5\,\text{s}$

Gesucht: Frequenz f

Die Frequenz ergibt sich aus:

$$f = \frac{n}{t} = \frac{15}{22{,}5\,\text{s}} = 0{,}67\,\text{Hz}.$$

4 Die Membran eines Lautsprechers schwingt in einer Sekunde 14 000-mal hin und her. Gib die Frequenz des Lautsprechers in Hz und in kHz an.

Gegeben: Zahl der Schwingungen: $n = 14\,000$, Zeitspanne: $t = 1\,\text{s}$

Gesucht: Frequenz f in Hz und in kHz

$$f = \frac{n}{t} = \frac{14\,000}{1\,\text{s}} = 14\,000\,\text{Hz} = 14\,\text{kHz}.$$

Seite 18

1 Beschreibe die Schwingung eines Pendels anhand ▹ Bild 02. Notiere die Zeitpunkte, an denen sich das Pendel gerade im Mittelpunkt bzw. in einem Umkehrpunkt befindet. Bestimme die Frequenz des Pendels. Zeichne ein Schwingungsbild für ein Pendel mit der doppelten Frequenz.

Das Pendel beginnt mit der Bewegung auf einer Seite und wechselt dann regelmäßig hin und her.

Das Pendel befindet sich in einem …

Umkehrpunkt zum Zeitpunkt: 0 s, 1 s, 2 s, 3 s, 4 s,

Mittelpunkt zum Zeitpunkt: 0,5 s, 1,5 s, 2,5 s, 3,5 s, 4,5 s.

Frequenzbestimmung:

Das Pendel macht zwei komplette Hin- und Herbewegungen in 4 s. Also ist $n = 2$ und $t = 4\,\text{s}$.

Die Frequenz ist folglich:

$$f = \frac{n}{t} = \frac{2}{4\,\text{s}} = 0{,}5\,\text{Hz}.$$

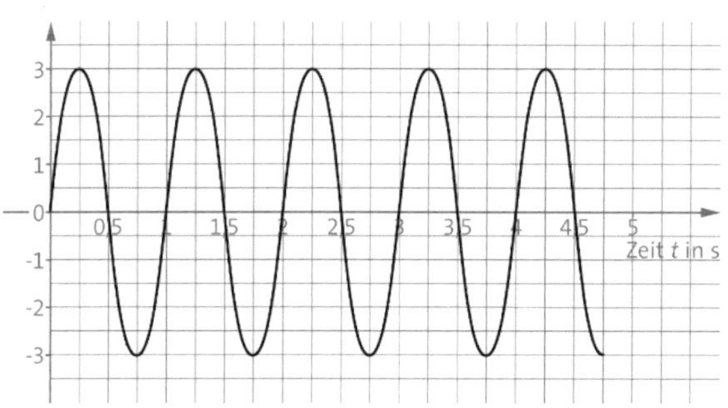

Cornelsen/Atelier tigercolor Tom Menzel, Scharbeutz/Klingberg

2 Erkläre, warum man aus den Schwingungsbildern der Schreibstimmgabel (▹ Bild 03) die Frequenz nicht bestimmen kann. Beschreibe, wie man den Versuch abändern muss, damit die Bestimmung der Frequenz doch möglich ist.

Es fehlen die Angaben auf der Zeitachse, da nicht bekannt ist, wie schnell die Stimmgabel über die Glasplatte gezogen wurde.

Damit die Zeitachse beschriftet werden kann, muss man mit einer Stoppuhr die Zeitdauer für z. B. 10 cm Bewegung stoppen. Die Stimmgabel muss dabei möglichst gleichmäßig gezogen werden. Damit kann man dann z. B. berechnen, wie viel Zeit für 1 mm Weg benötigt wurde. Daraus kann man die Anzahl der Schwingungen in einer bestimmten Zeit ermitteln.

Seite 19 (Material)

Versuche – Frequenzmessung in der Praxis

V1 Gummibanjo

a) Beispielmessung, unten: Detail zum Auszählen

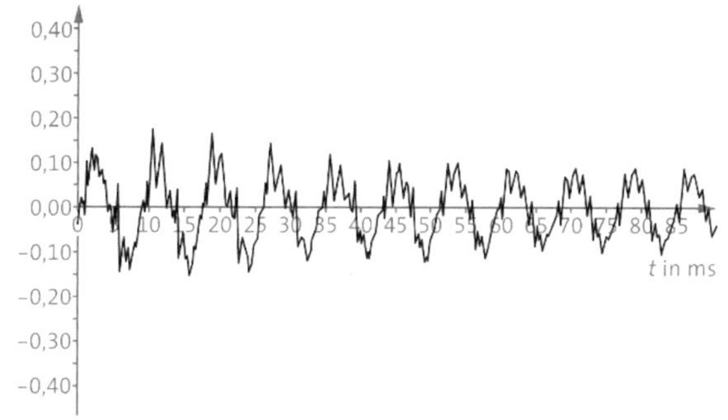

Cornelsen/Atelier tigercolor Tom Menzel, Scharbeutz/Klingberg

Im Beispiel werden für zehn Schwingungen 0,084657 s gemessen. Also gilt für die Frequenz:

$$f = \frac{10}{0{,}084657\,\text{s}} = 118\,\text{Hz}.$$

V2 Sekundenpendel

a) Je länger die Schnur ist, desto länger dauert eine Hin- und Herbewegung der Schwingung.

l in cm	20	40	60	80	100	110	120
t in s	0,5	0,6	0,8	09	1,0	1,1	1,1

b) Aus der Tabelle kann man ablesen, dass die Pendellänge 100 cm betragen muss, damit das Pendel in einer Sekunde einmal hin und her schwingt. Zur genauen Messung werden zehn Schwingungen ausgemessen und dann die gemessene Zeit durch 10 geteilt.

Material A – Auswertung von Schwingungsbildern

A1 Mit dem Computer wurden Schwingungsbilder aufgezeichnet, Ausschnitte sind in den Diagrammen unten dargestellt.

Bestimme die Frequenz der beiden Schwingungen a) und b).

a) Sechs vollständige Hin- und Herbewegungen werden in zwei Millisekunden durchlaufen. Somit gilt

$f = \frac{6}{0{,}002\ \text{s}} = 3000\,\text{Hz}.$

b) Drei vollständige Hin- und Herbewegungen werden in zwei Millisekunden durchlaufen. Somit gilt:

$f = \frac{3}{0{,}002\ \text{s}} = 1500\,\text{Hz}.$

A2 In der Anleitung eines elektrischen Weckers sind für die Wahl des Wecksignals drei Möglichkeiten 1) bis 3) abgebildet. Welchen Weckton würdest du wählen? Begründe deine Wahl.
Verschiedene Möglichkeiten und Begründungen sind möglich. Beispiele:
Weckton 1 ist ein Intervallton, an – aus – an … Diese Tonfolge weckt zuverlässig.
Weckton 2 beginnt leise und wird dann immer lauter. Der Weckton ist nicht sofort ganz laut, dies ist angenehm.
Weckton 3 ist ein konstanter Weckton, also immer gleich laut und mit der gleichen Frequenz. Da wird man wach.

Ton – Klang – Geräusch

Seite 21

1a) Derselbe Ton wird auf einer Violine und auf einer Flöte gespielt. Beschreibe den unterschiedlichen Klang mithilfe von Schwingungsbildern.
b) Beschreibe den Unterschied im Schwingungsbild zwischen einem Geräusch und dem Ton einer Stimmgabel.
a) Das Schwingungsbild der Flöte ist eine regelmäßige Wellenlinie (ähnlich wie bei einer Stimmgabel). Das Schwingungsbild des Violinentons hat viele Zacken, aber gleich viele Schwingungen pro Sekunde.
b) Das Schwingungsbild eines Geräuschs ist unregelmäßig, es gibt keine Wiederholungen. Das Schwingungsbild einer Stimmgabel ist eine regelmäßige Linie, die sich aus immer gleichen Abschnitten zusammensetzt.

2 Skizziere das Schwingungsbild eines Tons, der mit zunehmender Zeit lauter wird.
Der Ton wird lauter – die Amplitude wird größer.

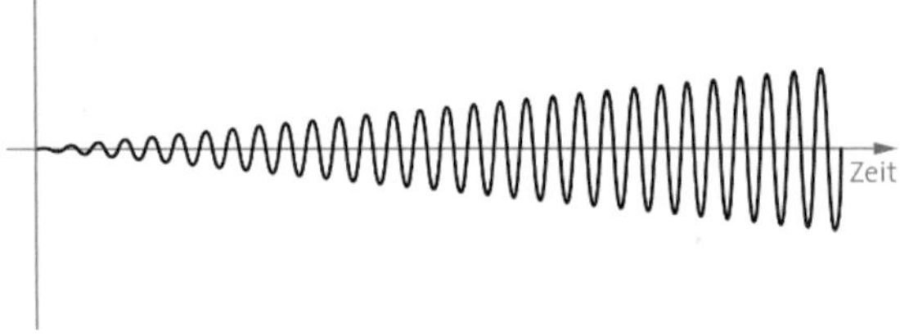

Cornelsen/Atelier tigercolor Tom Menzel, Scharbeutz/Klingberg

3 Beschreibe den an- und abschwellenden Ton einer Feuersirene mit physikalischen Größen. Skizziere den Ton in einem Schwingungsbild. Was ist bei der Zeichnung zu beachten?
Die Amplitude und die Frequenz des Tons werden größer. Dann bleiben die Amplitude und die Frequenz einige Zeit konstant. Am Ende werden die Amplitude und die Frequenz wieder kleiner. Diese Abfolge wiederholt sich regelmäßig.

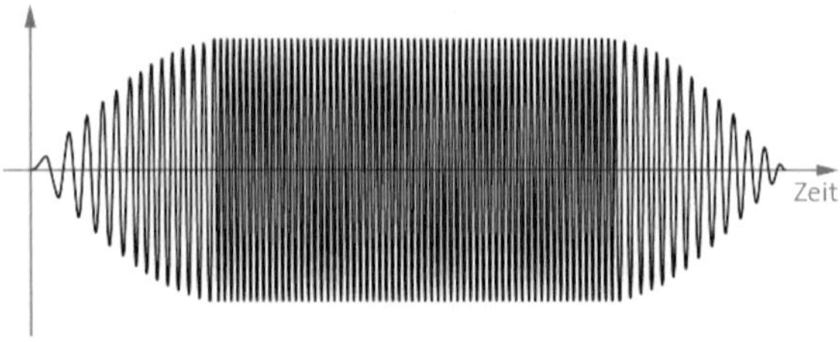

Cornelsen/Atelier tigercolor Tom Menzel, Scharbeutz/Klingberg

Bei der Zeichnung ist zu beachten, dass am Anfang die Ausschläge, also die Amplitude (Lautstärke), größer werden und die Nulldurchänge enger aufeinander folgen, das heißt, die Frequenz (Tonhöhe) steigt an. Im mittleren Teil sind die Abstände und Ausschläge gleichbleibend (konstanter Ton). Am Ende werden die Ausschläge wieder kleiner und die Abstände der Nulldurchgänge größer.

Seite 23 (Material)

Versuche – Tonhöhe und Frequenz

V1 Musikinstrument

Ton	Frequenz	Ton	Frequenz
c’	264 Hz	g’	396 Hz
cis’	275 Hz	as’	422 Hz
d’	297 Hz	a’	440 Hz
es’	317 Hz	b’	475 Hz
f’	330 Hz	h’	495 Hz
fis’	352 Hz	c’’	528 Hz

V2 Boomwhacker
a) *Vermutung:* Je länger das Rohr ist, desto niedriger ist die Frequenz.

Länge in cm	63 (c‘)	56 (d’)	50 (e’)	47 (f’)	42 (g’)	36 (a’)	33 (h’)	30 (c’’)
Frequenz in Hz	264	297	330	352	396	440	495	528

b) Mit Deckel wird der Ton jeweils tiefer als ohne Deckel. Die Frequenz des Tons mit Deckel ist ungefähr halb so groß wie die Frequenz des Tons ohne Deckel.

Material A – Laut und leise, hoch und tief

A1 Mit dem Computer wurden die Schwingungsbilder 1) bis 4) aufgezeichnet.

a) Beschreibe die Schwingungsbilder 1) und 2) mithilfe der Größen Amplitude und Frequenz. Beschreibe, wie sich Tonhöhe und Lautstärke jeweils verändern.

b) Bestimme für die Schwingungsbilder 3) und 4) jeweils die Frequenz des Klangs.

a) Die Amplitude im 1. Schwingungsbild nimmt zu und wieder ab. Die Frequenz bleibt gleich.

Die Lautstärke wird größer und dann wieder kleiner. Die Tonhöhe bleibt gleich.

Die Amplitude im 2. Schwingungsbild bleibt gleich. Die Frequenz wird größer.

Die Lautstärke bleibt gleich, der Ton wird höher.

b) Schwingungsbild 3:

Bis $t = 1{,}4\,\text{ms} = 0{,}0014\,\text{s}$ sind es genau 15 Wieder-holungen. Die Frequenz beträgt also:

$$f = \frac{15}{0{,}0014\,\text{s}} = 10\,714\,\text{Hz}.$$

Schwingungsbild 4:

Bis $t = 0{,}9\,\text{ms} = 0{,}0009\,\text{s}$ sind es genau zwei Wiederholungen. Die Frequenz beträgt also:

$$f = \frac{2}{0{,}0009\,\text{s}} = 2222\,\text{Hz}.$$

A2 Beim Tippen einer Taste des Festnetztelefons ist jeweils ein kurzer Ton hörbar.

a) Beschreibe, wie du am Schwingungsbild erkennen kannst, wie viele Tasten gedrückt wurden.

b) Erläutere die Funktion der unterschiedlichen Frequenzen der gedrückten Tasten.

a) Zwischen dem Drücken der Tasten gib es jeweils immer eine Pause. Dadurch kann die Anzahl der gedrückten Tasten leicht bestimmt werden.

b) Jede Ziffer ist mit einem anderen Ton, das heißt einer anderen Frequenz, belegt. So kann zur Vermittlungsstelle die gewählte Nummer mithilfe der Frequenzen übermittelt werden.

Seite 25

1a) Bei den Saiteninstrumenten hat jedes Instrument einen bestimmten Frequenzbereich.

Beschreibe, wovon dieser abhängt.

b) Beschreibe, wovon die Frequenz eines Fadenpendels abhängt. Vergleiche mit a).

a) ▹Bild 02 von Seite 24 entnimmt man die Frequenzbereiche dreier Saiteninstrumente. Man liest ungefähr ab:

Violine: 200 Hz bis knapp 2000 Hz,

Violoncello: 65 Hz bis etwas über 1000 Hz,

Kontrabass: 40 Hz bis etwa 400 Hz.

Die Instrumente werden von Violine über Violoncello bis Kontrabass immer größer. Ganz offenbar hängt der Frequenzbereich der Instrumente von der Länge der Saiten, der Spannung der Saiten und der Dicke der Saiten ab. Je kürzer, dünner und straffer gespannt die Saite ist, desto höher ist die Frequenz der Schwingung.

b) Die Frequenz, mit der ein Fadenpendel schwingt, hängt von der Länge des Fadens ab. Je kürzer der Faden ist, desto größer ist die Frequenz, mit der das Pendel schwingt.

2 Ein Klavier hat einen Tonumfang von sieben Oktaven. Einer der tiefsten spielbaren Töne ist das C_1. Er hat eine Frequenz von 33 Hz. Bestimme die Frequenz des höchsten spielbaren Tones (c^5).

Zwischen dem tiefsten Ton C_1 und dem höchsten Ton c^5 liegen 7 Oktaven. Da das Frequenzverhältnis einer Oktave 2:1 ist, ergibt sich für die Frequenz des c^5-Tons:

$f = 33\,\text{Hz} \cdot 2^7 = 33\,\text{Hz} \cdot 2 \cdot 2 \cdot 2 \cdot 2 \cdot 2 \cdot 2 \cdot 2 = 4224\,\text{Hz}.$

2 Wie breitet sich Schall aus?

Schall breitet sich aus

Seite 27

1 Du beobachtest ein Feuerwerk in 200 Meter Entfernung.
a) Erkläre, warum du zuerst das Feuerwerk siehst und dann einen Knall hörst.
b) Bestimme die Zeit, die vergeht bis du den Knall hörst.

a) Das Licht breitet sich mit einer viel größeren Geschwindigkeit aus als der Schall. Darum sieht man das Feuerwerk zuerst, und mit einiger Verzögerung hört man den Knall.

b) Für eine Strecke von 100 m braucht der Schall die Zeit von etwa 0,3 s. Für eine Strecke von 200 m braucht er somit die doppelte Zeit, also 0,6 s.

Seite 29

1 Mithilfe des Echos kannst du den Abstand zu einer Felswand abschätzen. Dazu musst du die Zeit messen, die zwischen einem kurzen Ruf und dem Echo vergeht. Bestimme die Entfernung zu einer Felswand, wenn zwischen Ruf und Echo zwei Sekunden vergehen.

Der Schall benötigt für die Strecke vom Rufenden bis zur Wand und wieder zurück zwei Sekunden. In einer Sekunde legt der Schall eine Strecke von 340 m zurück. In zwei Sekunden legt der Schall folglich eine Strecke von 680 m zurück. Da der Schall den Abstand Rufer – Wand zweimal durchläuft, ist die Wand 340 m entfernt.

Seite 30

1 Im Meer breitet sich der Schall mit einer Geschwindigkeit von 1500 Metern pro Sekunde aus.
Wie tief ist das Meer, wenn das reflektierte Signal nach 3 Sekunden registriert wird?

Das reflektierte Schallsignal wird nach drei Sekunden registriert. Für die Strecke bis zum Meeresboden benötigt das Signal also 1,5 Sekunden. In einer Sekunde legt der Schall im Wasser eine Strecke von 1500 Metern zurück. Folglich legt der Schall in 1,5 Sekunden die 1,5fache Strecke, also $1{,}5 \cdot 1500\,\text{m} = 2250\,\text{m}$, zurück.
Die Meerestiefe beträgt 2250 Meter.

Seite 31 (Material)

Versuche – Zur Schallausbreitung in verschiedenen Schallträgern

V1 Löffel an der Schnur
Der Schüler nimmt einen lauten Klang wahr. Dieser ist sehr viel lauter, als wenn man die Finger nicht in die Ohren steckt. Der Schall wird über die Schnur übertragen.

V2 Verschiedene Schallträger
Diesen Versuch können die Schülerinnen und Schüler gut zuhause durchführen. Geeignet ist z. B. ein Wecker mit Sekundenzeiger.

Material	Wahrnehmung
Holzbrett	deutlich
Blech	deutlich
Styropor	sehr leise
Dünner Papierblock	Deutlich abgeschwächt
Schwammtuch	sehr leise
Kissen	Kein Ticken zu hören
…	…

V3 Messung der Schallgeschwindigkeit in Luft
Für diesen Versuch sind Kunststoffstäbe am besten geeignet, da sie ein kurzes klares Signal erzeugen. Man sollte das Geräusch möglichst nah an der Öffnung der Pappröhre erzeugen. Als Rohr kann man eine Versandrolle aus Pappe verwenden. Zur Bestimmung der Schallgeschwindigkeit muss man die Länge des Rohrs messen. Der zurückgelegte Weg entspricht der doppelten Rohrlänge. Den Zeitabstand kann man aus dem Diagramm ermitteln, indem man jeweils die Zeit des größten Ausschlags des ersten und des zweiten Signals im Diagramm abliest und dann die Differenz bildet.
Hinweis: Mit diesem Versuchsaufbau kann auch der Einfluss der Temperatur auf die Schallgeschwindigkeit untersucht werden, indem man die Luft mit einem Haartrockner erwärmt. Der Unterschied ist zwar klein, aber messbar. Außerdem kann man das Rohr mit CO_2 füllen und den Versuch durchführen.

Material A – Aus der Tierwelt

A1 Überlege, woran die Fledermaus erkennen kann, dass es sich um ein Insekt handelt, das sich von ihr wegbewegt. Fertige dazu eine Filmleiste mit Skizzen an.

Die Fledermaus erkennt das Insekt daran, dass die Zeit vom Ruf bis zur Wahrnehmung des reflektierten Schalls zunimmt.

Es sind verschiedene Darstellungen möglich. Hier ein Beispiel:

Cornelsen/Atelier tigercolor Tom Menzel, Scharbeutz/Klingberg

3 Wie wird Schall empfangen?

Wahrnehmung von Schall

Seite 33

1 Warum ist es gefährlich, im Straßenverkehr Musik über Kopfhörer zu hören?
Zur Orientierung im Straßenverkehr ist es wichtig, zu hören und zu sehen. Wenn man laute Musik über Kopfhörer hört, dann nimmt man die Umgebungsgeräusche kaum noch wahr. Zum Beispiel wird ein herannahendes Auto zu spät wahrgenommen, und auch die Richtung, aus der sich ein Auto nähert, wird nicht erkannt.

Seite 34

1 Ermittle mithilfe der Grafik, welche Tiere Töne im Ultraschallbereich für die Ortung von Beute oder zur Orientierung nutzen können.
Delfine und Fledermäuse können Töne im Ultraschallbereich sowohl erzeugen als auch wahrnehmen. So können sie Rufe ausstoßen und anhand der wahrgenommenen Reflexion an Gegenständen oder Beutetieren Hindernissen ausweichen oder Beutetieren folgen.

2 Ein Hörgerät kann hohe Frequenzen verstärken und es alten Menschen erleichtern, Gesprächen zu folgen. Warum empfinden sie das Hörgerät in großen Gesellschaften oft als störend?
Das Hörgerät verstärkt nicht nur die erwünschten Geräusche im Gespräch, sondern auch alle Nebengeräusche im Bereich der verstärkten hohen Frequenzen. Das ist für die älteren Menschen sehr störend.

Seite 35 (Material)

Versuche – Zum Hören

V1 Links oder rechts?
Dieser Versuch sollte in einer ruhigen Umgebung durchgeführt werden.
a) Auch bei nur 1 cm Abstand von der Schlauchmitte kann man noch eine Richtung angeben.
b) Der Wegunterschied zu den Ohren beträgt dann 2 cm. Der Schall benötigt für eine Strecke von 340 m die Zeit von 1 s. Es gilt also für die Strecken:

340 m: $\rightarrow 1\,\text{s}$,

1 m: $\rightarrow \frac{1}{340} \cdot 1\,\text{s} = 0{,}0029\,\text{s}$

2 cm = 0,02 m: $\rightarrow 0{,}02 \cdot 0{,}0029\,\text{s} = 0{,}000059\,\text{s}$.

Der Schall erreicht die Ohren mit einem Zeitunterschied von 0,000059 s oder 0,059 Millisekunden.

c) Wenn der Schall die Ohren mit einem Zeitunterschied erreicht, dann kommt das Geräusch von einer Seite. Wenn der Schall z. B. von links kommt, dann nimmt man den Schall mit dem linken Ohr zuerst wahr und kann so die Richtung angeben. Der Zeitunterschied ermöglicht das Richtungshören.

V2 Das Hörrohr
Der Trichter kann auch aus Pappe gebastelt werden. Der Schlauch kann durch ein Papprohr oder ein aufgerolltes Blatt Papier ersetzt werden.
a) Mit Hörrohr wird das Ticken deutlich lauter wahrgenommen.
b) Die Leute hielten den Trichter des Hörrohres in Richtung der sprechenden Person. Die Sprachgeräusche wurden so verstärkt wahrgenommen.

Material A – Mit Schall Jugendliche vertreiben?

A1 Erkläre, warum sich Erwachsene von dem im Zeitungsartikel erwähnten Gerät nicht gestört fühlen. In welchem Frequenzbereich müssen die Töne vermutlich liegen? Notiere Folgen, die der Einsatz dieses Geräts für die Jugendlichen haben könnte.
Erwachsene können die hochfrequenten Töne nicht mehr wahrnehmen, da mit zunehmendem Alter das Gehör im Bereich hoher Frequenzen nachlässt. Die Töne liegen wahrscheinlich nahe bei 15 000 Hz bis 20 000 Hz.
Die Jugendlichen könnten im schlimmsten Fall die Hörfähigkeit in diesem Frequenzbereich verlieren.

A2 Was hältst du vom Einsatz solcher Hochfrequenzgeräte? Diskutiere mit deinen Mitschülern.
Hier ist eine Diskussion innerhalb der Klasse möglich. Dabei kann grundsätzlich über den Sinn solcher Maßnahmen zur Vertreibung Jugendlicher gesprochen werden. Sicherlich bringen die Schülerinnen und Schüler eigene Erfahrungen mit in die Diskussion ein.

Seite 37

1 Ermittle, welcher Schallpegel erreicht werden kann, wenn zehn (zwanzig) Schüler gleichzeitig mit einem Pegel von 65 dB(A) sprechen.
Wenn zehn Schüler gleichzeitig mit einem Pegel von 65 dB(A) sprechen, dann erhöht sich der Pegel um 10 dB(A). Der Pegel insgesamt beträgt 75 dB(A).
Wenn doppelt so viele, also 20 Schüler mit einem Pegel von 65 dB(A) sprechen, dann erhöht sich der Pegel noch einmal um 3 dB(A). Insgesamt wird bei 20 Schülern also ein Pegel von 78 dB(A) erreicht.

Seite 41 (Basiskonzepte)

1 Ordne den Basiskonzepten weitere Inhalte aus dem vorangegangenen Kapitel zu.

- Wechselwirkung: Lärm kann das Gehör schädigen; Die Ausbreitung von Schall kann durch Schalldämmungen erschwert werden; schwingende Gegenstände können Schall aussenden
- System: Die menschlichen Stimmbänder können Schall erzeugen; Musikinstrumente stellen Systeme dar, die Schall und unterschiedliche Klänge erzeugen; Technische Geräte (Echolot, Ultraschallgerät) bilden Systeme, die gewöhnlich unsichtbare Dinge sichtbar werden lassen (Meeresboden; Inneres des Körpers)
- Energie: Um Schall zu erzeugen, wird Energie benötigt; Lautsprecher wandeln elektrische Energie in Schwingungsenergie, um Schall zu erzeugen;
- Struktur der Materie: Die Beschaffenheit eines Musikinstruments hat Auswirkung auf seinen Klang

Weitere individuelle Lösungen sind möglich.

Optische Phänomene an Grenzflächen

Didaktische Hinweise

Aufbau des Kapitels
Im Unterkapitel „Wie breitet sich Licht aus?“ werden die Grundlagen der geometrischen Optik von der geradlinigen Lichtausbreitung bis zur Reflexion und Brechung behandelt. Dabei wird der Sehvorgang von Anfang an thematisiert. Auf diesen Grundlagen baut das Unterkapitel „Bildentstehung durch Linsen“ mit dem menschlichen Auge und optischen Instrumenten auf. Am Ende stehen das Unterkapitel „Farben“ und ein Vergleich von Schall und Licht.

Denk- und Arbeitsweisen
Der Bildungsplan legt großen Wert darauf, dass die Schülerinnen und Schüler zwischen Beobachtung und Erklärung unterscheiden können. Dies wird explizit im entsprechenden Methodenkasten auf S. 49 thematisiert. Auch die Funktion von Modellen in der Physik ist ein zentraler Aspekt des Bildungsplans. Es bietet sich an, den Modellgedanken am Beispiel des Lichtstrahls einzuführen (siehe Methodenkasten auf S. 46). Im Kapitel „Materie und Energie“ wird der Modellbegriff anhand des Teilchenmodells aufgegriffen, vertieft und reflektiert.

Vorstellungen zum Sehen
Viele Schülerinnen und Schüler argumentieren mit von den Augen ausgehenden „Sehstrahlen“. Oberflächlich sehen sie ein, dass dies eine Fehlvorstellung ist; aber die Vorstellung von den Sehstrahlen kehrt oftmals hartnäckig zurück. Besonders deutlich wird das bei der Brechung, z. B. beim Zielversuch (S. 65).

Lichtbündel und Lichtstrahl
Im Alltag reden Schülerinnen und Schüler von Sonnen- und Laserstrahlen, während der Lichtstrahl in der Physik ein Modell ist. Hierzu finden sie alles Wichtige im Methodenkasten „Das Lichtstrahlmodell“. Um Realität und Modellebene abzugrenzen, verwenden wir „Lichtstrahl“ nach der Einführung des Fachbegriffs nur bei Zeichnungen. Bei der Beschreibung von Phänomenen und Experimenten bleiben wir bei „Lichtbündel“. Der Unterschied zum Alltagsbegriff wird direkt angesprochen.

Spiegelbilder
Reflexion und Spiegelbilder beschreiben zwei unterschiedliche Phänomene, die an spiegelnden Flächen auftreten. Wir behandeln sie deshalb getrennt. Viele Schülerinnen und Schüler haben die Vorstellung, das Spiegelbild befinde sich auf der Spiegeloberfläche. Dies wird mit dem ersten Experiment (S. 58, Bild 02) explizit geklärt.

Abbildung durch Linsen
Die Schülerinnen und Schüler haben oft eine holistische Vorstellung der Bildentstehung. Viele scheinbare Selbstverständlichkeiten müssen daher thematisiert werden (z. B. S. 77, V1).
Die Abbildung durch Linsen wird als Verbesserung der Lochkamera motiviert: Während die Lochkamera für die Abbildung Lichtbündel „aussortiert“, ist es bei den Linsen ein „Umsortieren“. Entsprechend erklären wir die Bildentstehung mit Lichtbündeln. Die Konstruktion von Bildpunkten mit ausgezeichneten Strahlen wird als Vertiefung angeboten. Die Linsengleichung wird nicht behandelt, da sie viele Schülerinnen und Schüler mathematisch überfordert.

Farben und Farbwahrnehmung
Die Erklärung der Farben des Regenbogens motiviert das Vorgehen.
Infrarot- und Ultraviolettstrahlung werden vor der Farbwahrnehmung thematisiert, da die „Erweiterung“ des Spektrums leichter zu begründen ist.
Um die Farbwahrnehmung zu erklären, legen wir Wert auf den Unterschied zwischen der Farbe des Lichts (auch wenn diese Begriffsbildung streng genommen nicht korrekt ist) und der Farbe von Körpern. Dadurch werden die Begriffe „additive“ bzw. „subtraktive Farbmischung“ leichter verständlich.

Methoden und Blickpunkte
Auf den Methodenseiten in diesem Kapitel steht die Konstruktion am Spiegel oder an der Linse im Rahmen des Lichtstrahlenmodells im Vordergrund.
Die Methodenseiten *Erstellen von Diagrammen* nutzt Beispiele aus dem vorliegenden Inhaltsfeld und dient darüber hinaus gehend aber auch dem Kompetenzerwerb im Bereich Messwerter- fassung, -darstellung und -bearbeitung.
Die Blickpunkte *Fehlsichtigkeit* und *Wirkung von Farben* greifen Aspekte des Alltags auf und erweitern den Stoff des Lehrtextes. So ergibt sich die Möglichkeit zur Binnendifferenzierung oder zum fachübergreifenden Unterricht, z. B. mit dem Fach Biologie.

1 Wie breitet sich Licht aus?

Lichtausbreitung und Sehen

Seite 45

1 Beschreibe, wie sich ein Radfahrer vom Helm bis zu den Schuhen anziehen sollte, damit man ihn bei Dunkelheit gut sieht.
Der Radfahrer sollte möglichst viele Reflektoren tragen. Zusätzlich wird er durch helle Kleidungsstücke, die das Licht reflektieren oder streuen, gut sichtbar.

2 Erstelle eine Tabelle mit Gegenständen, die selbst Licht aussenden, und Gegenständen, die Licht nur umlenken. Trage in die Liste auch Sonne, Mond und Erde ein.

Gegenstände, die selbst Licht aussenden	Gegenstände, die Licht umlenken
Scheinwerfer	Mond
Sonne	Erde
Kerzen	Helle Kleidungsstücke
Lampen	Möbel
Laser	Helle Gegenstände

Seite 47 (Material)

Versuche – Sichtbarkeit von Gegenständen

a) Helle Gegenstände sind besonders gut sichtbar, da sie das Licht gut streuen. Dunkle Gegenstände sind nicht so gut sichtbar, da sie große Teile des Lichts schlucken.
b) Je glatter und heller eine Oberfläche ist, desto besser ist sie sichtbar. Ein dunkles Tuch z. B. verschluckt sehr viel Licht.

Material A – Sichtbarkeit des Lichts

A1 Tom sagt: „ Licht kann man immer sehen. Wenn ich in einem dunklen Zimmer eine Lampe einschalte, kann ich das Licht immer sehen.“
Nimm Stellung zu Toms Aussage. Überlege dir einen einfachen Versuch, um Toms Behauptung zu widerlegen.
Tom hat unrecht. Damit Tom das Licht sieht, muss es in sein Auge gelenkt werden. Man könnte mit einem Laserpointer an eine Stelle im Raum zielen, die Tom nicht sieht. Wenn keine Teilchen in der Luft das Licht streuen, dann wird Tom den Weg des Lichts nicht sehen. Und den Lichtfleck an der Stelle, an der das Laserlichtbündel auftrifft, könnte er auch nicht sehen.

A2 Die Wege zweier Lichtbündel kreuzen sich (▹ Bild). Julia behauptet: „Das Lichtbündel 1 und das Lichtbündel 2 „stoßen“ sich gegenseitig ab. Also wird das Lichtbündel 1 zum roten Punkt und das Lichtbündel 2 zum blauen Punkt gelenkt.“
Lisa dagegen sagt: „Die beiden Lichtbündel beeinflussen sich gegenseitig überhaupt nicht. Das Lichtbündel 1 gelangt also zum blauen Punkt und das Lichtbündel 2 zum roten Punkt.
a) Begründe, dass sich anhand des ▹Bildes nicht feststellen lässt, ob Julia oder Lisa recht hat.
b) Beschreibe, wie man den Aufbau abändern muss, um festzustellen, welche Behauptung richtig ist.
c) Führe den Versuch durch und entscheide, ob Julia oder Lisa recht hat.
a) Man kann anhand des Bildes nicht entscheiden, ob das zum roten Punkt gelangende Lichtbündel von Lampe 1 oder Lampe 2 kommt. Dasselbe gilt für das Lichtbündel, das zum blauen Punkt gelangt.
b), c) Man könnte die beiden Lichtbündel durch Folien farbig machen. Dann würde man sehen, dass Lisa recht hat.

Material B – Ausbreitungsgeschwindigkeit des Lichts

B1 Begründe, warum wir Sterne am Himmel sehen, obwohl sie schon gar nicht mehr existieren.
Wenn im Andromedanebel ein Stern aufhört zu existieren, dann kommt das letzte Licht von diesem Stern erst zwei Millionen Jahre später bei uns an.

B2 Von der Sonne benötigt das Licht etwa acht Minuten zur Erde, vom Mond etwa eine Sekunde. Berechne mithilfe eines Dreisatzes, wie viele Kilometer die Sonne von uns entfernt ist.
Zurückgelegte Strecke des Lichts …
in 1 s: 300 000 km,
in 1 min = 60 s: $60 \cdot 300\,000\,\text{km} = 18\,000\,000\,\text{km}$,
in 8 min: $8 \cdot 18\,000\,000\,\text{km} = 144\,000\,000\,\text{km}$.
Die Sonne ist 144 000 000 km von der Erde entfernt.

Licht und Schatten

Seite 50

1 Warum werden Klassenzimmer mit Leuchtstoffröhren und nicht mit punktförmigen Lichtquellen beleuchtet?
Wenn man ein Klassenzimmer mit nur einzelnen punktförmigen Lichtquellen ausleuchtet, dann entstehen viele dunkle Schattenräume. In diesen könnte man z. B. schlecht schreiben. Wenn man ausgedehnte Lichtquellen wie Leuchtstoffröhren verwendet, dann wird der Raum gleichmäßig hell ausgeleuchtet.

2a) Zeichne die Skizze ▹Bild 03 in dein Heft. Notiere, welche der Lampen L_1 und L_2 man von den einzelnen Punkten A bis E aus sehen kann.
b) Füge anschließend eine dritte Lampe L_3 hinzu und konstruiere die verschiedenen Schattenräume.

a)

Punkt	Sichtbare Lampen
A	L_1 und L_2
B	L_1
C	–
D	L_2
E	L_1 und L_2

b)

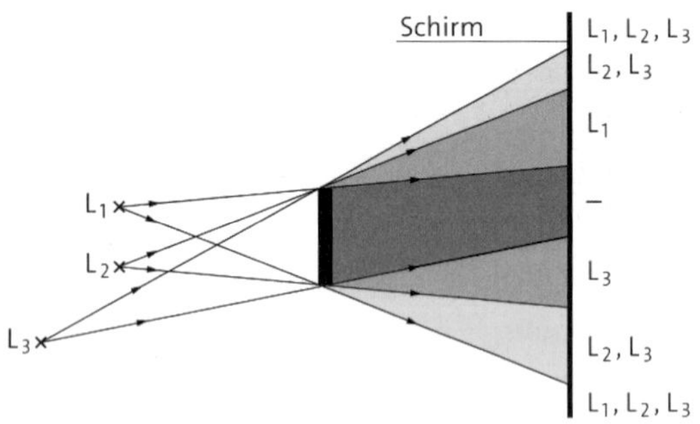

Cornelsen/newVISION! GmbH Bernhard A. Peter, Pattensen

Seite 51 (Material)

Versuche – Veränderungen von Schattenbildern

V1 Versuche mit 1 Lichtquelle
a) Wenn man den Gegenstand nach rechts oder links bewegt, dann bewegt sich das Schattenbild auch nach rechts oder links.
Je näher man den Gegenstand an die Lampe bewegt, desto größer wird das Schattenbild.
Je weiter man den Gegenstand von der Lampe weg bewegt, desto kleiner wird das Schattenbild.
b) Wenn man den Bildschirm schräg hält, dann ist das Schattenbild verzerrt.

V2 Versuche mit 2 Lichtquellen
a) So entstehen kleine Halbschattenräume:

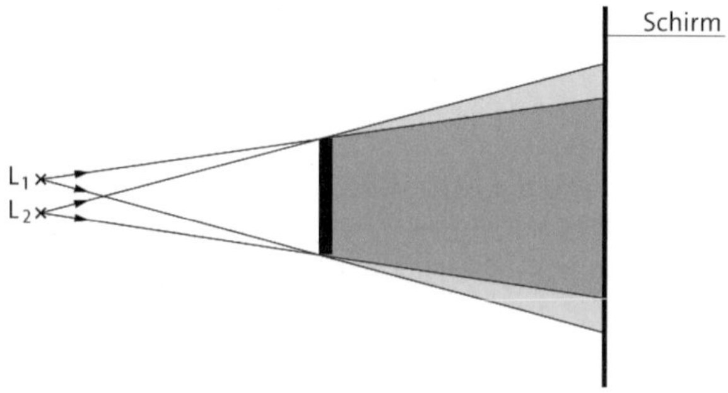

Cornelsen/newVISION! GmbH Bernhard A. Peter, Pattensen

So entsteht ein kleiner Kernschattenraum:

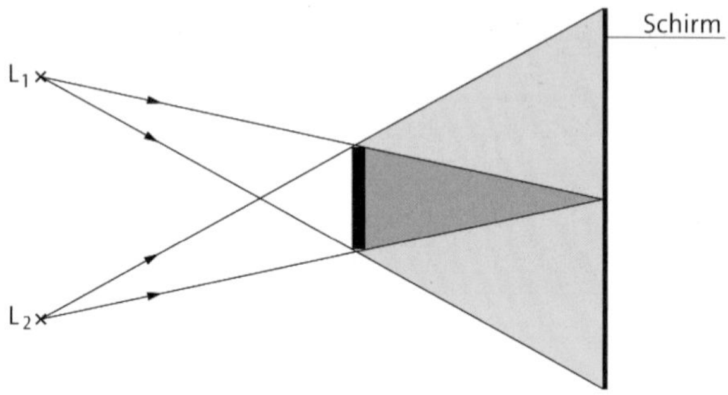

Cornelsen/newVISION! GmbH Bernhard A. Peter, Pattensen

b) Wenn L_1 und L_2 gleich weit von M auf der Parallelen zum Bildschirm entfernt sind, dann werden die Halbschattenräume gleich groß.

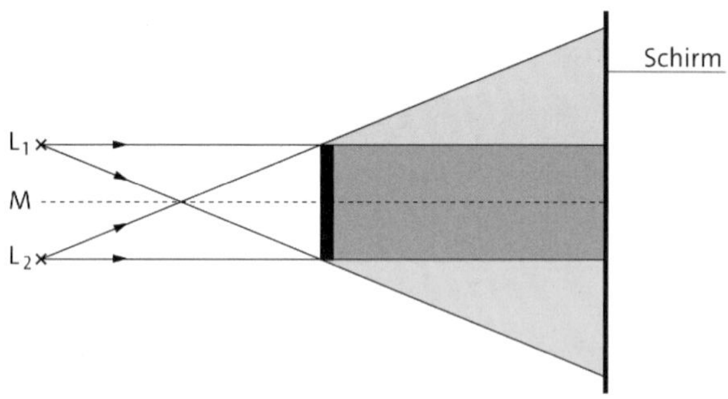

Cornelsen/newVISION! GmbH Bernhard A. Peter, Pattensen

V3 Vogel im Ei
a) Schüleraktivität
b) Wenn das Schattenbild von Gegenstand 1 im Schattenbild von Gegenstand 2 enthalten sein soll, dann muss der Gegenstand 1 näher am Bildschirm stehen. Die beiden Lichtquellen müssen jeweils direkt hinter den Gegenständen stehen.

Material A – Schattenbilder hinter Hindernissen

A1 Hinter zwei Lichtquellen L_1 und L_2 steht eine rechteckige Platte, die die verschiedenen Schattenbereiche im ▹Bild links erzeugt. Übertrage die Abbildung möglichst genau in dein Heft.

a) Bestimme zeichnerisch die Lage der rechteckigen Platte.

b) Fertige die Zeichnung noch einmal an und zeichne die Platte aus Teil a) ein. Überlege dir, wohin die Lichtquelle L_2 verschoben werden muss, damit der Kernschatten verschwindet.

a)

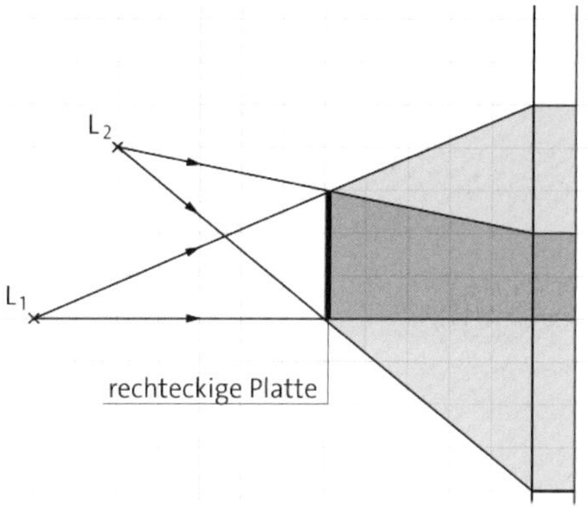

Cornelsen/newVISION! GmbH Bernhard A. Peter, Pattensen

b) L_2 kann überall im schraffierten Bereich positioniert werden.

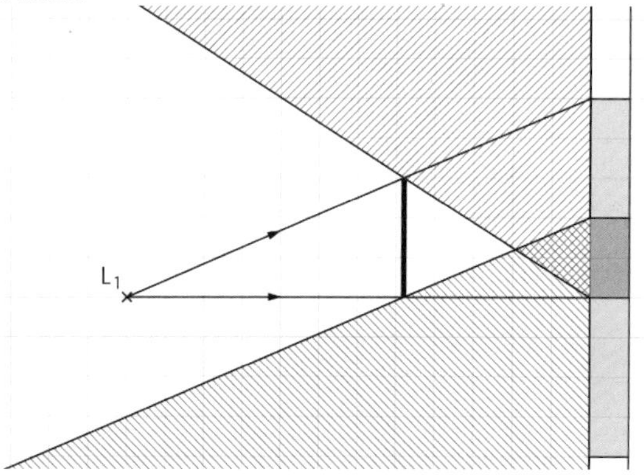

Cornelsen/newVISION! GmbH Bernhard A. Peter, Pattensen

Seite 52

1 Es ist gerade Halbmond. Woran erkennst du, ob in einer Woche Vollmond oder Neumond ist?

Wenn die rechte (linke) Hälfte des Mondes beleuchtet ist, dann ist zunehmender (abnehmender) Mond. Eine Woche später ist dann Vollmond (Neumond).

Seite 53

2 Nenne die Voraussetzungen, die für eine Mondfinsternis erfüllt sein müssen.

Eine Mondfinsternis kommt nur bei Vollmond zustande, wenn sich der Mond in einem der beiden Schnittpunkte von Erdbahnebene und Mondbahn befindet..

3 Kann man eine Sonnenfinsternis überall auf der Erde sehen? Von wo aus lässt sich eine Mondfinsternis beobachten? Begründe jeweils.

Eine Sonnenfinsternis lässt sich nur von der Tagseite der Erde aus beobachten, da auf der Nachtseite die Sonne nie zu sehen ist und von dort aus eine Verdunkelung der Sonne durch den Mond somit auch nicht wahrgenommen werden kann.

Auf der Tagseite ist die Sonnenfinsternis nur dort zu sehen, wo der Mondschatten die Erde erreicht.

Eine Mondfinsternis kann man nur auf der Nachtseite sehen, da sie lediglich bei Vollmond stattfinden kann. Da der Vollmond auf der ganzen Nachtseite gesehen werden kann, lässt sich eine Mondfinsternis von überall auf der Nachseite beobachten.

Licht trifft auf Gegenstände

Seite 55

1 Beschreibe, wie eine Kochkiste aufgestellt werden muss, damit das Sonnenlicht optimal zum Kochen ausgenutzt wird. Fertige dazu eine Skizze an.

Die Kochkiste muss so in die Sonne gestellt werden, dass kein Schatten in der Kiste entsteht. Der Spiegel im Deckel muss so eingestellt werden, dass möglichst viel Licht in die Kochkiste reflektiert wird.

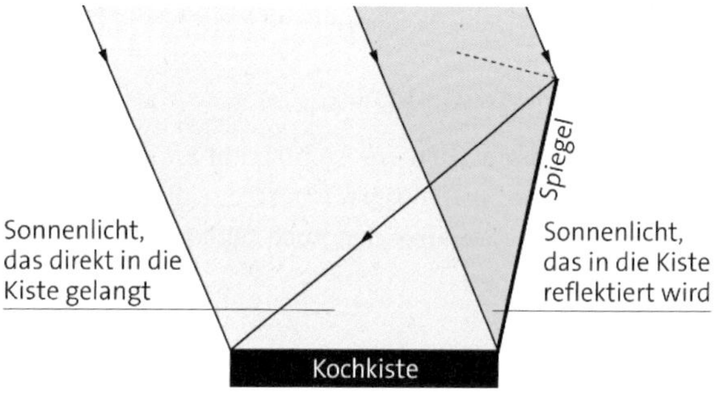

Cornelsen/newVISION! GmbH Bernhard A. Peter, Pattensen

Seite 57 (Material)

Versuche – Der Unterschied zwischen Streuung und Reflexion

V1

a) Das Blatt Papier wird immer gleich weiß aussehen. Der Spiegel wird schwarz erscheinen, nur in einer bestimmten Position gegenüber der Taschenlampe wird er hell aufleuchten.

b) Das Blatt Papier streut das Licht in alle Richtungen, deswegen sieht es von allen Positionen gleich aus. Der Spiegel reflektiert das Licht nur in eine Richtung, deshalb sieht man ihn nur von einer Position heraus beleuchtet.

Material A – Abblendlicht und Fernlicht

A1a) Um ein entgegenkommendes Fahrzeug nicht zu blenden, muss vom Fernlicht auf Abblendlicht umgeschaltet werden. Begründe dies mit dem ▹Bild rechts.
b) Bei Schneefall und Nebel wird die Sicht schlechter, wenn man von Abblendlicht auf Fernlicht schaltet. Erkläre.
c) Fährt man auf nasser Fahrbahn bei Dunkelheit, so kann schon das Abblendlicht entgegenkommende Autofahrer blenden. Erkläre.

a) Beim Abblendlicht wird der obere Teil des Lichtbündels durch eine Blende abgedeckt. Dadurch gelangt kein Licht direkt in das Auge des entgegenkommenden Autofahrers und er wird nicht geblendet.

b) Schnee und Nebel streuen das Licht in alle Richtungen, auch zu dem Autofahrer zurück. Bei eingeschaltetem Fernlicht gelangt noch mehr gestreutes Licht zurück ins Auge des Fahrers, sodass er unter Umständen nur noch eine helle „Wand" vor sich sieht.

c) Die nasse Fahrbahn reflektiert das Licht von der Straße in die Augen des entgegenkommenden Autofahrers.

Material B – Konstruktionen

B1 Im ▹Bild links wird ein Lichtstrahl an einem Spiegel an der Stelle S reflektiert. Übertrage die Zeichnung in dein Heft und ergänze den noch fehlenden Spiegel.

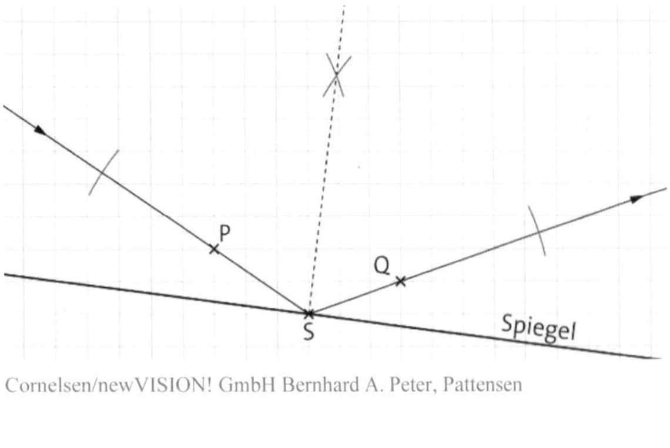

Cornelsen/newVISION! GmbH Bernhard A. Peter, Pattensen

B2 Im mittleren ▹Bild wird ein Lichtstrahl am Spiegel 1 an der Stelle S reflektiert. Übertrage in dein Heft und zeichne den weiteren Verlauf des Lichtstrahls ein.

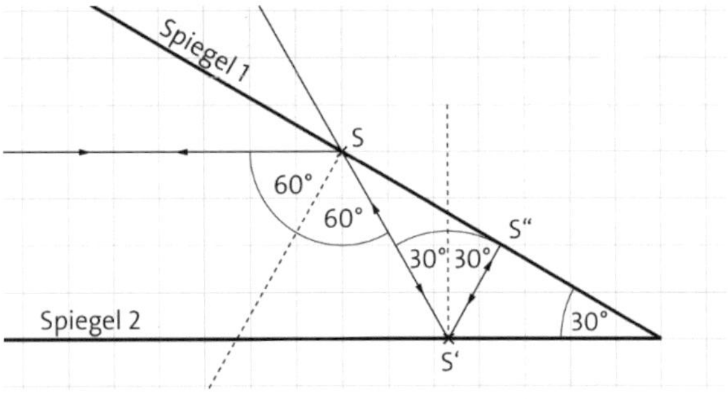

Cornelsen/newVISION! GmbH Bernhard A. Peter, Pattensen

Der Lichtstrahl wird in S" senkrecht auf den Spiegel 1 treffen. Dadurch wird er zurück reflektiert und denselben Weg aus den Spiegeln zurück nehmen.

B3 Das Lichtbündel einer Taschenlampe wird an einem Spiegel reflektiert (▹Bild rechts unten). Übertrage die Zeichnung in dein Heft und zeichne das reflektierte Lichtbündel ein.

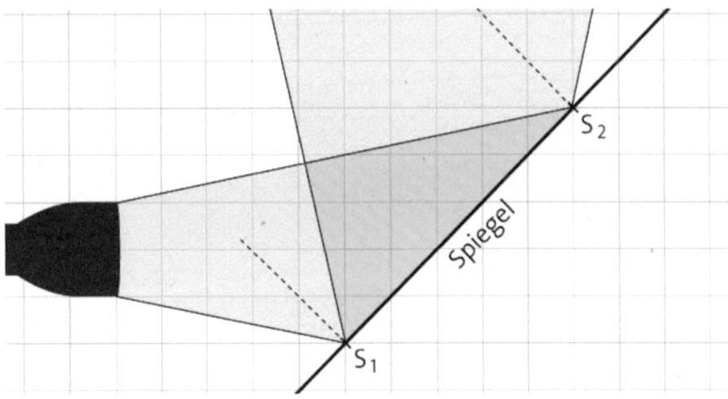

Cornelsen/newVISION! GmbH Bernhard A. Peter, Pattensen

Spiegelbilder

Seite 59

1 Jana steht vor dem Spiegel. Die Oberkante des Spiegels befindet sich 1,80 m über dem Boden, die Unterkante 1,00 m. Jana ist 1,40 m groß und ihre Augenhöhe ist 10 cm niedriger. Kann sie ihre Füße im Spiegel betrachten? Konstruiere im Maßstab 1:10.

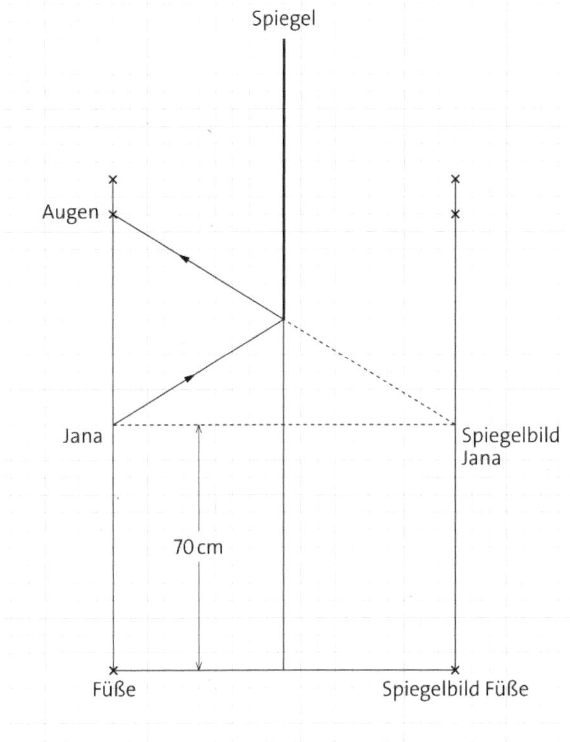

Cornelsen/newVISION! GmbH Bernhard A. Peter, Pattensen

Nein. Jana kann erst den Bereich, der höher als 70 cm über dem Boden liegt, betrachten. Dies gilt für jeden beliebigen Abstand von Jana zum Spiegel.

Seite 60

1 Gefunden im Internet: „Warum vertauscht ein Spiegel eigentlich links und rechts und nicht oben und unten?“
Antwort: „Ein Spiegel vertauscht nichts. Das wäre dann ein Umkehrspiegel.“
Nimm Stellung dazu.
Ein Spiegel vertauscht nicht links und rechts. Die Richtungsangaben links und rechts beziehen sich immer auf den Betrachter. Zwei Personen, die sich gegenüber stehen, werden für links und rechts in unterschiedliche Richtungen zeigen, bei oben und unten jedoch in die gleiche Richtung. Von einem Betrachter aus gesehen vertauscht der Spiegel nicht links und rechts.

Seite 61 (Material)

Versuche – Untersuchung von Spiegelbildern

V1
a) Man verlängert die Strecke von dem ersten Keks zum Spiegel nach hinten. Legt man dann im selben Abstand den zweiten Keks hinter den Spiegel, so liegt er in der Position des Spiegelbilds des ersten Keks. Nun vervollständigt der zweite Keks das Spiegelbild des ersten.
b) Wenn man seine Position so verändert, dass man dabei immer noch das Spiegelbild des ersten Keks sieht, dann funktioniert der Versuch immer noch.

V2
Nur die Richtungen vorne und hinten werden vertauscht.

V3

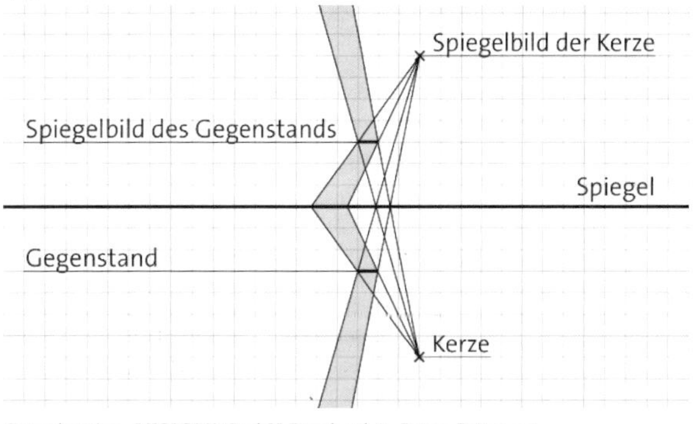

Cornelsen/newVISION! GmbH Bernhard A. Peter, Pattensen

Sowohl die Figur als auch ihr Spiegelbild haben jeweils zwei Schatten.

Material A – Versteckspiel

A1a) Übertrage die Skizze in dein Heft.
b) Kann Tom seine Schwester im Spiegel sehen? Löse zeichnerisch.
c) Bestimme durch Konstruktion den gesamten Bereich, in dem Mia sich verstecken kann, ohne gesehen zu werden.
a)

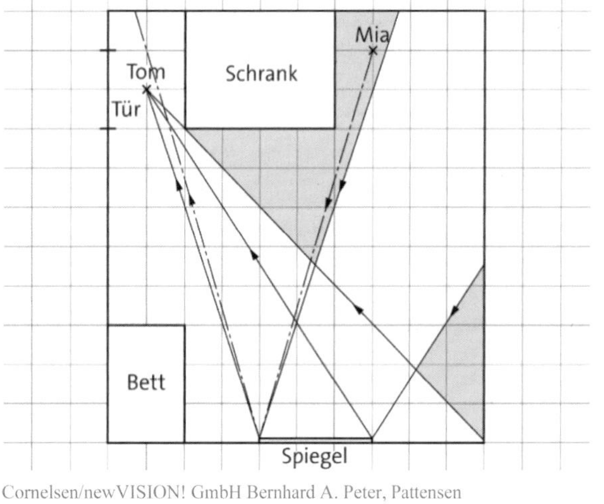

Cornelsen/newVISION! GmbH Bernhard A. Peter, Pattensen

b) Tom kann seine Schwester nicht sehen.
c) Im grau getönten Bereich kann Tom seine Schwester nicht sehen.

Material B – Falsche Spiegelbilder

B1 Das ▹Bild rechts zeigt eine Person vor einem Spiegel. Entscheide für jede Skizze, ob sie richtig oder falsch ist. Begründe deine Antwort jeweils.
A: Falsch. Die Abstände zur Spiegelebene sind nicht gleich.
B: Richtig.
C: Falsch. Der Spiegel vertauscht nicht rechts und links.
D: Falsch. Die Person und ihr Spiegelbild müssen gleich groß sein.

Licht wird gebrochen

Seite 65 (Material)

Versuche – Lichtbrechung

V1
a) Die Stricknadel trifft die Münze nicht.
b) Das Licht das von der Münze ausgeht, wird an der Grenzfläche Wasser-Luft gebrochen. Dadurch erscheint die Münze angehoben. Um die Münze mit der Stricknadel zu treffen, muss man etwas tiefer zielen.

V2
Es sieht so aus, als hätte die Stricknadel an der Stelle, wo sie ins Wasser taucht, einen Knick bekommen. Der im Wasser liegende Teil der Nadel erscheint wegen der Lichtbrechung an der Grenzfläche Wasser-Luft angehoben.

Material A – Lichtbrechung an verschiedenen Grenzflächen

A1 In den Skizzen ist jeweils ein Lichtstrahl beim Übergang zwischen verschiedenen Grenzflächen eingezeichnet.
Entscheide und begründe, ob die Zeichnungen falsch oder richtig sind. Erstelle für die falschen Zeichnungen eine richtige in dein Heft.
2 und 4 sind richtig. 1, 3, 5 und 6 sind falsch: Bei 1 muss der Winkel zwischen Lot und Lichtstrahl in Luft 60° betragen; bei 3 muss der Winkel im Glas 35° betragen; bei 5 muss der gebrochene Lichtstrahl im Diamanten rechts vom Lot verlaufen und 21,5° betragen; bei 6 muss der Winkel im Diamanten zum Lot gemessen werden. Er muss den Wert 16,5° haben.

Material B – Lichtbrechung am Prisma

B1a) Übernimm die Zeichnung in dein Heft und zeichne den weiteren Verlauf des Lichtstrahls ein. Entnimm die dazu nötigen Werte aus ▹Bild 04 auf der vorherigen Seite.
b) Der Lichtstrahl soll nun im Glasprisma parallel zur unteren Kante verlaufen. Bestimme den Einfallswinkel. Fertige eine Zeichnung an.
a)

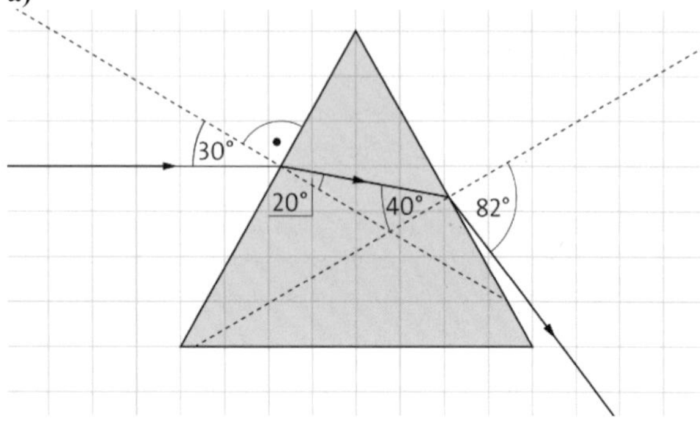

Cornelsen/newVISION! GmbH Bernhard A. Peter, Pattensen

b) Der Einfallswinkel muss 48° betragen.

B2 Im ▹Bild unten trifft Licht auf eine Glasplatte. Überprüfe die Aussage: Das Licht hat nach der Platte dieselbe Ausbreitungsrichtung wie davor.
Das aus der Platte austretende Lichtbündel verläuft parallel zum einfallenden Lichtbündel.

Licht trifft auf Grenzflächen

Seite 67

1 Nenne Gemeinsamkeiten und Unterschiede von Reflexion und Totalreflexion.
Gemeinsamkeiten: Beides geschieht an Grenzflächen; einfallendes und reflektiertes Lichtbündel liegen in einer Ebene; Einfallswinkel und Reflexionswinkel sind gleich groß.
Unterschiede: Totalreflexion findet nur beim Übergang von optisch dichten zu optisch dünneren Stoffen statt; bei Reflexion wird nie das gesamte Licht reflektiert.

2 Experimentell kann man einen Einfallswinkel von 90° beim Übergang von Luft in Wasser kaum einstellen. Erläutere, wie man den zugehörigen Brechungswinkel bestimmen kann.
Man lässt ein schmales Lichtbündel vom Wasser aus auf die Grenzfläche zur Luft treffen und bestimmt den Grenzwinkel, also den Einfallswinkel in Wasser, bei dem die Totalreflexion beginnt. Das ist der gesuchte Winkel.

Seite 69 (Material)

Versuche – Zaubertricks

V1 Der leuchtende Wasserstrahl

Beobachtung: Der gebogene Wasserstrahl ist von innen beleuchtet bzw. das Licht ist im Wasserstrahl „gefangen".

Erklärung: Das Licht, das von der Lampe in den Wasserstrahl gelangt, wird mehrmals an der Grenzfläche zwischen Wasser und Luft total reflektiert (vgl. Lichtleiter S. 68).

V2 Die verschwundene Münze

Beobachtung: Die Münze ist von der Seite nicht mehr zu sehen.

Erklärung: Durch das Wasser muss sich die Ausbreitungsrichtung des Lichts von der Münze so geändert haben, dass kein Licht mehr von ihr seitlich aus dem Glas heraustritt. Man kann sich das mit Wasser gefüllte Glas als einen massiven Glasblock vorstellen, weil Wasser und Glas in etwa die gleiche optische Dichte haben.

Streulicht von der Münze gelangt nun nicht mehr seitlich aus dem Glas, weil es zu Totalreflexion an der Grenzfläche Glas-Luft kommt.

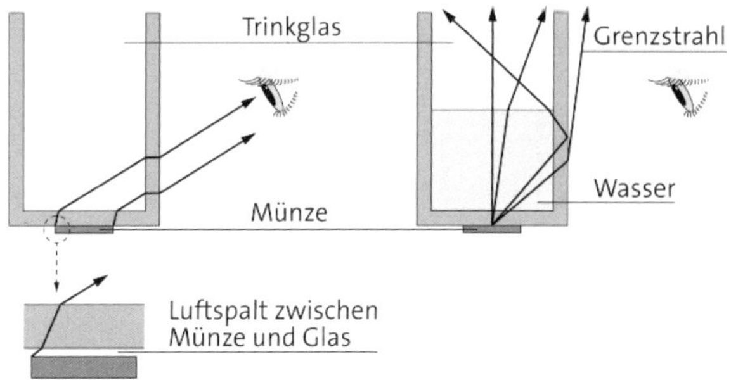

Cornelsen/newVISION! GmbH Bernhard A. Peter, Pattensen

Material A – Konstruktionen

A1 Im ▹Bild links trifft Licht von links auf verschiedene Glaskörper. Übertrage die Skizzen in dein Heft. Zeichne den weiteren Verlauf des Lichts ein.

Der Grenzwinkel beim Übergang Glas-Luft beträgt 42°.

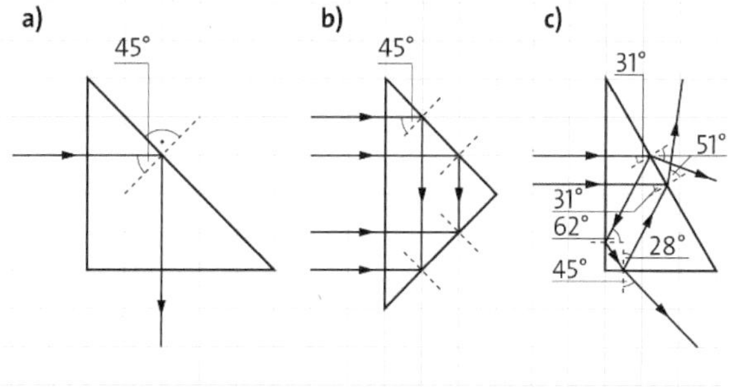

Cornelsen/newVISION! GmbH Bernhard A. Peter, Pattensen

In **c)** wird das Licht dreimal teilweise reflektiert und teilweise gebrochen, weil der Grenzwinkel nicht erreicht ist. Die Brechungswinkel liest man aus dem Diagramm auf Seite 60 ab. Einmal wird es total reflektiert.

Material B – Was sieht ein Taucher?

B1 Wenn ein Taucher nach unten oder zur Seite schaut, dann sieht er die Unterwasserwelt. Was sieht er aber, wenn er nach oben schaut? Als Hilfe kannst du dir zuerst anhand einer Zeichnung überlegen, wohin das Licht einer Taschenlampe gelangen kann, wenn der Taucher sie in verschiedene Richtungen hält.

Innerhalb eines Kreises an der Wasseroberfläche sieht der Taucher die komplette Überwasserwelt. Dieser Kreis bildet den Grundkreis eines Kegels mit der Spitze beim Taucher. Der Öffnungswinkel dieses Kegels ist der Grenzwinkel beim Übergang Wasser-Luft also ca. 49°. Außerhalb dieses Kegels sieht der Taucher an der Wasseroberfläche ein Spiegelbild des Seegrunds.

2 Bildentstehung durch Linsen

Linsen machen Bilder

Seite 71

1 Vergleiche die Bildentstehung bei Lochkamera und Linse.

Lochkamera: Die Lochblende lässt von jedem Gegenstandspunkt nur ein schmales Lichtbündel auf den Schirm treffen. Alles andere Licht, das auf diese Stelle des Schirms fallen würde, wird von der Blende „aussortiert". Auf dem Schirm entsteht zu jedem Gegenstandspunkt ein Lichtfleck. Die Lichtflecken zusammen ergeben ein Bild. Die Gegenstandsweite und die Bildweite haben keinen Einfluss auf die Schärfe des Bildes.

Linse: Die Linse vereinigt das gesamte Licht, das von einem Gegenstandspunkt auf sie trifft, in einem Punkt. Dadurch ist das Bild einer Linse heller als das einer Lochkamera. Der Schirm muss allerdings passend aufgestellt werden, um ein scharfes Bild auffangen zu können. Bei zu kleinen Gegenstandsweiten erhält man kein Bild.

Seite 72

1 Die Brennweite einer Linse ist nicht bekannt. Beschreibe ein Experiment, mit dem du die Brennweite bestimmen kannst.

Man lässt paralleles Licht (in guter Näherung z. B. Sonnenlicht) auf die Linse treffen und sucht mit einem Schirm (z. B. Handfläche oder Blatt Papier) den Brennpunkt. Mit einem Lineal misst man dann die Brennweite.

2 David und Niklas experimentieren mit Linsen.

a) Niklas ist unsicher, von welcher Seite aus das Licht durch die Linse treten soll. Gib ihm einen Tipp.

Bei symmetrischen Linsen spielt das keine Rolle, weil der Strahlengang dann auch unverändert bleibt.

b) David verdeckt die Linse in der Mitte mit einer Münze. Beschreibe, welche Veränderung Niklas beobachtet.

Wenn die Linse in der Mitte abgedeckt wird, fällt weniger Licht durch die Linse. Das Bild ist dadurch weniger hell, aber bei richtig gewählter Gegenstands- und Bildweite immer noch scharf und vollständig.

c) Niklas verdeckt einen Teil des Gegenstands mit seiner Hand. Beschreibe, was David nun beobachtet.

Wenn ein Teil des Gegenstands verdeckt wird, kann auch nur der sichtbare Teil abgebildet werden. Das Bild ist unvollständig, bleibt aber scharf und hell.

Seite 73 (Material)

Versuche – Abbildungen mit Linsen

V1 Bilder mit Linsen

b) Decke einen Teil der Linse ab und beobachte das Bild. Beschreibe wie sich das Bild verändert hat.

Das Bild wird dunkler, ist aber immer noch vollständig.

c) Drehe die Linse um und prüfe, ob sich das Bild verändert hat. Notiere deine Beobachtungen.

Wenn nur symmetrische Linsen verwendet werden, verändert sich das Bild nicht.

V2 Gegenstandsweite und Bild

a) Bilde die Kerzenflamme mit einer Linse auf dem Schirm ab. Rücke die Kerze schrittweise näher an die Linse und verschiebe den Schirm, bis du wieder ein scharfes Bild erhältst. Beschreibe, wie der Schirm verschoben werden muss.

Wenn die Kerze näher an die Linse gerückt wird, dann muss der Schirm weiter von der Linse wegrücken.

b) Findest du immer ein scharfes Bild? Formuliere Je-desto-Sätze zum Zusammenhang von Gegenstandsweite, Bildweite und Bildgröße.

Je kleiner die Gegenstandsweite ist, desto größer ist die Bildweite.

Je kleiner die Gegenstandsweite ist, desto größer ist die Bildgröße.

Bei zu kleinen Gegenstandsweiten ($g \leq f$) entsteht kein Bild mehr.

V3 Brennweiten

a) Bilde die Kerzenflamme mit einer Linse ab. Setze bei gleicher Gegenstandsweite Linsen mit anderen Brennweiten ein. Verschiebe den Schirm, bis du wieder ein scharfes Bild erhältst. Beschreibe, wie der Schirm verschoben werden muss.

Wenn eine Linse mit kleinerer Brennweite verwendet wird, dann muss der Schirm näher an die Linse geschoben werden.

b) Findest du immer ein scharfes Bild? Formuliere Je-desto-Aussagen zum Zusammenhang von Brennweite, Bildweite und Bildgröße.

Je kleiner die Brennweite ist, desto kleiner ist die Bildweite.

Je kleiner die Brennweite ist, desto kleiner ist die Bildgröße.

Wenn die Brennweite größer als die Gegenstandsweite ist ($f \geq g$), dann entsteht kein Bild mehr.

V4 Ungewöhnliche Linsen

a) Fülle die Kugelvase mit Wasser und bilde damit eine Teelichtflamme auf einem Schirm ab. Vergleiche mit dem Bild durch eine Sammellinse. Untersuche auch, wie sich das Bild verändert, wenn die Vase nicht vollständig gefüllt ist.

Mit der gefüllten Kugelvase lässt sich das Teelicht auf dem Schirm abbilden. Das Bild ist nicht so scharf wie bei der Sammellinse, besitzt aber die gleichen Bildeigenschaften (z. B. ein auf dem Kopf stehendes, seitenverkehrtes Bild). Wenn die Vase nicht vollständig gefüllt ist, wird das Bild dunkler.

b) Wiederhole den Versuch mit der gefüllten Flasche. Notiere deine Beobachtungen und vergleiche sie mit den Ergebnissen aus a). Untersuche auch, wie sich das Bild ändert, wenn du die Flasche kippst.

Auf dem Schirm ist ein leuchtender Streifen zu sehen. Wenn die Flasche nicht vollständig gefüllt ist, ist der Streifen dunkler. Kippt man die Flasche, so dreht sich auch der leuchtende Streifen: Er bleibt parallel zur Symmetrieachse der Flasche.

c) Welches Gefäß verhält sich wie eine Sammellinse? Begründe.

Die Kugelvase ist eine Sammellinse. Das von ihr erzeugte Bild hat die gleichen Bildeigenschaften wie das einer Sammellinse.

Material A – Schusterkugel

A1 Vor der Entwicklung der elektrischen Beleuchtung mussten Handwerker abends im Schein von Kerzen bzw. Öl- oder Gaslampen arbeiten. Aber diese Lichtquellen senden nur diffuses Licht aus und beleuchten den Arbeitsplatz nicht ausreichend. Verbreitet war deshalb der Einsatz von Schusterkugeln. Erkläre, wie die Schusterkugel (▸ Bild oben) für eine bessere Beleuchtung sorgt.

Eine Schusterkugel ist eine kugelförmige Linse. Sie bündelt das Licht wie eine Sammellinse auf einen kleinen Bereich in dem es dann heller ist und in dem besser gearbeitet werden kann.

Schusterkugeln könnten aus massivem Glas bestehen. Meist sind sie aber hohl und mit einer Flüssigkeit gefüllt.

Material B – Physik im Garten

B1 Die Klasse 7a hat die Betreuung eines Beets im Schulgarten übernommen.

a) Tim findet in Omas Gartenbuch den Tipp: „Gieße nicht bei Sonnenschein!“ Überlege, welche physikalische Begründung hinter diesem Tipp steckt.

Wassertropfen könnten das Sonnenlicht wie Sammellinsen bündeln, und Brandlöcher auf den Blättern hinterlassen.

b) Frau Lauterjung beschwert sich darüber, dass leere Glasflaschen auf dem Rasen liegen geblieben sind. Tom findet das nicht schlimm. Finde eine physikalische Begründung.

Physikalisch betrachtet sind leere Flaschen kein Problem, da sie das Licht der Sonne nicht bündeln und daher keine Bandgefahr darstellen. Der Umwelt zuliebe sollte man die Flaschen dennoch einsammeln.

Bilder lassen sich konstruieren

Seite 75

1 Bestimme durch eine Konstruktion die Bildgröße für g = 2 f.

Wähle z. B. $G = 1{,}5$ cm und $f = 2$ cm. Dann ist $g = 4$ cm.

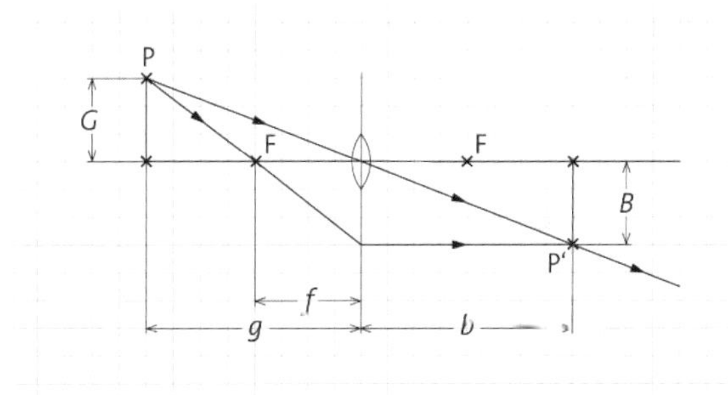

Cornelsen/newVISION! GmbH, Bernhard A. Peter, Pattensen

Dabei gilt: $B = G$ und $b = g$.

Seite 76

1 Gib jeweils den Linsentyp in ▸ Bild 01 an. Begründe.

Die Linsen 1, 2 und 6 sind Sammellinsen. Die Linsen 3, 4 und 5 sind Streulinsen. Sammellinsen sind in der Mitte dicker als am Rand, Streulinsen sind in der Mitte dünner als am Rand.

2 Beschreibe die Unterschiede zwischen reellen und virtuellen Bildern. Unterscheide auch zwischen Sammel- und Streulinse (▸ Bild 03 und ▸ Bild 04).

Virtuelle Bilder befinden sich auf der gleichen Seite wie der Gegenstand. Sie stehen aufrecht und sind seitenrichtig. Virtuelle Bilder können sowohl bei der Abbildung durch Sammellinsen, als auch bei Streulinsen entstehen. Bei Streulinsen sind sie immer kleiner als der Gegenstand, bei Sammellinsen hingegen größer.

Reelle Bilder lassen sich vom Gegenstand aus gesehen auf der gegenüberliegenden Seite der Linse auf einem Schirm auffangen. Sie stehen auf dem Kopf und sind seitenverkehrt. Reelle Bilder entstehen nur bei der Abbildung durch Sammellinsen (Streulinsen erzeugen nur virtuelle Bilder!) und können vergrößert oder verkleinert sein.

3 Bei der Linse einer Brille ist die Krümmung nicht zu erkennen. Beschreibe eine Möglichkeit, um herauszufinden, um was für eine Linse es sich handelt.

Wenn es erlaubt ist, kann die Form durch Ertasten der Dicke in der Mitte und am Rand herausgefunden werden (siehe: vorherige Aufgabe).

Alternativ lässt man in einem Experiment Licht auf die Linse der Brille treffen und beobachtet auf einem Schirm (Papier, Handfläche), ob ein Lichtfleck entsteht. Bei einer Sammellinse gelingt dies, bei einer Streulinse nicht.

Seite 77 (Material)

Versuche – Brennweiten im Experiment

V1 Brennweiten einzelner Linsen

a) Sortiere deine Linsen in „Sammellinsen" und „Streulinsen". Beschreibe die Kriterien, nach denen du die Linsen unterschieden hast.

Streu- und Sammellinsen können durch Betasten unterschieden werden (Sammellinsen sind in der Mitte dicker als am Rand) oder durch ein Experiment (nur Sammellinsen bündeln einfallendes Licht).

b) Bestimme experimentell die Brennweiten deiner Linsen. Bei welcher Linsensorte gelingt dir dies nicht? Begründe.

Bei parallel einfallendem Licht lässt sich der Abstand zum Brennpunkt leicht messen. Allerdings nur bei Sammellinsen, die Brennweite von Streulinsen lässt sich so nicht bestimmen, weil sie das Licht nicht bündeln.

V2 Brennweiten von Linsenkombinationen

a) Wähle jeweils zwei Sammellinsen aus, stelle sie direkt hintereinander auf und bestimme die Brennweite deiner Linsenkombination. Halte die Messwerte in einer Tabelle fest.

Die Messwerte sind abhängig von den ausgewählten Linsen.

b) Untersuche, mit welcher Linsenkombination du eine möglichst große bzw. kleine Brennweite erhältst. Je größer die beteiligten Brennweiten sind, desto größer ist auch die resultierende Brennweite der Linsenkombination. Je kleiner die beteiligten Brennweiten sind, desto kleiner ist auch die resultierende Brennweite.

Hinweis: Der mathematische Zusammenhang lautet:

$$\frac{1}{f_{Ges}}=\frac{1}{f_1}+\frac{1}{f_2}$$

c) Vergleiche die Brennweite der einzelnen Linsen mit der Brennweite der Linsenkombination. Fasse deine Ergebnisse in einem Merksatz zusammen.

Merksatz: Die resultierende Brennweite der Linsenkombination ist immer kleiner als die der einzelnen Linsen.

d) Wiederhole den Versuchsteil a) mit einer Kombination aus Sammel- und Streulinsen. Beschreibe deine Beobachtung.

Ist die Brennweite der Streulinse größer als die der Sammellinse, verhält sich die Linsenkombination wie eine Sammellinse.

Ist die Brennweite der Streulinse kleiner als die der Sammellinse, verhält sich die Linsenkombination wie eine Streulinse. Die Brennweite lässt sich in diesem Fall nicht bestimmen.

Hinweis: Auch in diesem Fall lässt sich die oben genannte Gleichung verwenden, allerdings muss die Brennweite der Streulinse als negative Zahl eingesetzt werden.

Material A – Blackboxes

A1 Die Zeichnung zeigt vier verschiedene Situationen, in denen Lichtbündel durch eine Linse verlaufen. Ordne die drei Linsen a, b und c den Situationen 1 bis 4 zu. Begründe deine Zuordnung.

Linse a gehört zu Situation 3, denn das Lichtbündel wurde aufgeweitet und Linse a ist die einzige Zerstreuungslinse. Linse c gehört zu Situation 1 und Linse b zu Situation 2, denn die Lichtbündel verlaufen vor der Linse gleich, aber nach der Linse nur in Situation 2 stärker gebrochen. Also gehört zu 2 die Sammellinse mit der stärkeren Wölbung. Linse c gehört auch zu Situation 4, denn es handelt sich um eine Sammellinse und bei Linse b würde das Lichtbündel hinter der Linse nicht genauso wie bei Situation 2 verlaufen, sondern der Punkt, an dem das Licht in einem Punkt vereinigt würde, läge näher bei der Linse.

Material B – Konstruktionen

B1 Ein Gegenstand ist 3 cm hoch und steht 6 cm vor einer Sammellinse mit einer Brennweite von 2 cm. Konstruiere das Bild in deinem Heft.

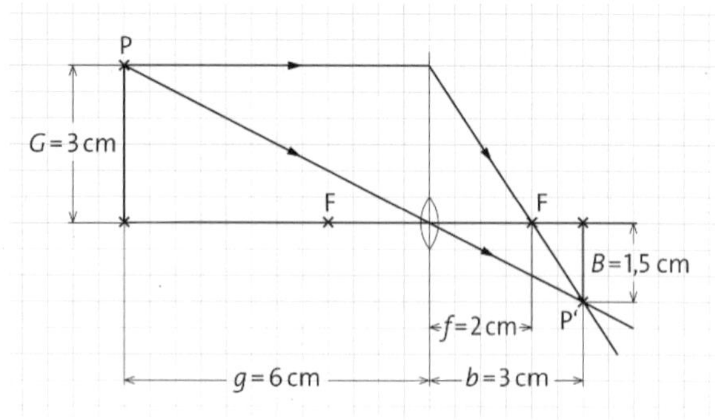

Cornelsen/newVISION! GmbH, Bernhard A. Peter, Pattensen

B2 Sortiere die Kärtchen in die Tabelle ein. Fertige dazu Konstruktionszeichnungen an. Vielleicht kommst du in manchen Fällen auch ohne Zeichnung aus.

Gegenstandsweite	Bildweite	Bildgröße
$g = f$	kein Bild	kein Bild
$g < f$	kein Bild	kein Bild
$2f > g > f$	$b > g$	$B > G$
$g = 2f$	$b = g$	$B = G$
$g > 2f$	$b < g$	$B < G$

B3 Ein Gegenstand wird abgebildet. Bei einer Gegenstandsweite von 4 cm ergibt sich eine Bildweite von 6 cm. Bestimme die Brennweite der Linse durch Konstruktion.

Abbildungsmaßstab:

$$A = \frac{b}{g} = \frac{6cm}{4cm} = 3:2$$

Wähle z. B. $G = 2$ cm, dann ist $B = 3$ cm.

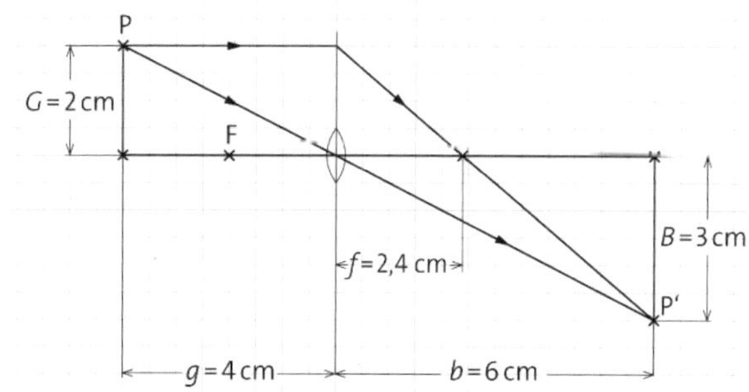

Cornelsen/newVISION! GmbH, Bernhard A. Peter, Pattensen

B4 Überprüfe die Genauigkeit deiner Konstruktionen mit Rechnungen. Dazu misst du z. B. die Bildweite in deiner Zeichnung aus B1 und verwendest die Abbildungsgleichung, um die Bildgröße auszurechnen.

In der Zeichnung aus B1 sollte die Bildweite $b = 3$ cm betragen. Mit $g = 6$ cm und $G = 3$ cm ergibt sich:

$$B = \frac{b}{g} \cdot G = \frac{3cm}{6cm} \cdot 3cm = 1{,}5cm$$

Bei genauer Zeichnung sollte die Bildgröße 1,5 cm betragen.

B5 Für alle Linsen gilt die Linsenformel:

$$\frac{1}{f} = \frac{1}{g} + \frac{1}{b}$$

Setze Gegenstandsweite und Bildweite aus B3 ein und vergleiche mit dem Ergebnis für die Brennweite *f* aus B3.

Gegeben sind die Gegenstandsweite $g = 4$ cm und die Bildweite $b = 6$ cm. Mit der Linsenformel erhält man:

$$\frac{1}{f} = \frac{1}{g} + \frac{1}{b} = \frac{1}{4} + \frac{1}{6} = \frac{10}{24}$$

Daraus folgt für die Brennweite: $f = 2{,}4$ cm.

Seite 78

1 Führe die Konstruktion durch und erzeuge zur Kontrolle auch den Mittelpunktstrahl.

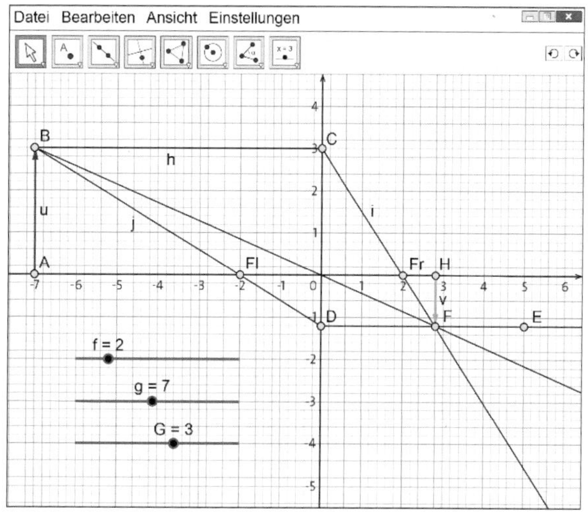

Cornelsen/newVISION! GmbH, Bernhard A. Peter, Pattensen

2 „Eine Geometrie-Software zeichnet nach den Vorgaben der Strahlenoptik. Mit der Zeichnung kann man Bildfehler nicht erklären.“ Nimm zu dieser Aussage Stellung.

Mit den Regeln der Strahlenoptik lässt sich bei Vorgabe von drei Größen immer eine Zeichnung erstellen. Die Brechung an der Linse ist in diesem Modell allerdings vereinfacht: Es wird eine unendlich dünne Linse angenommen, bei der die Brechung nur einmal an der Hauptebene stattfindet. In der Wirklichkeit ist die Linse ausgedehnt, so dass die Brechung viel komplexer ist. Wenn so etwas simuliert werden soll, müssen die Vorgaben entsprechend erweitert werden.

Auge und Sehen

Seite 79

1 Bis zu welcher Entfernung kannst du deinen Daumen scharf sehen? Erkläre, warum du Daumen und Hintergrund nicht gleichzeitig scharf sehen kannst.

Normalsichtige können den Daumen bis zu einer Annäherung auf 25 cm scharf sehen. Dieser Wert hängt allerdings von möglichen Sehfehlern ab.

Je nach Gegenstandsweite verändert sich die Wölbung der Augenlinse, damit auf der Netzhaut ein scharfes Bild des Gegenstands entsteht. Deshalb können Daumen und Hintergrund nicht gleichzeitig scharf gesehen werden.

Alternativ: Linsen können immer nur auf eine bestimmte Entfernung scharfe Bilder erzeugen.

Seite 80 (Blickpunkt)

1 Entwirf einen Versuch, mit dem du herausfinden kannst, ob eine Brille einer kurz- oder weitsichtigen Person gehört.

Die Brille wird so ins Sonnenlicht gehalten, dass sie etwa 20 cm Abstand von einem Blatt Papier hat. Anhand des auf das Papier fallenden Lichts kann man erkennen, ob es bei der Brille um Sammel- oder Zerstreuungslinsen handelt. Bei einer Sammellinse entsteht auf dem Papier ein kleiner heller Fleck, bei einer Zerstreuungslinse nicht.

Seite 81 (Material)

Versuche – Wie siehst du?

V1 Minimale Sehweite des Auges

Schreibe verschieden große Buchstaben auf ein Blatt Papier und lege das Blatt auf den Tisch. Nähere dich langsam von oben dem Blatt und versuche festzustellen, bis zu welchem Abstand du die Buchstaben gerade noch scharf erkennen kannst. Miss mit einem Lineal den Abstand zwischen Auge und Papier.

Die Sehweite des Auges beträgt normalerweise etwa 25 cm. Schülerinnen und Schüler mit einem Sehfehler können hier aber zu anderen Werten kommen.

V2 Hell-Dunkel-Sehen

a) Gehe mit einem Partner in einen dunklen Raum und warte etwa fünf Minuten. Richte dann die Taschenlampe auf ein Auge des Partners und schalte sie kurz ein. Beschreibe deine Beobachtung.

Man beobachtet, dass die Iris weit geöffnet ist und sich beim Auftreffen des Lichts schnell zusammenzieht.

Hinweis: Für dieses Experiment niemals Laserpointer verwenden! Eine schwache Taschenlampe genügt.

b) Bei Blitzlichtaufnahmen sind die Pupillen oft rot, da bei weit geöffneter Pupille die gut durchblutete Netzhaut besonders gut zu sehen ist. Begründe, warum die Pupille bei Blitzlichtaufnahmen oft weit geöffnet ist.

Blitzlichter werden gewöhnlich bei schlechten Lichtverhältnissen bzw. in dunklen Räumen verwendet. Dann ist die Iris weit geöffnet, damit möglichst viel Licht ins Auge gelangen kann.

c) Überlege dir, was nötig ist, damit du Fotos ohne rote Augen erhältst.

Man muss dafür sorgen, dass die Pupille nicht so weit geöffnet ist. Dazu könnte man sie vor der Aufnahme beleuchten.

In der Praxis gibt es zwei Möglichkeiten:

Man erzeugt tatsächlich einen so genannten Vorblitz, der dazu führt, dass sich die Pupille vor der eigentlichen Aufnahme zusammenzieht.

Man verwendet indirektes Licht, das heißt, das Blitzlicht gelangt nicht direkt ins Auge, sondern über den Umweg einer hellen Wand oder Decke. Man kann auch eine Streuscheibe vor dem Blitz anbringen. Sie streut das Blitzlicht stark, sodass nicht so viel Licht direkt ins Auge gelangt.

V3 Blinder Fleck

Halte dir das linke Auge mit der Hand zu und schaue mit dem rechten Auge auf den Stern. Nähere dich dem Buch immer weiter an. Beschreibe deine Beobachtung. Kannst du den Kreis während der ganzen Zeit sehen? Erkläre deine Beobachtung.

Ab einer bestimmten Entfernung (etwa 20 cm) verschwindet die schwarze Kreisscheibe. Bei weiterer Annäherung sieht man sie aber wieder.

Bei der Entfernung, bei der die schwarze Kreisscheibe nicht zu sehen ist, trifft das Licht auf den blinden Fleck.

V4 Räumliches Sehen

a) Rolle ein Blatt Papier zu einer Röhre und halte sie direkt vor ein Auge. Halte die andere Hand so neben die Röhre, dass du sie mit dem anderen Auge sehen kannst. Beschreibe, was du siehst, wenn du die Augen auf „in die Ferne sehen" einstellst.

Es scheint, als wäre in der Hand ein Loch, durch das die Umgebung wahrgenommen werden kann.

b) Halte dir ein Auge zu und versuche verschiedene Gegenstände auf dem Tisch vor dir mit einem Finger der anderen Hand zu berühren. Begründe, warum dies schwierig ist.

Wenn man die Gegenstände nur mit einem Auge betrachtet, dann fehlt der räumliche Eindruck. Dieser entsteht dadurch, dass jedes einzelne Auge, den Gegenstand aus einer etwas anderen Perspektive sieht als das andere. Das Gehirn überlagert diese beiden Bilder und erzeugt daraus einen räumlichen Eindruck. Der räumliche Eindruck ist aber wichtig für die Bestimmung der Entfernung des Gegenstands.

c) Strecke einen Arm aus und stelle deinen Daumen auf. Peile nun einen entfernt liegenden Gegenstand nur mit einem Auge über den Daumen an. Wiederhole dies mit dem anderen Auge. Öffne beide Augen abwechselnd und in schneller Folge. Beschreibe und erkläre deine Beobachtung.

Man sieht sowohl den Daumen, als auch den vom Daumen verdeckten Gegenstand. Denn jedes Auge liefert ein eigenes Bild, das dann vom Gehirn zum Gesamteindruck verarbeitet wird.

Schaut man beim schnellen Wechseln der Augen auf den Hintergrund, „springt" der Daumen hin und her. Wie groß der Sprung ist, hängt davon ab, wie weit der Daumen entfernt ist. So kann das Gehirn aus der Größe des Sprungs bzw. der Abweichung zwischen den beiden Bildern Entfernungen bestimmen und einen räumlichen Seheindruck vermitteln.

Lupe, Mikroskop und Fernrohr

Seite 83

1 a) Bestimme die Entfernung, aus der du die Quadrate gerade noch auflösen kannst (▸ Bild 03).
Individuelle Lösung
b) Stelle die Messwerte aus deiner Klasse grafisch dar und berichte.
Individuelle Lösung
Je nach Beleuchtung bzw. Kontrast sowie erfolgter Augenkorrektur beträgt die Entfernung, unter der die Quadrate getrennt wahrgenommen werden, zwischen 3 m und 12 m. Es bietet sich an die Messwerte in einem Säulendiagramm darzustellen. Die Schülerinnen und Schüler kommen über Mittelwerte und Abweichungen ins Gespräch.

Seite 84

1 „Schiff von rechts!" Der Kapitän greift zum Kepler-Fernrohr und ist verwirrt. Erkläre, was er gesehen hat.
Nach Aussage des Steuermannes erwartet der Kapitän, dass sich das Schiff von rechts nach links bewegt. Das Kepler-Fernrohr liefert jedoch ein kopfstehendes und seitenverkehrtes Bild. Deshalb hat der Kapitän den Eindruck, dass sich das Schiff von links nach rechts bewegt.

Seite 85 (Material)

Versuche – Optische Instrumente näher betrachtet

V1 Vergrößerungen bestimmen
a) Betrachte mit einem Auge das Lineal und gleichzeitig mit dem anderen Auge durch die Lupe einen Gegenstand. Bestimme, wie groß du den Gegenstand wahrnimmst. Wiederhole den Versuch ohne Lupe. Der Quotient deiner beiden Messwerte gibt die Vergrößerung an.
Hinweis: Das Ablesen des Lineals ist nicht ganz einfach und muss möglicherweise erst geübt werden.
b) Verändere jetzt den Abstand zwischen Gegenstand und Lupe. Achte dabei darauf, dass der Abstand zwischen Auge und Lupe gleichbleibt. Wiederhole das Experiment aus Aufgabenteil a mit verschiedenen Abständen. Vergleiche die Vergrößerungen und fasse dein Ergebnis in Form eines Merksatzes zusammen.
Vergrößert man den Abstand zwischen Lupe und Gegenstand, so erscheint der Gegenstand immer größer. Die Vergrößerung wird unendlich, wenn sich der Gegenstand genau im Brennpunkt der Lupe befindet.

V2 Bau eines Kepler-Fernrohrs
b) Untersuche, mit welcher Linsenkombination dir der Gegenstand am größten erscheint. Formuliere eine Regel
Das Objektiv muss eine große, das Okular eine kleine Brennweite besitzen. Je stärker sich die beiden unterscheiden, desto stärker vergrößert das Teleskop.
Hinweis: Vergrößerung

$$V = \frac{f_1}{f_2}$$

c) Drehe dein Fernrohr um und betrachte einen nahen Gegenstand. Beschreibe deine Beobachtung.
Wenn man das Fernrohr umdreht, erscheint der weit entfernte Gegenstand verkleinert.
d) Durch das Kepler-Fernrohr siehst du alles auf dem Kopf stehen. Erkläre, wie du mit einer weiteren Linse aufrechte Bilder erhältst.
Das Objektiv erzeugt ein reelles Bild. Wenn man dieses Bild zuerst mit einer zusätzlichen Linse abbildet und erst dann mit dem Okular betrachtet, so erscheint alles richtig.
Hinweis: Es gibt zahlreiche andere Lösungen, nicht nur mit Linsen, sondern auch mit Umkehrprismen und Spiegeln.

Material A – Ein Zeitstrahl: Entwicklung von optischen Instrumenten

A1 a) Recherchiere die Herkunft des Wortes „Brille".
Die ersten Sehhilfen entstanden aus klaren Halbedelsteinen, die mit dem Oberbegriff „Beryll" bezeichnet wurden. Dazu gehört z. B. auch der Bergkristall. Das verwendete Material hat also der Brille ihren Namen gegeben.
b) Erstelle einen Zeitstrahl, in dem du wichtige Entwicklungsschritte bis zur modernen Brille festhältst.
Die Schülerinnen und Schüler erstellen eine je nach verwendeter Quelle und Art des Rechercheumfangs eine individuelle Lösung.
Hinweis: Wichtige Eckdaten sind:
Brechungsexperimente in der Antike 200 v. Ch.
Erste Lesegläser und Lesesteine für die Vergrößerung Nahbereich in Italien: 1285
Erste Brillen zur Korrektur von Kurzsichtigkeit: 1525
Brillen mit Ohrenbügeln: 1727
Bifokalbrille: 1784
Korrektur von Astigmatismus: 1825
Saubere Abbildung bis zum Glasrand durch konvex-konkave Brillen: 1912

c) Außer Brillen gibt es noch andere Möglichkeiten, Augenfehler auszugleichen. Stelle die Vor- und Nachteile in einer Tabelle dar.

Tabelle mit möglicher Schülerlösung:

Sehhilfe oder Verfahren	Vorteile	Nachteile
Brille	kostengünstig und bei fast allen Augenfehlern verwendbar, Modeaccessoire, einfache Anpassung	Probleme im Alltag z. B. beim Sport, bei Verlust
Kontaktlinsen	fast unsichtbar, gute Korrektur auch bei starken Sehfehlern	teuer, Infektionsgefahr, Anpassung/Gewöhnung schwierig
Operation mit einem Laser	dauerhaft ohne externe Linse, natürlicher Anblick, kein Problem durch Verlust der Sehhilfe	irreversibel, nicht bei allen Sehfehlern durchführbar, mögliche Folgeschäden am Auge

A2 a) Mit der Erfindung des Fernrohrs hat sich unser Weltbild stark verändert. Recherchiere, wer als erstes damit gearbeitet hat und wo und wann es entwickelt wurde. Trage die Daten in den Zeitstrahl ein.

Mögliche Schülerlösung:

Fernrohre enthalten viele Linsen. Sie konnten daher erst entwickelt werden, als Linsen in entsprechender Qualität zur Verfügung standen. Das war zu Beginn des 17. Jahrhunderts der Fall. Genannt werden in den Quellen Hans Lipperthey als Erfinder 1608 in den Niederlanden sowie Galileo Galilei 1609 in Florenz und Johannes Kepler 1610 in Prag als wichtige Nutzer und Weiterentwickler.

b) Erläutere die Besonderheiten des neuen Weltbilds.

Mögliche Schülerlösung:

Im heliozentrischen Weltbild steht nicht mehr die Erde, sondern die Sonne im Mittelpunkt. Wichtig ist, dass die Erde in diesem Modell nicht ruht, sondern nur einer von mehreren Planeten ist, die sich auf Bahnen um die Sonne bewegen. Diese Bahnen sind nicht zufällig, sondern lassen sich mit mathematischen Modellen beschreiben. Das heliozentrische Weltbild erlaubt zutreffende Beschreibungen des Sonnensystems, stand aber bei Entstehung im Konflikt mit religiösen Vorstellungen, die den Menschen im Mittelpunkt des Universums sahen.

Hinweis: Zur Entwicklung der Weltbilder gibt es auf den Seiten 82 bis 83 einen Blickpunkt.

A3 Im 19. Jahrhundert hat die Infektionsforschung dank des Mikroskops enorme Fortschritte gemacht. Recherchiere, welche Erkenntnisse man mit diesem optischen Instrument gewonnen hat und an welche Grenzen man dabei stieß. Ordne deine Daten in den Zeitstrahl ein.

Mögliche Schülerlösung:

Mit der Untersuchung von Proben mithilfe des Lichtmikroskops ist es gelungen, Zusammenhänge zwischen Mikroorganismen und Krankheiten zu entdecken. Bakterien und Sporen konnten sichtbar gemacht werden.

Untersucht wurde z. B. der Milzbrand, aber auch die Tuberkulose, die vor der Entwicklung von Antibiotika in der Regel tödlich verlief.

Schon bald vermuteten die Infektionsforscher, dass es außer den Bakterien noch weitere Krankheitserreger geben müsse, die aber so klein waren, dass man sie mit Lichtmikroskopen nicht mehr sichtbar machen könnte. Mit dem ersten Elektronenmikroskop wurde 1931 ein Gerät entwickelt, mit dem sich auch Viren abbilden lassen.

Hinweis: Eckdaten für den Zeitstrahl sind:

Um 1600: erste Lichtmikroskope in den Niederlanden

1866: Theorie von Abbe, Mikroskope von Zeiss

1876: Koch, Zusammenhang zwischen Erreger und Erkrankung bei Milzbrand

1882: Koch, Entdeckung des Tuberkuloseerregers

1931: erstes Elektronenmikroskop

3 Farben des Lichts

Licht und Farben

Seite 88

1 Stelle das gesamte Spektrum des Lichts in einem Plakat dar und ergänze im Spektrum wichtige zusätzliche Informationen.
Individuelle Lösung
Hinweis: Die Schülerinnen und Schüler zeichnen selbst ein Bild des Spektrums. Wichtig ist die Reihenfolge der Farben (die waagerechte Achse stellt die Frequenz dar!) Am linken Rand sollte also infrarot stehen, am rechten Rand ultraviolett. Zusätzliche Informationen sind: Erwärmung, für Menschen sichtbares Licht, evtl. Ergänzung sichtbares Licht für Insekten o. ä., Blaulichtstrahlung Smartphone, Sonnenbrandgefahr ....

2 Ein Schüler mit einer Eigenschutzzeit von 10 Minuten trägt eine Sonnenschutzcreme mit Lichtschutzfaktor 15 auf. Berechne, wie lange er maximal in der Sonne bleiben sollte.
Mit der gewählten Sonnenschutzcreme darf er maximal fünfzehnmal so lang in der Sonne bleiben, das sind 150 Minuten. Das gilt jedoch nur, wenn die Creme gleichmäßig und vollständig aufgetragen wurde und nicht z. B. durch Schwitzen wieder entfernt wurde.

Seite 89 (Material)

Versuch – Lichtschutzfaktoren

a) Decke den Lichtsensor zunächst nur mit einer Folie ab und miss die Lichteinstrahlung.
Individueller Messwert
b) Trage anschließend Sonnenschutzcreme auf eine Folie auf und wiederhole deine Messung.
Individueller Messwert
c) Trage alle Messwerte in einer Tabelle zusammen,
Individuelle Messwerte
Hinweis: Die Schülerinnen und Schüler können hier mit verschiedenen Produkten oder auch verschiedenen Schichtdicken arbeiten. Zur Bewertung der Messergebnisse bietet es sich an, alltagstaugliche Schichtdicken zu thematisieren.
d) Berechne den Lichtschutzfaktor der Sonnencreme und vergleiche dein Ergebnis mit dem Produkt, das du verwendet hast.
Individuelle Lösung
Hinweis: Hier wird ein eigener Lichtschutzfaktor als Verhältnis der beiden Messwerte zur Lichteinstrahlung definiert. Es bietet sich an, über den Sinn und Zweck einer solchen Definition ins Gespräch zu kommen.
e) Wiederhole deinen Versuch mit Weißlicht und bewerte.
Individuelle Messwerte
Hinweis: Eine UV-Quelle kann durchaus auch Licht im sichtbaren Bereich abstrahlen. Sollte die verwendete Creme auch im sichtbaren Bereich absorbieren, so könnte ein falscher Lichtschutzfaktor bestimmt werden. Der zweite Versuch mit der Weißlichtquelle dient also zur Überprüfung und möglichen Korrektur.

Material A – Regenbogen

A1 Nachts kann man manchmal um den Mond herum farbige Kreise sehen (▸ Bild links). Erkläre, wie diese zustande kommen können.
Die farbigen Kreise werden durch Lichtbrechung an Wassertröpfchen hervorgerufen. Die Wassertröpfchen müssen dabei eine Größe von 0.02–0.1 mm haben. Sind die Tröpfchen gleichgroß, so sieht man wirklich Kreise in den unterschiedlichen Farben. Sind die Tröpfchen sehr unterschiedlich groß, wird das Licht jeweils leicht unterschiedlich gebrochen. Unsere Augen nehmen dann nur die Mischung der verschiedenen Lichtfarben wahr und der Hof leuchtet einfarbig weiß.
Hinweis: Beim Mond ist das Phänomen am einfachsten zu beobachten. Farbige Kreise sind aber auch um die Sonne zu sehen oder lassen sich beobachten, wenn eine Lichtquelle hinter einer kalten, beschlagenen Fensterscheibe aufgestellt wird.

A2 Du kannst an einem sonnigen Tag mit einem Rasensprenger einen künstlichen Regenbogen herstellen. Schreibe auf, wie du vorgehen musst, damit du einen solchen Regenbogen sehen kannst.
Mit dem Rasensprenger wird ein Wassernebel (kleine „Regen"tropfen) erzeugt. Wenn die Sonne im Rücken steht, kann man so einen „künstlichen" Regenbogen betrachten.

A3 a) Erläutere mithilfe von ▸ Bild 04 die kreisbogenförmige Gestalt des Regenbogens.
Mögliche Schülerlösung:
Die auf Wassertröpfchen treffenden roten Lichtstrahlen werden auf Kegeln mit dem halben Öffnungswinkel von 42° relativ zum einfallenden Licht zurückgeworfen (eingezeichnet). Dabei gelangen nur diejenigen roten Lichtstrahlen ins Auge, die von Tröpfchen ausgehen, die ihrerseits auf einem vom Auge des Betrachters ausgehenden Kegel mit halbem Öffnungswinkel von 42° liegen (Strahlensatz). Der kreisförmige Regenbogen entsteht dort, wo dieser Kegel vom Regenvorhang geschnitten wird.

b) Erläutere, was für die entsprechenden Winkel bei den blauen Lichtbündeln gelten muss.
Mögliche Schülerlösung:
Der Winkel zwischen dem von der Sonne auf einen Regentropfen fallenden weißen Licht und dem blauen Lichtbündel, das ins Auge fällt, ist kleiner als beim roten Lichtbündel, weil blaues Licht stärker gebrochen wird. Der Winkel beträgt etwa 40°.
c) Beschreibe, was für eine Form des Regenbogens sich ergibt, wenn die Sonne sehr hoch steht. Beschreibe, wie sich die Form verändert, wenn sie dicht über dem Horizont steht.
Mögliche Schülerlösung:
Was wir vom Regenbogen sehen, ist abhängig vom Sonnenstand und unserem Standpunkt. Es gibt also nicht den Regenbogen, sondern jeder Betrachter sieht seinen eigenen Regenbogen. Ein Regenbogen hat immer die Form eines Kreises. Dieser Kreis bzw. der Teil des Kreises, den wir vom Erdboden aus sehen, ist am größten, wenn die Sonne hinter dem Beobachter am Horizont steht, also in der Abenddämmerung. Je höher die Sonne steht, umso kleiner ist der Kreisteil. Wenn der Scheitel des Kreises unter dem Horizont liegt, ist kein Bogen mehr zu sehen. Von einem erhöhten Standpunkt aus, z. B. aus einem Flugzeug betrachtet, ist unter günstigen Bedingungen der vollständige Kreis zu sehen

Welt der Farben

Seite 91

1 Nenne die Komplementärfarben von:
a) Cyan
Rot
b) Magenta
Grün

2 Nenne die Farbe, die beim Mischen von rotem und gelbem Licht entsteht.
Mittig zwischen rotem und gelbem Licht liegt Orange.

3 Überlege, welche Spektralfarbe dem menschlichen Auge am hellsten erscheint. Nutze dazu ▸ Bild 04.
Gelb, da hier sowohl die R- als auch die G-Zapfen sehr stark reagieren.

4 im Supermarkt wird die Fleischtheke mit etwas rötlichem Licht, die Fischtheke mit eher bläulichem Licht bestrahlt. Bewerte diese Methode aus Sicht des Supermarkts und des Verbrauchers.
Mögliche Schülerlösung:
Für den Supermarktbetreiber ist es wichtig, die natürliche Farbe des Produkts zu betonen, um Kunden anzulocken. Frisches Fleisch wie Rindfleisch oder Lammfleisch hat einen rötlichen Farbton. Wenn der Supermarktbetreiber also rötliches Licht wählt, wirkt das frische Fleisch anziehend. Licht, das mehr Blautöne enthält, würde rotes Fleisch sogar verdorben erscheinen lassen.
An der Fischtheke erscheinen weiße Fische wie Scholle, Kabeljau oder Seezunge bei Beleuchtung mit bläulichem Licht frisch. Rote Fischsorten benötigen wie rotes Fleisch dagegen rötliche Lichtquellen. Bei richtiger Beleuchtung ist es dann möglich, die frischen Waren gut zu verkaufen und Abfälle zu reduzieren.
Der Verbraucher freut sich mit Sicherheit über frisches Fleisch und frischen Fisch und kauft lieber dort ein, wo die Ware auch appetitlich aussieht. Für ihn wäre aber eine neutrale Beleuchtung sinnvoller, damit er nicht über die Beleuchtung manipuliert wird.

Seite 92

1 a) Farbaddition: Blaues und gelbes Licht wird überlagert. Nenne die Farbe, die du wahrnimmst.
Wenn man blaues und gelbes Licht in geeigneten Lichtstärken überlagert, dann ergibt sich weißes Licht.
Erklärung: Gelbes Licht entsteht auch aus der Überlagerung von rotem und grünem Licht. Die Überlagerung von Blau und Gelb ergibt dann in Summe Weiß.
b) Farbsubtraktion: Blaue und gelbe Farbe aus dem Malkasten werden gemischt. Nenne die Farbe, die sich ergibt.
Die Mischung von Blau und Gelb aus dem Malkasten ergibt Schwarz.
Erklärung: In der Mischung von Farben aus den Malkasten werden Farbanteile des Lichts herausgefiltert. Blau und Gelb filtern alle Farben heraus.
c) Erkläre die Unterschiede zwischen a) und b).
Während bei a) beim Mischen weitere Lichtanteile hinzukommen, werden bei b) Lichtanteile herausgefiltert. So entsteht bei a) durch Farbaddition helles, weißes Licht, bei b) bleibt nach der Farbsubtraktion nichts mehr übrig. Die Farbe ist schwarz.

2 a) Gib die Spektralfarben an, die noch hindurchkommen.
Der Gelbfilter lässt gelbes Licht und etwas grünes Licht durch. Blaues und violettes Licht werden nicht durchgelassen. Deshalb kommen auf dem Schirm nur noch die Farben Gelb und (etwas) Grün an.
b) Entscheide mithilfe des Farbkreises, welche Mischfarbe auf einem Schirm zu sehen wäre.
Es wäre ein grünliches Gelb zu sehen.

Seite 93 (Material)

Versuche – Sonnenuntergang im Glas

V1 Fülle ein Wasserglas mit Wasser. Gib einige Tropfen Milch hinein, sodass du gerade noch erkennen kannst, was sich auf der anderen Seite befindet. Leuchte in einem dunklen Raum mit der Taschenlampe durch das Glas (▸ Bild rechts). Betrachte das Lichtbündel von der Seite (A) und von vorne (B). Beschreibe, wo du das „Himmelblau" und wo das „Abendrot" sehen kannst.
Das Himmelblau ist von A aus zu sehen, dass Abendrot von B aus.

V2 Versuche, ein möglichst schönes „Abendrot" zu erzeugen. Halte deine Versuche hierzu schriftlich fest.
Variiert werden können die Lichtquelle, die Konzentration der Milch sowie die Schichtdicke der Flüssigkeit, die durchleuchtet wird.

Versuch – Mischen von Farben

V3 Farbkreisel
a) Stelle drei gleich große Flächen ein und versetze den Kreisel in schnelle Drehung. Notiere deine Beobachtungen. Erkläre mit deinem Wissen zur Farbaddition.
Beobachtungen: Wenn man drei gleich große Flächen wählt, erscheint der Kreisel bei schneller Drehung nahezu weiß. Beim abgebildeten Kreisel ist innen ein gelber Fleck zu sehen. So wie der Kreisel in der Abbildung eingestellt ist, wird man ein helles Blau wahrnehmen.
Erklärungen: Wenn die drei Grundfarben mit etwa gleichen Flächenanteilen in schnelle Drehung versetzt werden, kann das Auge die einzelnen Farben nicht mehr getrennt auflösen. Sie addieren sich zu weiß.
b) Experimentiere nun mit nur zwei verschiedenen Farbflächen. Erkläre deine Beobachtungen.
Beobachtungen: Bei etwa gleich großen Flächen sind folgende Farbwahrnehmungen zu erwarten: Türkis (Blau + Grün), Gelb bzw. Orange (Grün + Rot), Purpur (Rot + Blau).
Erklärungen: Die Ergebnisse können mithilfe der Mischungsregeln (Bild 02 im Schülerbuch auf Seite 46) oder mithilfe des Newton'schen Farbkreises erklärt werden.

Material A – Das CMYK Farbmodell

A1 a) Im ▸ Bild links ist die Farbmischung des Druckers dargestellt. Nenne die Art der Farbmischung.
Es handelt sich um eine Mischung durch Farbsubtraktion.

b) Erstelle eine Tabelle für die Farben, die sich aus den Grundfarben mischen lassen. (CMY-Farbmodell).

Mischfarbe	Grundfarbe
grün	cyan und gelb
blauviolett	cyan und magenta
rot	gelb und magenta
schwarz	cyan, magenta und gelb

c) Begründe, warum der Drucker nach dem CMYK-Modell auch eine Kartusche mit schwarzer Farbe enthält. Recherchiere auch, wofür das K in diesem Farbmodell steht.
Mögliche Schülerlösung:
Schwarze Flächen oder Linien werden direkt mit schwarzer Farbe bedruckt, weil es in der Praxis sehr schwer ist, aus den drei Grundfarben ein reines Schwarz zu drucken. Feine Linien erscheinen z. B. schnell ausgefranst, wenn drei Schichten Grundfarbe übereinander aufgetragen werden müssen. Außerdem wäre der Materialverbrauch dreimal so hoch. Der vierte Buchstabe in diesem Farbmodell weist auf die vierte Grundfarbe hin: blac**K**.
d) Besonders bei einfachen, preiswerten Geräten sind Unterschiede zwischen Bildschirmeindruck und Papierausdruck zu erkennen. Begründe dies anhand der beiden Farbmischungsmodelle.
Auf dem Bildschirm werden die Farben im RGB-System definiert und gemischt, dabei handelt es sich um Farbaddition. Der Drucker dagegen arbeitet mit dem CMYK-System nach dem Prinzip der Farbsubtraktion. So sind die Farbtöne nicht identisch und es werden Umrechnungsalgorithmen benötigt, um den Farbeindruck vom einen zum anderen Gerät zu übertragen. Je besser dieser Umrechnungsalgorithmus ist, desto besser stimmen Eindruck und Ausdruck überein.

Sehen und Wahrnehmen

Seite 95

1 Die ▸ Bilder 02 zeigen weitere optische Täuschungen. Beschreibe und erkläre.
In allen Bildern ist die Größenwahrnehmung beeinträchtigt. In Bild A wirkt der Mann kleiner als die Frau. In Bild B wirken die waagerechten Linien unterschiedlich lang und in Bild C wirkt der rechte gelbe Punkt kleiner als der linke gelbe Punkt. In Wirklichkeit ist das nicht der Fall: die verglichenen Objekte sind jeweils gleich.
Erklären lässt sich das damit, dass das Gehirn die Objekte nicht isoliert von ihrer Umgebung und Anordnung betrachtet. So wirkt der linke Punkt größer, weil er von

kleineren Punkten umgeben ist und die Frau größer als der Mann, weil das Gehirn gelernt hat, das Objekte mit zunehmender Entfernung kleiner werden.

2 Nimm dein Smartphone und erstelle selbst ein Bild mit erzwungener Perspektive. Anregungen findest du im Internet.
Die Schülerinnen und Schüler erstellen individuelle Lösungen.
Hinweis: Mit dem Suchbegriff „erzwungene Perspektive" lassen sich viele Anregungen für eigene Motive finden.

Seite 96 (Blickpunkt)

1 Suche bei dir zu Hause und in deiner Umgebung nach LED- und Halogenlampen. Notiere ihre Farbtemperatur und den Fundort. Prüfe, ob immer die passende Farbtemperatur gewählt worden ist und notiere (falls nötig) Verbesserungsvorschläge.
Hinweis: Hier untersuchen die Schülerinnen und Schüler individuell ihre Umgebung. Dabei sollten sie darauf achten, dass in den Schlafräumen Lampen mit einer anderen Farbtemperatur stehen als in den Aufenthaltsräumen bzw. auch differenzieren, welche Lampe für eine behagliche Atmosphäre sorgt und welche eher zum Arbeiten geeignet ist.

Seite 97 (Material)

Versuch – Die Animation eines Standbildes: Wie gelangt der Papagei in seinen Käfig?

a) Drehe deine Wunderscheibe zwischen den Fingern und notiere deine Beobachtungen.
Mögliche Schülerlösung:
Wenn ich die Wunderscheibe langsam drehe, nehme ich zwei getrennte Bilder war, nämlich den Papagei und den Käfig. Wenn ich die Scheibe schneller drehe, überlagern sich die Bilder zu einem Bild und der Papagei sitzt scheinbar im Käfig.
b) Gestalte eine zweite Wunderscheibe nach eigener Wahl und notiere, worauf zu achten ist, damit der gewünschte Effekt so beeindruckend wie möglich ist.
individuelle Lösung
Hinweis: Das gewählte Motiv sollte kontrastreich, aber nicht zu detailreich sein. Die Wunderscheibe wirkt besonders schön, wenn das Motiv deutlich gezeichnet und nicht zu klein ausgeführt wird. Auf der Vorder- und Rückseite können auch zwei Teile einer Bewegung, die dann durch Drehung ausgeführt wird, dargestellt werden. Auch hier ist darauf zu achten, dass die Größen stimmen und das Motiv nicht zu detailreich ist.

c) Nutze dein Smartphone und erstelle einen Film. Vergleiche deinen optischen Eindruck mit dem aus a).
individuelle Lösung
Hinweis: Mit dem Smartphone werden beide Motive aufgenommen und mithilfe einer Stop-Motion-App zu einer schnellen Bildfolge verarbeitet. Die Schülerinnen und Schüler müssen herausfinden, welche Bildfolgegeschwindigkeit nötig ist, um beide Bilder zum Überlappen zu bringen.

Material A – Vordergrund und Hintergrund

A1 a) Betrachte das ▸ Bild links genau und beschreibe, was du siehst.
Mögliche Schülerlösung:
Ich sehe zwei verschiedene Motive; in schwarz den Schattenriss eines männlichen und eines weiblichen Profils. In weiß dagegen sehe ich einen Baum mit Krone.
b) Recherchiere im Internet nach Vexierbildern. Gestalte einen Museumsrundgang mit bekannten und eigenen Vexierbildern.
Die Schülerinnen und Schüler gestalten eigene Vexierbilder.
Hinweis: Mit dem Suchbegriff „Vexierbild" lassen sich viele alte und neue Motive finden.

A2 Betrachte das ▸ Bild rechts und beschreibe deine Wahrnehmung.
Mögliche Schülerlösung:
In den weißen Kreisen an den Kreuzungen scheinen kleine schwarze Punkte aufzublitzen. Die Punkte springen hin und her und ich kann sie nur wahrnehmen, wenn ich die Kreuzung nicht fixiere. Es klappt nicht, wenn ich sehr weit weg oder sehr nahe am Bild bin.

Material B – Farben entstehen im Gehirn

B1 a) Schaue etwa eine halbe Minute lang auf das Kreuz in der Mitte von ▸ Bild links. Blicke dann auf eine weiße Fläche und blinzle ein paar Mal. Beschreibe, was du wahrnimmst. Achte insbesondere auf die Farbe.
Es entsteht ein rotes Kreuz auf cyanfarbenem Grund.
b) Zeichne selbst ein Bild mit einer blauen Flagge und untersuche, was sich nun ändert.
Es würde ein blaues Kreuz auf gelbem Grund entstehen.
Hinweis: Hier gehen die Wahrnehmungen teils auseinander.

B2 a) Im ▸ Bild links sind waagerecht zwei Streifen eingewebt. Vergleiche die beiden Streifen und prüfe, ob du gleiche oder unterschiedliche Farben wahrnimmst.
Die Farben werden unterschiedlich wahrgenommen. Der obere Streifen erscheint heller als der untere.
b) Die beiden Streifen haben tatsächlich die gleiche Farbe. Stelle eine Vermutung auf, warum du sie unterschiedlich wahrnimmst.
Die Farben werden offenbar durch die unterschiedlichen Umgebungsfarben unterschiedlich wahrgenommen. Wenn das Hellblau auf einem dunklen Hintergrund steht, dann erscheint es heller. Wenn es auf einem helleren Untergrund steht, dann erscheint es dunkler.
c) Stelle aus Papier oder mit dem Computer selbst eine solche Farbtäuschung her und prüfe, ob du deine Vermutung bestätigen kannst.
Ja. Es funktioniert sogar allein mit Grautönen.

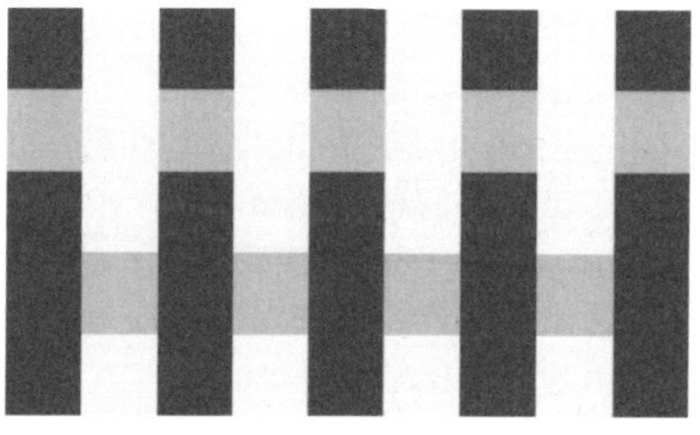

Cornelsen/newVISION! GmbH, Bernhard A. Peter, Pattensen

Seite 101 (Basiskonzepte)

1 Du betrachtest unter Wasser mit einer Taucherbrille deine Umgebung. Erläutere diesen Vorgang im Rahmen der Basiskonzepte.

- *Wechselwirkung*: Am Glas der Taucherbrille wird das Licht zweimal gebrochen. Das geschieht einmal beim Übergang von Wasser zu Glas und noch einmal beim Übergang von Glas zu Luft.
- *System*: Die Taucherbrille und das Auge bilden ein optisches System. Durch die Taucherbrille entsteht vor dem Auge ein „Luftraum“, der es möglich macht, scharf zu sehen.
- *Energie*: Licht überträgt Energie. Solange du den Blick nach unten oder zur Seite richtest, schadet das ultravioletten Licht den Augen nicht. Wenn du allerdings durch deine Taucherbrille in Richtung Wasseroberfläche blickst, ändert sich das.
- *Struktur der Materie*: Die Taucherbrille trennt den optisch dünneren Bereich vor dem Auge vom optisch dichteren Bereich des Wassers.

Thermische Ausdehnung in Experiment und Modell

Didaktische Hinweise

Aufbau des Kapitels
Indem wir zu Beginn das Wärmeempfinden aufgreifen und den Temperaturbegriff einführen, gehen wir von Alltagserfahrungen der Schülerinnen und Schüler aus. Die nachfolgenden Wärmeübertragungsmechanismen haben wir der Einführung des Energiebegriffs vorangestellt, da die Jugendlichen mit dem Wärmebegriff konkrete Vorstellungen aus ihrer Alltagswelt verbinden. Hingegen kennen sie den Energiebegriff zwar unter dem Aspekt des „Energieverbrauchs", des „Energiesparens" oder der Ernährung. Ihre Vorstellungen zur Energie sind jedoch eher vage und in der Regel wenig physikalisch. Die Wärmeübertragungsmechanismen sollen daher in einem schülernahen Kontext den Übergang zwischen dem Temperatur- und dem Energiebegriff herstellen.

Wärmebegriff
Der Wärmebegriff wird zunächst in der Erfahrungswelt der Schülerinnen und Schüler verankert und noch nicht in Verbindung mit der Energie betrachtet. Wir definieren Wärme nicht explizit als Prozessgröße, legen diese Idee jedoch bei den Wärmeübertragungsmechanismen nahe. Nach der Einführung des Energiebegriffs und der Energieformen zeigen wir mithilfe des Teilchenmodells, dass Wärmeübertragung zugleich Energieübertragung bedeutet.

Teilchenmodell
Mithilfe des Teilchenmodells erklären wir das Verhalten von Stoffen bei Temperaturänderungen. Dabei gehen wir auf Aggregatzustände, die Übergänge zwischen ihnen, aber auch auf die Wärmeausdehnung ein. Ebenso wird die Teilchenbewegung als Maß für die Temperatur eingeführt. Die Teilchen des Teilchenmodells haben wir bewusst nicht als farbige Kugeln, sondern als Kringel dargestellt, um den Modellcharakter zu betonen und Fehlvorstellungen zu vermeiden. Die Schülerinnen und Schüler übertragen sonst Eigenschaften aus der Alltagswelt wie Form, Farbe oder Temperatur auf die Modellebene.

Wasseranomalie
Die Anomalie des Wassers haben wir nur am Rande thematisiert. Die physikalische Betrachtung der Wasseranomalie erfordert den Begriff der Dichte, den die Schülerinnen und Schüler an dieser Stelle noch nicht erarbeitet haben. Daher bleibt die Betrachtung der Anomalie des Wassers auf der Beobachtungsebene.

Energieformen
Die mechanischen Energieformen „Lageenergie", „Bewegungsenergie" und „Spannenergie" werden als verschiedene Gesichter derselben physikalischen Größe benannt und in einem kurzen Sachkontext anmoderiert und eingeführt. Statt mathematischer Formeln steht hier die phänomenologische Ausprägung im Vordergrund.

Im zusammenfassenden „Grundwissen" werden alle zuvor thematisierten Energieformen gemeinsam aufgeführt und ihre gemeinsame Einheit, das Joule, aufgezeigt. Die Energieumwandlungsketten unterstützen die Vorstellung, dass sich nur die Erscheinungsform, nicht aber die physikalische Größe, ändert. Durch das Anfertigen eines Stop-Motion-Filmes kann dieser Gedanke intensiviert und internalisiert werden.

Basiskonzepte
In diesem Kapitel werden insbesondere das Konzept der „Energie" und – durch das Einführen des Teilchenmodells – das Konzept der „Struktur der Materie" betrachtet. Das Konzept der „Wechselwirkung" findet sich bei den Wärmeübertragungsmechanismen, das Konzept „System" z. B. bei der Entstehung der Jahreszeiten im System Erde–Sonne wieder.

Vernetzung mit anderen Fächern
Fachübergreifende Aspekte ergeben sich z. B. beim Einführen des Teilchenmodells (Vernetzung mit der Chemie), bei der Betrachtung fossiler Energiespeicher (Vernetzung mit der Geografie) oder bei der Betrachtung der Wärmeübertragungsmechanismen (Vernetzung mit der Biologie). Kenntnisse aus der Mathematik werden beim Auswerten von Diagrammen und bei der Durchführung einfacher Rechnungen in Aufgaben benötigt, stehen aber nicht im Vordergrund.

1 Temperatur und Teilchenmodell

Temperaturen richtig messen

Seite 105

1 Untersuche die Thermometer, die bei dir zu Hause verwendet werden, und erstelle weitere Steckbriefe von Thermometern wie in ▹Tabelle 03.

Beispiel: Badethermometer, Fieberthermometer, Außenthermometer, Zimmerthermometer, Ofenthermometer oder mit entsprechenden Steckbriefen.

2 Gib die folgenden Temperaturen mithilfe des Thermometers mit Doppelskala in ▹Bild 04 in °F an: −40 °C, 30 °C, 38 °C.

Das Ablesen des Thermometers führt für die angegebenen Temperaturen zu folgenden Werten:

Temperaturen in °C	– 40	30	38
Temperaturen in °F	– 40	86	ca. 100

Seite 107 (Material)

Versuch – Ist das menschliche Temperaturempfinden wirklich zuverlässig?

a) Hältst du beide Hände gleichzeitig in das lauwarme Wasser, dann bekommst du unterschiedliche Wärmeeindrücke. Die Hand, die vorher im heißen Wasser war, empfindet das zimmerwarme Wasser als kalt. Die Hand, die vorher im eiskalten Wasser war, empfindet es als warm.
b) Wenn du vorher eiskalt geduscht hast, dann kommt dir das Wasser in einem Schwimmbad wärmer von, als wenn du vor dem Schwimmen warm geduscht hast.

Material A – Temperaturskalen

A1 Im USA-Urlaub zeigt Jans Smartphone heute 56 °F an. Zunächst dachte Jan, dass sein Smartphone falsche Daten empfangen würde, denn so ungewöhnlich heiß ist es gar nicht.
a) Im Internet findet er für die Umrechnung von Fahrenheit in Celsius die folgende Formel:
Temperatur in °C = (Temperatur in °F −32) · 5 : 9.
Berechne damit die angezeigte Temperatur in °C.
b) Stelle die Formel aus a) so um, dass du Temperaturen von °C in °F umrechnen kannst.
c) Öffne in deinem Smartphone die Wetter-App und schaue, wie du die Anzeige zwischen °C und °F wechseln kannst. Notiere die aktuelle Temperatur in beiden Einheiten und überprüfe mit einer Rechnung.

a) Mithilfe der Formel erhält man:
(56 – 32) · 5 : 9 = 13,3 °C.
b) Für die Umrechnung von Grad Celsius nach Grad Fahrenheit muss man die Rechenschritte umkehren:
Temperatur in °C · 9 : 5 + 32 = Temperatur in °F
c) Die gängigsten Systeme iOs und Android haben eigene Wetter-Apps vorinstalliert. Über die Einstellungen direkt in der App lässt sich die Anzeige zwischen °C und °F wechseln. Dabei machen sie sich eigenständig mit den Einstellungen einer App vertraut und lernen, dass zu einer physikalischen Größe immer auch eine Einheit gehört. Die Schülerinnen und Schüler überprüfen die Temperaturanzeigen mithilfe der Umrechnungsformeln.

A2 In einer Schublade wurde das rechts abgebildete Thermometer gefunden, bei dem die Skala abgerieben und nicht mehr zu erkennen ist.
a) Nenne Einsatzmöglichkeiten und Schwächen für ein solches Thermometer.
b) Stelle eine Vermutung über die Bedeutung der beiden Markierungen auf dem Thermometer auf.
c) Ermittle die Temperatur, die das Thermometer deiner Meinung nach anzeigt.

a) Mit einem solchen Thermometer kann man die Temperatur von Körpern zwar nicht bestimmen, aber vergleichen. Man kann auch Temperaturverläufe verfolgen.
b) Die Markierungen könnten von einem Experiment stammen, in dem Fixpunkte bestimmt und dann markiert wurden, z. B. 0 °C und 100 °C. Dies kann durch Kalibrierung mit einem anderen Thermometer geschehen sein oder durch die direkte Markierung der Flüssigkeitssäule in Eiswasser bzw. siedendem Wasser.
c) Wenn diese Vermutung stimmt, dann wäre die Gesamtstrecke (38 mm) zwischen den Markierungen ein Maß für 100 °C. Die Länge der Flüssigkeitssäule über der Nullmarke beträgt 9 mm. Die Temperatur wäre dann 100 °C · (9 : 38) = 24 °C.
Hinweis: Je nach mathematischem Vorwissen können auch andere Strategien angewandt werden, z. B. die Strecke halbieren, dann vierteln usw. (Ergebnis hier „fast 25 °C").
Alternativ lässt sich eine leicht in zehn Teile zu unterteilende Strecke (10 cm) in einem spitzen Winkel zur Skala zeichnen und die Skala dann durch Parallelverschiebung der Verbindungslinien zu den Fixpunkten unterteilen.

Material B – Wettervorhersage

B1 Die Wettervorhersage spricht bei starkem Wind auch von der „gefühlten Temperatur". Recherchiere diesen Begriff im Internet und notiere die Webseiten, auf denen du nützliche Informationen finden konntest. Stelle dein Ergebnis der Klasse vor und gehe auch darauf ein, wie du bei deiner Recherche vorgegangen bist.
Mit dem Begriff „gefühlte Temperatur" ist gemeint, dass man Temperaturen bei bestimmten Bedingungen, etwa bei starkem Wind oder hoher Luftfeuchtigkeit, anders empfindet.
Physikalisch ist der Begriff nicht sinnvoll gewählt, weil die Größe „Temperatur" ja gerade eingeführt wurde, um eine objektive Messgröße zu haben.
Hinweise: An diesem ersten einfachen Beispiel zur Internetrecherche sollte bereits das Vorgehen besprochen werden. Auf S. 106 wird die richtige Recherche im Internet dann ausführlicher thematisiert.
Das Thema „gefühlte Temperatur" kann nach der Besprechung der Aggregatzustände und deren Änderungen wieder aufgegriffen werden. Dann ist eine weitergehende Erläuterung möglich.
Als alternative Arbeitsform eignet sich für diese Aufgabe auch die kooperative Placemat-Methode.

Teilchenmodell und Aggregatzustände

Seite 109

1 Erläutere das Verhalten eines Festkörpers, einer Flüssigkeit und eines Gases beim Zusammenpressen mithilfe des Teilchenmodells.
Bei Flüssigkeiten und Festkörpern ändert sich das Volumen kaum, da die Teilchen sehr dicht beieinanderliegen. Ein Gas lässt sich leicht zusammenpressen, da sich viel leerer Raum zwischen den Teilchen befindet.

Seite 110 (Methode)

1 Nenne drei Modelle, die dir im Alltag begegnen. Nenne auch Merkmale, in denen sie die Realität gut, schlecht oder gar nicht beschreiben.
Mögliche Modelle und ihre Merkmale sind:
1. Computerspielwelten:
- Diese Spiele sind häufig sehr realistisch und stellen einen begrenzten Ausschnitt der Welt korrekt dar.
- Gegenstände in der Computerwelt bestehen aber nicht aus Teilchen wie in der echten Welt. Häufig sind sie nicht beweglich. Ein Stuhl kann z. B. nicht verschoben werden. Außerdem liefern Computerwelten nur Hör- und Seheindrücke – die anderen Sinne werden nicht angesprochen.

2. Globus:
- Beschreibt die Größenverhältnisse und die Lage von Kontinenten oder Ländern gut.
- Vermittelt keinen Eindruck von der tatsächlichen Größe. Kann das Klima auf der Erde nicht beschreiben.

3. Modellhaus, z. B. Puppenstube:
- Zeigt den Aufbau eines Hauses gut (Zimmeraufteilung, Größenverhältnisse …).
- Stellt weniger Sichtbares wie die Elektroinstallation oder das Wasserleitungssystem nicht korrekt dar.

2 Eine Modelleisenbahn hat einen echten Zug als Vorbild. Präsentiere der Klasse Gemeinsamkeiten und Unterschiede von Modell und Original.
Gemeinsamkeiten: Form, Farbe, Fahrtüchtigkeit …
Unterschiede: Größe, Antrieb, Material …

Seite 111 (Material)

Versuch – Das Teilchenmodell

V1 Schüler als Teilchen
a), b), c) *Beobachtung:* Je stärker sich die Schüler bewegen, desto mehr stoßen sie aneinander und desto mehr Raum benötigen sie. Das erkennt man daran, dass die Schüler das markierte Quadrat verlassen.
Bewegen sich die Schüler sehr stark, können sie sich einander teilweise nicht mehr festhalten.
Vergleich: Stehen die Schüler dicht gedrängt, ähneln sie den Teilchen in einem Festkörper. Bei stärkerer Bewegung und etwas größerem Abstand ähneln sie erst den Teilchen in einer Flüssigkeit. Bei sehr starker Bewegung und großem Abstand ähneln sie den Teilchen in einem Gas. Dort sind die Verbindungen zwischen den Teilchen aufgebrochen worden.

Material A – Aggregatzustände

A1 a) Wenn du einen Luftballon aufpustest, dann verteilt sich die Luft überall im Ballon (linkes ▹Bild). Jedes Gas füllt den Raum, der ihm zur Verfügung steht, vollständig aus. Erkläre das Aufpusten des Ballons mit dem Teilchenmodell.
b) Flüssigkeiten und Festkörper verhalten sich ganz anders als Gase: Wenn man Wasser oder Eiswürfel in ein Trinkglas gibt, sieht man das andere Verhalten deutlich (rechtes ▹Bild). Erkläre mit dem Teilchenmodell. **a)** In Gasen gibt es keinen Zusammenhalt zwischen den Teilchen. Sie befinden sich in großem Abstand voneinander und sie bewegen sich ungeordnet hin und her. Deshalb füllen sie schon nach kurzer Zeit den Raum, den man ihnen zur Verfügung stellt, vollständig aus.
b) Wenn man ein Trinkglas zur Hälfte mit Wasser füllt, dann bildet das Wasser zwar immer eine ebene Oberfläche, aber es füllt das Glas nicht vollständig. Wenn man Eiswürfel in ein Trinkgefäß gibt, dann bildet sich nicht

einmal eine ebene Oberfläche. Außerdem entstehen luftgefüllte Zwischenräume zwischen den Eiswürfeln.

Material B – Fahrradreifen

B1 a) Früher bestanden Fahrradreifen vollständig aus Gummi. Heutzutage sind die Reifen mit Luft gefüllt. Für den Federungskomfort sind Luftreifen besser. Erkläre dies mit dem Teilchenmodell.
b) Erkläre mit dem Teilchenmodell, warum Reifen nie mit einer Flüssigkeit gefüllt werden.
a) Die Luft im Reifen kann stark zusammengepresst werden und federt daher besser als das feste Gummi, das bei Stößen sein Volumen kaum ändert.
b) Eine Flüssigkeit kann ähnlich wie Gummi kaum zusammengepresst werden. Dadurch federt sie ähnlich schlecht und ist als Reifenfüllung ungeeignet.

Teilchen in Bewegung

Seite 113

1 Erkläre mithilfe der Diffusion, wie aus heißem Wasser Tee wird.
Ein Teebeutel besteht aus einem sehr feinen Filterpapier, das heißes Wasser hinein- und die Geschmacksstoffe des Tees hinauslässt. Gewöhnliche Teebeutel haben eine Porenweite von 0,005 mm. Dadurch bleiben die Teeblätter im Teebeutel zurück, die Aromastoffe gelangen jedoch hindurch. Durch die ständige Bewegung der Teilchen verteilen sich die Aromastoffe im heißen Wasser.

Seite 114

1 Wenn man Käse neben einem Stück Sahnetorte im Kühlschrank stehen lässt, dann schmeckt die Torte bald nach Käse. Erkläre mit dem Teilchenmodell.
Teilchen vom Käse, die den Geruch und Geschmack verursachen, gelangen durch Diffusion in die Sahnetorte, die dann ebenfalls nach Käse schmeckt.

2 Rechne die Körpertemperatur des Menschen (37 °C) in Kelvin um.
Für die Umrechnung von °Celsius in Kelvin muss man immer 273,15 addieren:
37 °C + 273,15 = 310,15 K
Hinweis: Meistens wird für die Umrechnung nur der Wert 273 verwendet.

Seite 115 (Material)

Versuche – Wie groß sind die Teilchen?

V1 Wie groß sind Gummibärchen?
Individuelle Lösung

V2 Spülmittelflecken
Individuelle Lösung

Material A – Billardkugeln und Teilchen

A1 Lisa sagt: „Die Teilchen haben genau die gleichen Eigenschaften wie Billardkugeln. Sie sind einfach nur viel kleiner.“
Hat Lisa recht? Begründe deine Antwort. Nutze dabei folgende Begriffe: Zusammenhalt, Bewegung, Zusammenstöße, Rand.
Mit Billardkugeln lassen sich die *Bewegung* und die *Zusammenstöße* der Teilchen von Gasen und Flüssigkeiten gut erklären. Sie bewegen sich geradeaus bis sie gegen ein anderes Teilchen oder einen *Rand* stoßen.
Die Billardkugeln haben aber keinen *Zusammenhalt* untereinander. Außerdem sind sie nicht immer in *Bewegung*, sondern müssen angestoßen werden.

2 Einfluss der Temperatur auf Stoffe

Flüssigkeiten dehnen sich aus

Seite 117

1 Saft wird nach dem Abkochen heiß abgefüllt. Dabei werden die Flaschen fast vollständig gefüllt und verschlossen. Beschreibe die Veränderung der Füllhöhe in den Saftflaschen (▹Bild 04).
Der Flüssigkeitsstand nimmt ab, weil Flüssigkeiten beim Abkühlen ihr Volumen verringern.

2 ▹Bild 05 zeigt das Ausdehnungsgefäß einer Zentralheizung in einem Einfamilienhaus. Begründe die Notwendigkeit dieser Vorsichtsmaßnahme.
Das Wasser im geschlossenen Heizungskreislauf dehnt sich bei Erwärmung aus. Wenn kein Ausdehnungsgefäß vorhanden wäre, könnten die Heizungsrohre platzen.

3 Ein Automotor wird üblicherweise mit Wasser gekühlt, damit er nicht überhitzt. Zusätzlich wird dem Wasser im geschlossenen Kühlsystem ein Frostschutzmittel beigemischt. Erkläre.
Wenn das Kühlwasser gefriert, wäre es möglich, dass das Eis den Motorblock bzw. das Kühlsystem sprengt, da sich das Wasser beim Gefrieren ausdehnt. Das Frostschutzmittel verhindert das Gefrieren des Wassers.

Seite 119 (Material)

Versuch – Das Volumen einer Flüssigkeit verändert sich

a) Das Ergebnis könnte ähnlich aussehen wie in Abb. 02.
b) *Beobachtung:* Der Wasserstand ist gesunken. Dies erkennt man mithilfe der Markierung. Die Fotos lassen sich gut miteinander vergleichen.
c) Das Volumen des Wassers nimmt ab, wenn es abkühlt.
d) Hier kann die Methode von S. 20 direkt geübt werden.

Material A – Erwünschte und unerwünschte Ausdehnung

A1 Die Fotos (▹Bild 03) zeigen eine Sprinkleranlage, aufgenommen mit einer Hochgeschwindigkeitskamera. Der Löschvorgang wird ausgelöst, wenn eine bestimmte Temperatur in der Umgebung der Anlage überschritten wird. Beschreibe den Aufbau und die Funktionsweise einer solchen Sprinkleranlage.
Das Röhrchen enthält eine Flüssigkeit. Erwärmt sie sich, z. B. weil ein Feuer ausbricht, dann dehnt sich die Flüssigkeit im Röhrchen aus: Das Röhrchen platzt. Dadurch wird ein Wasserauslauf geöffnet und das Löschwasser kann ausströmen.

A2 Nach dem Winter zeigen sich wie auf dem ▹Bild oft Straßenschäden, wo vor dem Winter noch keine waren. Erkläre die häufige Entstehung von Schlaglöchern gerade zu diesem Zeitpunkt.
Das Wasser sickert durch kleine Risse in den Straßenbelag. Wenn es im Winter gefriert, dehnt es sich aus und sprengt den Belag.

A3 Ein voll beladenes Tanklastfahrzeug (▹Bild 05) beginnt an einem heißen Tag seine Tour. Wenn man einen Liter Benzin um 1 °C erwärmt, dann nimmt sein Volumen um etwa 1 mℓ zu.
a) Das Tankfahrzeug hat 24 000 ℓ geladen. Es wurde am frühen Morgen bei ca. 15 °C mit Benzin betankt. Berechne die Zunahme des Volumens, wenn das Fahrzeug bei 30 °C zu seinem Bestimmungsort fährt.
b) Berechne die Mindestgröße des Tankes, damit er nicht überläuft oder platzt.
c) Auslaufendes Benzin ist gefährlich und belastet die Umwelt. Formuliere eine Regel für das Betanken von Fahrzeugen.
a) Wenn 24 000 ℓ um 1 °C erwärmt werden, nimmt das Volumen um 24 000 mℓ zu. Das Benzin erwärmt sich um 15 °C, also nimmt das Volumen um 15 · 24 000 mℓ = 360 000 mℓ zu.
Rechnung:
(30 °C – 15 °C) · 24 000 ℓ · 1 mℓ / 1 ℓ = 360 000 mℓ
b) 360 000 mℓ entsprechen 360 ℓ. Der Tank muss also mindestens
24 000 ℓ + 360 ℓ = 24 360 ℓ
fassen. Besser wären 24 500 oder sogar 25 000 ℓ, damit der Lastzug auch bei noch höheren Temperaturen gefahrlos fahren kann.
c) Das Volumen der transportierten Flüssigkeit darf auch bei extremen Temperaturunterschieden beim Beladen und während des Transports nicht die Kapazität des Tanks überschreiten. Tanklastfahrzeuge dürfen also nicht voll beladen werden.

Festkörper und Gase dehnen sich aus

Seite 121

1 Die Akashi-Kaikyo-Brücke besteht aus Stahl und Beton. Erkläre den Vorteil dieser Stoffkombination.
Stahl und Beton dehnen sich gleich stark aus. Dies ist wichtig, damit beim Abkühlen und Erwärmen keine Risse im Stahlbeton entstehen.

2 Recherchiere im Internet, ob es Stoffe gibt, die bei Erwärmung schrumpfen.
Nicht alle Stoffe dehnen sich bei Erwärmung aus. Zur Isolierung von offenen Kabeln oder Lötstellen wird z. B. Schrumpfschlauch mit einem Feuerzeug erwärmt, sodass er sich eng um die offene Stelle legt. Auch spezielle Keramikwerkstoff schrumpfen, wenn man sie erwärmt.

3 Erstelle eine Präsentation, in der du den Aufbau und die Funktionsweise eines Bimetallthermometers erklärst. Achte darauf, dass du bei fremden Inhalten immer die Quelle angibst.
Bei einem Bimetallthermometer rollt sich eine Bimetallspirale je nach Temperatur ein oder streckt sich wieder. Der am Streifen befestigte Zeiger zeigt so die Temperatur an. Der Versuch V1 auf S. 25 bietet sich in diesem Zusammenhang an. Die erstellten Videos können auch in der Präsentation gezeigt werden. An dieser Stelle kann der korrekte Umgang mit fremden Inhalten eingeführt werden.

Seite 122

1 Die Ausdehnung von Gasen musst du in manchen Alltagssituationen beachten. Erkläre die Probleme, die bei der Verwendung von aufblasbaren Kanus (▹Bild 03) auftreten können.
Wenn das Schlauchboot am Ufer in der prallen Sonne liegt, dann erwärmt sich die Luft in seinem Inneren und dehnt sich aus. Zu prall aufgeblasene Schlauchboote können dann platzen.

Seite 123 (Material)

Versuche – Ausdehnung von Festkörpern und Gasen

V1 Modell eines Bimetalls
Hinweis: Der Kleber muss gut trocknen, weil sich die beiden Streifen sonst gegeneinander verschieben können. Anstelle eines selbst gebastelten Zwei-Komponenten-Streifens lässt sich für die folgenden Versuche auch ein Kaugummipapier verwenden.
a) Das Video dient zur Dokumentation des Versuchs. Die Schülerinnen und Schüler können dabei bereits ausprobieren, wie das Video besonders gut gelingt.
b) Der Streifen biegt sich in Richtung Papier, da sich das Metall bei Erwärmung stärker ausdehnt als das Papier.
c) Der Streifen streckt sich wieder, da das Metall bei sinkender Temperatur stärker schrumpft als das Papier.
d) Das Video dient zur Dokumentation des Versuchs.
e) Die Spirale rollt sich zusammen bzw. auseinander, je nachdem, ob sich das Metall außen oder innen befindet. Denn das Metall dehnt sich stärker aus als das Papier.
Hinweis: Bei einem Bimetallthermometer rollt sich eine Bimetallspirale je nach Temperatur ein oder streckt sich wieder. Der am Streifen befestigte Zeiger zeigt so die Temperatur an.

V2 Tischtennisbälle reparieren
a) Die Beulen in den Bällen verschwinden.
b) Die Luft in den Bällen dehnt sich bei Erwärmung aus und drückt die Beulen aus den Bällen.

Material A – Glas kann zerspringen

A1 Porzellantassen halten Heißgetränke besser aus. Gib einen Grund dafür an. Nutze dazu ▹Tabelle 05 auf Seite 23.
Porzellan dehnt sich bei Erwärmung weniger stark aus als Glas.

A2 Stelle eine Vermutung über die Ausdehnung des Glases an Innen- und Außenseite beim Eingießen auf. Erkläre, warum das Glas zerspringt.
Die erwärmte Innenseite des Glases dehnt sich stärker aus als die Außenseite. Da das Glas nicht sehr elastisch ist, zerspringt es.

Material B – Oberleitungen

B1 Die Oberleitungen für die Eisenbahn müssen einen festen Abstand zum Boden haben. Dazu werden die Halteseile an den Masten mithilfe von schweren Betonblöcken über Umlenkrollen gespannt (▹Bild 06).
a) Begründe die Notwendigkeit solcher Spannvorrichtungen.
b) Beschreibe die Lage der Blöcke im Laufe des Jahres.
a) Die Oberleitungen dehnen sich bei Erwärmung aus und würden ohne die Vorrichtung durchhängen. Bei Kälte ziehen sie sich zusammen und könnten reißen. In beiden Fällen würden die Oberleitungen ohne Spannvorrichtung ihren Abstand zum Boden bzw. zu den Stromabnehmern am Zug ändern, was technische Probleme verursacht.
b) Im Sommer hängen die Gewichte tiefer, da sich die Oberleitung bei höheren Temperaturen ausdehnt und von den Gewichten gespannt wird.
Im Winter zieht sich die Leitung wieder zusammen, die Gewichte hängen höher als im Sommer.
Hinweis: Der gleiche Effekt lässt sich – weniger ausgeprägt – auch bei Tag und Nacht beobachten.

Mal fest, mal flüssig, dann ein Gas

Seite 127 (Material)

Versuche – Übergänge zwischen den Aggregatzuständen

V1 Frostschutz
Beim mit Papier umwickelten Thermometer sinkt die Temperatur langsamer. Dies liegt daran, dass beim Erstarren des Wassers zu Eis Wärme an die Umgebung abgegeben wird. Diese Wärme sorgt wie bei eingesprühten Blüten dafür, dass die Temperatur eine Zeit lang nicht weiter sinkt.
Hinweis: Für einen sinnvollen Vergleich muss das Thermometer beim zweiten Versuch zunächst wieder auf Raumtemperatur gebracht werden.

V2 „Verdunstungskälte"
Die Temperatur sinkt. Der Spiritus benötigt Wärme für das Verdunsten. Diese wird der Umgebung entzogen. Durch Pusten wird der Effekt noch verstärkt.

V3 Eiseskälte
Je nach Größe des Bechers dauert es eine Weile, bis das Eis geschmolzen ist. Die Temperatur des Eises steigt zunächst langsam an, bleibt dann aber unverändert bei 0 °C, bis alles Eis geschmolzen ist.

Material A – Taschenwärmer

A1 Im Winter werden Taschenwärmer verkauft. Sie bestehen aus einem Päckchen mit einem Salz, das zunächst im heißen Wasserbad geschmolzen wird. Dabei wurde der Temperatur verlauf des Salzes gemessen.
a) Gib die Schmelztemperatur des Salzes aus dem Diagramm an.
b) Gib die Zeit an, bis diese Temperatur erreicht wurde.
c) Vergleiche die Dauer des Erhitzens bis zur Schmelztemperatur mit der Dauer des Schmelzvorgangs und begründe, wofür mehr Wärme benötigt wird.
d) Beim Abkühlen „vergisst" das Salz, wieder fest zu werden. Erst wenn man ein Plättchen im Taschenwärmer knickt, beginnt das Erstarren. Erkläre, warum dabei Wärme abgegeben wird.
a) Das Salz schmilzt bei etwa 57 °C.
b) Dem Diagramm kann man entnehmen, dass der Schmelzvorgang etwa 5 Minuten nach Beginn der Erwärmung einsetzt.
c) Der Schmelzvorgang dauert von der 5. bis zur 21. Minute, also insgesamt 16 Minuten. Geht man davon aus, dass die Wärmezufuhr etwa konstant bleibt, benötigt man also deutlich mehr Wärme zum Schmelzen des Salzes als fürs Erwärmen auf die Schmelztemperatur. Das ist ein Hinweis darauf, dass der Taschenwärmer bei Bedarf etwa dreimal so viel Wärme abgeben kann, wie man braucht, um ihn auf Schmelztemperatur zu erhitzen.
d) Die zum Schmelzen benötigte Wärme wird beim Erstarren, also bei der Umkehrung des Schmelzvorgangs, wieder abgegeben.

Material B – Aus dem Alltag

B1 In einer finnischen Sauna kann die Temperatur teilweise sogar über 100 °C betragen. Erkläre die Tatsache, dass man diese Temperatur dort einige Minuten gut aushalten kann.
Der Schweiß verdunstet und entzieht dem Körper die dafür benötigte Wärme. So wird der Körper kühl gehalten.
Hinweis: Bei einem Aufguss wird die Luftfeuchtigkeit schlagartig erhöht, dadurch wird das Verdunsten erschwert und die Körpertemperatur steigt an.

B2 Auf winterlichen Wiesen oder in Tiefkühltruhen setzen sich oft kleine Eiskristalle ab. Dieser Reif bildet sich besonders dann, wenn feuchte Luft über kalte Gegenstände streicht – wie beim Öffnen der Tiefkühltruhe. Der Reif kann im Laufe der Zeit eine dicke Eisschicht bilden. Nenne und erkläre den Übergang zwischen den Aggregatzuständen.
Bei Reifbildung geht Wasserdampf, der in der Luft enthalten ist, direkt in den festen Zustand über. Es handelt sich also um den Übergang gasförmig zu fest. Der Fachausdruck dafür ist Resublimation.

Seite 131 (Basiskonzepte)

1 Ordne den Basiskonzepten weitere Inhalte aus dem vorangegangenen Kapitel zu.
- Struktur der Materie: In Flüssigkeiten und Gasen können sich die Teilchen durch Diffusion durchmischen. In Festkörpern können die Teilchen lediglich hin und her schwingen.
- Wechselwirkung: In Festkörpern ist der Zusammenhalt zwischen den Teilchen stark, in Flüssigkeiten sind sie leicht gegeneinander verschiebbar und in Gasen ist der Zusammenhalt am schwächsten; Die Teilchen bewegen sich ungeordnet und ändern durch Stöße ihre Bewegungsrichtung
- System: Die Aggregatzustände geben an, in welchem Zustand sich ein System befindet. Wir unterscheiden hierbei fest, flüssig und gasförmig
- Energie: Warme Körper übertragen Energie auf kältere Körper

Weitere individuelle Lösungen sind möglich.

Dynamische Prozesse

Didaktische Hinweise

Körper in Bewegung
Bewegung prägt unser Leben. Umso nötiger ist es, den Schülerinnen und Schülern an Alltagssituationen die Zusammenhänge zwischen zurückgelegten Strecken, Geschwindigkeiten und Beschleunigungen zu verdeutlichen. Die Einführung der relevanten physikalischen Größen und Einheiten und die Darstellung in *s(t)*-, *v(t)*- und *a(t)*-Diagrammen nimmt deshalb einen großen Raum ein. Es ist uns wichtig, dass die Schülerinnen und Schüler erkennen, worin der Mehrwert im Vergleich zu einer tabellarischen Darstellung von Messwerten besteht.
Die Differenzierung von skalaren und vektoriellen Größen thematisieren wir am Beispiel von Tempo und Geschwindigkeit.

Wie Kräfte wirken
Der in der Umgangssprache verwendete Begriff „Gewicht" ist nicht eindeutig. Deshalb haben wir die Masse mit ihren Eigenschaften Trägheit und Schwere an den Anfang des Kapitels gesetzt. So lassen sich die entscheidenden Abhängigkeiten, z. B. zwischen Schwerkraft und Masse, systematisch entwickeln.
Wirkungen von Kräften sind im Alltag für Schülerinnen und Schüler sehr präsent. Besonders deutlich und auch messtechnisch gut zugänglich ist die elastische Verformung einer Schraubenfeder. Über dieses zentrale Experiment und der Beschreibung des Sachverhalts über das Hooke'sche Gesetz setzen sich die Schülerinnen und Schüler erstmalig mit dem Aufbau und der Funktion eines mechanischen Messgerätes auseinander.

Werkzeuge erleichtern die Arbeit
Ausgehend vom Alltagsproblem des Fahrradfahrens in den Bergen wird die Goldene Regel der Mechanik eingeführt. Die angestrebte Erkenntnis der Schülerinnen und Schüler, dass die aufzuwendende Energie immer gleich bleibt, führt im Weiteren dazu, die Goldene Regel der Mechanik als einen Spezialfall der Energieerhaltung zu begreifen. Mit den mechanischen Energieformen wird der aus Band 5/6 bekannte Energiebegriff erweitert und mathematisiert. Neben der schiefen Ebene stellen wir den Hebel und die Rolle als Kraftwandler in einfachen Maschinen vor. Systeme von Rollen in Form eines Flaschenzugs werden in einem Blickpunkt behandelt.

Grad der Mathematisierung
Der Mathematisierungsgrad in diesem Inhaltsfeld ist sehr hoch. Erstmalig leiten die Schülerinnen und Schüler aus den Basisgrößen Länge, Zeit und Masse einige neue physikalische Größen ab. Wir nutzen für die Größen die auf Seite 9 eingeführten Einheiten und Zehnerpotenzen, üben aber auch die wichtige Umrechnung von Maßeinheiten wie z. B. von m/s zu km/h.
Größen wie Geschwindigkeit, Beschleunigung, Kraft, Energie und Leistung werden in diesem Kapitel erstmalig formal ausgedrückt und auch berechnet. Die Berechnungen und der damit verbundene Umgang mit Formeln und Maßeinheiten werden an vielen Stellen ausführlich dargestellt, damit sich die Schülerinnen und Schüler immer wieder mit den entsprechenden Lösungsansätzen für physikalisch-mathematische Aufgaben beschäftigen. Gleiches gilt für die Nutzung grafischer Darstellungen zur Untersuchung von Proportionalität.

Methoden und Blickpunkte
In diesem Inhaltsfeld spielt das Messen von Basisgrößen wie Zeit und Länge eine große Rolle. Die ersten zwei Methodenseiten sensibilisieren die Schülerinnen und Schüler nicht nur für einen sachgerechten Umgang mit Messwerten und physikalischen Größen, sondern auch für den Umgang mit Messungenauigkeiten. Die Methode *Videoanalyse* erläutert die Untersuchung von Bewegungen mit digitalen Hilfsmitten.
In diesem Kapitel nutzen die Schülerinnen und Schüler erstmalig Vektoren zur Beschreibung gerichteter Größen. Mit der Methodenseite *Vektoren in der Physik* erwerben sie Grundkenntnisse, die sie in der Methode *Kräfte addieren und zerlegen* erweitern.
Der hohe Mathematisierungsgrad dieses Kapitels (s. o.) ist für die Schülerinnen und Schüler nicht einfach zu handhaben. Unterstützung liefert die Methodenseite *Lösen von physikalisch-mathematischen Aufgaben.*
Die zur Vertiefung oder Erweiterung gedachten Blickpunkte behandeln Sachverhalte aus dem Alltag, insbesondere aus dem Sport. Nicht alltäglich ist dagegen die *Schwerelosigkeit* und gerade deshalb besonders faszinierend.

Basiskonzepte
In diesem Inhaltsfeld lassen sich *Wechselwirkungen* betrachten, die die Änderung des Bewegungszustands oder der äußeren Form eines Körpers zur Folge haben.
Körper bilden miteinander ein *System*, in dem die wirkenden Kräfte untersucht werden. Von großer Bedeutung ist die Umwandlung und Erhaltung von *Energie.*
Lediglich die *Struktur der Materie* findet keine Berücksichtigung.

1 Körper in Bewegung

Seite 135 (Methode)

1 Nimm an, Hannes hat nur die ersten beiden Werte gemessen. Wie verändern sich Mittelwert und Genauigkeit? Begründe die Abweichung.
Wenn man nur die ersten beiden Messwerte benutzt, erhält man für Mittelwert und Fehler:
$t = 1{,}7\ \text{s} \pm 0{,}1\ \text{s}$.
Der Wert hat einen größeren Fehler als der Wert, der sich aus zehn Messungen ergibt. Bei wenigen Messungen ist der Mittelwert stärker vom einzelnen Messwert und damit auch von dessen Messfehler abhängig. Er ist somit ungenauer.

2 Thilo misst 10 einzelne Pendelschwingungen. Ayse misst die Zeit von 10 Pendelschwingungen und teilt dann die Zeit durch 10. Welche Methode erscheint dir besser? Begründe.
Mögliche Schülerlösung: Ich finde Ayses Methode besser. Wenn Ayse nur eine Messung macht, dann muss sie den Fehler, der beim Starten und Stoppen der Zeit entsteht, abschätzen und durch zehn teilen. Thilo rechnet den Fehler des Mittelwertes aus. Vermutlich ist dieser Fehler größer.
Hinweis: Schülerinnen und Schüler können zunächst nicht wissen, dass die Periodendauer konstant ist. Wenn eine Abhängigkeit bestünde, würde Ayses Methode einen falschen Wert ergeben. Um dies auszuschließen, könnte Thilo mit seinen Einzelmessungen zunächst feststellen, ob die Periodendauer abgesehen von statistischen Schwankungen konstant ist. Danach ist das Zusammenfassen mehrerer Perioden in einer Messung, wie Ayse es getan hat, erlaubt.

Einfache Bewegungen

Seite 137

1 Erkläre, was du unter einem Bezugskörper verstehst, und nenne ein Beispiel.
Wenn eine Geschwindigkeit relativ zu einem Körper angegeben wird, nennt man diesen Körper Bezugskörper.
Beispiel: Bewegt sich ein Mensch in einem Zug mit $1\ \frac{\text{m}}{\text{s}}$ vorwärts, dann ist das seine Geschwindigkeit relativ zum Zug. Relativ zum Bahnsteig kann die Geschwindigkeit deutlich höher sein, wenn der Zug bereits abgefahren ist.

2 Du fährst in einem Auto. Bist du in Ruhe oder in Bewegung? Nenne jeweils den Bezugskörper.
Wenn ich die Fahrbahn als Bezugskörper wähle, dann bewege ich mich mit der Geschwindigkeit, die der Tacho anzeigt. Wenn ich dagegen das Auto als Bezugskörper wähle, dann bewege ich mich nicht.

3 Gib die Geschwindigkeit einer Rennschnecke bei einer Bestleistung von $12\ \frac{\text{cm}}{\text{min}}$ in den Einheiten $\frac{\text{m}}{\text{s}}$ und $\frac{\text{km}}{\text{h}}$ an.
Die Rennschnecke bewegt sich mit $0{,}0020\ \frac{\text{m}}{\text{s}}$ bzw. $0{,}0072\ \frac{\text{km}}{\text{h}}$.

Seite 138 (Methode)

1 Eine Messung ohne Angabe der Messgenauigkeit ist bedeutungslos. Nimm Stellung.
Mögliche Schülerlösung:
Es ist wichtig, auf die Messgenauigkeit zu achten. Trotzdem sind auch Messungen ohne Fehlerangabe von Bedeutung, wenn sie z. B. eine hohe Temperatur in einem Innenraum oder einen kleinen Abstand zwischen Fahrzeugen angeben.

2 Harry stellt fest: Einer meiner Messwerte ist ein Ausreißer, weil er auf unverständliche und deutliche Weise von den übrigen Messwerten abweicht. Erläutere, ob du solche Ausreißer beim Zeichnen der Ausgleichsgeraden berücksichtigen sollst.
Mögliche Schülerlösung:
Ich berücksichtige die Ausreißer nicht, weil ich vermutlich beim Messen etwas falsch gemacht habe. Wenn ich einen falschen Messwert einbeziehe, verfälscht das die Ausgleichsgerade.

Seite 139 (Material)

Versuche – Bewegung mit konstanter Geschwindigkeit

V1 Beobachte die Bewegung des Maiskorns. Beschreibe die Bewegung beim Eintauchen. Wie bewegt es sich anschließend? Durch Umdrehen des Glases kannst du den Versuch wiederholen.
Nach dem Eintauchen bewegt sich das Maiskorn mit konstanter Geschwindigkeit.

V2 a) Miss jeweils die Zeit, die das Popcorn für die Strecke 1,0 cm, 2,0 cm usw. benötigt.
Hinweis: Zu beachten ist, dass hier Zeiten für vorgegebene Strecken gemessen werden. Im Sinne der Definition der Geschwindigkeit sollte natürlich ein *s(t)*-Diagramm erzeugt werden.
Die hier gezeigten Messwerte können je nach Viskosität des Duschgels abweichen.

s in cm	0	1,0	2,0	3,0	4,0	5,0
t in s	0	3,0	6,3	9,5	12,1	15,7

b) Erstelle ein $s(t)$-Diagramm und bestimme die Geschwindigkeit des Maiskorns.

Die Geschwindigkeit lässt sich im $s(t)$-Diagramm mithilfe einer Ausgleichsgeraden bestimmen, hier z. B. $0{,}32\ \frac{\text{cm}}{\text{s}}$.

Ein Beispieldiagramm ist unter c) abgebildet.

c) Gib die Genauigkeit deiner Zeit- und Weg-Messungen an und zeichne in dein Diagramm entsprechende Streubalken ein.

Hinweis: Die Genauigkeit deiner Messungen hängt vom gewähltem Versuchsaufbau und vom experimentellem Geschick ab. Dazu sollte die Messung häufig wiederholt werden. Dies erlaubt eine sinnvolle Abschätzung der Messgenauigkeit. Die Streubalken im Musterdiagramm sind unter diesen Voraussetzungen entstanden.

Im Beispiel beträgt die Genauigkeit für die Zeitangabe 0,2 s, für die Wegangabe 0,25 cm.

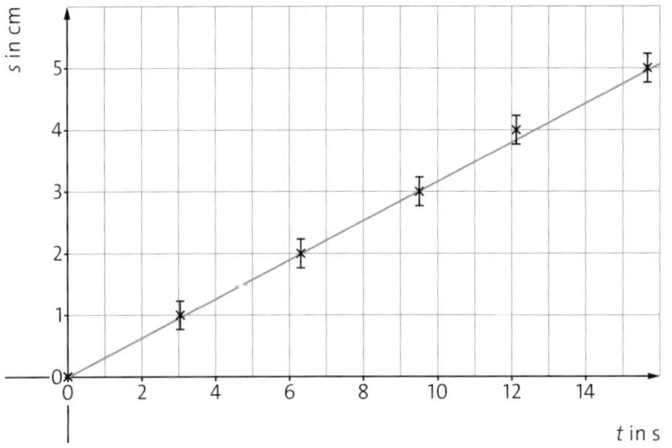

Cornelsen/newVISION! GmbH, Bernhard A. Peter, Pattensen

V3 Experimentiere mit anderen Gegenständen und Flüssigkeiten. Bestimme jeweils die Geschwindigkeiten und untersuche, welche Eigenschaften der Flüssigkeit die Bewegung beeinflussen.

Hinweis: Die Geschwindigkeiten ergeben sich aus den individuell gewählten Gegenständen und Flüssigkeiten. In der nachfolgenden Untersuchung wird der Begriff der Dichte, den die Schülerinnen und Schüler aus dem Chemieunterricht z. T. schon kennen, genutzt. Eine Beschreibung ist jedoch auch ohne den Begriff der Dichte möglich.

Mögliche Schülerlösung:

Wenn die Dichte eines Gegenstands zu klein ist, dann sinkt er gar nicht. Wenn ein Gegenstand sinkt, dann meist mit konstanter Geschwindigkeit. Je kleiner und „stromlinienförmiger“ der Körper ist und je größer seine Dichte ist, desto größer ist die Geschwindigkeit. Neben der Dichte spielt vor allem die Zähflüssigkeit („Viskosität“) eine Rolle. Je zähflüssiger die Flüssigkeit ist, desto langsamer sinkt das Korn.

Material A – Einheiten

A1 Rechne die Werte in der Tabelle in $\frac{\text{m}}{\text{s}}$ um und ordne sie nach der Größe.

Licht im Vakuum: $300\,000\,000\ \frac{\text{m}}{\text{s}} = 3 \cdot 10^8\ \frac{\text{m}}{\text{s}}$

Erde um Sonne: $30\,000\ \frac{\text{m}}{\text{s}} = 3 \cdot 10^4\ \frac{\text{m}}{\text{s}}$

Schall in Luft: $340\ \frac{\text{m}}{\text{s}}$

Fußball: $27{,}8\ \frac{\text{m}}{\text{s}}$

Auto (in der Stadt): $13{,}9\ \frac{\text{m}}{\text{s}}$

Mensch (rennend): $12\ \frac{\text{m}}{\text{s}}$

Regentropfen: $9\ \frac{\text{m}}{\text{s}}$

A2 In der Seefahrt werden Geschwindigkeiten üblicherweise in Knoten (kn) angegeben. Recherchiere im Internet, wie man Knoten in $\frac{\text{km}}{\text{h}}$ umrechnet. Erkläre dabei auch den Namen.

Ein Schiff fährt 1 Knoten, wenn es in einer Stunde eine Seemeile (1,852 km) zurücklegt:

$1\ \text{kn} = 1{,}852\ \frac{\text{km}}{\text{h}} = 0{,}5144\ \frac{\text{m}}{\text{s}}$.

Die Geschwindigkeit eines Schiffes auf See hat man früher bestimmt, indem man ein beschwertes Holzbrett an eine Leine gebunden und vom fahrenden Schiff aus ins Wasser geworfen hat. Das Holzbrett blieb fast an derselben Stelle im Wasser, während die Leine immer weiter abspulte. Diese Leine wies Knoten in bestimmten Abständen auf. Die Anzahl der Knoten, die in einer bestimmten Zeit abgespult wurden, lieferte dann ein Maß für die Geschwindigkeit.

A3 Ein Polizist hält eine ältere Dame im Auto an: Sie sind in der Stadt über 70 Kilometer in der Stunde gefahren! Da sagt die Dame: Aber so lange bin ich doch noch gar nicht unterwegs! Überlege dir für den Polizisten eine freundliche Antwort, die die Sache physikalisch korrekt erklärt.

Mögliche Schülerlösung:

„Ich meine ja nicht, dass Sie eine Stunde lang durch die Stadt gefahren sind. Sie sind aber mit einer Geschwindigkeit gefahren, bei der Sie in einer Stunde eine Strecke von 70 Kilometern zurückgelegt hätten, also $70\ \frac{\text{km}}{\text{h}}$.

Material B – Geschwindigkeit, Ort und Zeit

B1 Ein ICE braucht 35 Minuten von Wuppertal nach Köln (51 km). Berechne die Geschwindigkeit.

Gegeben: Zeit t: 35 min = 2100 s,

zurückgelegte Strecke s = 51 km = 51 000 m.

Gesucht: Geschwindigkeit v.

$$v = \frac{s}{t} = \frac{51\,000\ \text{m}}{2\,100\ \text{s}} \approx 24{,}29\ \frac{\text{m}}{\text{s}} \approx 87{,}4\ \frac{\text{km}}{\text{h}}.$$

Die Geschwindigkeit beträgt etwa $24{,}29\ \frac{\text{m}}{\text{s}}$.

B2 Herr Meyer fährt einen Teil seines Arbeitsweges über die Autobahn. Normalerweise fährt er mit 100 $\frac{km}{h}$. Auf dem Hinweg konnte er heute nur 80 $\frac{km}{h}$ fahren. Er sagt: Ich fahre heute mit 120 $\frac{km}{h}$ zurück. So habe ich die Zeit wieder eingespart. Bewerte Herrn Meyers Aussage.

Die Aussage von Herrn Meyer ist falsch:
Da Herr Meyer nur mit $\frac{4}{5}$ der „normalen" Geschwindigkeit hingefahren ist, benötigt er für den gleichen Weg $\frac{5}{4}$ der „normalen" Fahrzeit. Auf dem Rückweg dürfte er also nur noch $\frac{3}{4}$ der Fahrzeit benötigen. Dafür müsste er mit $\frac{4}{3}$ der normalen Geschwindigkeit fahren, das heißt mit 133 $\frac{km}{h}$. Die geplanten 120 $\frac{km}{h}$ sind also zu langsam.

B3 Im Sportunterricht sollten die Schülerinnen und Schüler 60 m mit konstanter Geschwindigkeit laufen. Dazu hat Paula Messwerte (▹ Tabelle) aufgenommen. Stelle die Messwerte in einem *s*(*t*)-Diagramm dar. Ist Paula mit konstanter Geschwindigkeit gelaufen? Bewerte.

Wenn Paula mit konstanter Geschwindigkeit gelaufen ist, dann müsste ihr *s*(*t*)-Diagramm eine Gerade zeigen. Durch die Messwerte lässt sich eine Ausgleichsgerade legen. Deshalb können wir annehmen, dass Paula mit konstanter Geschwindigkeit gelaufen ist.

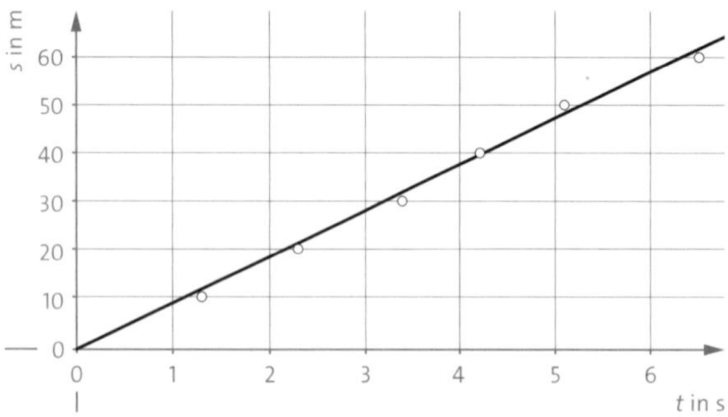

Cornelsen/newVISION! GmbH, Bernhard A. Peter, Pattensen

B4 Ein Lkw verlässt um 5 Uhr seinen Standort mit gleichbleibender Geschwindigkeit von 30 $\frac{km}{h}$. Ein Pkw folgt ihm um 9 Uhr mit einer Geschwindigkeit von 80 $\frac{km}{h}$. Zeichne ein *s*(*t*)-Diagramm beider Bewegungen. Bestimme Uhrzeit und Treffpunkt beider Fahrzeuge.

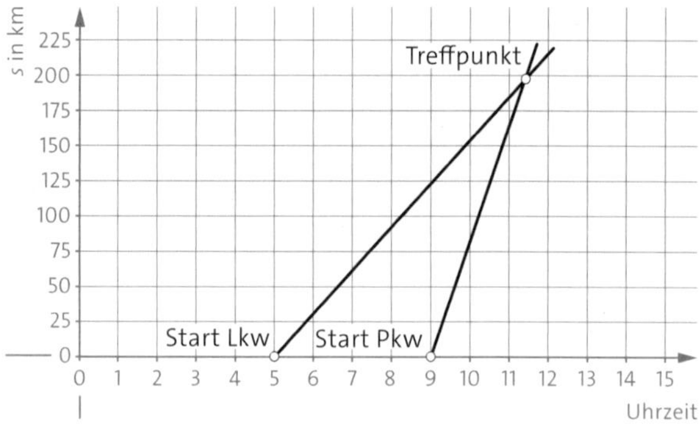

Cornelsen/newVISION! GmbH, Bernhard A. Peter, Pattensen

Der Schnittpunkt der Geraden liegt bei 11:24 Uhr und 192 km. Also treffen sich die Fahrzeuge 6 Stunden und 24 Minuten nach Abfahrt des Lkw.

Die Geschwindigkeit ändert sich

Seite 141

1 Zeichne ein *s*(*t*)- und ein *v*(*t*)-Diagramm der folgenden geradlinigen Bewegung.
- **Ein Fahrzeug bewegt sich 15 min lang mit einer konstanten Geschwindigkeit von 50 $\frac{km}{h}$.**
- **Anschließend steht der Fahrer für 5 min im Stau.**
- **Danach fährt er eine Strecke von 30 Kilometer mit $v = 120\,\frac{km}{h}$.**

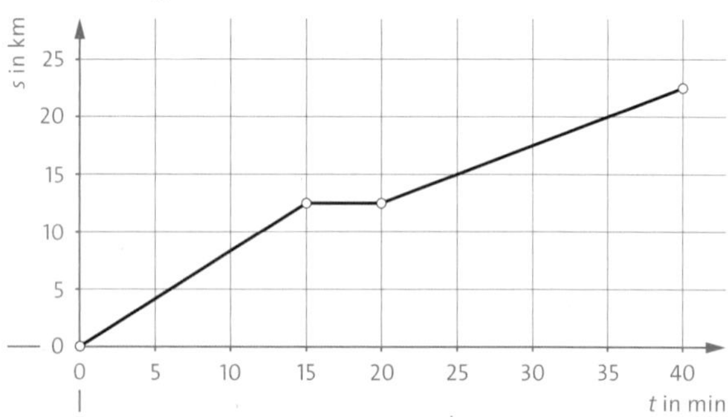

Cornelsen/newVISION! GmbH, Bernhard A. Peter, Pattensen

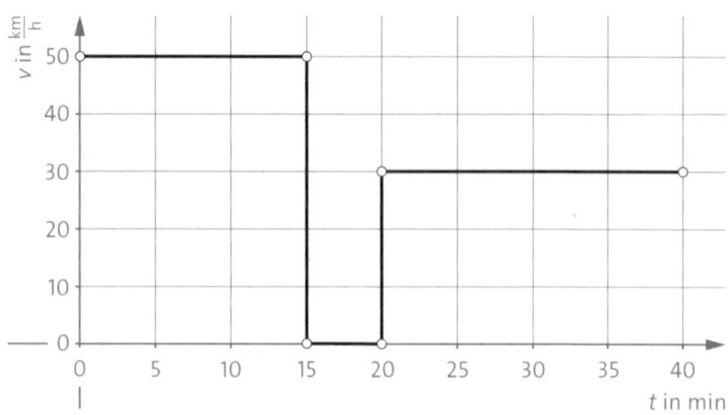

Cornelsen/newVISION! GmbH, Bernhard A. Peter, Pattensen

2 Im Jahr 2009 stellte Usain Bolt während der Leichtathletik-WM in Berlin einen Weltrekord im 100-m-Lauf auf. Entlang der Bahn gab es alle 10 Meter eine Station zur Zeitmessung (▸ Tabelle 05).

a) Zeichne ein $s(t)$- und $v(t)$-Diagramm.

Hinweis: Zu beachten ist, dass hier Zeiten für vorgegebene Strecken gemessen werden. Im Sinne der Definition der Geschwindigkeit sollte natürlich ein *s(t)*-Diagramm erzeugt werden.

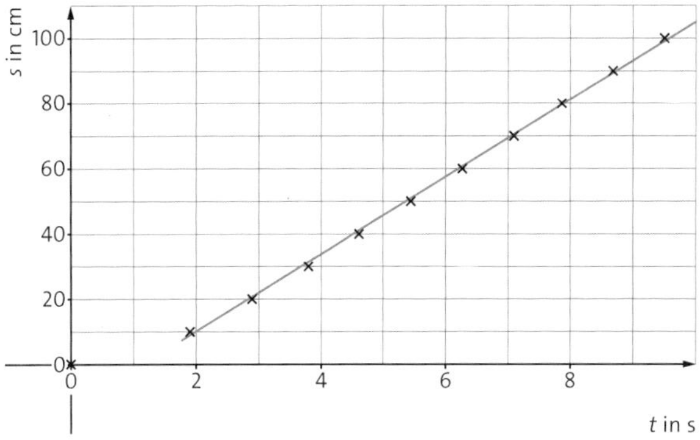

Cornelsen/newVISION! GmbH, Bernhard A. Peter, Pattensen

Für das *v(t)*-Diagramm muss eine neue Tabelle erstellt werden. Dabei bilden zwei aufeinanderfolgende Zeiten das Intervall Δt. Für jedes Zeitintervall wird die währenddessen zurückgelegte Strecke Δs berechnet. Der Quotient $\frac{\Delta s}{\Delta t}$ ist die mittlere Geschwindigkeit v in diesem Zeitintervall. Zum Eintragen der Punkte in das *v(t)*-Diagramm wird zusätzlich der Zeitpunkt t in der Mitte des jeweiligen Zeitintervalls benötigt.

t in s	s in m	Berechnete Größen Δt, v und t	
0	0	Δt = 1,89 s; v = 5,29 $\frac{m}{s}$; t = 0,95 s	
1,89	10		Δt = 0,99 s; v = 10,1 $\frac{m}{s}$; t = 2,37 s
2,88	20	Δt = 0,92 s; v = 10,9 $\frac{m}{s}$; t = 3,34 s	
3,80	30		Δt = 0,83 s; v = 12 $\frac{m}{s}$; t = 4,22 s
4,63	40	Δt = 0,82 s; v = 12,2 $\frac{m}{s}$; t = 5,08 s	
5,45	50		Δs = 0,84 s; v = 11,9 $\frac{m}{s}$; t = 5,87 s
6,29	60	Δt = 0,82 s; v = 12,2 $\frac{m}{s}$; t = 6,7 s	
7,11	70		Δt = 0,81 s; v = 12,3 $\frac{m}{s}$; t = 7,55 s
7,92	80	Δt = 0,83 s; v = 12 $\frac{m}{s}$; t = 8,38 s	
8,75	90		Δt = 0,83 s; v = 12,0 $\frac{m}{s}$; t = 9,17 s
9,58	100		

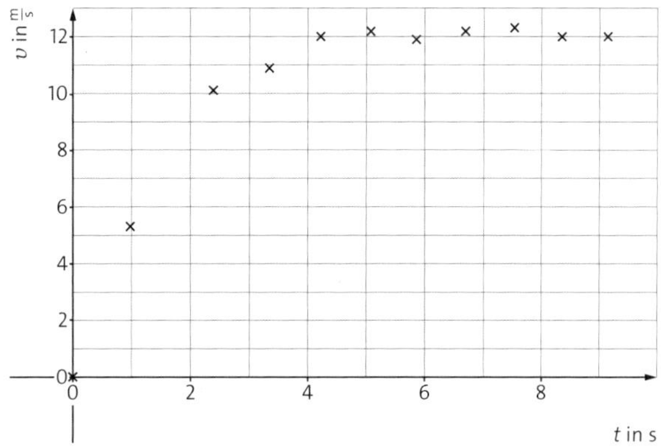

Cornelsen/newVISION! GmbH, Bernhard A. Peter, Pattensen

b) Bestimme, wann Usain Bolt seine höchste Geschwindigkeit erreichte und wie weit er bis dahin gelaufen ist.

Aus dem *v(t)*-Diagramm lässt sich ablesen, dass Usain Bolt nach etwa 7.55 s seine höchste Geschwindigkeit von 12,3 $\frac{m}{s}$ erreicht hat. Er hat dann eine Strecke von etwa 74 m zurückgelegt.

Seite 142

1 Die ▸ Tabelle 02 beschreibt einen Bungee-Sprung.

a) Zeichne das $s(t)$- und das $v(t)$-Diagramm der Bewegung.

Mit der Tabelle aus dem Buch kann unmittelbar das $s(t)$-Diagramm erstellt werden.

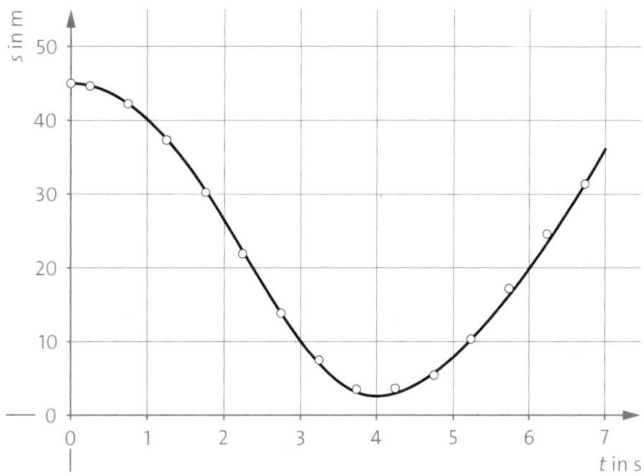

Cornelsen/newVISION! GmbH, Bernhard A. Peter, Pattensen

Für das *v(t)*-Diagramm muss eine neue Tabelle erstellt werden. Dabei bilden zwei aufeinanderfolgende Zeiten das Intervall Δt. Für jedes Zeitintervall wird die währenddessen zurückgelegte Strecke Δs berechnet. Der Quotient $\frac{\Delta s}{\Delta t}$ ist die mittlere Geschwindigkeit v in diesem Zeitintervall. Zum Eintragen der Punkte in das *v(t)*-Diagramm wird zusätzlich der Zeitpunkt t in der Mitte des jeweiligen Zeitintervalls benötigt.

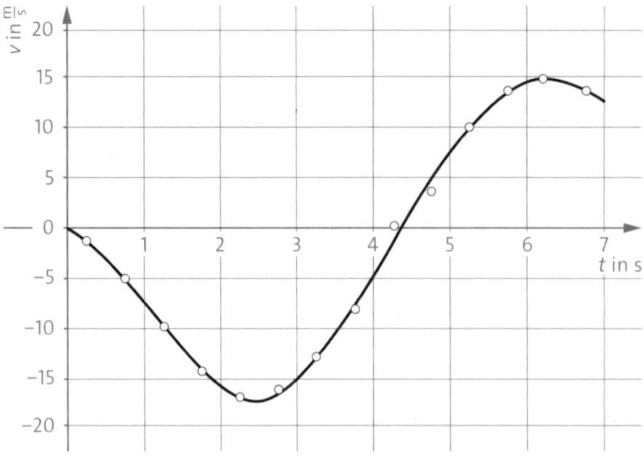

Cornelsen/newVISION! GmbH, Bernhard A. Peter, Pattensen

t in s	s in m	Berechnete Größen Δt, v und t (Δt abgesehen vom ersten Intervall jeweils 0,5 s)	
0	45,0	$\Delta s = -0{,}3$ m $v = -1{,}2\,\frac{\text{m}}{\text{s}}$ $t = 0{,}125$ s	
0,25	44,7		$\Delta s = -2{,}5$ m $v = -5{,}0\,\frac{\text{m}}{\text{s}}$ $t = 0{,}5$ s
0,75	42,2	$\Delta s = -4{,}9$ m $v = -9{,}8\,\frac{\text{m}}{\text{s}}$ $t = 1{,}0$ s	
1,25	37,3		$\Delta s = -7{,}1$ m $v = -14{,}2\,\frac{\text{m}}{\text{s}}$ $t = 1{,}5$ s
1,75	30,2	$\Delta s = -8{,}4$ m $v = -16{,}8\,\frac{\text{m}}{\text{s}}$ $t = 2{,}0$ s	
2,25	21,8		$\Delta s = -8{,}0$ m $v = -16{,}0\,\frac{\text{m}}{\text{s}}$ $t = 2{,}5$ s
2,75	13,8	$\Delta s = -6{,}4$ m $v = -12{,}8\,\frac{\text{m}}{\text{s}}$ $t = 3{,}0$ s	
3,25	7,4		$\Delta s = -4{,}0$ m $v = -8{,}0\,\frac{\text{m}}{\text{s}}$ $t = 3{,}5$ s
3,75	3,4	$\Delta s = 0{,}1$ m $v = 0{,}2\,\frac{\text{m}}{\text{s}}$ $t = 4{,}0$ s	
4,25	3,5		$\Delta s = 1{,}8$ m $v = 3{,}6\,\frac{\text{m}}{\text{s}}$ $t = 4{,}5$ s
4,75	5,3	$\Delta s = 5{,}0$ m $v = 10{,}0\,\frac{\text{m}}{\text{s}}$ $t = 5{,}0$ s	
5,25	10,3		$\Delta s = 6{,}8$ m $v = 13{,}6\,\frac{\text{m}}{\text{s}}$ $t = 5{,}5$ s
5,75	17,1	$\Delta s = 7{,}4$ m $v = 14{,}8\,\frac{\text{m}}{\text{s}}$ $t = 6{,}0$ s	
6,25	24,5		$\Delta s = 6{,}8$ m $v = 13{,}6\,\frac{\text{m}}{\text{s}}$ $t = 6{,}5$ s
6,75	31,3		

b) Bestimme, wann und in welcher Höhe der Springer am schnellsten ist. Ermittle seine Geschwindigkeit zu diesem Zeitpunkt. Bestimme den Zeitpunkt, an dem der Springer den tiefsten Punkt erreicht.

Aus dem $v(t)$-Diagramm lesen wir ab, dass der Springer nach 2 s seine höchste Geschwindigkeit erreicht. Aus dem $s(t)$-Diagramm folgt, dass sich der Springer zu diesem Zeitpunkt in einer Höhe von 26 m befindet. Den Zeitpunkt $t = 4$ s an dem der Springer den tiefsten Punkt erreicht, lässt sich ebenfalls hier ablesen.

2 Ein Karussell dreht sich mit konstantem Tempo. Zeichne das $s(t)$- und $v(t)$-Diagramm einer Gondel vom Mittelpunkt der Drehbewegung aus gesehen.

Mögliche Schülerlösung: Wenn s der Abstand zwischen der Drehachse und einer Gondel des Karussells ist, dann ist $\Delta s = 0$, weil sich zwar die Position der Gondel, nicht aber ihr Abstand ändert. Wenn Δs konstant 0 ist, dann ist auch $v = \frac{\Delta s}{\Delta t} = 0$.

Hinweis: Die Gondel hat somit dasselbe $s(t)$- und $v(t)$-Diagramm wie ein relativ zur Drehachse ruhender Punkt. Die Drehung kann in diesem Diagramm nicht erfasst werden.

Seite 143 (Material)

Versuche – Die Geschwindigkeit

V1 Beobachte die Bewegung der Dose. Schreibe auf, woran man erkennt, dass ihre Geschwindigkeit zunimmt.

Gleiche Strecken werden in immer kürzeren Zeitspannen durchlaufen.

V2 Miss jeweils die Zeit, die die Dose für 20 cm, 40 cm usw. benötigt. Wiederhole dabei die Messungen mehrfach. Erläutere, weshalb Mehrfachmessungen sinnvoll sind.

Beispiel für eine Messung:

s in m	0	0,20	0,40	0,60	0,80	1,00
t in s	0	2,2	3,1	3,8	4,4	4,9

Jede Messung ist mit Messungenauigkeiten behaftet. Durch mehrmaliges Messen und Mittelwertbildung kann diese Ungenauigkeit verkleinert oder zumindest abgeschätzt werden.

V3 Erstelle ein $s(t)$-Diagramm und bestimme die Geschwindigkeit der Dose in den einzelnen Abschnitten.

Diagramm zu den Werten aus V2:

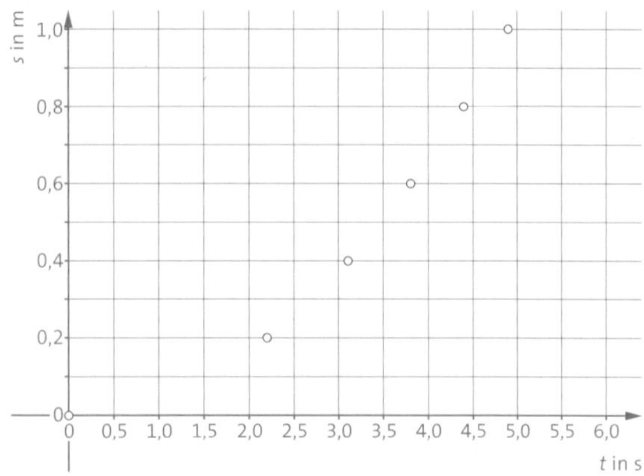

Cornelsen/Atelier tigercolor, Tom Menzel, Scharbeutz/Klingberg

Geschwindigkeit aus den Messwerten:

s in m	0	0,20	0,40	0,60	0,80	1,00	
***t* in s**	0	2,2	3,1	3,8	4,4	4,9	
Δ*t* in m	–	0,2	0,2	0,2	0,2	0,2	–
Δ*s* in m	–	2,2	0,9	0,7	0,6	0,5	–
***v* in $\frac{\text{m}}{\text{s}}$**	0	0,09	0,22	0,29	0,33	0,40	–

Material A – Diagramme erzählen Geschichten

A1 a) Gib an aufgrund des Diagramms, wann Anna langsamer und wann sie schneller war.
Am schnellsten ist Anna auf dem Weg zur Schule. Am langsamsten ist sie an der Ampel.
b) Ermittle, welche Teilstrecken Anna zurückgelegt hat. Bestimme jeweils ihre mittlere Geschwindigkeit.
Der Weg zur Ampel beträgt 400 m. Dafür benötigt sie 400 s, d. h. die Geschwindigkeit beträgt $\frac{\text{m}}{\text{s}}$. An der Ampel wartet sie 50 s. Ihre Geschwindigkeit beträgt 0 $\frac{\text{m}}{\text{s}}$. Für den Rückweg von 400 m benötigt sie 200 s, d. h. ihre Geschwindigkeit beträgt 2 $\frac{\text{m}}{\text{s}}$. Der Weg zur Schule beträgt 1000 m. Sie legt ihn in 400 s zurück, d. h. ihre Geschwindigkeit beträgt 2,5 $\frac{\text{m}}{\text{s}}$.
c) Berechne die Länge von Annas direktem Schulweg.
Der Schulweg ist 1000 m lang.
d) Bestimme die Zeit, die sie benötigt hätte, wenn sie ihre Anfangsgeschwindigkeit beibehalten hätte.
Mit der Anfangsgeschwindigkeit von 1 $\frac{\text{m}}{\text{s}}$ hätte Anna 1000 s gebraucht. Das sind 16 min 40 s.

A2 Das *s*(*t*)-Diagramm im ▸ Bild unten beschreibt eine Begebenheit im Stadtpark. Schreibe eine passende Geschichte.
Mögliche Schülerlösung:
Die Großmutter spaziert ganz gemütlich mit dem Rollator durch den Stadtpark. Handtaschen-Ede nähert sich zügig der Großmutter. Er geht dann einen kurzen Moment neben ihr her, greift in den Korb des Rollators, entwendet ihre Handtasche und läuft in die Richtung zurück, aus der er gekommen war. Zufällig nähert sich von der anderen Seite zur gleichen Zeit ein Polizist dem Geschehen. Er beobachtet den Diebstahl und läuft Handtaschen-Ede hinterher. Nach kurzer Zeit hat er ihn eingeholt und festgenommen. Er kehrt mit ihm und der Handtasche zur Großmutter zurück. Die Großmutter erhält ihre Handtasche zurück.

Material B – Aus einer Sicherheitsbroschüre

B1 a) Im Text werden 2 s als Abstand angegeben. Erkläre an einem Beispiel, was damit gemeint ist.
Gemeint ist, dass 2 Sekunden vergehen sollen, bevor der Autofahrer die Stelle erreicht, an der sich das vorausfahrende Fahrzeug gerade befindet. Bei 90 $\frac{\text{km}}{\text{h}}$ und der vorgegebenen Zeit ergibt sich die in dieser Zeit zurückgelegte Strecke z. B. als
$s = v \cdot t = 2\ \text{s} \cdot 90\ \frac{\text{km}}{\text{h}} = 50\ \text{m}$.
Der Autofahrer sollte bei 90 $\frac{\text{km}}{\text{h}}$ also 50 m Abstand zum Vordermann halten. Ist die Geschwindigkeit größer, z. B. 120 $\frac{\text{km}}{\text{h}}$ wie auf der Autobahn, so legt der Autofahrer in 2 s bereits 67 m zurück und sollte deshalb einen Abstand von 67 m halten.
b) Der halbe Tachowert ist einfacher zu bestimmen. Vergleiche diese Angabe mit der 2-s-Regel.
Die zurückgelegte Strecke ist gegeben durch die Formel
$\Delta s = v \cdot \Delta t$.
Der Autotacho gibt die Geschwindigkeit in $\frac{\text{km}}{\text{h}}$ an.
Zur Umrechnung in $\frac{\text{m}}{\text{s}}$ teilt man die Angabe durch 3,6. Wenn man dann den Sicherheitsabstand „2 s“ für Δ*t* einsetzt, dann ergibt sich eine Formel, mit der man den Weg in Abhängigkeit von der Geschwindigkeit berechnen kann:
$\Delta s = v \cdot \frac{1}{3{,}6} \cdot 2\ \text{s} \approx v \cdot 0{,}55$.
Für die Geschwindigkeit von 90 $\frac{\text{km}}{\text{h}}$ ergibt sich ein Abstand von 50 m, für 120 $\frac{\text{km}}{\text{h}}$ ein Abstand von 67 m wie in Aufgabe a).

B2 Auf Landstraßen beträgt der Abstand zwischen zwei Leitpfosten 50 m. Erkläre, wie du damit die Geschwindigkeit eines Autos bestimmen kannst, ohne auf den Tacho zu schauen.
Man muss zusätzlich die Zeit messen, die das Auto von Leitpfosten zu Leitpfosten benötigt. Für größere Genauigkeit kann man auch den zeitlichen Abstand zwischen 3 oder 4 Pfosten messen. Dazu stoppt man die Zeit oder man zählt „21, 22, 23, … Anschließend dividiert man die Strecke durch die Zeit.
Beispiel: Zeit für 4 Leitpfosten (also 3 Zwischenräume von je 50 m) in 6 Sekunden:
$\Delta s = 3 \cdot 50\ \text{m} = 150\ \text{m}$.
$v = \frac{150\ \text{m}}{6\ \text{s}} = 25\ \frac{\text{m}}{\text{s}} = 90\ \frac{\text{km}}{\text{h}}$.

Seite 145 (Methode)

1 Sortiere die Kunden
a) nach gleicher Geschwindigkeit.
{I,D} ; {J,M}
b) nach gleichem Tempo, aber unterschiedlicher Richtung.
{A,J} ; {A,M} ;{G,F,L}
c) nach gleicher Richtung, aber unterschiedlichem Tempo.
{E,B} , {A,H}

2 a) Gib die Wege von B nach C und von C nach L an.
Aus der Zeichnung entnehmen wir den Maßstab für die Längen (2 Kästchen = 1 cm ≙ 10 km) und für die Geschwindigkeiten (2 Kästchen = 1 cm ≙ 40 $\frac{\text{km}}{\text{h}}$).
Die gemessenen Abstände betragen:
$|BC| = 3{,}6 \text{ cm} \mathrel{\hat{=}} 36 \text{ km}$
$|CL| = 5{,}7 \text{ cm} \mathrel{\hat{=}} 57 \text{ km}.$

b) Berechne den gesamten zurückgelegten Weg.
$|LA| + |AB| + |BC| + |CL|$
$= 2 \text{ cm} + 1 \text{ cm} + 3{,}6 \text{ cm} + 5{,}7 \text{ cm}$
$= 12{,}3 \text{ cm} \mathrel{\hat{=}} 123 \text{ km}$
Die Gesamtstrecke beträgt 123 km.

c) Gib die Geschwindigkeit des Boten auf den Wegen von B nach C und von C nach L an.
Gemessene Länge der Vektoren:
$|\vec{v_3}| = 1{,}8 \text{ cm} \mathrel{\hat{=}} 72 \frac{\text{km}}{\text{h}}$
$|\vec{v_4}| = 4{,}3 \text{ cm} \mathrel{\hat{=}} 172 \frac{\text{km}}{\text{h}}.$
Der Bote bewegt sich von B nach C mit einer Geschwindigkeit von 72 $\frac{\text{km}}{\text{h}}$ und von C nach L mit einer Geschwindigkeit von 172 $\frac{\text{km}}{\text{h}}$.

d) Bestimme die Zeit, die er für die einzelnen Wege benötigt.
Die Zeit, die der Bote für ein Wegstück benötigt, berechnet sich als $\Delta t = \frac{v}{\Delta s}$, für den Weg von B nach C als Quotient der Größen $|\vec{v_3}|$ und $|BC|$:

$$t = \frac{|BC|}{|\vec{v_3}|} = \frac{36 \text{ km}}{72 \frac{\text{km}}{\text{h}}} = 0{,}5 \text{ h}.$$

Für die Strecke von B nach C benötigt er 30 min. Ähnlich lassen sich die die anderen Zeiten berechnen. Von C nach L benötigt der Bote ca. 30 min, von L nach A 30 min und von A nach B 15 min.

e) Bestimme seine mittlere Geschwindigkeit für den gesamten Weg.
Die mittlere Geschwindigkeit ist der Quotient aus der Länge des Weges und der benötigten Zeit.

$$v = \frac{\Delta s}{\Delta t} = \frac{123 \text{ km}}{105 \text{ min}}$$

Die mittlere Geschwindigkeit beträgt ca. 70 $\frac{\text{km}}{\text{h}}$.

f) Untersuche, wo sich der Bote 15 min nach dem Start befindet. Nenne die Koordinaten und den zurückgelegten Weg.
Der Lieferant befindet sich in der Mitte zwischen B und C. Das ist der Punkt (35,40) im Koordinatensystem. Die zurückgelegte Strecke beträgt 48 km, der Abstand zum Start beträgt 40 km.

3 Im ▹ Bild 03 siehst du den Weg einer Skaterin. Sie skatet mit einem konstanten Tempo von 12 km/h. Fertige eine ähnliche Zeichnung an und zeichne an den markierten Stellen jeweils ihren Geschwindigkeitsvektor ein. Wähle dabei eine Länge von 0,25 cm für ein Tempo von 1 km/h.

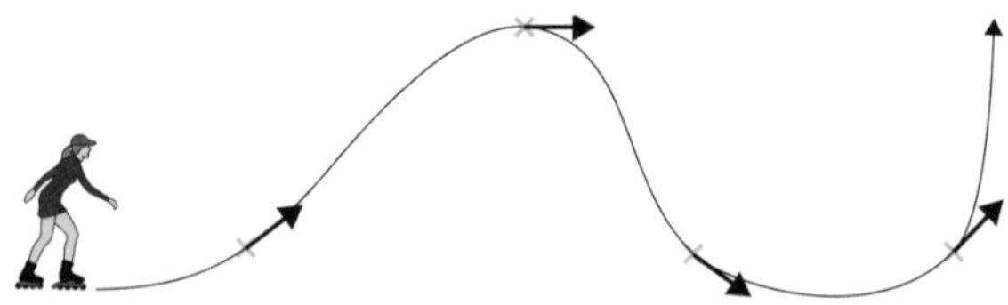

Cornelsen/newVISION! GmbH, Bernhard A. Peter, Pattensen

Bei 12 $\frac{\text{km}}{\text{h}}$ müssen die Geschwindigkeitsvektoren in der Zeichnung eine Länge von 3 cm haben.

Die beschleunigte Bewegung

Seite 147

1 Eine Einheit der Düsseldorfer S-Bahn besteht aus je 4 Wagen mit einer Gesamtmasse von 109 t. Eine solche Einheit kann maximal mit 1,0 $\frac{\text{m}}{\text{s}^2}$ beschleunigen. Sie erreicht eine Höchstgeschwindigkeit von 140 $\frac{\text{km}}{\text{h}}$. Berechne die Zeitspanne, nach der das Fahrzeug seine Höchstgeschwindigkeit erreicht.
Gegeben: Höchstgeschwindigkeit $v_{\text{max}} = 38{,}9 \frac{\text{m}}{\text{s}}$
maximale Beschleunigung $a_{\text{max}} = 1 \frac{\text{m}}{\text{s}^2}$
Gesucht: Zeitdauer der Beschleunigung t.

$$a = \frac{v}{t} \Leftrightarrow t = \frac{v}{a}$$

$$t = \frac{v_{\text{max}}}{a_{\text{max}}} = \frac{38{,}9 \frac{\text{m}}{\text{s}}}{1 \frac{\text{m}}{\text{s}^2}} \approx 39 \text{ s}$$

Die S-Bahn beschleunigt 39 Sekunden lang.
Hinweis: Wie schwer die Wagen sind ist interessant, aber für die Lösung der Aufgabe ebenso irrelevant wie die Anzahl der Wagen.

2 Die Geschwindigkeit eines Fahrzeugs nimmt in 5 s um 36 $\frac{\text{km}}{\text{h}}$ zu. Berechne die Geschwindigkeitsänderung Δv in $\frac{\text{m}}{\text{s}}$ und die Beschleunigung a in $\frac{\text{m}}{\text{s}^2}$.
Gegeben: $\Delta v = 36 \frac{\text{km}}{\text{h}} = 10 \frac{\text{m}}{\text{s}}$, $\Delta t = 5$ s.
Gesucht: Beschleunigung a.

$$a = \frac{\Delta v}{\Delta t} = \frac{10 \frac{\text{m}}{\text{s}}}{5 \text{ s}} = 2 \frac{\text{m}}{\text{s}^2}.$$

Der Radfahrer beschleunigt mit 2 $\frac{\text{m}}{\text{s}^2}$.

3 Ein Mittelklassewagen beschleunigt 6,9 s lang mit einer Beschleunigung von 4 $\frac{m}{s^2}$. Berechne seine Geschwindigkeit und notiere, welche Annahme du gemacht hast.

Gegebene Größen: Zeit $t = 6{,}9$ s,
Beschleunigung $a = 4\ \frac{m}{s^2}$

Gesuchte Größe: Geschwindigkeit v

$v = a \cdot t = 4\ \frac{m}{s^2} \cdot 6{,}9\ s = 27{,}6\ \frac{m}{s}$

Das Fahrzeug hat nach 6,9 s eine Geschwindigkeit von 27,6 $\frac{m}{s}$ (also 99,36 $\frac{km}{h}$) erreicht. Dabei wurde angenommen, dass das Fahrzeug aus dem Ruhezustand heraus gleichmäßig beschleunigt wird.

Seite 148

1 Beschreibe, wie du mithilfe eines *s*(*t*)-Diagramms entscheiden kannst, ob es sich um eine Bewegung mit konstanter oder nicht konstanter Geschwindigkeit handelt.

Ist der Graph *s*(*t*)-Diagramm eine Gerade, ist die Geschwindigkeit konstant. Bei anders geformten Graphen ist die Geschwindigkeit nicht konstant.

2 Beschreibe, welche Informationen du einem *v*(*t*)-Diagramm entnehmen kannst.

Wenn der Graph im *v*(*t*)-Diagramm ansteigt, dann nimmt die Geschwindigkeit zu. Wenn der Graph fällt, dann nimmt die Geschwindigkeit ab. Je steiler der Graph verläuft, desto größer ist die Beschleunigung. Verläuft der Graph parallel zur Zeitachse, dann ändert sich die Geschwindigkeit nicht. Die Beschleunigung ist dann null.

Seite 149 (Material)

Material A – Rollende Kugel

A1 Berechne die Geschwindigkeit der Kugel in den Positionen A und B.

Gegeben: Position der Kugel in A und A–1:
$s_A = 3{,}8$ cm , $s_{A-1} = 2{,}1$ cm ,
Position der Kugel in B und B–1:
$s_B = 11{,}5$ cm , $s_{B-1} = 8{,}4$ cm ,
zeitlicher Abstand zwischen zwei Aufnahmen:
$\Delta t = 0{,}25$ s.

Lösung:

$$v = \frac{\Delta s}{\Delta t}.$$

$$v_A = \frac{s_A - s_{A-1}}{\Delta t} = \frac{1{,}7\ cm}{0{,}25\ s} = 6{,}8\ \frac{cm}{s}.$$

$$v_B = \frac{s_B - s_{B-1}}{\Delta t} = \frac{3{,}1\ cm}{0{,}25\ s} = 12{,}4\ \frac{cm}{s}.$$

A2 a) Fertige zur Bewegung der Kugel eine Messwertetabelle an. Nutze dazu die Grafik.
b) Berechne jeweils *v* und *a*.

Lösung zu a) und b):

t in s	*s* in cm	Δs in cm	Δt in s	v in $\frac{m}{s}$	Δv in $\frac{m}{s}$	a in $\frac{N}{kg}$
0	0	–	–	0	–	–
0,25	0,2	0,2	0,25	0,008	0,02	0,08
0,5	0,9	0,7	0,25	0,028	0,02	0,08
0,75	2,1	1,2	0,25	0,048	0,02	0,08
1	3,8	1,7	0,25	0,068	0,02	0,08
1,25	5,9	2,1	0,25	0,084	0,016	0,064
1,5	8,4	2,5	0,25	0,1	0,016	0,064
1,75	11,5	3,1	0,25	0,124	0,024	0,096
2	15	3,5	0,25	0,14	0,016	0,064

A3 Fertige zur Bewegung der Kugel ein *s*(*t*)-Diagramm, ein *v*(*t*)-Diagramm und ein *a*(*t*)-Diagramm an.

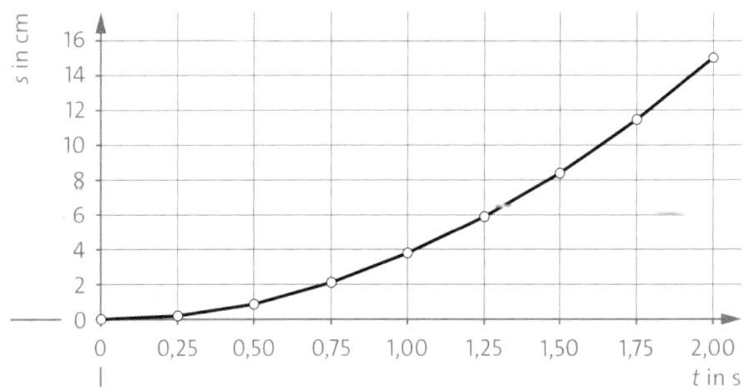

Cornelsen/newVISION! GmbH, Bernhard A. Peter, Pattensen

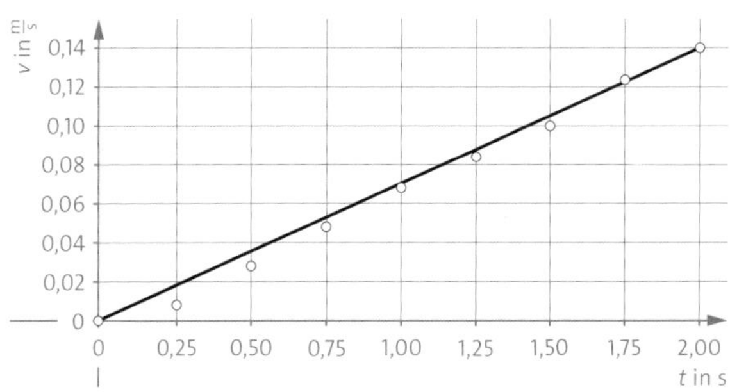

Cornelsen/newVISION! GmbH, Bernhard A. Peter, Pattensen

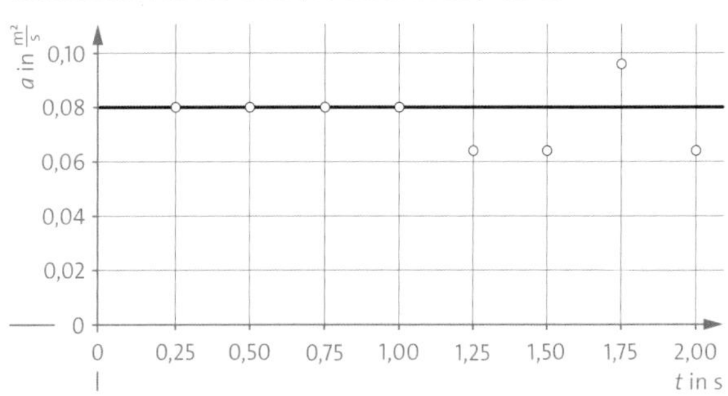

Cornelsen/newVISION! GmbH, Bernhard A. Peter, Pattensen

Material B – Qualmende Reifen

B1 a) Ordne die Diagramme den Fahrzeugen zu und begründe deine Zuordnung.

Die blaue Linie zeigt das *v(t)*-Diagramm des Schaltwagens. An den Stellen, an denen die *v(t)*-Kurve waagerecht verläuft, findet der Schaltvorgang in den nächst höheren Gang statt. In der roten Linie sind keine Schaltvorgänge zu erkennen.

b) Erläutere anhand des Diagramms, dass die Beschleunigung im ersten Gang am größten ist und von Gang zu Gang abnimmt.

Im ersten Gang ist die Steigung im *v*(*t*)-Diagramm am größten und nimmt dann von Gang zu Gang ab. Also wird die Beschleunigung in jedem Gang geringer.

c) Berechne die Beschleunigung für die ersten drei Gänge.

Beschleunigung im 1. Gang:

$$a = \frac{\Delta v}{\Delta t} = \frac{15\frac{\text{m}}{\text{s}} - 0\frac{\text{m}}{\text{s}}}{4\text{s}} = \frac{15\frac{\text{m}}{\text{s}}}{4\text{s}} = 3{,}75\ \frac{\text{m}}{\text{s}^2}.$$

Beschleunigung im 2. Gang:

$$a = \frac{\Delta v}{\Delta t} = \frac{25\frac{\text{m}}{\text{s}} - 15\frac{\text{m}}{\text{s}}}{4\text{s}} = \frac{10\frac{\text{m}}{\text{s}}}{4\text{s}} = 2{,}5\ \frac{\text{m}}{\text{s}^2}.$$

Beschleunigung im 3. Gang:

$$a = \frac{\Delta v}{\Delta t} = \frac{33\frac{\text{m}}{\text{s}} - 25\frac{\text{m}}{\text{s}}}{6\text{s}} = \frac{8\frac{\text{m}}{\text{s}}}{6\text{s}} = 1{,}3\ \frac{\text{m}}{\text{s}^2}.$$

d) Beschreibe, wie sich die Beschleunigung beim E-Fahrzeug verändert.

Mögliche Schülerlösung:

Das *v*(*t*)-Diagramm zeigt in den ersten 6 s eine Gerade. Das E-Fahrzeug beschleunigt also in dieser Zeit mit konstanter Kraft, d. h. gleichmäßig. Nach dieser Zeit nimmt die Geschwindigkeit des Fahrzeugs weiter zu. Im Diagramm ist keine Gerade mehr zu sehen und der Anstieg ist weniger steil als vorher. Das bedeutet, dass die Beschleunigung geringer wird.

Hinweis: Der Kurvenverlauf ist aufgrund des Luftwiderstands des Fahrzeugs zu erwarten. Nach 32 s ist bremsende Kraft des Luftwiderstands gleich der antreibenden Kraft des E-Motors. Das Fahrzeug bewegt sich dann mit konstanter Geschwindigkeit, hier ca. 50 $\frac{\text{m}}{\text{s}}$.

Material C – Geschwindigkeit und Beschleunigung

C1 a) Das Motorrad startet aus dem Stand und beschleunigt 3,2 s lang. Berechne die Geschwindigkeit in $\frac{\text{km}}{\text{h}}$.

Gegeben: Beschleunigung *a*, Zeitspanne Δ*t*.
Gesucht: Geschwindigkeitsänderung Δ*v*.

$$\Delta v = a \cdot \Delta t = 8{,}7\frac{\text{m}}{\text{s}^2} \cdot 3{,}2\ \text{s} = 27{,}84\ \frac{\text{m}}{\text{s}} = 100\ \frac{\text{km}}{\text{h}}.$$

Die Geschwindigkeit des Motorrades beträgt 100 $\frac{\text{km}}{\text{h}}$.

b) Sie beschleunigt von 50 $\frac{\text{km}}{\text{h}}$ auf 120 $\frac{\text{km}}{\text{h}}$. Berechne die dafür benötigte Zeit in Sekunden.

Gegeben: Geschwindigkeiten v_1, v_2 vor und nach der Beschleunigung.

$$\Delta t = \frac{\Delta v}{a} = \frac{70\ \frac{\text{km}}{\text{h}}}{8{,}7\ \frac{\text{m}}{\text{s}^2}} = \frac{19{,}4\ \frac{\text{m}}{\text{s}}}{8{,}7\ \frac{\text{m}}{\text{s}^2}} = 2{,}2\ \text{s}$$

Das Motorrad benötigt 2,2 s.

c) Wenn das Motorrad 2 Sekunden lang gleichmäßig beschleunigt, dann nimmt die Geschwindigkeit unabhängig von der Anfangsgeschwindigkeit immer um den gleichen Betrag zu. Begründe, ob das Motorrad dabei immer gleiche Strecken zurücklegt.

Nein. Die zurückgelegte Strecke hängt von der Anfangsgeschwindigkeit ab.

2 Wie Kräfte wirken

Körper sind träge und schwer

Seite 153

1 Du stehst im Bus, ohne dich festzuhalten. Beschreibe jeweils was passiert.

a) Der Bus beschleunigt.

Man meint, man würde nach hinten umkippen, von außen betrachtet passiert aber Folgendes: Die Füße bewegen sich mit dem Bus nach vorne, während der übrige Körper zunächst an Ort und Stelle bleibt.

b) Der Bus fährt eine Rechtskurve.

Man meint, man würde nach links fallen, von außen betrachtet passiert aber Folgendes: Die Füße bewegen sich mit dem Bus mit, während der übrige Körper weiter geradeaus fährt.

2 Beim Kugelstoßen musst du eine größere Kraft aufwenden als beim Ballweitwurf, um die gleiche Weite zu erzielen. Erkläre.

Die Kugel hat eine besonders große Masse und muss daher mit einer größeren Kraft beschleunigt werden, um dieselbe Weite zu erzielen.

3 Du willst einen Holzklotz spalten. Die Masse des Holzklotzes ist viel größer als die Masse der Axtklinge. Wie gelingt das Spalten am einfachsten? Begründe.

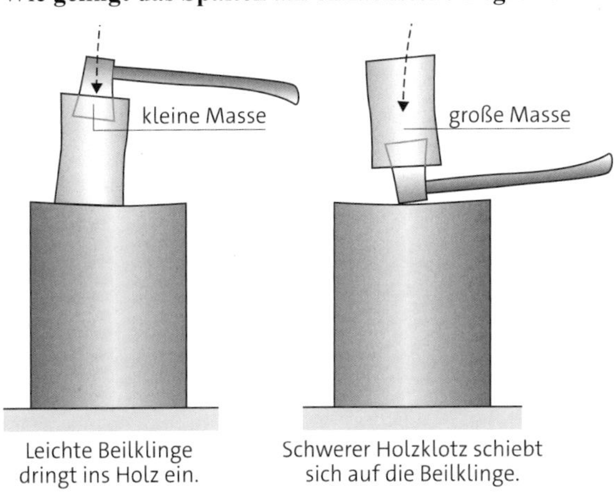

Leichte Beilklinge dringt ins Holz ein. Schwerer Holzklotz schiebt sich auf die Beilklinge.

Cornelsen/newVISION! GmbH, Bernhard A. Peter, Pattensen

Den Holzklotz zu spalten gelingt am einfachsten, wenn man mit der Axt in den Holzklotz schlägt, das Ganze umdreht und mit dem Axtrücken auf die Unterlage schlägt. Wird die Axt auf der Unterlage abgebremst, bewegt sich der Holzklotz aufgrund seiner Trägheit weiter und wird durch die Axtklinge gespalten.

4 Lege eine Murmel auf ein Tablett und laufe herum. Die Murmel soll in der Mitte bleiben. Erkläre, warum das schwierig ist.

Beim Beschleunigen und Abbremsen sowie bei Richtungswechseln verharrt die Kugel in ihrer ursprünglichen Bewegung und bleibt nicht mehr in der Mitte des Tabletts. Da die Reibung zwischen Kugel und Tablett sehr klein ist, gibt es keine Einwirkung auf die Kugel, die ihre Bewegung ändert.

Seite 154

1 Rechne 323,5 g in mg, kg und t um.

$323{,}5\ \text{g} = 323{,}5\ \text{g} \cdot 1000\,\frac{\text{mg}}{\text{g}} = 323\,500\ \text{mg}$

$323{,}5\ \text{g} = 323{,}5\ \text{g} \cdot 0{,}001\,\frac{\text{kg}}{\text{g}} = 0{,}3235\ \text{kg}$

$323{,}5\ \text{g} = 323{,}5\ \text{g} \cdot 0{,}000\,001\,\frac{\text{t}}{\text{g}} = 0{,}000\,323\,5\ \text{t}$

2 Die Masse der Schultasche wurde auf verschiedene Weise bestimmt. Vergleiche und nenne dabei Vor- und Nachteile der drei Methoden.

„Armwaage“: Mit der Armwaage kann man Massen lediglich vergleichen. Eine exakte Bestimmung der Masse ist nicht möglich.

Vergleich mit Äpfeln: Eine Bestimmung der Masse in der Einheit „Apfel“ ist möglich. Da die Äpfel aber verschiedene Massen haben, ist diese Methode ungenau.

Balkenwaage: Die Massenbestimmung erfolgt durch Vergleich mit allgemein gültigen Vergleichsmassen. Als Vergleichsmasse gilt international das Kilogramm. Dieses Verfahren ist viel genauer als die anderen. Man benötigt allerdings als Hilfsmittel eine Waage und verschiedene Massestücke.

3 Du hast unterschiedliche Massestücke und eine Personenwaage, an der die Skala fehlt. Beschreibe, wie du vorgehen musst, um eine nutzbare Waage zu erhalten.

Man stellt die verschiedenen Massestücke auf die Personenwaage ohne Skala, markiert den jeweiligen Ausschlag und notiert den zugehörigen Wert für die Masse. Je nach Zusammenstellung der Massestücke erhält man Markierungen in kleinem oder großem Abstand.

Seite 155

Versuche – Messungen mit einer Selbstbauwaage

V1 Bau der Waage

Untersuche, ab wann du keine weiteren Münzen hinzufügen solltest.

Man sollte keine weiteren Münzen hinzufügen, wenn man merkt, dass das Gummiband kurz vor dem Zerreißen steht.

V2 Wiegen und Vergleichen

a) Gib an, wann das Abwiegen gut gelingt.

Die Massenbestimmung gelingt bei Gegenständen gut, deren Masse der Masse einer Kombination von Münzen entspricht.

b) Mache Vorschläge, wie man deine Waage verbessern kann.

Vorschläge zur Verbesserung sind:
- Feder benutzen
- Kalibrieren mit möglichst (vielen) leichten Münzen
- Skalierung mit Zwischenmarkierungen ergänzen
- Skala vergrößern/strecken durch mehrere aneinandergeknotete Gummibänder

c) Vergleiche Gummiband-Waage und Personenwaage. Sammle Gemeinsamkeiten und Unterschiede.

Mit beiden Waagen kann man Massen bestimmen. Im Gegensatz zur Gummibandwaage gelingt die Massenbestimmung bei der Personenwaage auch bei Gegenständen, die nicht zufällig eine Masse besitzen, die gleich der Masse einer Kombination von Münzen ist. Der Messbereich der Personenwaage umfasst viele Kilogramm, der Messbereich der Gummibandwaage umfasst nur wenige Gramm – dafür misst die Gummibandwaage in diesem Bereich genauer.

Material A – Crash-Test

A1 Clara sagt: „Der Dummy wurde nach dem Crash nach vorne beschleunigt und wurde immer schneller.“ Nimm Stellung.

Der Dummy bewegt sich mit der Geschwindigkeit, die er vor dem Crash hatte, weiter. Er wird nicht beschleunigt, daher kann er auch nicht schneller werden. Hier hat Clara die Fachbegriffe „Geschwindigkeit“ und „Beschleunigung“ nicht richtig angewendet.

A2 Beschreibe die Bewegung des Dummys beim Crashtest. Nutze die folgenden Begriffe.

Mögliche Schülerlösung:

Wenn das Auto durch den Crash ***abgebremst*** wird, bewegt sich der Dummy aufgrund seiner ***Trägheit*** mit ***konstanter*** Geschwindigkeit weiter, ohne seine ***Bewegungsrichtung*** zu ändern. Kurz darauf wird er vom ***Anschnallgurt*** und vom ***Airbag*** aufgefangen.

Material B – Wetten, dass …

B1 Sami behauptet: „Ich kann die unterste Münze entfernen, ohne den Münzturm zu zerstören oder abzubauen.“ Erläutere und begründe.

Sami hat Recht. Er schlägt die unterste Münze mit dem Geodreieck weg. Da dabei auf die oberen Münzen keine Kraft einwirkt, bleiben sie, wo sie sind.

B2 Michi behauptet: „Ich kann einen losen Hammerkopf ohne Hilfsmittel wieder befestigen.“ Erläutere und begründe.

Michi hat Recht. Er schlägt den Hammer mit dem Stiel auf den Tisch. Die Bewegung des Hammerstiels wird abrupt abgebremst. Da die Reibung zwischen losem Hammerkopf und Stiel relativ gering ist, bewegt sich der Hammerkopf solange weiter nach unten, bis er aufgrund der Reibung schließlich doch abgebremst wird und wieder fest auf dem Stiel sitzt.

B3 Jan behauptet: „Ich kann Toilettenpapier mit einer Hand abreißen.“ Erläutere und begründe.

Jan hat Recht. Wenn er ruckartig am Toilettenpapier zieht, bleibt die Toilettenpapierrolle aufgrund ihrer Trägheit in Ruhe und das Papier reißt an der Perforation. Hier ist die Trägheit der Rolle stärker als die Verbindung zwischen den Toilettenpapierstücken.

Kräfte messen

Seite 158

1 Die Bogenschützin im ▸ Bild 02 übt mit den Händen Kräfte aus. Gib jeweils Angriffspunkt und die Richtung der beiden Kräfte an. Beschreibe ihre Wirkungen.

Die rechte Hand greift die Sehne und übt dabei eine nach hinten gerichtete Kraft auf die Sehne aus.

Die linke Hand hält den Bogen und übt dabei eine nach vorne gerichtete Kraft auf den Bogen aus.

Beide Kräfte sind gleich groß und verformen den Bogen.

2 Nenne drei Beispiele für Kräfte, die du an der beschleunigenden Wirkung erkennst.

1. Ein Schüler wirft einen Schneeball und übt dabei eine beschleunigende Kraft auf den Ball aus.
2. Ein Flugzeug beschleunigt auf der Startbahn. Dabei üben die Triebwerke eine beschleunigende Kraft auf den Flieger aus.
3. Ein Zug fährt im Bahnhof an. Dabei übt die Lokomotive eine beschleunigende Kraft auf die Wagen aus.

3 Gib den Betrag der Kraft in Schokoladentafeln an, um eine 5 kg schwere Einkaufstüte anzuheben.

Um eine 100-g-Tafel Schokolade zu heben, benötigt man eine Kraft von 1 N. 5 kg sind 50-mal so viel wie 100 g. Also benötigt man eine Kraft von 50 100-g Schokoladentafeln oder $50 \cdot 1\ \text{N} = 50\ \text{N}$, um den 5 kg schweren Einkauf anzuheben.

4 Frank hebt seinen kleinen Bruder Leon auf seine Schultern. Leon wiegt 15 kg. Bestimme Betrag und Richtung der Kraft, die Leon auf Franks Schultern ausübt.

Betrag der Kraft: Um einen 100 g schweren Körper (wie eine Tafel Schokolade) anzuheben, benötigt man eine Kraft von 1 N. Leon wiegt 15 kg = 150 · 0,1 kg. Die benötigte Kraft beträgt also: 150 · 1 N = 150 N.
Richtung der Kraft: Die Kraft, die Leon auf Franks Schultern ausübt, ist nach unten gerichtet.

Seite 159 (Material)

Versuche – Verformung

V1 Schraubenfeder und Gummiband

a) Wickle den Bindedraht um den Bleistift. Biege an den Enden je einen Haken in den Draht.

b) Befestige deine selbst gewickelte Schraubenfeder und das Gummiband nebeneinander am Stativ.

c) Hänge je ein Massestück an die Schraubenfeder und das Gummiband (▸ Bild 03). Miss die Verlängerung der Feder und des Gummibands. Wiederhole dies für zwei, drei, vier … Massestücke. 100 g üben eine Kraft von etwa 1 N aus.

Lösung zu a) bis c):
100-g-Massestück ≙ 1 N
Schraubenfeder:

Massestücke	1	2	3	4	5
F in N	1	2	3	4	5
Verlängerung s in cm	2	4,1	5,9	8	10,1
$\frac{F}{s}$ in $\frac{\text{N}}{\text{cm}}$	0,50	0,49	0,51	0,50	0,50

Gummiband:

Massestücke	1	2	3	4	5
F in N	1	2	3	4	5
Verlängerung s in cm	2,5	4,9	5,9	6,7	7,5
$\frac{F}{s}$ in $\frac{\text{N}}{\text{cm}}$	0,40	0,41	0,51	0,60	0,67

d) Trage die Ergebnisse für Schraubenfeder und Gummiband in zwei *s(F)*-Diagramme ein.

Schraubenfeder:

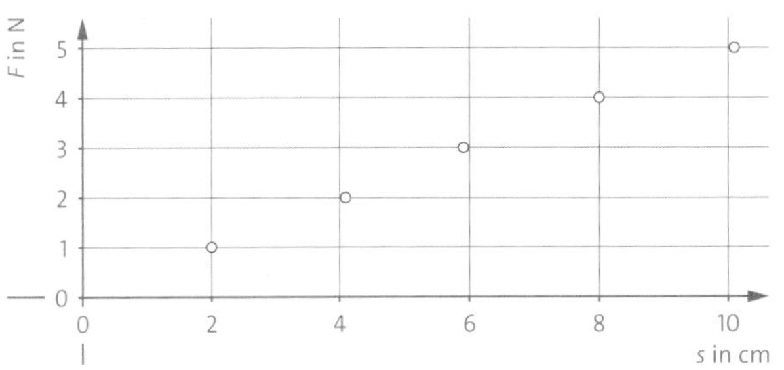

Cornelsen/newVISION! GmbH, Bernhard A. Peter, Pattensen

Gummiband:

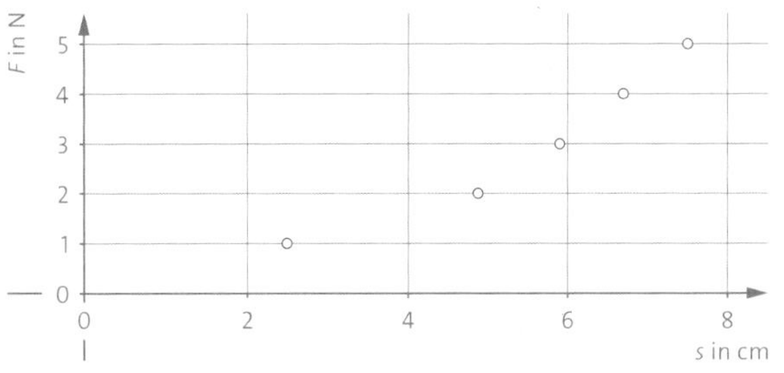

Cornelsen/newVISION! GmbH, Bernhard A. Peter, Pattensen

e) Bestimme für beide die Quotienten aus Kraft und Verlängerung. Formuliere jeweils einen Zusammenhang zwischen F und s.

Schraubenfeder: Der Quotient $\frac{F}{s}$ ist nahezu konstant. Deshalb sind die Kraft, die an der Schraubenfeder angreift und die Verlängerung der Schraubenfeder proportional zueinander.
Gummiband: Beim Gummiband ist der Quotient nicht konstant. Die Kraft nimmt nicht proportional mit der Verlängerung zu.

f) Vergleiche die Verformung bei Schraubenfeder und Gummiband

Die Verlängerung der Schraubenfeder beträgt je Massestück ungefähr 2 cm, ist also je Massestück gleich. Beim Gummiband wird die Verlängerung je Massestück immer geringer. Bei der Schraubenfeder gilt das Hooke'sche Gesetz, beim Gummiband nicht, weil hier die Verlängerung je Massestück nicht gleich bleibt.

V2 Biegung eines Modellbalkens

a) Verbinde zwei Stühle durch eine „Brücke". Verwende als Brücke ein Lineal.

b) Hänge nacheinander unterschiedlich viele Massestücke an das Lineal. Bestimme jeweils, wie stark sich das Lineal durchbiegt.

Lösung zu a) und b):
Messwerte:

Massestücke	1	2	3	4	5
Durchbiegung *s* in cm	0,5	1,0	1,4	2,1	2,5

c) Trage die Ergebnisse in ein *s(F)*- Diagramm ein. Untersuche den Zusammenhang zwischen *F* und *s*.

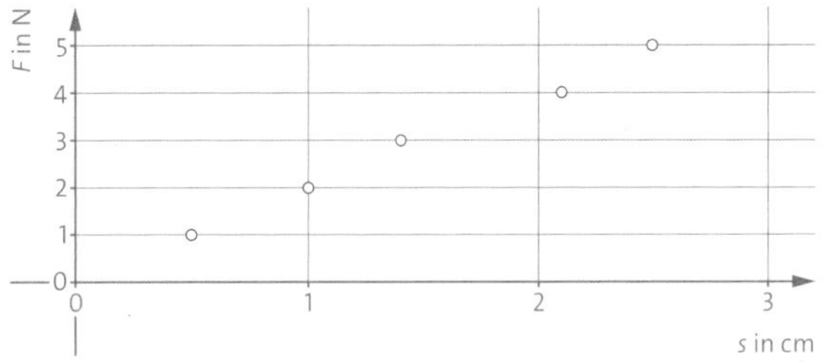

Cornelsen/Atelier tigercolor, Tom Menzel, Scharbeutz/Klingberg

V3 Katapult

a) Biege die Büroklammer zu einem Katapult (▹ Bild 04).

b) Katapultiere eine zweite Büroklammer möglichst weit. Führe den Versuch mit Freunden durch. Wer die größte Weite schafft, hat gewonnen.

c) Beschreibe den Zusammenhang zwischen der für das Spannen des Katapults aufgebrachten Kraft und der Flugweite der Büroklammer.

Lösung zu a) bis c):

Die Flugweite nimmt mit zunehmender Kraft zur Spannung des Katapults zu.

Hinweis: Evtl. lässt sich eine Proportionalität zwischen Kraft und Flugweite herausarbeiten.

Material A – Kleine Verformungen sichtbar gemacht

1 Eine Tischplatte scheint so fest zu sein, dass sie sich im Alltag nicht verformen lässt. Mit dem Versuchsaufbau im ▹ Bild links lassen sich auch kleine Verformungen der Tischplatte nachweisen.

a) Jemand drückt auf die Mitte der Tischplatte. Beschreibe, wie die Verformung der Tischplatte nachgewiesen werden kann.

Wenn jemand auf die Mitte der Tischplatte drückt, dann wird sie ein winziges Stück nach unten durchgebogen. Die Enden der Tischplatte bekommen eine leichte Neigung. Dadurch neigen sich Laserpointer und Spiegel leicht nach innen und das reflektierte Lichtbündel wandert etwas nach unten.

b) Der Aufbau soll so verbessert werden, dass möglichst kleine Verformungen nachgewiesen werden. Finde Verbesserungsmöglichkeiten. Erkläre, warum dadurch die Empfindlichkeit gesteigert wird.

Beispielsweise könnte man den Lichtweg dadurch verlängern, dass man das Licht zwischen zwei Spiegeln an den Tischkanten mehrfach hin und her reflektieren lässt. Man könnte das reflektierte Laserbündel auf einer weit entfernten Wand auffangen. In beiden Fällen wird der „Ausschlag“, also die Bewegung des Lichtpunks vergrößert und lässt sich noch genauer ablesen.

Kräfte ändern Bewegungen

Seite 161

1 Ein Volleyball wird geschlagen, bleibt aber im Netz hängen. Beschreibe die Kräfte, die auf den Ball ausgeübt wurden.

Die Hand übt eine Kraft auf den Ball aus, sodass er losfliegt. Das Netz bremst den Ball ab: Es übt eine Kraft entgegen seiner Bewegungsrichtung aus. Während der ganzen Zeit übt die Erde eine Kraft auf den Ball aus und zieht diesen nach unten. Deshalb fällt er vom Netz nach unten auf den Boden.

2 Erstelle jeweils eine Zeichnung mit Kraft und Geschwindigkeitspfeilen wie im ▹ Bild 04B für die Beispiele aus dem Abschnitt „Woher kommt die Kraft?“.

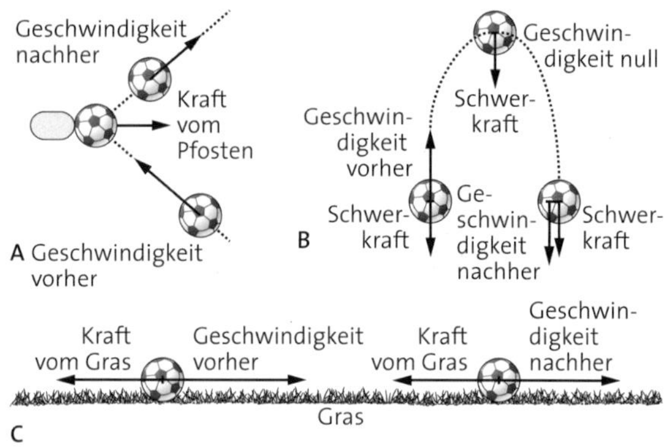

Cornelsen/Atelier tigercolor, Tom Menzel, Scharbeutz/Klingberg

Seite 162

1 Beschreibe für die Kugel im ▹ Bild 01 die Richtungen der Geschwindigkeit, der Beschleunigung und der auf die Kugel ausgeübten Kraft.

Die Richtung der Geschwindigkeit zeigt anfangs nach rechts und zeigt schließlich nach rechts unten. Die Geschwindigkeitsänderung und damit die Beschleunigung sind daher nach unten gerichtet, ebenso wie die Kraft.

Hinweis: Strenggenommen wirken Kraft und Beschleunigung in Richtung des Magnetpols.

2 Nenne drei Beispiele, bei denen ein Gegenstand aus der Ferne beschleunigt wird, und nenne die Kräfte, die dafür verantwortlich sind.

1. Ein fallender Ball wird aus der Ferne von der Erde angezogen. Auf den Ball wirkt dabei die Schwerkraft.
2. Wenn eine Eisenschraube unter einen Schrank gefallen ist, dann zieht man sie aus der Ferne mit einem Magneten hervor. Auf die Schraube wirkt dabei die magnetische Kraft.
3. Wenn man Plastik mit einem Katzenfell reibt, dann kann man mit dem Plastik anschließend Haare aus der Ferne anziehen. Auf die Haare wirkt dabei die elektrische Kraft.

3 Welche Kräfte wirken beim Bungee-Jumping? Beschreibe die Bewegung und ordne den verschiedenen Situationen Kräfte und Wirkungen zu.

Schwerkraft: Der Bungeespringer wird während des ganzen Sprungs nach unten gezogen.

Kraft des elastischen Bands: Da elastische Stoffe immer wieder in ihre Ursprungsform zurückkehren wollen, wirkt eine elastische Kraft, die der Dehnung entgegengesetzt ist

und dadurch den Bungeespringer abbremst und schließlich wieder nach oben beschleunigt.
Schwerkraft und Kraft des elastischen Bandes wirken entgegengesetzt und der Bungeespringer bewegt sich solange rauf und runter bis beide Kräfte gleich sind.

4 Beschreibe, wie man das Papier im ▹ Bild 03 mit dem Gummiband in eine gewünschte Richtung fliegen lassen kann. Erläutere an dem Beispiel, dass die von einer Kraft bewirkte Beschleunigung parallel zur Kraft ist.
Man übt eine Kraft entgegengesetzt zur gewünschten Flugrichtung auf das Papierröllchen aus. Das Gummiband übt dann eine Kraft parallel zur gewünschten Flugrichtung auf das Papierröllchen aus und beschleunigt es in diese Richtung.

Seite 163 (Material)

Versuche – Geschwindigkeitsänderung durch einen Luftstrom

V1 Beschleunigen und Bremsen
a) Lege den Haartrockner auf die Fläche und schalte ihn ein. Lege den Ball davor. In ▹ Bild A siehst du, wie sich die Geschwindigkeit des Balls ändert. Der rote Pfeil zeigt die Richtung des Luftstroms an.
b) Lass den Ball auf den Haartrockner zurollen (▹ Bild B). Erstelle hierzu eine Zeichnung ähnlich wie ▹ Bild A: Zeichne dabei die Richtung des Luftstroms und die Geschwindigkeitspfeile vorher und nachher ein.
Die Luft strömt dem Ball entgegen und bremst ihn zunächst ab, um ihn dann in entgegengesetzter Richtung zu beschleunigen. Der Geschwindigkeitspfeil „nachher" zeigt in die entgegengesetzte Richtung wie „vorher".

V2 Ablenken
a) Lass den Ball von der Seite am Haartrockner vorbeirollen (▹ Bild C). Erstelle eine Skizze wie bei V1 b).
Die Luft strömt senkrecht von der Seite auf den Ball. Der Geschwindigkeitspfeil ändert seine Richtung in die Richtung des Luftstroms. Der Ball rollt schräg nach oben weiter.
b) Der Ball soll durch den Luftstrom in eine bestimmte Richtung abgelenkt werden (▹ Bild D). Die Position des Haartrockners ist durch das Kreuz festgelegt. Finde heraus, welche Richtung der Luftstrom haben muss, damit der Ball richtig abgelenkt wird. Erstelle eine Zeichnung wie bei V1 b).
Damit der Ball seine Bewegungsrichtung um 90° ändert und danach mit gleichem Tempo unterwegs ist, muss der Winkel zwischen horizontaler Bewegungsrichtung und auftreffendem Luftstrom 45° betragen.

V3 Eigene Versuche
Wie sich die Geschwindigkeit des Balls durch den Luftstrom des Haartrockners ändert, hängt von vielen Einflüssen ab, z. B. von der Masse des Balls. Untersuche, welche weiteren Einflüsse eine Rolle spielen. Suche nach weiteren Einflüssen und überprüfe sie durch Versuche.
Weitere Einflüsse: *Stärke des Luftstroms:* Haartrockner haben häufig zwei Schaltstufen mit unterschiedlich starken Luftströmungen. Die Versuche kann man dann jeweils mit einer Schaltstufe durchführen.
Breite des Luftstroms: Die Austrittsöffnung des Haartrockners ist recht groß, der Einwirkungsbereich auf den Ball ist deshalb ebenfalls groß. Er lässt sich aber einengen durch geeignete „Blenden".

Material A – Geschwindigkeitsänderungen beim Sport

1 a) Benenne für jede Situation die Körper, auf die eine Kraft ausgeübt wird.
1. Die Kraft wird von der Faust des Torwarts auf den Ball ausgeübt.
2. Die Kraft wird von der Hand des Kugelstoßers auf die Kugel ausgeübt.
3. Die Kraft wird durch das Bremspedal (Fuß) auf die Bremsscheiben und damit die Räder ausgeübt.
4. Die Kraft wird durch die Hand der Volleyballspielerin auf den Ball ausgeübt.
5. Die Kraft wird durch die Hände des Bogenschützens (Bogen/Sehne) auf den Pfeil ausgeübt.
6. Die Kraft wird durch den Hockeyschläger (Hand) auf den Puck ausgeübt.
Hinweis: Gegenkräfte (z. B. auf die Faust, auf den Bogen oder den Hockeyschläger) wurden nicht berücksichtigt.
b) Gib jeweils an, an welcher Wirkung du erkennst, dass eine Kraft ausgeübt wird.
1. Die Bewegungsrichtung des Balles ändert sich.
2. Die Kugel wird beschleunigt und ihre Bewegungsrichtung ändert sich durch die Schwerkraft der Erde.
3. Das Auto wird abgebremst, dadurch ändert sich die Geschwindigkeit.
4. Die Bewegungsrichtung des Balles ändert sich und der Ball wird beschleunigt.
5. Der Pfeil wird beschleunigt und seine Bewegungsrichtung ändert sich durch die Schwerkraft der Erde.
6. Der Puck ändert die Bewegungsrichtung.
c) Stelle die einzelnen Situationen mithilfe von Vektoren dar.

1.

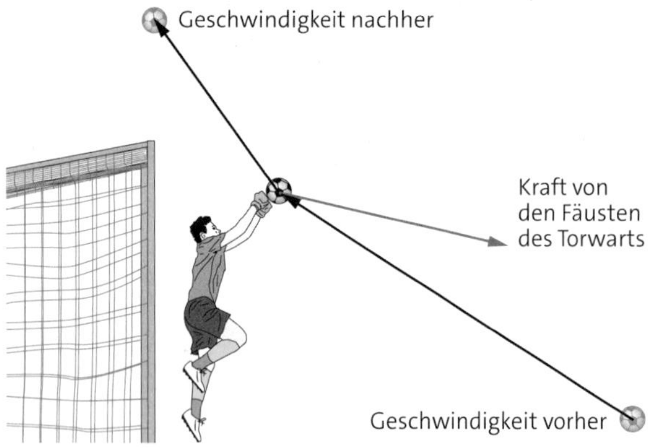

Cornelsen/newVISION! GmbH, Bernhard A. Peter, Pattensen

2.

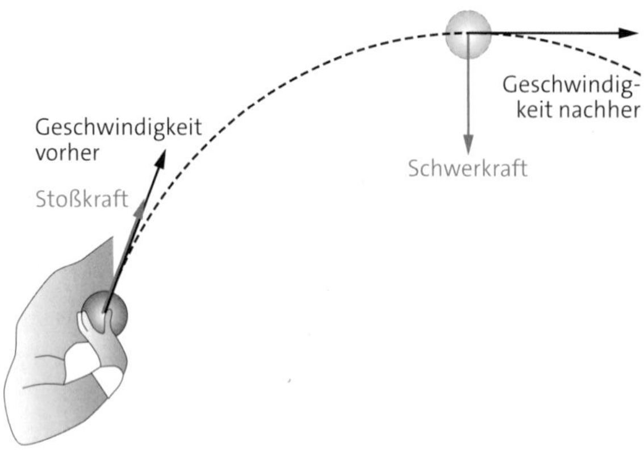

Cornelsen/newVISION! GmbH, Bernhard A. Peter, Pattensen

3.

Cornelsen/newVISION! GmbH, Bernhard A. Peter, Pattensen

4.

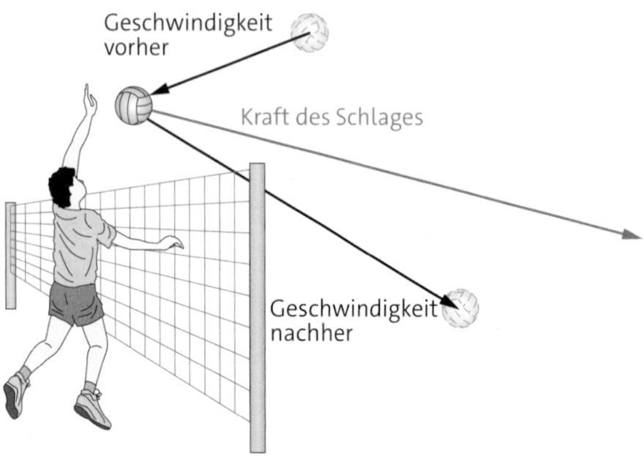

Cornelsen/newVISION! GmbH, Bernhard A. Peter, Pattensen

5. wie 2.

6.

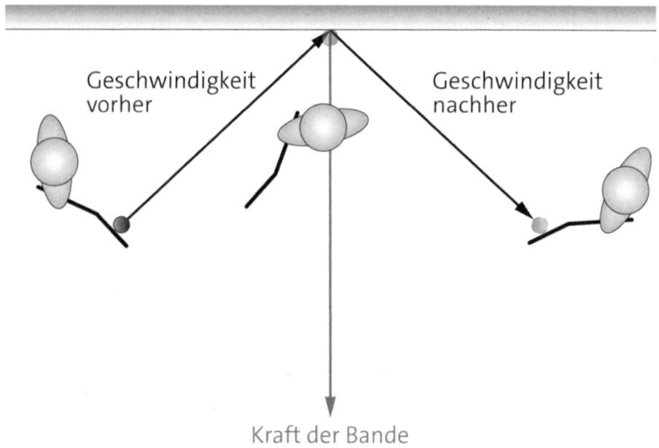

Cornelsen/newVISION! GmbH, Bernhard A. Peter, Pattensen

Reibungskräfte

Seite 165

1 a) Erkläre, warum das Buch in ▸ Bild 06 nicht nach unten fällt.

Die Schwerkraft zieht am Buch nach unten. Aber die Haftkraft zwischen Händen und Buch wirkt der Schwerkraft entgegen und das Buch fällt nicht nach unten.

b) Ohne Haftkraft hält kein Knoten. Erkläre an einem Beispiel.

Bei Schuhen sind die Schnürsenkel an der Oberfläche nicht ganz glatt. Wenn man nun einen Knoten macht, dann berühren sich die Oberflächen und es gibt eine Haftkraft, die verhindert, dass die beiden Teile des Schnürsenkels verrutschen. Ohne diese Haftkraft würde sich der Knoten bei der kleinsten Veränderung lösen.

Seite 166

1 Sammle für jede Reibungsart Beispiele, in denen Reibung erwünscht bzw. unerwünscht ist. Erkläre jeweils.

erwünscht	unerwünscht
Haftreibung	
– bei Startvorgängen: Man käme sonst nicht von der Stelle. – beim Nagel in der Wand: Er würde sonst herausgleiten	– beim Verschieben einer schweren Kiste: Sie behindert die Bewegung
Gleitreibung	
– zwischen Bremsbelag und Felgen: Man könnte sonst nicht bremsen	– beim Schlitten: Je größer sie ist, desto langsamer fährt der Schlitten
Rollreibung	
– beim Bürostuhl: Sie verhindert eine zu starke Bewegung.	– in Kugellagern: Sie behindert die Bewegung

2 Die Verwendung von Kugellagern bietet viele Vorteile. Erkläre.

Die Rollreibungskraft ist geringer als die Gleitreibungskraft. Ein Kugellager mit Kugeln arbeitet also reibungsärmer. Es behindert die Bewegung weniger und wird nicht so heiß.

Seite 167 (Material)

Versuche – Wovon hängt die Gleitreibungskraft ab?

V1 Von der Berührungsfläche?

a) Bestimme die Gleitreibungskraft für die verschiedenen Seiten des Quaders (▸ Bild rechts).

b) Welche der beiden folgenden Aussagen ist richtig? Begründe mithilfe deiner Messwerte. I) Die Gleitreibungskraft bleibt gleich, egal wie groß die Berührungsfläche ist. II) Je größer die Berührungsfläche ist, desto größer ist die Gleitreibungskraft

Lösung zu a) und b):

Die Messwerte sind immer gleich, daher ist I) richtig.

V2 Von der Masse?

a) Bestimme die Masse des Quaders und miss die Gleitreibungskraft. Lege ein oder mehrere Massestücke auf den Quader und wiederhole die Messung für mindestens vier verschiedene Gesamtmassen. Halte die Messwerte in einem Tabellenkalkulationsprogramm fest.

b) Zeige innerhalb der Software sowohl rechnerisch als auch graphisch, dass Masse und Gleitreibungskraft proportional zueinander sind. Führe beide Methoden durch und erkläre jeweils, woran du die Proportionalität der beiden Größen erkennst.

Lösung zu a) und b):

Mögliche Messwerte:

Anzahl *n* der Massestücke	1	2	3	4
Reibungskraft *F*	0,14	0,26	0,39	0,56
$\frac{F}{n}$	0,14	0,13	0,13	0,14

Hinweis: Die Anzahl der Massestücke ist proportional zur Masse und zur Schwerkraft auf die Massestücke und kann daher für die Argumentation genutzt werden.

Nach der Eingabe der Messwerte in ein Tabellenkalkulationsprogramm kann sowohl der Quotient berechnet als auch eine Grafik erstellt werden.

Rechnerisch: Der Quotient aus Reibungskraft und Masse m ist konstant, also sind sie proportional zueinander.

Zeichnerisch:

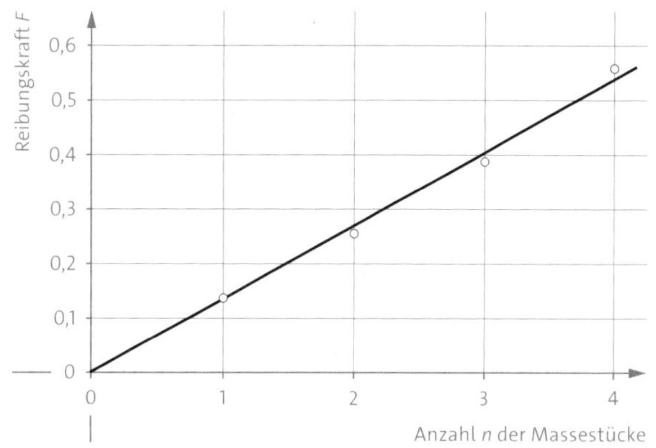

Cornelsen/newVISION! GmbH, Bernhard A. Peter, Pattensen

Trägt man die Werte in ein Diagramm ein, erhält man eine Gerade. Also sind Reibungskraft und Masse proportional zueinander.

V3 Von der Oberflächenbeschaffenheit?

Wie wirkt sich die Oberflächenbeschaffenheit und die Schmierung auf die Gleitreibungskraft aus? Plane die Versuche hierzu selbst.

Man variiert hierbei die Oberflächen, auf denen der Quader gleiten soll, z. B. normale Tischoberfläche, Glasplatte, Teppich, Sand auf Oberfläche, …

Als Schmierung kann man z. B. Speiseöl nehmen. Aber Vorsicht! Nicht alle Untergründe sind unempfindlich gegen Öle. Es könnte dauerhafte Flecken geben.

Hinweis: Man sollte immer denselben Quader verwenden, um nicht mehrere Größen gleichzeitig zu verändern.

V4 Wovon hängt die Haftkraft ab?

Untersuche experimentell, ob entsprechende Zusammenhänge auch für die Haftkraft gelten.

Es zeigen sich die gleichen Zusammenhänge wie bei der Gleitreibungskraft. Die Haftkraft ist bei gleichen Bedingungen immer größer als die Gleitreibungskraft.

Material A – Im Windkanal

1 Um den Kraftstoffverbrauch eines Automodells klein zu halten, wird es in einem Windkanal getestet. Dort steht das Auto und die Luft wird auf das Auto geblasen (▸ Bild rechts). Im Straßenverkehr ist es umgekehrt: Das Auto bewegt sich, die Luft nicht.

a) Begründe, warum man trotzdem sinnvolle Messwerte erhält.

Es spielt keine Rolle, ob das Auto steht und die Luft mit entsprechender Geschwindigkeit das Auto umströmt oder ob die Luft still steht und das Auto mit derselben Geschwindigkeit hindurch fährt. Es kommt auf die Relativgeschwindigkeit von Luft und Auto an.

b) Recherchiere im Internet, wie die Luftwiderstandskraft bei Autos verkleinert wird und welche Rolle dabei der „Luftwiderstandsbeiwert“ spielt.

Mögliche Schülerlösung:

Der Luftwiderstand eines Fahrzeugs hängt stark von der Form des Fahrzeugs ab. Der Luftwiderstandbeiwert (c_w-Wert) ist ein Maß für die Windschnittigkeit des Fahrzeugs. Luftwiderstand und c_w-Wert sind proportional zueinander. Auch die Querschnittsfläche des Fahrzeugs spielt eine Rolle. Breite und hoch gebaute Fahrzeuge schneiden schlechter ab als schmale, flach gebaute. Die Querschnittsfläche lässt sich allerdings nur in Grenzen verringern. Also versucht man, den Luftwiderstandsbeiwert c_w durch die Karosseriegestaltung möglichst gering zu halten.

Hinweis: Bei den Recherchen stoßen die Schülerinnen und Schüler möglicherweise auf die folgende Formel, die die Abhängigkeit der Luftwiderstandskraft F_L von verschiedenen Größen zeigt.

$F_L = \frac{1}{2} \cdot c_W \cdot ϱ \cdot A \cdot v^2.$

Dabei ist c_W der Luftwiderstandsbeiwert, ϱ die Dichte der Luft, *A* die Querschnittsfläche und *v* die Geschwindigkeit des Autos relativ zur Luft.

Auch bei Flugzeugen ist der c_w-Wert entscheidend. Die Form der Flugzeugtragflächen ist in Hinblick auf die Strömung der Luft optimiert und führt zu einem c_w-Wert von ca. 0,0045.

Beispiele für c_w-Werte verschiedener Fahrzeuge:

Fahrzeug	c_W-Wert
Ford – Model T (1908–1927)	0,9
Lkw	0,8
Moderner Lkw-Sattelzug	0,55
Durchschnittlicher Roadster (offen)	0,4
Moderner, geschlossener Pkw	0,3
Stark optimiertes Fahrzeug	0,18
PAC-Car II (Weltrekordfahrzeug ETH Zürich)	0,075

Material B – Wie funktioniert der Trick?

B1 Im ▹ Bild rechts steht ein Teller auf einer kleinen Tischdecke. Diesen Trick hast du bestimmt schon einmal gesehen. Wenn man die Decke rasch wegzieht, dann bleibt der Teller stehen. Wenn man zu langsam zieht, dann wandert er mit der Decke mit und fällt herunter.

a) Erkläre. Stelle dabei auch dar, von welchen weiteren Größen das Gelingen des Tricks abhängt.

Langsames Ziehen: Glas und Decke haften aneinander. Solange die Kraft, mit der man an der Decke zieht, nicht zu groß ist, bewegt sich das Glas aufgrund der Haftkraft mit der Decke mit.

Schnelles Ziehen: Die Tischdecke gleitet unter dem Glas weg. Die Kraft ist nun größer als die maximale Haftkraft. Da keine Kraft mehr in Zugrichtung auf das Glas wirkt, bleibt es an Ort und Stelle stehen.

Das Gelingen des Versuchs hängt ab von:

- den Oberflächen der beteiligten Körper: Die Tischdecke gleitet auf einer glatten Oberfläche besser als auf einer rauen. Ebenso spielen die Oberflächen beim Haften des Glases auf der Tischdecke eine Rolle.
- der Massenverteilung des Körpers auf der Decke: Wenn man z. B. ein langstieliges gefülltes Weinglas nimmt, kann es zum Kippen des Glases kommen. Der massereichere obere Teil des Glases ist träger als der untere.
- Unebenheiten der Tischdecke: Wenn der Rand der Decke umgenäht ist, kann das Glas beim Wegziehen leicht kippen.

b) Führe den Trick vor. *Vorsicht:* Übe erst mit Plastiktellern!

Individuelle Lösung

c) Überprüfe experimentell, ob der Trick bei einer größeren Masse auf dem Teller leichter gelingt.

Die Masse des Glases spielt keine Rolle.

Schwerkraft und Masse

Seite 169

1 Berechne die Schwerkraft auf dich selbst auf der Erd- und auf der Mondoberfläche.

Beispiel: Masse des Körpers $m = 48$ kg.

Gegeben: Ortsfaktor auf der Erde: $g = 9{,}8\ \frac{\text{N}}{\text{kg}}$, auf dem Mond: $g = 1{,}6\ \frac{\text{N}}{\text{kg}}$,

Gesucht: Schwerkraft *F*.

Auf der Erde: $F = m \cdot g = 48\ \text{kg} \cdot 9{,}8 \frac{\text{N}}{\text{kg}} = 470\ \text{N}.$

Auf dem Mond: $F = m \cdot g = 48\ \text{kg} \cdot 1{,}6 \frac{\text{N}}{\text{kg}} = 77\ \text{N}.$

Seite 171 (Material)

Versuche – … zur Schwerelosigkeit mit dem Smartphone

V1 Beschleunigungssensor

a) Halte ein Smartphone mit der kurzen Kante nach oben fest an deine Brust und öffne die Anzeige des Beschleunigungssensors (▹ Bild 04). Erläutere, dass die Anzeige vom Betrag 1 der Wirkung der Schwerkraft auf den Sensor entspricht und dass die y-Achse parallel zur langen Gerätekante ist.

Da das Smartphone nicht beschleunigt wird, kann man vermuten, dass die Anzeige 1 durch die Schwerkraft zustande kommt. Das kann man bestätigen, indem man den Sensor um 90° dreht. Dann wird für eine andere Achse 1 angezeigt. Da die Schwerkraft gerade nach unten wirkt, muss die Achse, für die 1 angezeigt wird, senkrecht stehen und parallel zur langen Kante des Smartphones liegen.

b) Erkläre, warum die Anzeigen in der App für die x- und die z-Richtung null sind.
Die Schwerkraft wirkt in senkrechter Richtung. x- und z-Achse stehen waagerecht und zeigen daher 0 an.

V2 Sprung vom Tisch
a) Halte ein Smartphone mit der kurzen Kante nach oben fest an deine Brust und zeichne die Beschleunigung auf. Springe vom Tisch.
b) Beschreibe, was du während des Fallens spürst.
Mögliche Schülerlösung:
Während des Fallens spüre ich, dass ich nach unten gezogen werde.
c) Erkläre, was der Beschleunigungssensor während des Fallens, vor dem Absprung und nach der Landung anzeigt (▸ Bild).
Beschreibung und Deutung siehe d)
d) Deute die Beobachtungen mit dem Zustand der Schwerelosigkeit.
Vor dem Absprung zeigt der Sensor etwas über 1 an, weil man beim Abspringen nach oben beschleunigt. Während des Fallens zeigt der Sensor 0 an, weil der Zustand der Schwerelosigkeit vorliegt. Beim Aufprallen auf den Boden zeigt der Sensor mehr als 1 an, weil man beim Abbremsen nach oben beschleunigt.

Material A – Schwerelos ist nicht masselos!

1 Nina meint: „Auf der ISS ist ja alles schwerelos. Deswegen kann man dort auch mit einem Medizinball Kopfbälle machen." Erkläre ihr, warum das keine gute Idee ist.
Auch in der ISS ist der Medizinball träge. Beim Kopfball müsste man ihn abbremsen, das würde wegen der großen Trägheit eine sehr große Kraft erfordern und vermutlich zu einer Gehirnerschütterung führen.

2 a) In der ISS kann man weder eine normale Personenwaage noch eine Balkenwaage benutzen, um die Masse eines Körpers zu bestimmen. Erläutere.
In der ISS sind alle Körper schwerelos. Zwar besitzen sie weiterhin eine Masse, aber Personen- und Balkenwaagen können diese nicht mehr mithilfe der Schwerkraft ermitteln, weil sich die Waagen ebenfalls im freien Fall beenden und daher z. B. die Federn der Personenwaage nicht zusammengedrückt werden.
b) Auf dem Mond zeigt eine Balkenwaage die Masse richtig an, eine Personenwaage nicht. Erkläre.
Die Balkenwaage stellt die Gleichheit der auf beiden Seiten der Waage wirkenden Schwerkräfte fest. Auch auf dem Mond wirken auf gleiche Massen gleiche Schwerkräfte. Deshalb zeigt es die Balkenwaage richtig an. Die Personenwaage misst die Schwerkraft, die auf die Person wirkt, und deutet sie als Masse. Auf dem Mond ist die Schwerkraft um den Faktor sechs verkleinert, also auch die Anzeige der Personenwaage.
c) Recherchiere im Internet, wie sich Astronauten wiegen.
Auf der Raumstation befindet sich ein Sitz der freischwingend aufgehängt ist. Man versetzt den Sitz in Schwingung. Die Frequenz f der Schwingung hängt von der Masse ab. Dabei ist f proportional zu $\frac{1}{m^2}$.
Man vergleicht die Schwingungszeiten des Sitzes mit und ohne Astronaut und bestimmt daraus seine Masse.

Material B – Ortsfaktoren

B1 Auf der Erde ist der Ortsfaktor nicht überall gleich (▸ Tabelle). Eine Personenwaage zeigt deshalb nicht an jedem Ort die gleiche Masse an.
a) Wo auf der Erde wiegst du am wenigsten, wo am meisten?
Die Personenwaage misst eigentlich die Schwerkraft. Man wiegt daher dort am wenigsten, wo der Ortsfaktor g am kleinsten ist. Das ist am Äquator der Fall. Am meisten wiegt man dort, wo g am größten ist, also an den Polen.
b) Wie genau muss eine Personenwaage messen, um diesen Unterschied festzustellen?
Die Masse einer Person sei 48,0 kg. Dann gilt am Äquator:

$$F = 48{,}0\ \text{kg} \cdot 9{,}78\,\frac{\text{N}}{\text{kg}} = 469\ \text{N}$$

und am Nordpol:

$$F = 48{,}0\ \text{kg} \cdot 9{,}83\,\frac{\text{N}}{\text{kg}} = 472\ \text{N}$$

Die Waage müsste also auf 3 N genau anzeigen. Das entspricht in Mitteleuropa einer Masse von etwa 0,3 kg.

B2 ▸ Bild 05 zeigt, wie sich der Ortsfaktor mit der Entfernung zum Erdmittelpunkt ändert. Als Einheit für die Entfernung dient der Radius der Erde (*R* = 6370 km).
a) Auf welchen Anteil nimmt der Ortsfaktor ab, wenn die Entfernung zum Erdmittelpunkt verdoppelt wird? Belege an mehreren Beispielen aus dem Diagramm.
Der Ortsfaktor nimmt auf ein Viertel ab, wenn man den Abstand verdoppelt.

Abstand	R → 2 R	1,5 R → 3 R	2,5 R → 5 R
g **in** $\frac{\text{N}}{\text{kg}}$	10 → 2,5	4,4 → 1,1	1,6 → 0,4

b) Boris sagt: „Die ISS schwebt so weit über dem Erdboden, dass der Ortsfaktor praktisch 0 $\frac{\text{N}}{\text{kg}}$ ist. Deswegen ist man dort schwerelos." Nimm Stellung.
Mögliche Schülerlösung:
Die Aussage stimmt so nicht. Der Ortsfaktor ist nicht 0 $\frac{\text{N}}{\text{kg}}$, sondern etwa 8,8 $\frac{\text{N}}{\text{kg}}$. Trotzdem ist man in der ISS schwerelos, weil der Schwerkraft eine weitere, gleichgroße Kraft

entgegenwirkt. Diese Kraft ist eine Folge der schnellen Bewegung der ISS um die Erde.

Hinweis: Die ISS umkreist die Erde in einer Höhe von 350 km über dem Erdboden. Das ist nur etwa $\frac{1}{20}$ mehr als der Erdradius. Der Ortsfaktor lässt sich dann mithilfe der Grafik bestimmen.

Der Begriff des Kräftegleichgewichts, der zum tieferen Verständnis hier nötig ist, wird im Buch auf den folgenden Seiten erläutert.

Zusammenwirken von Kräften

Seite 173

1 Zwei Hunde ziehen einen Schlitten. Der eine zieht mit einer Kraft von 400 N nach Norden, der andere mit 300 N nach Westen. Bestimme, in welche Richtung und mit welcher Kraft der Schlitten gezogen wird.

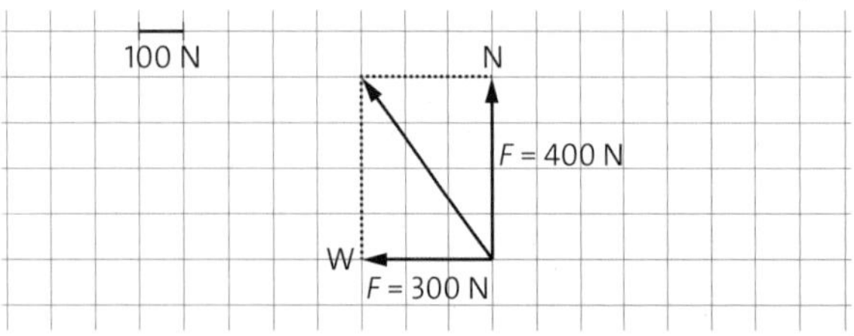

Cornelsen/Atelier tigercolor, Tom Menzel, Scharbeutz/Klingberg

In der Zeichnung entspricht ein Kästchen einem Kraftbetrag von 100 N. Das Kräfteparallelogramm ist in diesem Fall ein Rechteck. Die resultierende Kraft hat einen Betrag von 500 N und ist ungefähr nach Nordwesten gerichtet.

Seite 174

1 Johanna steht nicht in der Mitte der Slackline. Ermittle die Kräfte auf die Halterungen mithilfe eines Kräfteparallelogramms.

Die Abbildung zeigt eine mögliche Position von Johanna, etwas links von der Mitte.

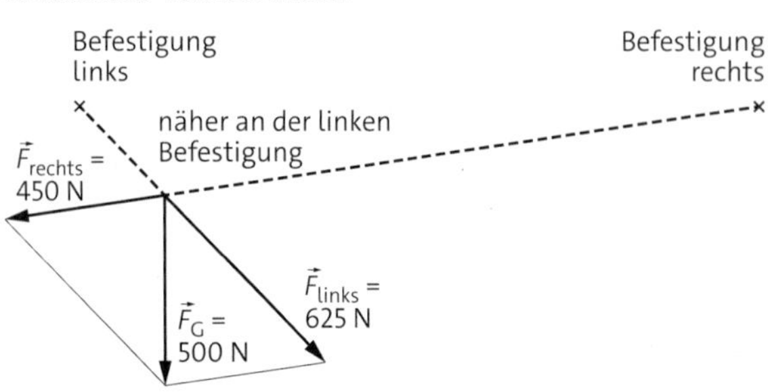

Cornelsen/newVISION! GmbH, Bernhard A. Peter, Pattensen

Je näher Johanna an der linken Befestigung steht, desto mehr nähert sich der Betrag der Kraft auf die Halterung 500 N. Die Kraft auf die entferntere Halterung lässt nach.

Seite 175 (Material)

Versuche – Kräfteaddition im Gleichgewicht

V1 a) Stelle das ▸ Bild nach.

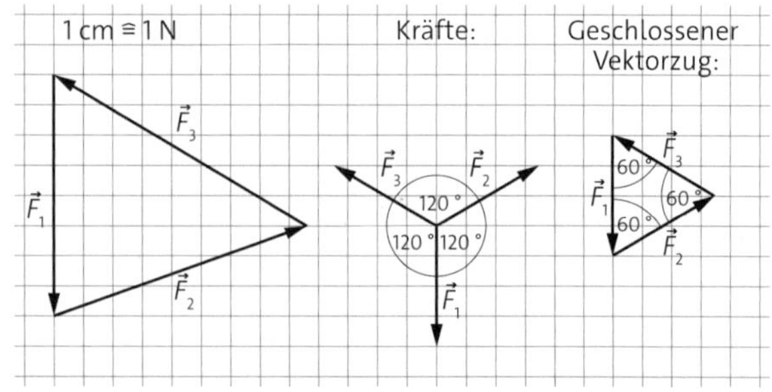

Cornelsen/Atelier tigercolor, Tom Menzel, Scharbeutz/Klingberg (bearbeitet durch newVISION! GmbH, Bernhard A. Peter, Pattensen)

b) Finde die Stellung der Kraftmesser für ein Kräftegleichgewicht.

Wenn die Beträge der Kräfte gleich groß sein sollen, muss der Winkel zwischen den Kräften jeweils 120° betragen (Bild Mitte).

Hinweis: Gesucht ist natürlich die interessante Konstellation, bei der alle Kräfte gleich groß sind.

c) Beschreibe das Dreieck, das sich hier bei der grafischen Kräfteaddition ergibt. Begründe damit, warum es nur eine Lösung gibt.

Die aneinandergesetzten Vektoren bilden immer ein gleichseitiges Dreieck, da ihre Beträge gleich groß sind. Die Größe des Dreiecks hängt von den jeweils gewählten Kraftbeträgen ab (Bild rechts).

V2 a) Finde weitere besondere Konstellationen, z. B. zwei gleich große Kräfte oder ein rechter Winkel zwischen zwei Kräften.

b) Beschreibe die jeweiligen Besonderheiten deiner grafischen Kräfteadditionen ähnlich wie bei V1 c).

Lösungen zu a) und b):

Zwei gleich große Kräfte:

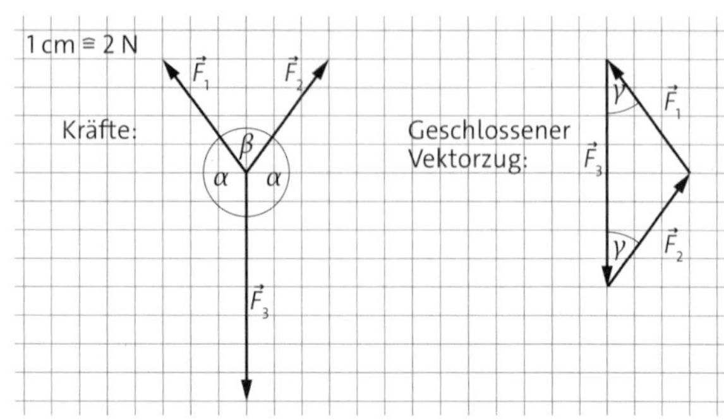

Cornelsen/Atelier tigercolor, Tom Menzel, Scharbeutz/Klingberg (bearbeitet durch newVISION! GmbH, Bernhard A. Peter, Pattensen)

Die aneinandergesetzten Vektoren bilden ein Dreieck, in dem zwei der drei Seiten aufgrund der gleichen Beträge gleich lang sind. Dann sind auch zwei der drei Innen-

winkel des Dreiecks gleich groß und es handelt sich um ein gleichschenkliges Dreieck.
Es gibt mehrere Möglichkeiten.
Rechter Winkel zwischen den Kräften:

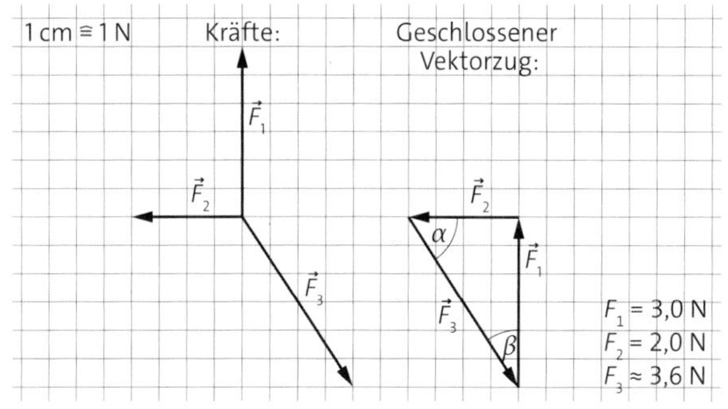

Cornelsen/Atelier tigercolor, Tom Menzel, Scharbeutz/Klingberg (bearbeitet durch newVISION! GmbH, Bernhard A. Peter, Pattensen)

Stehen zwei der drei Kräfte senkrecht aufeinander, ergibt sich in der Zeichnung des Vektorzugs ein rechtwinkliges Dreieck. Auch hier gibt es viele Möglichkeiten, je nach Größe der senkrecht aufeinander stehenden Kräfte.

Material A – Schrägseilbrücke

1 Die Seile der Brücke im ▸ Bild üben auf die Pfeilerspitze eine Kraft von je $4 \cdot 10^7$ Newton aus.
a) Zeichne die Brücke als Skizze in dein Heft.
b) Zeichne die resultierende Kraft ein.

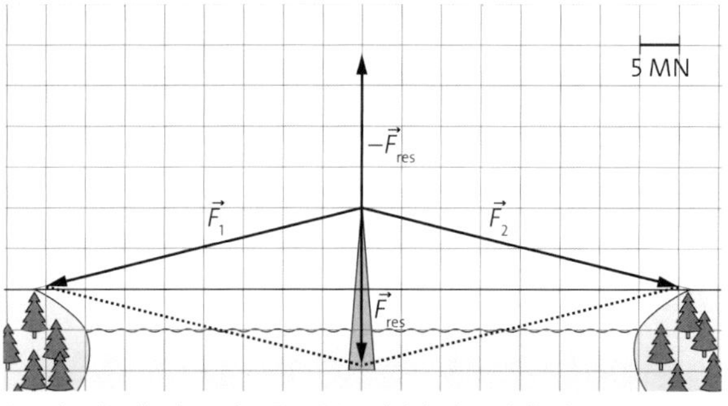

Cornelsen/Atelier tigercolor, Tom Menzel, Scharbeutz/Klingberg

Hinweis: Die Schülerinnen und Schüler sollen sich selbst einen sinnvollen Maßstab überlegen. Die Musterlösung ist im Maßstab 5 MN pro Kästchen entstanden

2 Zeichne die Kraft ein, die die Pfeilerspitze auf die Seile ausübt.
Aus dem Bild ergibt sich für diese Kraft: $-\overrightarrow{F_{res}}$.

3 Begründe, dass hier drei Kräfte ein Kräftegleichgewicht bilden.
Da sich nichts bewegt, muss ein Kräftegleichgewicht vorliegen. Auf die Spitze üben die beiden Seile Kräfte von jeweils 40 MN nach schräg unten aus. Die Spitze übt eine Kraft von 19 MN nach oben aus. Diese drei Kräfte bilden ein Kräftegleichgewicht.

Material B – Seilkräfte

B1
Das ▸ Bild links zeigt den Hinweis zur Reisfestigkeit eines Seils (1 daN = 10 N).
a) Die Angabe „270 daN (ca. kg)“ ist fachlich eigentlich falsch. Trotzdem ist sie hier praktisch. Erkläre.
„daN“ ist eine Krafteinheit und „kg“ eine Masseneinheit. Daher kann man sie nicht gleichsetzen. Allerdings entsprechen sich der Zahlenwert der Schwerkraft auf einen Körper in daN und die Masse in kg näherungsweise:

$$m = \frac{F_G}{g} = \frac{270\ \text{daN}}{9{,}8\ \frac{\text{N}}{\text{kg}}} = \frac{2700\ \text{N}}{9{,}8\ \frac{\text{N}}{\text{kg}}} = 276\ \text{kg}$$

Im Alltag hat man eher eine Vorstellung davon, wie groß die Schwerkraft auf 270 kg ist, da Massenangaben weiterverbreitet sind als Kraftangaben. Zudem werden häufig Massestücke an solche Seile gehängt, d. h. die Angabe der Kraft wäre nur eine zusätzliche Umrechnung.
b) Die erlaubte Kraft beim horizontalen Spannen ist größer als die beim Anhängen eines Massestücks in der Mitte. Begründe.
Beim Anhängen eines Massestücks halten die Kräfte in den beiden Seilstücken der Schwerkraft das Gleichgewicht. Da das Seil dabei meist nur wenig durchhängt, sind die beiden Seilkräfte wesentlich größer als die Schwerkraft.
c) Bestimme, wie viel Zentimeter das komplette Seil mindestens durchhängen muss, damit keine Gefahr besteht, dass es reißt.
Wenn man die beiden Seilkräfte zu je $F_S = 2700$ N und die Schwerkraft ($F_G = 343$ N) addiert, ergibt sich ein gleichschenkliges Dreieck (siehe Bild, nicht maßstabsgerecht).

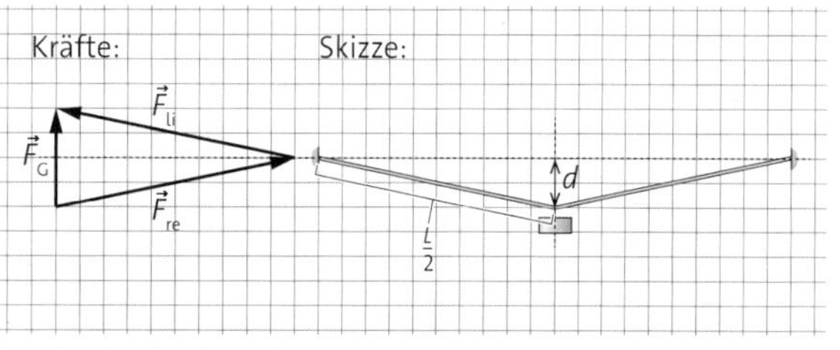

Cornelsen/Atelier tigercolor, Tom Menzel, Scharbeutz/Klingberg (bearbeitet durch newVISION! GmbH, Bernhard A. Peter, Pattensen)

Da die markierten Dreiecke ähnlich sind, sind die Seitenverhältnisse gleich. Hiermit lässt sich der Durchhang d berechnen:

$$\frac{\frac{1}{2}F_G}{F_S} = \frac{d}{\frac{1}{2}L}, \text{ also } d = \frac{F_G}{4 \cdot L \cdot F_S} = 0{,}64\ \text{m}.$$

Das Seil muss also mindestens 64 cm durchhängen damit keine Gefahr besteht. Die Dehnung des Seils wird bei der Rechnung nicht berücksichtigt.

Seite 177

1 Übernimm die Zeichnung aus ▸ Bild 04B in dein Heft und zeichne die resultierende Kraft für jedes Kräftepaar ein. Bestimme dann die Beträge der resultierenden Kräfte. Ein Kästchen entspricht 3 N.

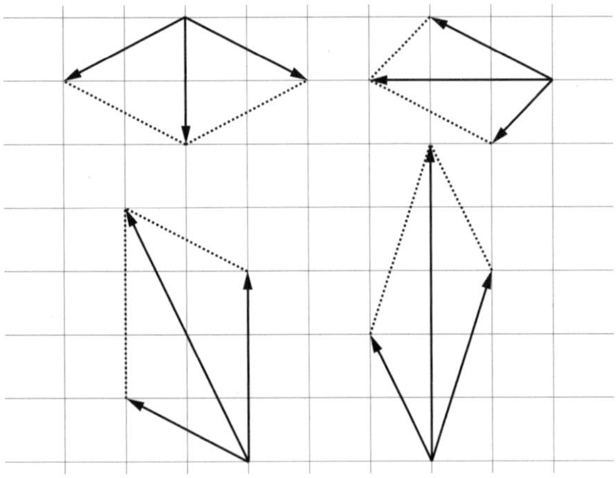

Cornelsen/Atelier tigercolor, Tom Menzel, Scharbeutz/Klingberg

Resultierende Kraft links oben: 13,4 N.
Resultierende Kraft rechts oben: 6 N.
Resultierende Kraft links unten: 15 N.
Resultierende Kraft rechts unten: 9 N.

2 a) Übernimm die Zeichnung aus ▸ Bild 04A in dein Heft und zerlege die Kräfte jeweils in eine waagerechte und in eine senkrechte Komponente. Bestimme ihre Beträge. Ein Kästchen entspricht 2 N.

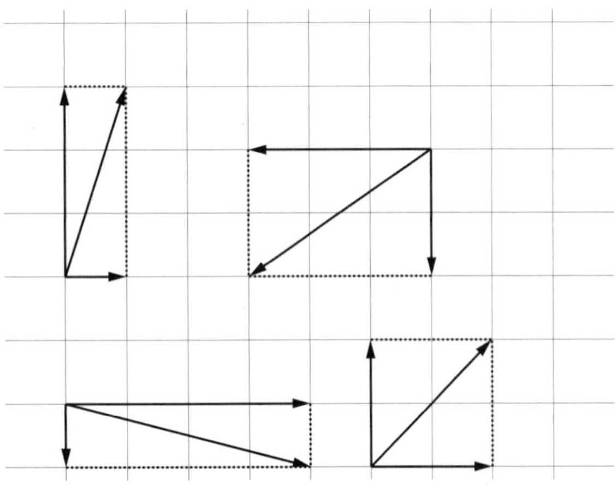

Cornelsen/Atelier tigercolor, Tom Menzel, Scharbeutz/Klingberg

Links oben, waagerechte Komponente: 2 N.
Links oben, senkrechte Komponente: 6 N.
Rechts oben, waagerechte Komponente: 6 N.
Rechts oben, senkrechte Komponente: 4 N.
Links unten, waagerechte Komponente: 8 N.
Links unten, senkrechte Komponente: 2 N.
Rechts unten, waagerechte Komponente: 4 N.
Rechts unten, senkrechte Komponente: 4 N.

b) Finde jeweils Zerlegungen, bei denen die Kraftkomponenten gleich groß sind.
Immer dann, wenn die Komponenten unter 45° zur zu zerlegenden Kraft angreifen, sind sie gleich groß.

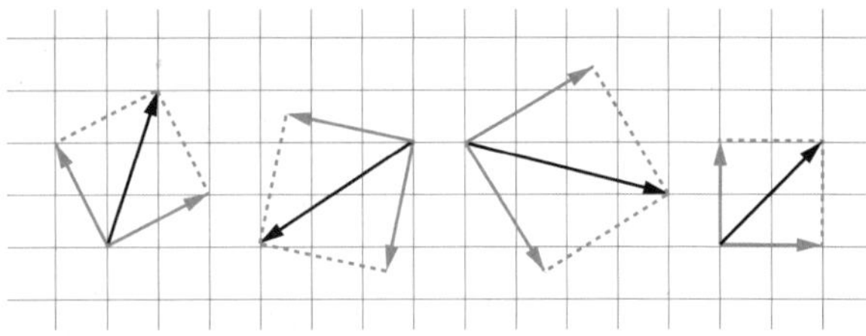

Cornelsen/newVISION! GmbH, Bernhard A. Peter, Pattensen

3 Ein Wirtshausschild (▸ Bild 05) mit einer Masse von 20 kg wird an einer Aufhängung befestigt. Ermittle durch eine Zeichnung den Betrag und die Richtung der Kräfte in den Streben.

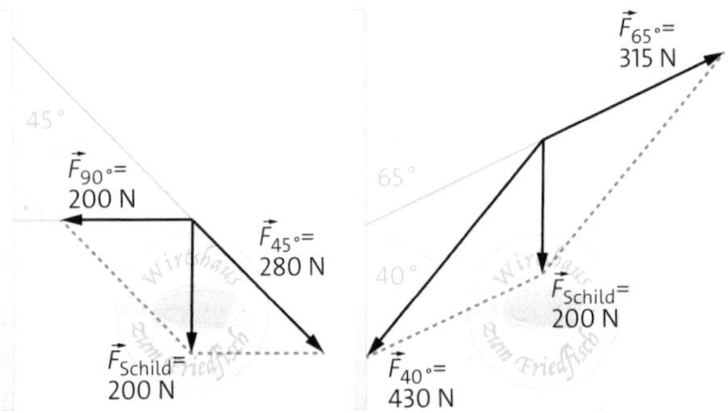

Cornelsen/newVISION! GmbH, Bernhard A. Peter, Pattensen

Mit Hilfe der Komponentenzerlegung ergeben sich die in der Zeichnung ermittelten Kräfte und Kraftrichtungen.
1 cm ≙ 100 N.

Das Wechselwirkungsprinzip

Seite 179

1 Begründe, dass in den angeführten Beispielen Gegenkräfte, aber keine Kräftegleichgewichte auftreten.
In den drei Beispielen (Space-Shuttle, Ruderboot, Läuferin) finden Beschleunigungsvorgänge statt. Bei einen Kräftegleichgewicht wird nicht beschleunigt.

2 Im ▸ Bild 05 ziehen Karl und Tom an Paula. Die Kräfte sind durch Vektorpfeile und Beträge angegeben. Erläutere und begründe, wer von den dreien sich bewegt und wer nicht.
Auf Paula werden zwei gleich große Kräfte in entgegengesetzte Richtung ausgeübt. Paula ist also im Kräftegleichgewicht und bleibt deshalb in Ruhe. Paula übt auf Karl eine Kraft in ihre Richtung aus, also bewegt sich Karl auf Paula zu. Ebenso ist es mit Tim.

3 Ein Segelboot fährt nach Norden. Das Segel ist von Nordwest nach Südost gerichtet. Der Wind kommt von Westen.

a) Das Segel lenkt die Luft um. Skizziere den Verlauf des Luftstroms.

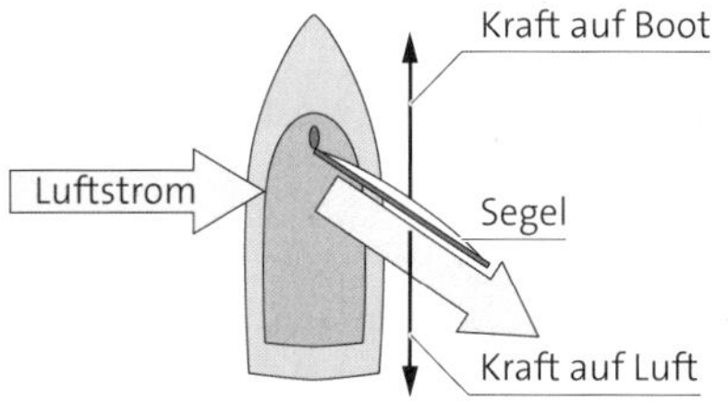

Cornelsen/Atelier tigercolor, Tom Menzel, Scharbeutz/Klingberg

b) Skizziere die Kraft auf die Luft und begründe damit die Fahrtrichtung des Bootes.

Die Geschwindigkeitsänderung der Luft ist nach Süden gerichtet. Also ist auch die Beschleunigung der Luft und die Kraft, die das Segel auf die Luft ausübt, nach Süden gerichtet. Die Gegenkraft übt die Luft auf das Boot aus. Diese Kraft ist gemäß dem Wechselwirkungsprinzip nach Norden gerichtet.

Seite 180

1 a) Die Rakete Ariane 5 übt beim Start eine Kraft von 17,5 MN auf das ausströmende Gas aus. Bestimme die beim Start wirkende Schubkraft.

Entsprechend dem Wechselwirkungsprinzip haben die Kräfte auf das Gas und auf die Rakete den gleichen Betrag. Also beträgt die Schubkraft 17,5 MN.

b) Kann eine Rakete auch im Weltraum beschleunigen? Begründe.

Solange Treibstoff vorhanden ist, kann die Rakete beschleunigen – auch im luftleeren Weltraum. Beim Ausstoßen des heißen Antriebsgases wird eine große Kraft auf das Gas ausgeübt. Die gleich große Kraft wirkt auf die Rakete und bewegt sie vorwärts.

2 Tintenfische stoßen zum Antrieb Wasser durch eine hintere Körperöffnung aus.

a) Erkläre das Prinzip.

Tintenfische beschleunigen das Wasser nach hinten und üben dazu eine nach hinten gerichtete Kraft auf das Wasser aus. Das Wasser übt entsprechend eine nach vorne gerichtete Gegenkraft auf den Tintenfisch aus.

b) Sie nehmen das Wasser durch die Mantelspalte und nicht direkt durch ihre hintere Öffnung auf. Erkläre den Vorteil.

Würde der Tintenfisch das Wasser durch die hintere Öffnung aufnehmen, so müsste er das Wasser nach vorne beschleunigen und dazu eine nach vorne gerichtete Kraft auf das Wasser ausüben. Das Wasser würde die nach hinten gerichtete Gegenkraft auf den Tintenfisch ausüben und dieser würde abgebremst.

3 Suche Beispiele für das Rückstoßprinzip im Alltag und erkläre jeweils, was passiert.

- Geschirrspülmaschine: Der Leitungsdruck übt eine Kraft auf das Wasser aus. Die gleich große Kraft wirkt auf den beweglichen Sprüharm und dreht ihn.
- Aussteigen aus einem Boot: Beim Aussteigen beschleunigst du in Richtung Ufer, also wirkt eine Kraft auf deinen Körper in Richtung Ufer. Dazu übst du auf das Boot eine Gegenkraft weg vom Ufer aus. Wenn das Boot nicht festgemacht ist, dann beschleunigst du es vom Ufer weg. Dabei kann das Boot so weit vom Ufer wegschwimmen, dass du ins Wasser fällst.

Seite 181 (Material)

Versuche – Eine selbst gebaute Rakete

V1 Auf dem Startplatz hältst du die Flasche wie im Bild fest und pumpst mit der Luftpumpe Luft in die Flasche. Wenn der Druck in der Flasche groß genug ist, fliegt die Rakete los. Beschreibe.

Hinweis: Es ist wichtig, die Rakete immer vom Körper weg zu richten.

V2 Fülle etwas Wasser in die Flasche und wiederhole den Versuch. Vergleiche mit Versuch V1. Finde heraus, mit welcher Wassermenge die Rakete am höchsten fliegt. Woran liegt es, dass es mit noch mehr Wasser nicht besser klappt? Stelle eine Vermutung auf.

Enthält die Rakete zu wenig Wasser, kann ihr Ventil nicht ausreichend Masse auswerfen. Enthält sie zu wenig Luft, ist zu wenig Gas da, das verdichtet werden kann, um anschließend das Wasser zu beschleunigen und aus der Raketendüse zu pressen. Das Verhältnis von verdichteter Luft zu Wasser sollte etwa 1:3 betragen.

Hinweis: Die optimale Wassermenge hängt u. a. von Drucktankvolumen, Startdruck und Gewicht der Rakete ab.

Material A – Fortbewegung in Technik und Natur

A1 Flugzeuge haben meist Propeller oder Düsen als Antrieb.

a) Vergleiche die beiden Antriebsarten. Sammle dabei Unterschiede und Gemeinsamkeiten.

Sowohl Propeller- als auch ein Düsenantrieb funktionieren nach dem Rückstoßprinzip. Beim Propellerantrieb übt der Propeller auf die Luft eine Kraft nach hinten aus. Gleichzeitig übt die Luft auf den Propeller und damit das Flugzeug eine Gegenkraft nach vorne aus. Dabei werden sehr große Luftmassen um eine relative kleine Geschwindigkeitsdifferenz beschleunigt. Beim Düsenantrieb wird die Luft bzw. das Verbrennungsgas mit großer Kraft nach hinten ausgestoßen. Gleichzeitig wird auf das Flugzeug eine Gegenkraft von der Luft auf das Flugzeug nach vorn ausgeübt. Hierbei werden vergleichsweise kleine Luftmassen auf sehr große Geschwindigkeiten beschleunigt. Dazu wird im Triebwerk mit der Luft ein Kraftstoff verbrannt. Es entsteht ein heißes Gas unter hohem Druck, dass in der Düse entspannt und so sehr stark beschleunigt wird.

b) Raumfahrzeuge können diese Antriebsarten im Weltraum nicht nutzen. Begründe.

Der Propellerantrieb funktioniert im Weltraum nicht, weil es dort weder Luft noch ein anderes Gas gibt, dass nach hinten gedrückt werden kann. Der Düsenantrieb funktioniert ebenfalls wegen fehlender Luft nicht. Deshalb muss eine Rakete den nötigen Brennstoff mit sich führen, den sie dann nach hinten aus der Düse ausstoßen kann.

A2 Tiere bewegen sich auf sehr verschiedene Arten fort. Recherchiere im Internet nach einem der folgenden Tiere: Fisch, Schlange, Kaulquappe, Pinguin. Erkläre die jeweilige Fortbewegungsart mit der Gegenkraft.

Fische: Fische schwimmen durch das Wasser, in dem sie eine Hin- und Herbewegung mit ihrem Körper durchführen. Ihre Schwanzflosse übt dabei auf das Wasser eine Kraft nach schräg hinten aus. Das Wasser übt entsprechend dem Wechselwirkungsprinzip eine Gegenkraft nach schräg vorne auf den Fisch aus. Das Hin und Her führt zu einer Geradeausbewegung.

Schlangen: Die häufigste Fortbewegungsart ist das Schlängeln. Dabei drückt sich die Schlange mit ihren kräftigen Muskeln von verschiedenen Gegenständen, wie Steinen und Ästen auf dem Boden schräg nach vorne ab. Weil sie sich immer von beiden Seiten nach vorne drückt, entsteht eine gerichtete Vorwärtsbewegung.

Kaulquappen: Kaulquappen besitzen einen mächtigen Schwanz, der zur Fortbewegung im Wasser dient. Durch schlängelnde Bewegungen des Schwanzes wird Wasser nach schräg hinten gedrückt, was eine entsprechende Bewegung entgegengesetzt nach vorn hervorruft. Das Hin- und Herschlängeln führt zu einer Geradeausbewegung.

Pinguine: Als Antrieb für das Schwimmen im Wasser fungieren die steifen Flossen, die von einer kräftigen Rücken- und Brustmuskulatur bewegt wie bei einem fliegenden Vogel auf- und abschlagen. Auch hierbei wird Wasser nach hinten gedrückt, sodass der Körper eine entsprechende Gegenkraft nach vorn erfährt.

Material B – Eine Geschichte von Baron Münchhausen

B1 a) Münchhausen war für seine Lügengeschichten bekannt. Zeige, dass er beim ersten Sprung und bei seiner „Rettung" gelogen hat. Begründe physikalisch.

Umkehr in der Luft: Auf dem Erdboden kann Münchhausen mit dem Pferd Kräfte auf den Boden ausüben, die Gegenkräfte vom Boden auf Münchhausen und sein Pferd hervorrufen, die ihn abbremsen und wieder umkehren lassen. In der Luft ist das nicht möglich.

Rettung: Wenn ein Körper eine Kraft auf einen zweiten Körper ausübt, dann übt der zweite Körper eine gleichgroße, entgegengesetzt gerichtete Kraft auf den ersten Körper aus. Bei dieser Geschichte fehlt aber der zweite Körper. Also kann die Geschichte nicht stimmen.

b) Wie hätte Münchhausen aus dem Morast kommen können? Gib mehrere Möglichkeiten an und erkläre jeweils.

Er hätte sich an einem starken Ast vom Pferd auf festen Boden retten können. Anschließend hätte er versuchen können, mit anderen Personen und einem Seil das Pferd aus dem Morast zu ziehen. Dabei wären immer mindestens zwei Körper im Spiel gewesen: Ast/Erde – Münchhausen, Personen/Erde – Pferd. Vielleicht hätte er sich auch schwimmend auf festen Boden retten können. Dabei hätte er den Morast mit Händen und Füßen nach hinten gedrückt, während sich sein Körper nach vorn bewegt.

3 Werkzeuge erleichtern die Arbeit

Kleine Kräfte, lange Wege

Seite 183

1 Wir ziehen nun statt des Wagens aus unserem Versuch einen Holzklotz über die Rampe. F · Δs ist nun bei den verschiedenen Steigungen nicht mehr konstant. Erkläre.

Im ursprünglichen Versuch rollte der Wagen reibungsfrei. Dabei gab das Produkt $F \cdot \Delta s$ immer die Zunahme an Lageenergie an. Ein Holzklotz erfährt aber eine Reibungskraft, die der Zugkraft entgegen wirkt. Zusätzlich zu Lageenergie muss also Energie aufgewendet werden, um die Reibung zu überwinden. Da die Reibungskraft aber von der Steigung der Rampe abhängt, ist der zusätzliche Kraftaufwand (die zusätzliche Energie) nicht mehr konstant.

Seite 185 (Material)

Versuch – Rollende Kugel

V1 a) Markiere den Umkehrpunkt der Kugel und miss den auf der Ausrollebene zurückgelegten Weg. Bestimme die hangabwärts gerichtete Kraft $\overrightarrow{F_H}$ auf der Ausrollebene zeichnerisch durch Kräftezerlegung.
b) Wiederhole den Versuch mit gleichen Startbedingungen, aber verschieden steilen Ebenen, auf denen die Kugel ausläuft. Bestimme dann für jede Messung das Produkt aus Kraft und Weg.

Lösung zu a) und b):

Bei einer Kugel mit einer Gewichtskraft von 0,5 N ergibt sich:

F_1 in N	s_1 in cm	F_2 in N	s_2 in cm	$F_1 \cdot s_1$ in J	$F_2 \cdot s_2$ in J	α in °
0,17	20	0,17	18	0,034	0,031	20
0,17	20	0,13	23	0,034	0,030	15
0,17	20	0,09	35	0,034	0,032	10
0,17	20	0,04	74	0,034	0,030	5

F_1 und s_1 bezieht sich auf die Startebene,
F_2 und s_2 auf die Ausrollebene.

Im obigen Beispiel beträgt der Steigungswinkel der Startebene immer 20°, der Winkel an der Ausrollebene ändert sich in 5° Schritten von 20° auf 5°.

Beispielhaft lässt sich dann F_2 wie in der folgenden Zeichnung dargestellt ermitteln.

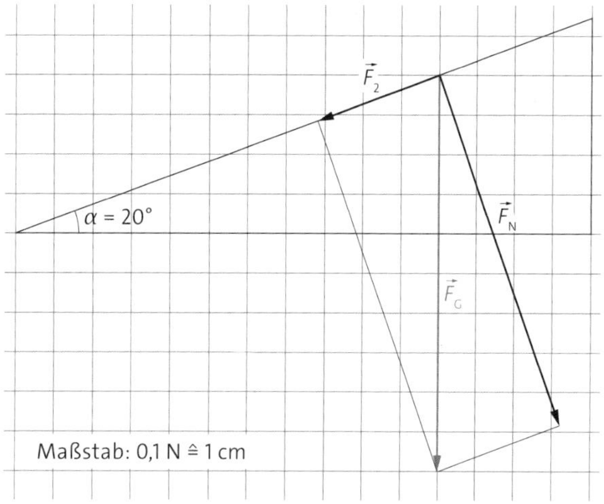

Cornelsen/newVISION! GmbH, Bernhard A. Peter, Pattensen

c) Gilt für deine Messreihe die Goldene Regel? Überprüfe.

In der Beispielmessreihe wird die Ausrollstrecke größer, je flacher die Rampe und je kleiner damit die Hangabtriebskraft wird. Das passt zur goldenen Regel der Mechanik. Die Produkte $F_2 \cdot s_2$ sind aber nicht gleich, sondern alle kleiner als $F_1 \cdot s_1$. Also „verschwindet" Energie in Umwandlungsprozessen, die nicht zur Strecke (bzw. zum Höhengewinn) beitragen.

Versuch – Grob- oder Feingewinde

V2 a) Ordne deinen Modellen die Begriffe „Grob-" bzw. „Feingewinde" zu. Begründe deine Entscheidung.

Das kleinere Dreieck stellt ein Modell für das Grobgewinde dar, da nur wenige Umdrehungen nötig sind, bis es aufgewickelt ist. Die Schnittkantenstücke sind weit voneinander entfernt. Das größere Dreieck stellt ein Modell für das Feingewinde dar. Hier sind viel mehr Umdrehungen zum Aufwickeln nötig und die Schnittkantenstücke liegen nahe beieinander.

b) An der schiefen Ebene hast du kennengelernt, dass ein längerer Weg mit einer kleineren Kraft verbunden ist. Wickle deine Modelle wieder ab und beschrifte die Dreiecksseiten mit den Begriffen „Gewindelänge" und „Schraubenlänge". Benutze diese Begriffe und die Goldene Regel, um zu erklären, welche Schraube sich mit weniger Kraft eindrehen lassen müsste.

Die Schraubenlänge wird im Modell durch die Seite dargestellt, die bei beiden Dreiecken gleich lang ist. Die Gewindelänge wird durch die Schnittkante dargestellt. Beide Schrauben haben die gleiche Schraubenlänge, allerdings wird die Kraft bei der Grobgewindeschraube über einen kürzeren Weg übertragen als bei der Feingewindeschraube. Weil nach der goldenen Regel der Mechanik das Produkt aus Kraft und Weg immer gleich ist, kann man vermuten, dass sich die Schraube mit dem feinen Gewinde mit weniger Kraft eindrehen lässt als die Grobgewindeschraube.

Material A – Wie viel Energie brauchst du zum Gehen?

A1 a) Anja (38 kg) misst, dass bei ihr diese Höhe durchschnittlich 3 cm beträgt. Berechne die Energie, die sie für einen Schritt benötigt.

Gegeben:
Masse von Anja: $m = 38$ kg,
Höhenunterschied: $h = 3$ m $= 0{,}03$ m.
Gesucht: Energiemenge pro Schritt: ΔE.

$\Delta E = m \cdot g \cdot h = 38{,}0\ \text{kg} \cdot 9{,}81\ \frac{\text{N}}{\text{kg}} \cdot 0{,}03\ \text{m} \approx 10\ \text{Nm}$,

also $\Delta E = 10$ J.

b) Mit einem Schritt legt Anja 80 cm zurück. Bestimme, wie viel Energie sie für eine Strecke von 1,0 km benötigt.

Gegeben:
Weglänge pro Schritt: 80 cm $= 0{,}8$ m,
Länge der Gesamtstrecke: $\Delta s = 1{,}0$ km $= 1000$ m.
Gesucht:
für die Strecke von 1 km benötigte Energie ΔE.
Aus der Schrittweite und der Länge der Gesamtstrecke ermittelt man zunächst die Zahl n der Schritte für 1 km:

$$n = \frac{1000\ \text{m}}{0{,}8\ \text{m}} = 1250.$$

Daraus kann man die benötigte Gesamtenergie ΔE_{Ges} berechnen.

$\Delta E_{\text{Ges}} = n \cdot \Delta E = 1250 \cdot 10\ \text{J} = 12\,500\ \text{J}$.

A2 a) Führe die Messung selbst durch.
Hier ergeben sich unterschiedliche Messergebnisse für den Höhenunterschied beim Gehen.

b) Berechne die Energie, die du beim Gehen in einer Stunde brauchst.
Zunächst muss ermittelt werden, wie viele Schritte man beim Gehen in einer Stunde macht. Dazu misst man die Zeit, die man z. B. für 10 (besser: 100) Schritte benötigt. Daraus kann dann die Zahl der Schritte errechnet werden. Aus dem Messergebnis von a) errechnet man nach $\Delta E = m \cdot g \cdot h$ die Energie für einen Schritt.
Diesen Wert multipliziert man mit dem errechneten Wert für die Zahl der Schritte während einer Stunde.

Seite 187 (Blickpunkt)

1 Es ist wichtig, die Energie beim Autofahren effizient zu nutzen. Dabei kann die Konstruktion des Autos entscheidend sein, aber auch die Fahrweise. Stelle zwei Checklisten zusammen: eine für den Kauf eines energieeffizienten Autos und eine für möglichst energieeffizientes Fahren.

Checkliste für Kauf:
- geringer Kraftstoffverbrauch
- bei Einsatz des Autos auf Autobahnen und Landstraßen: geringer c_W-Wert
- geringe Rollreibung
- Hybrid-Antrieb

Checkliste für effizientes Fahren:
- vorausschauend fahren, häufiges Anhalten und Anfahren vermeiden
- weniger schnell fahren
- gemächlich beschleunigen
- keine unnötigen Lasten transportieren

2 a) Der Anteil am Treibstoff, der für die Geschwindigkeitsänderung verbraucht wird, ist unterschiedlich groß (▸ Bild 04). Begründe.
In der Stadt muss man viel häufiger anhalten und anfahren als auf Landstraßen und Autobahnen. Auf Autobahnen ist der Anteil an Geschwindigkeitsänderungen am niedrigsten, weil man dort nur bei Stau hält.

b) Ein Auto verbraucht in der Stadt 7,0 ℓ, auf Landstraßen 4,0 ℓ und auf der Autobahn 7,0 ℓ Kraftstoff. Berechne, wie vielen Litern die einzelnen Anteile entsprechen. (z. B. Verbrauchsanteil durch die Rollreibung in der Stadt: 2,1 ℓ). Erstelle ein Diagramm ähnlich wie ▸ Bild 04 und vergleiche.

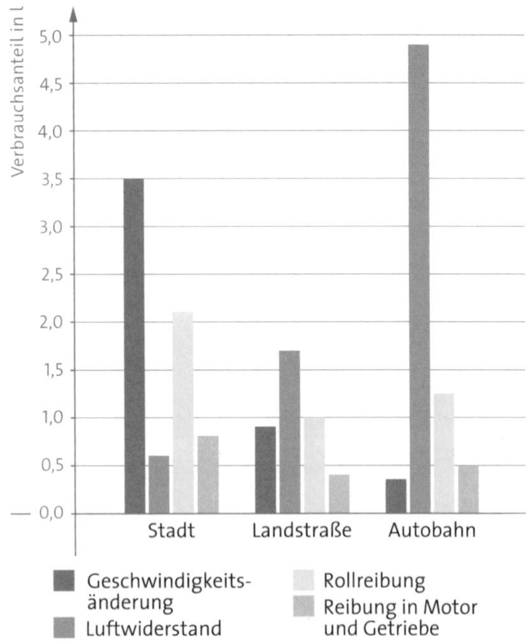

Cornelsen/igeldesign, Franz Josef Domke, Hannover

Man erkennt an dem Diagramm mit den absoluten Verbrauchswerten, dass Stadt- und Autobahnfahrten besonders viel Benzin benötigen. Bei den Stadtfahrten ist der hohe Verbrauch auf die ständigen Geschwindigkeitsänderungen und den relativ hohen Einfluss der Rollreibung zurückzuführen. Bei Autobahnfahrten spielt der Luftwiderstand mit Abstand die größte Rolle, was an der hohen Geschwindigkeit liegt, mit der dort gefahren wird.

Kraftwandler

Seite 189

1 Nenne die Arten von Hebeln in ▸ Bild 07.
Die Kneifzange ist ein zweiseitiger Hebel, der Nussknacker ist ein einseitiger Hebel.
Hinweis: Das Erkennen der Art des Hebels fällt nicht immer leicht. Deshalb empfiehlt es sich eine Begründung einzufordern.

2 a) Berechne die Kraft an den Schneiden der Kneifzange (▸ Bild 07), wenn die Griffe mit einer Kraft von 50 N zusammengedrückt werden.
Mit $F_1 = 50$ N, $r_1 = 0{,}16$ m und $r_2 = 0{,}04$ m erhält man für F_2 (Kraft am kurzen Hebelarm) unter Verwendung des Hebelgesetzes:

$$F_2 = \frac{F_1 \cdot r_1}{r_2} = \frac{50\text{ N} \cdot 0{,}16\text{ m}}{0{,}04\text{ m}} = 200\text{ N}.$$

Die Kraft an den Schneiden der Kneifzange beträgt 200 N.
b) Berechne die Kraft, die auf die Nuss in ▸ Bild 07 wirkt, wenn du mit einer Kraft von 40 N drückst.
Mit $F_1 = 40$ N, $r_1 = 0{,}16$ m und $r_2 = 0{,}04$ m erhält man für F_2 (Kraft am kurzen Hebelarm) unter Verwendung des Hebelgesetzes:

$$F_2 = \frac{F_1 \cdot r_1}{r_2} = \frac{40\text{ N} \cdot 0{,}16\text{ m}}{0{,}04\text{ m}} = 160\text{ N}.$$

Auf die Nuss wirkt eine Kraft von 160 N.

Seite 190

1 Herbert K. ist Gewichtheber und hat eine Masse von 80 kg. Entscheide begründet, welche Last er in der Schwebe halten kann, wenn er folgende Rollen benutzt.
a) eine feste Rolle
Wenn Herbert nur eine feste Rolle benutzt, kann er (ohne sich festzubinden) eine Last in der Schwebe halten, die seiner Masse entspricht, also 80 kg.
b) eine lose Rolle
Wenn Herbert zusätzlich eine lose Rolle benutzt, kann er eine Last von 160 kg in der Schwebe halten.

Seite 191 (Material)

Versuche – Kraftwandler im Alltag

V1 Die Münzwippe
a) Arbeite zunächst mit gleichen Münzen. Richte das Lineal so auf den Bleistift aus, dass es sich im Gleichgewicht befindet. Lege eine Münze auf das eine Ende und dann einen Stapel aus zwei Münzen so auf die andere Seite des Lineals, dass dieses im Gleichgewicht bleibt.
Beispiel: Lineal liegt mit der 15-cm-Marke auf dem Stift auf (*Hinweis:* achteckige Bleistifte eignen sich am besten). Wenn nun eine 2-€-Münze auf der rechten Seite des Lineals auf der 29-cm-Markierung liegt (14 cm von der Achse), müssen zwei 2-€-Münzen auf der linken Seite des Lineals bei der Markierung 8 cm (7 cm von der Achse) liegen, damit das Lineal im Gleichgewicht ist.
b) Bestimme die Abstände r_1 und r_2 von der Drehachse und bilde ihr Verhältnis. Berechne dann das Verhältnis der Kräfte $\frac{F_2}{F_1}$ und vergleiche mit dem Verhältnis $\frac{r_1}{r_2}$.
c) Wiederhole a) und b) mit einem Stapel aus drei und vier Münzen und zeige die Gültigkeit des Hebelgesetzes.
Lösung zu b) und c):
Mögliche Messwerte:

Münzen	r_1	r_2	$\frac{r_1}{r_2}$	$\frac{F_2}{F_1}$
2:1	14	6,9	2,03	2
3:1	14	4,5	3,11	3
4:1	14	3,6	3,89	4

Bei allen drei Versuchen sind beide Verhältnisse innerhalb der Fehler gleich groß. Das Hebelgesetz gilt also auch hier.
d) Jetzt kannst du deine Wippe als Waage nutzen. Nimm statt des Münzstapels eine Münze mit anderem Wert und lege sie so auf das Lineal, dass sich dieses wieder im Gleichgewicht befindet. Berechne das Gewicht dieser Münze in Einheiten der Referenzmünze. Verfahre mit den weiteren Münzen genauso.
Beispiel: Wenn eine 2-€-Münze auf der rechten Seite des Lineals bei der 25-cm-Markierung liegt, ergibt sich für eine 1-€-Münze auf der linken Seite des Lineals der Gleichgewichtspunkt bei der 3-cm-Markierung. Daraus ergibt sich:
$r_2 = 25\text{ cm} - 15\text{ cm} = 10\text{ cm}$ und
$r_1 = 15\text{ cm} - 3\text{ cm} = 12\text{ cm}$. Das Verhältnis $\frac{r_2}{r_1}$ beträgt $\frac{10}{12}$ und $\frac{F_1}{F_2} = \frac{12}{10} = 1{,}2$.
Die 2-€-Münze wiegt also 20 % mehr als die 1-€-Münze.

V2 Die Fahrrad-Gangschaltung
a) Bestimme die Strecke, die ein Pedal bei einer Umdrehung zurücklegt.
(*Hinweis:* Kreisumfang $U = 2\,\pi \cdot r$)
$r = 0{,}25$ m; d. h. $U = 2\pi \cdot 0{,}25\text{ m} = 1{,}57$ m.
b) Miss für drei verschiedene Gänge die Strecke, die das Fahrrad bei einer Umdrehung der Pedalkurbel zurücklegt.

Gang	A	B	C
Δs	3,3	4,2	5,8

c) Drehe das Rad um, sodass die Räder nach oben zeigen. Befestige einen Kraftmesser an einem Pedal, den anderen am Hinterrad. Ziehe so an den beiden Kraftmessern, dass sich das Hinterrad nicht dreht. Dabei

sollte die Kraft auf das Pedal mindestens 50 N betragen. Miss die beiden Kräfte für die gleichen Gänge wie in b).

Gang	A	B	C
Kraft auf Pedal in N	70	70	70
Kraft auf Rad in N	35	30	20

d) Durch die Kraft auf das Pedal wird bei jeder Umdrehung der Pedalkurbel Energie übertragen. Berechne diese Energie für die verschiedenen Gänge.
e) Bestimme die Kraft auf das Hinterrad mithilfe der Goldenen Regel jeweils aus der Kraft auf das Pedal und den Ergebnissen aus V1. Vergleiche mit deinen Messwerten.
Lösung zu d) und e):

Gang	A	B	C
E in J	110	110	110
Kraft auf Rad in N (berechnet)	33	26	19

Aufgrund der Reibung und weil nicht am äußeren Rand des Rades gemessen wurde, ergeben sich Abweichungen: Da die Kraft auf das Rad dadurch „zu groß" ist, sind die berechneten Werte kleiner als die gemessenen.

Material A – Münchhausentechnik in der Bergrettung

A1 Bergsteiger geraten ähnlich wie der „Lügenbaron" in Notlagen, in denen sie sich allein bergen müssen. Mit der Münchhausentechnik nutzen sie nicht den eigenen Zopf, sondern eine besondere Hebevorrichtung.
a) Gib an, wie viele tragende Seile die Hebevorrichtung rechts hat.
Die Hebevorrichtung hat drei tragende Seilstücke.
b) Berechne, welche Kraft der Bergsteiger aufbringen muss, um sich bei einer Masse von 90 kg selbst hochziehen zu können.
Bei drei tragenden Seilstücken muss der Bergsteiger eine Kraft von etwas mehr als 30 N aufbringen, um sich in die Höhe zu ziehen.
c) Rollen gehören nicht zur Bergsteigerausrüstung. Überlege, was der Bergsteiger im Notfall verwenden kann.
Anstelle von Rollen kann der Bergsteiger Karabinerhaken verwenden, die er in seiner Ausrüstung hat. Das Seil läuft dann durch die Haken statt über Rollen. Die Haken verursachen allerdings mehr Reibung als Rollen. Deshalb benötigt er etwas mehr Kraft als in b) berechnet.

Seite 192 (Blickpunkt)

1 Erläutere die Goldene Regel der Mechanik anhand eines Flaschenzugs.
In einem Flaschenzug gibt es mindestens zwei tragende Seilstücke. Die benötigte Zugkraft wird also mindestens halbiert. Je größer die Anzahl der tragenden Seilstücke, desto länger wird der zurückgelegte Weg. Das Produkt aus Kraft und Weg ist konstant.

2 Recherchiere nach weiteren Anwendungen des Flaschenzugs im Internet. Präsentiere deine Ergebnisse in der Klasse.
Individuelle Lösung
Hinweis: Flaschenzüge werden häufig verwendet, wenn schwere Lasten zu heben sind. Im Gegensatz zu schiefen Ebenen kommen Flaschenzüge mit wenig Platz aus. Mithilfe des Flaschenzugs kann man aber auch Spannvorrichtungen bauen (z. B. bei Fäll- und Rodungsarbeiten im Wald) oder ein landendes Flugzeug auf einem Flugzeugträger abbremsen. In diesem Beispiel wird dann die Kraft nicht verstärkt, sondern verringert.

3 Larisza hat sich einen Flaschenzug gebaut (▸ Bild 03). Ermittle die Anzahl der tragenden Seilstücke und bestimme die Zugkraft
In der Abbildung erkennt man, dass Lariszas Flaschenzug aus drei tragenden Seilstücken besteht. Also beträgt die Zugkraft $\frac{1}{3}$ der Gewichtskraft $\vec{F_L}$, also etwa 33 N.

Seite 165 (Basiskonzepte)

1 Sportliche Aktivitäten lassen sich aus dem Blickwinkel der Basiskonzepte betrachten, z. B. die Energieumwandlungen beim Sprung ins Schwimmbecken. Ordne selbst weitere Beispiele zu.
Wenn du das Trampolinspringen unter dem Blickwinkel „Energie" betrachtest, kannst du die drei mechanischen Energieformen unterscheiden: Spannenergie im gedehnten Tuch des Trampolins, Bewegungsenergie während des Flugs und maximale Lageenergie im Umkehrpunkt. All diese Energieformen wandeln sich bei deiner Bewegung ineinander um. Das Trampolin bildet mit deinem Körper ein „System". Die „Wechselwirkung" der Bestandteile dieses Systems kannst du an der Verformung des Trampolins erkennen. Zur Wechselwirkung gehört auch, dass du den Luftwiderstand bei der Bewegung spürst. Trampoline federn unterschiedlich stark. Die Materialeigenschaften eines Trampolins fallen in den Bereich des Basiskonzepts „Struktur der Materie".

Atombau und ionisierende Strahlung

Didaktische Hinweise

Atommodell
Die historische Entwicklung der Vorstellungen zum Atomaufbau war ein langer Prozess, der in einem Schulbuch nur stark verkürzt dargestellt werden kann. Es entspricht aber der Vorgehensweise von Universum Physik, Modellvorstellungen nicht einfach nur mitzuteilen, sondern ausgehend von experimentellen Befunden zu entwickeln. Passend zum einfachen Kern-Hülle-Modell, das im Zusammenhang mit der Ladung in Kapitel 6 eingeführt wird, wird die – im Unterricht leider nur theoretisch mögliche – Betrachtung des Streuversuchs von Ernest Rutherford herangezogen: Seine experimentellen Beobachtungen führten zur im Prinzip noch heute gültigen Vorstellung, wonach Atome aus einem kleinen, positiv geladenen Kern und einer negativ geladenen Hülle bestehen.

Geladene Teilchen in Feldern
Für die Unterscheidung der verschiedenen Strahlungsarten muss die Ablenkung elektrisch geladener Teilchen durch elektrische und magnetische Felder betrachtet werden. Dazu ist die Lorentzkraft – und damit ein kurzer Vorgriff ins nächste Kapitel – nötig. Dass hierzu die Drei-Finger-Regel der linken (und nicht der rechten) Hand verwendet wird liegt daran, dass in der Elektrizitätslehre das Elektron als bewegter Ladungsträger im Vordergrund steht. Das Thema wird dann im folgenden Kapitel noch einmal aufgegriffen.

Röntgenstrahlung
Überall dort, wo die ionisierende Strahlung und ihre Wirkung betrachtet werden, werden Radioaktivität und Röntgenstrahlung parallel behandelt. Die Entstehung der Röntgenstrahlung als Bremsstrahlung bzw. durch Übergänge in der Elektronenhülle wird erwähnt, um eine Abgrenzung zur Kernstrahlung zu ermöglichen, allerdings dabei nur kurz angesprochen.

Bedeutung der Halbwertszeit
Über die noch die nächsten Jahrzehnte aktuelle Problematik der Lagerung von radioaktiven Abfällen wird der Bogen zur Halbwertszeit geschlagen, die auch mathematisch hergeleitet und deren Anwendung in der Altersbestimmung behandelt wird. Im Modellversuch mit Reißnägeln können Schülerinnen und Schüler die Gesetzmäßigkeiten des exponentiellen Zerfalls selbstständig erkunden.

Strahlenschäden und Strahlenschutz
Die in der Medizin am häufigsten anzutreffende Strahlung ist die Röntgenstrahlung, die zwar nicht zur Kernphysik gehört, die aber die grundlegenden Chancen und Risiken von hochenergetischer Strahlung kontextualisiert und lebensnah aufzeigen hilft. Es wird beschrieben, welche biologischen Auswirkungen ionisierende Strahlung hat und wie man sich davor schützen kann. Dies kann helfen, Ängste und Vorbehalte abzubauen, aber auch den reflektierten Umgang mit dieser Strahlung fördern.

Kernfusion und Kernspaltung
Während die Kernfusion in Sternen dafür sorgt, dass gigantische Mengen Energie freigesetzt werden, gelingt es dem Menschen bislang nur, aus Kernspaltung Energie freizusetzen. Der Traum der „Sonne auf Erden“ soll seit vielen Jahrzehnten auf der Erde technisch realisiert werden – verbindet er doch die enormen Energievorräte von Kernen mit der Sicherheit von konventionellen Kraftwerken. Die Chancen und Risiken beider Wege werden in diesem Kapitel beleuchtet.

Methoden und Blickpunkte
Die Methodenseite zum Umgang mit der Nuklidkarte verfolgt zwei wichtige Gedanken: zum einen lernen die Schülerinnen und Schüler eine sehr strukturierte und hilfreiche Darstellung von Nukliden kennen, zum anderen trainieren sie frühzeitig das Lesen dieser Zusammenstellung, was kognitiv durchaus anspruchsvoll ist.
Dass in der Physik Modelle eine wichtige Rolle spielen, wird in diesem Buch vielfältig thematisiert. Aber auch die Entwicklung von Vorstellungen und ihr historischer Kontext sind wichtiger Bestandteil des Lernens von und über Physik. So spannen die Blickpunkte *Atommodelle* und *Bausteine der Materie* den Bogen von früher bis heute.
Das Thema Ionisierende Strahlung und Kernenergie verursacht bei sehr vielen Menschen Angstgefühle, die auch seitens der Medien gefördert werden. Daher sind die Blickpunkte *Natürliche und zivilisatorische Strahlung* sowie *Strahlenmedizin* von zentraler Bedeutung. Ebenso zeigt die *Nutzung der Kernenergie* den positiven Aspekt ebenso auf wie den bedrohlichen.

Basiskonzepte
In diesem Kapitel rücken die Basiskonzepte nacheinander in den Vordergrund: zunächst „Struktur der Materie“ im Zusammenhang mit Atombau und Struktur des Kerns, dann die „Wechselwirkung“ zwischen Ionisierender Strahlung und Materie und zuletzt die „Energie“ bei Kernspaltung und Fusion. Aspekte des Basiskonzepts „System“ sind stärker verteilt, finden sich aber z. B. beim Atom als kleinstem System oder bei Messgeräten wieder.

1 Atome und ihre Strahlung

Atom und Elektron

Seite 201

1 a) Gib an, was geschehen muss, damit der Elektronenstrahl in ▸ Bild 02 A nach unten abgelenkt wird.
Damit der Elektronenstrahl zwischen den geladenen Platten nach unten abgelenkt wird, muss die Polung der Platten getauscht werden.
b) Erläutere, wie eine Ablenkung in dieselbe Richtung durch ein Magnetfeld erreicht werden kann.
Um den Elektronenstrahl mit dem Magnet nach unten abzulenken muss man den Magnet umdrehen oder den Elektronenstrahl von der anderen Seite in den Magnet schießen.

Seite 203 (Material)

Versuche – Atomgröße abschätzen

V1 a) Erläutere ein Verfahren, mit dem du das Volumen eines Tropfens abschätzen könntest.
Mögliche Schülerlösung:
Man zählt die Tropfen eines Flüssigkeitsvolumens, das sich gut mit einem Messzylinder messen lässt. Das gemessene Volumen muss dann durch die Anzahl der Tropfen geteilt werden.
Hinweis: Wiederholen der Messung verbessert das Ergebnis.
b) Gehe davon aus, dass ein Tropfen ein Volumen von etwa $\frac{1}{45}$ ml hat. Berechne das Ölvolumen in einem Tropfen des Öl-Benzin-Gemisches.
Das Volumen eines Tropfens ist bekannt:
$V_{\text{Tropfen}} = \frac{1}{45}$ ml
Hiermit kann die Anzahl der Tropfen in einem Volumen von 50 ml berechnet werden:
$n_{\text{Tropfen}} = \frac{50\text{ ml}}{\frac{1}{45}\text{ml}} = 2250$
Um die Lösung zu erhalten, wurden auf diese Anzahl drei Tropfen Olivenöl gegeben. Das Mischungsverhältnis ist im Tropfen das gleiche wie in der gesamten Lösung. Demnach kann das Ölvolumen in einem Tropfen folgendermaßen bestimmt werden:
$$\frac{n_{\text{Öl}}}{n_{\text{gesamt}}} \cdot V_{\text{Tropfen}} = \frac{3}{2253} \cdot \frac{1}{45}\text{ ml} = 3 \cdot 10^{-5}\text{ ml.}$$
Hinweis: Dieser Rechnung liegt die Annahme zu Grunde, dass das Tropfenvolumen von Benzin und Öl gleich ist. Das ist nur eine Näherung.

V2 a) Berechne mit dem Durchmesser des Kreises die Dicke des Ölfilms.
Das Volumen des Ölfilms ist bekannt:
$V_{\text{Ölfilm}} = 3 \cdot 10^{-5}$ ml.
Mit der Annahme, dass dieser eine zylindrische Form hat, kann die Höhe mit dessen Volumen $V = \pi \cdot r^2 \cdot h$ zu
$h_{\text{Ölfilm}} = \frac{V_{\text{Ölfilm}}}{\pi \cdot r^2}$
berechnet werden. Es ergibt sich ein Wert von
$h_{\text{Ölfilm}} = 1{,}4 \cdot 10^{-9}$ m.
b) Es konnte noch nie ein dünnerer Ölfilm festgestellt werden. Erläutere, warum das dafür sprechen könnte, dass der Ölfilm die Dicke eines Moleküls hat.
Wenn noch nie eine dünnere Ölschicht beobachtet wurde, dann legt dies die Vermutung nahe, dass der Ölfilm einlagig ist. Man kann sich dies wie viele kleine Kugeln vorstellen, die nebeneinander liegen. Der Ölfilm hat dann die Dicke eines Öl-Moleküls.
c) Schätze den Durchmesser eines Atoms ab. Berücksichtige dabei, dass ein Ölmolekül aus mehreren Atomen besteht.
Öl besteht aus Molekülen, die sich wiederum aus Atomen zusammensetzen. Der Durchmesser eines Atoms wird deshalb vermutlich nochmal kleiner sein, als der im Experiment ermittelte Molekül-Durchmesser.

Material A – Atommodell

A1 a) Beschreibe, was RUTHERFORD in seinem Streuexperiment beobachtet hätte, wenn Atome so aufgebaut wären, wie THOMSON es annahm. Übertrage die Skizze in dein Heft und ergänze mögliche Teilchenbahnen. Begründe.

Thomson'sches Atommodell   Rutherford'sches Atommodell

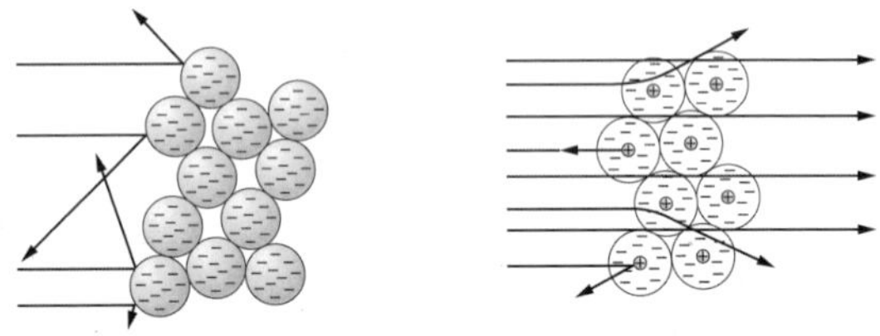

Cornelsen/newVISION! GmbH Bernhard A. Peter, Pattensen

Wären Atome aufgebaut wie in Thomsons Vorstellung (▸ Bild links), sollten die geladenen Teilchen von den Atomen reflektiert werden, wie Bälle an einer Wand.
b) RUTHERFORD beobachtete zum Teil eine starke Ablenkung der positiv geladenen Teilchen. Zeichne eine Atomanordnung wie in ▸ Bild 03 nach dem RUTHERFORDschen Atommodell. Skizziere darin die Bahnen von Teilchen, die
- **sich direkt auf einen Atomkern zubewegen,**
- **beim Durchgang durch die Folie stark abgelenkt werden,**
- **schwach abgelenkt werden,**
- **nicht abgelenkt werden.**

Die Atomvorstellung von Rutherford erklärt die beobachteten Teilchenbahnen (▸ Bild rechts).

c) Auch das RUTHERFORDsche Atommodell kann nicht alles erklären. Welche Widersprüche kannst du aufzeigen?

Da der Atomkern positiv ist und die Elektronen in der Atomhülle negativ sind, müssten die Elektronen vom Atomkern angezogen werden und zu einem kleinen neutralen Teilchen werden. Ein Atom könnte also nicht stabil sein.

Atome würden sich durch die negativ geladene Hülle abstoßen. Es könnte keine feste Materie entstehen.

Material B – Teilchenbahnen

B1 a) Die Nebelkammer (oben) befindet sich in einem Magnetfeld. Die Feldlinien zeigen senkrecht ins Buch hinein. Stelle eine Vermutung zur elektrischen Ladung der Teilchen auf. Formuliere eine entsprechend angepasste Hand-Regel.

Die Teilchen werden im Magnetfeld auf eine Kreisbahn abgelenkt. Dies spricht dafür, dass die Lorentzkraft auf sie wirkt. Die Teilchen sind demnach geladen. Da die Ablenkung in verschiedene Richtungen stattfindet, müssen gegensätzliche Ladungen vorliegen.

Die Teilchen, die sich in ▸ Bild 04 von oben nach unten bewegen und hierbei nach rechts abgelenkt werden, sind positiv geladen (Drei-Finger-Regel). Die Teilchen, die nach links abgelenkt werden, sind negativ geladen.

b) Stelle Vermutungen auf, warum die Bahnen verschiedene Radien haben.

Die Teilchen könnten verschiedene Geschwindigkeiten oder verschiedene Massen haben.

Hinweis: Der Bahnradius kann mit $r = \frac{m \cdot v}{e \cdot B}$ berechnet werden. Da die Teilchen in der Nebelkammer bei Stößen abgebremst werden, nimmt die Krümmung der Bahn zu und es ergibt sich eine Spiralbahn.

Der Atomkern hat eine Struktur

Seite 205

1 a) Gib für die folgenden Atomkerne jeweils an, wie viele Protonen und Neutronen sie enthalten: $^{1}_{1}X$, $^{60}_{27}X$, $^{137}_{55}X$, $^{238}_{92}X$.

$^{1}_{1}X$:	1 p	0 n
$^{60}_{27}X$:	27 p	33 n
$^{137}_{55}X$:	55 p	82 n
$^{238}_{92}X$:	92 p	146 n

b) Gib die Namen der Elemente an und ergänze die Symbole.

$^{1}_{1}X$	→	$^{1}_{1}H$ (Wasserstoff)
$^{60}_{27}X$	→	$^{60}_{27}Co$ (Cobalt)
$^{137}_{55}X$	→	$^{137}_{55}Cs$ (Cäsium)
$^{238}_{92}X$	→	$^{238}_{92}U$ (Uran)

Seite 206

1 a) Gib die weiteren Elemente an, die im Ausschnitt der Nuklidkarte in ▸ Bild 02 gezeigt sind.

Pd – Palladium, Cd – Cadmium, In – Indium

b) Gib für die Nuklide die entsprechende Symbolschreibweise an.

$^{106}_{46}Pd$, $^{108}_{46}Pd$, $^{110}_{48}Cd$, $^{111}_{48}Cd$, $^{112}_{48}Cd$, $^{113}_{49}In$,

2 Ordne die folgenden Nuklide nach der gleichen Protonenzahl, der gleichen Nukleonenzahl und nach der gleichen Neutronenanzahl.

$^{12}_{6}C$, $^{14}_{7}N$, $^{13}_{6}C$, $^{16}_{8}O$, $^{15}_{7}N$, $^{18}_{8}O$, $^{14}_{6}C$

Gleiche Protonenzahl:

$^{12}_{6}C$, $^{13}_{6}C$, $^{14}_{6}C$;

$^{14}_{7}N$, $^{15}_{7}N$;

$^{16}_{8}$⍰, $^{18}_{8}$⍰

Gleiche Nukleonenzahl:

$^{14}_{7}N$, $^{14}_{6}C$

Gleiche Neutronenzahl:

$^{16}_{8}$⍰, $^{15}_{7}N$, $^{14}_{6}C$

$^{14}_{7}N$, $^{13}_{6}C$

Seite 207 (Material)

Versuch Modellversuch zum Aufbau eines Atomkerns

V1 a) Bringe die Magnete jeweils mit dem gleichen Pol nach oben auf einer ebenen Oberfläche möglichst nahe zueinander. Beschreibe deine Beobachtung.

Die Magnete lassen sich nicht zusammenbringen.

b) Nutze jetzt die Stahlmuttern, um die Magnete näher zueinanderzubringen. Vergleiche mit der Beobachtung aus a).

Stahlmuttern und Magnete ziehen sich an. Dadurch gelingt es, dass alle „Teilchen" ein zusammenhängendes Ganzes bilden.

c) Erläutere: Welche Teile im Modellversuch übernehmen die Rolle der Protonen, welche die der Neutronen in einem Atomkern?

Protonen → Magnete (gleichnamige Pole): In beiden Fällen werden abstoßende Kräfte aufeinander ausgeübt.

Neutronen → Stahlmuttern: In beiden Fällen werden keine Kräfte aufeinander ausgeübt.

d) Nutze das Modell, um einen Wasserstoff- und einen Sauerstoffkern zu bauen.

Wasserstoff: Ein einzelner Magnet entspricht bereits einem Wasserstoffmolekül (einzelnes Proton). Wenn ein oder zwei Muttern als Neutronen hinzukommen, entspricht das dem schweren und überschweren Wasserstoff (s. Material B).

Sauerstoff: Ein typischer Sauerstoffkern besteht aus acht Protonen und acht Neutronen, im Modell acht Magnete und acht Muttern. Isotope mit mehr (oder weniger) Neutronen bzw. Muttern sind möglich, aber selten.

e) Bewerte den Modellversuch: Was kann mit ihm gut, was kann schlecht oder gar nicht erklärt werden?

Mithilfe des Modells kann man gut erklären:
- den Zusammenhalt des Atomkerns
- die Rolle der Neutronen

Nicht erklärt werden können z. B.:
- die chemischen Eigenschaften des Atoms (weil die Atomhülle fehlt)

Material A – Systematische Darstellung zum Aufbau der Atome

A1 a) Übertrage und ergänze die Tabelle (neutrale Atome). Nutze das Periodensystem der Elemente (PSE, ▸ Anhang).

Name der Atomsorte	Symbol des Nuklids	Anzahl der Nukleonen	Anzahl der Protonen	Anzahl der Neutronen	Anzahl der Elektronen
Sauerstoff	$^{16}_{8}$□	16	8	8	8
Natrium	$^{23}_{11}$Na	23	11	12	11
Aluminium	$^{27}_{13}$Al	27	13	14	13
Silicium	$^{30}_{14}$Si	30	14	16	14
Quecksilber	$^{200}_{80}$Hg	200	80	120	80
Quecksilber	$^{204}_{80}$Hg	204	80	124	80
Uran	$^{238}_{92}$U	238	92	146	92
Plutonium	$^{241}_{94}$Pu	241	94	147	94

b) Notiere, welche Information über den Aufbau von Atomkernen das Periodensystem der Elemente nicht gibt.

Das PSE enthält keine Informationen über die unterschiedlichen Isotope eines Elements, über ihre Häufigkeit, ihre Stabilität bzw. Halbwertszeiten und entsprechende Zerfallsarten.

Material B – Wasserstoff ist nicht gleich Wasserstoff

B1 a) Gib jeweils die Symbolschreibweisen an.

$^{1}_{1}$H, $^{2}_{1}$H, $^{3}_{1}$H

b) Zeichne den Ausschnitt der Nuklidkarte, der die drei Wasserstoffsorten enthält.

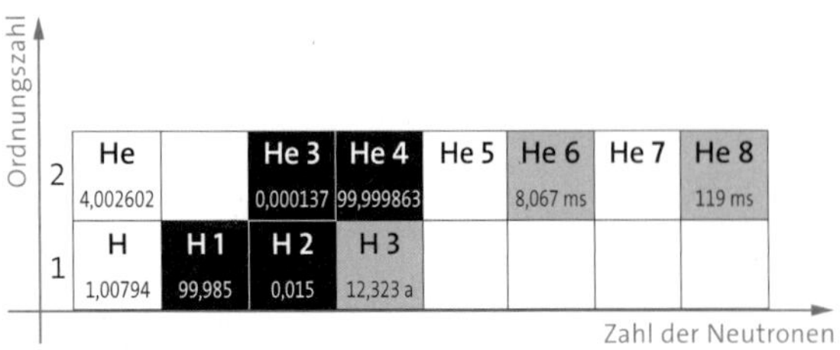

Cornelsen/newVISION! GmbH Bernhard A. Peter, Pattensen

c) Gib an, wie viele Elektronen ein neutrales Tritium-Atom besitzt.

Ein neutrales Atom besitzt so viele Elektronen wie Protonen. Beim Wasserstoff ist das (unabhängig von der Anzahl der Neutronen) ein Proton und ein Elektron.

Ionisierende Strahlung

Seite 209

1 a) Fertige eine Skizze des Versuchs im ▸ Bild 03 an. Nimm an, dass die elektrische Ladung des Drahts positiv ist.

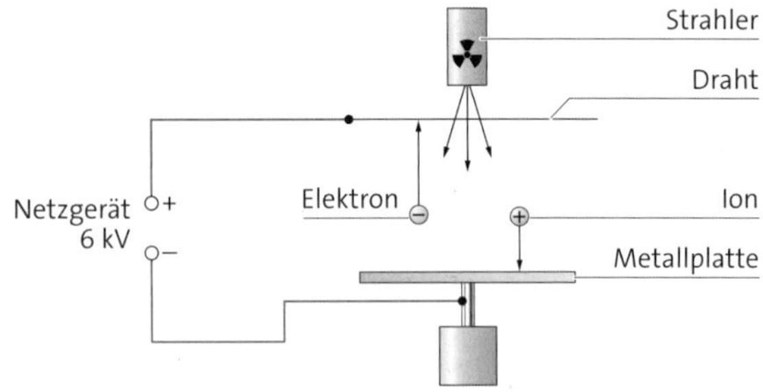

Cornelsen/Atelier tigercolor Tom Menzel, Scharbeutz/Klingberg

b) Beschreibe, was nach der Ionisation von Stickstoffmolekülen in der Luft geschieht.

Nach der Ionisation von Stickstoffmolekülen sind positiv geladene Stickstoffionen und abgetrennte Elektronen vorhanden. Befinden sich Ionen und Elektronen in einem elektrischen Feld, werden auf die elektrischen Ladungen Kräfte ausgeübt. Die Ionen und Elektronen werden beschleunigt. Sind ausreichend Ionen und Elektronen vorhanden, so wird das Gas elektrisch leitfähig.

Hinweis: Eventuell muss vorgegeben werden, dass der Stickstoff bei der Ionisation Elektronen *abgibt*.

Seite 211 (Material)

Versuch – Natürliche Radioaktivität in Gebäuden

V1 Messung der Radioaktivität

a) Bestimme zu Beginn mit dem Zählrohr die Nullrate (30 s).

b) Reibe den aufgeblasenen Luftballon mit dem Wolltuch oder der Folie. Er ist jetzt elektrisch geladen. Hänge ihn an der Raumdecke auf. Achte darauf, dass der Ballon sich nicht entladen kann, und lass ihn für ca. 30 min dort hängen.

c) Nimm den Ballon ab, lass die Luft heraus und bringe die leere Ballonhaut sofort direkt vor das Eintrittsfenster des Zählrohrs. Bestimme die Zählrate (30 s).

Lösungen zu a) bis c):
Hinweis: Die besten Ergebnisse erhält man in lange ungelüfteten (Keller-)Räumen.
d) Wiederhole die Messung der Zählrate unmittelbar danach. Halte aber jetzt ein Blatt Papier zwischen Zählrohr und Ballonhaut.
e) Wiederhole die Messungen aus c) und d) nach 10 min.
f) Ziehe von allen Messwerten jeweils die Nullrate ab. Stelle die Ergebnisse übersichtlich in einer Tabelle dar.
g) Interpretiere deine Ergebnisse. Stelle eine Vermutung über die Strahlenart auf. Erkläre, warum es wichtig ist, zur Messung die Luft aus dem Ballon herauszulassen.
Lösungen zu d) bis g):
Auch nach Abzug der Nullrate lassen sich radioaktive Stoffe nachweisen. Die Radioaktivität nimmt aber mit der Zeit ab. Da sich die gemessene Radioaktivität (teilweise) von einem Blatt Papier abschirmen lässt, muss es vor allem Alphastrahlung sein.
Die Luft aus dem Ballon zu lassen ist wichtig, um alle gesammelten Radioaktiven Kerne vor dem Zählrohr zu versammeln und somit höhere Werte zu messen, die sich besser von der Nullrate unterscheiden lassen.
Hinweis: Bei frisch eingefangenem Staub lassen sich die Radon-Zerfallsprodukte Po-218, Pb-214 und Bi-214 nachweisen. Neben der Alphastrahlung des Poloniums gibt der Staub also auch Betastrahlung ab.

Material A – Abstandsgesetz

A1 a) Beschreibe den Verlauf des Graphen.
Die Zählrate sinkt bei vergrößertem Abstand, zuerst stark, dann immer weniger.
b) In ▸ Bild 05 ist der Strahler mit dem Strahlungskegel, also der ausgesendeten Strahlung skizziert. Beschreibe, wie sich ein vergrößerter Abstand d auf die Stärke der abgegebenen Strahlung pro bestrahlter Fläche A auswirkt.
Je weiter man von der Strahlungsquelle entfernt ist, desto größer ist die Fläche, auf die sich die Strahlung verteilt.
c) Stelle nun eine begründete Vermutung auf, wie der mathematische Zusammenhang zwischen Zählrate R und Abstand d in ▸ Bild 04 sein könnte. Formuliere diesen Zusammenhang als proportionale Zuordnung.
Der Zusammenhang zwischen Abstand und Fläche ist quadratisch, d. h. bei Verdoppelung des Abstandes vervierfacht sich die bestrahlte Fläche, die Strahlungsstärke pro Fläche sinkt also auf ein Viertel. Die Zuordnung lautet also $R \sim \frac{1}{r^2}$.

Strahlungsarten

Seite 213

1 Die Messung eines Strahlers mit dem Zählrohr ergibt 120 Impulse in 30 s. Die Nullrate beträgt 200 Impulse in 10 min. Gib die von dem Strahler erzeugte Zählrate an.
Von der gemessenen Zählrate muss man die Nullrate abziehen. Die Nullrate beträgt 200 in 10 min. bzw. 10 in 30 s. Die Zählrate beträgt also 110.

2 Gib an, in welche Richtung das Zählrohr aus ▸ Bild 04 verschoben werden müsste, um Strahlung zu messen, die elektrisch positiv bzw. negativ geladen ist. Skizziere.
Bei elektrisch positiv geladener Strahlung: Verschiebung des Zählrohres nach links; bei elektrisch negativ geladener Strahlung: Verschiebung des Zählrohres nach rechts (jeweils vom Strahler aus gesehen).

Seite 214

1 Erläutere Unterschiede und Gemeinsamkeiten der vier Strahlungsarten.
Unterschiede:
- Alpha- und Betastrahlung sind Teilchenstrahlung, Gammastrahlung ist elektromagnetische Strahlung.
- Alpha- und Betastrahlung tragen elektrische Ladung, Gammastrahlung nicht.
- Alpha- und Betastrahlung werden aufgrund ihrer Ladung in magnetischen und elektrischen Feldern unterschiedlich abgelenkt. Gammastrahlung wird nicht abgelenkt.
- Die Reichweiten in Luft und in Materie der drei Strahlungsarten unterscheiden sich deutlich.

Gemeinsamkeiten:
- Alle drei Strahlungsarten ionisieren Materie.
- Ursprung aller drei Strahlungsarten können Kernumwandlungen sein.

Seite 215 (Material)

Material A – Radioaktivität und Medizin – Diagnose mit „Szintigrafien"

A1 a) Gib eine Vermutung an, welche Strahlenart für eine Szintigrafie in Frage kommt. Begründe deine Vermutung.
Mögliche Schülerlösung:
Aufgrund des hohen Durchdringungsvermögens eignet sich vermutlich ein schwacher Gammastrahler für die Szintigrafie. Somit kann eine spezielle Kamera die abgegebene Strahlung mit der nötigen Intensität registrieren, damit ein zur medizinischen Auswertung geeignetes Bild entsteht.

b) Bewerte die Nachteile solcher Untersuchungen.
Mögliche Schülerlösung:
Die Strahlungsbelastung des Körpers durch die ionisierende Strahlung bei solchen Untersuchungen lässt sich als zentraler Nachteil bestimmen. Der Kontext der medizinischen Notwendigkeit spielt bei der Bewertung eine wichtige Rolle.

Material B – Röntgenbilder – Diagnose mit Röntgenstrahlung

B1 a) Energiereiche Röntgenstrahlung ermöglicht kurze Belichtungszeiten. Betrachte das ▸ Diagramm und begründe, wie energiereich die Strahlung gewählt werden sollte, wenn Knochen bzw. Organe untersucht werden sollen.
Um Knochen zu untersuchen, kann sehr energiereiche (harte) Röntgenstrahlung verwendet werden, denn Knochen lassen sich auch bei harter Strahlung noch vom sonstigen Gewebe unterscheiden.
Sollen Organe untersucht werden, muss die Strahlung energieärmer bzw. weicher als $1{,}5 \cdot 10^{-14}$ J sein, damit sich verschiedene Gewebearten (Muskeln, Fett) unterscheiden lassen.
b) Der Darm lässt sich vom Gewebe, das ihn umgibt, kaum unterscheiden. Deshalb spritzt man dem Patienten ein Kontrastmittel. Nenne notwendige Eigenschaften des Kontrastmittels.
Notwendige Eigenschaften eines Kontrastmittels sind:
- absorbiert Röntgenstrahlung stark (geringe Durchdringung)
- reichert sich verstärkt in den untersuchten Organen an
- ist leicht zu verabreichen und gut verträglich (keine Nebenwirkungen)
- ist leicht herzustellen / günstig einzukaufen

Material C – Strahlung im elektrischen Feld

C1 Mischstrahler senden gleichzeitig Alpha-, Beta- und Gammastrahlung aus. Das ▸ Bild zeigt die Wege der Strahlung eines Mischstrahlers im elektrischen Feld. Ordne den Strahlungsarten den zugehörigen Weg zu. Begründe deine Entscheidung.
Alphastrahlung: Weg 3; Alphastrahlung trägt positive elektrische Ladung. Deshalb wird sie zur negativ geladenen Platte hin abgelenkt.
Betastrahlung: Weg 1; Betastrahlung trägt negative elektrische Ladung. Deshalb wird sie zur positiv geladenen Platte hin abgelenkt.
Gammastrahlung: Weg 2; Gammastrahlung trägt keine elektrische Ladung. Deshalb wird sie im elektrischen Feld nicht abgelenkt.

Seite 216 (Blickpunkt)

1 Das Bundesamt für Strahlenschutz liefert Informationen zur Strahlenbelastung für die Menschen in Deutschland. Recherchiere im Internet wie groß die Strahlenbelastung durch Radon und Lebensmittel in deiner Region ist.
Hinweis: Neben allgemeinen Informationen zur natürlichen Strahlenbelastung in Deutschland, Radon und Radioaktivität in Lebensmitteln finden sich auf den Seiten des Bundesamtes für Strahlenschutz auch Informationen zur regionalen Strahlenexposition.

Seite 217 (Methode)

1 ▸ Bild 06 zeigt die Entstehung des radioaktiven Nuklids Rn-222. Radon trägt wesentlich zur natürlichen Radioaktivität auf der Erde bei. Übertrage die Zerfallsreihe und vervollständige sie mithilfe der Nuklidkarte (▸ Anhang). Gib jeweils die Zerfallsart (α- bzw. β-Strahlung) an.
Die vervollständigte Zerfallsreihe zeigt ▸ Bild 01.

Radioaktiver Zerfall

Seite 219

1 In den Skelettknochen einer Moorleiche lassen sich noch 80 % des ursprünglichen C-14 nachweisen. Ermittle das ungefähre Alter der Moorleiche.

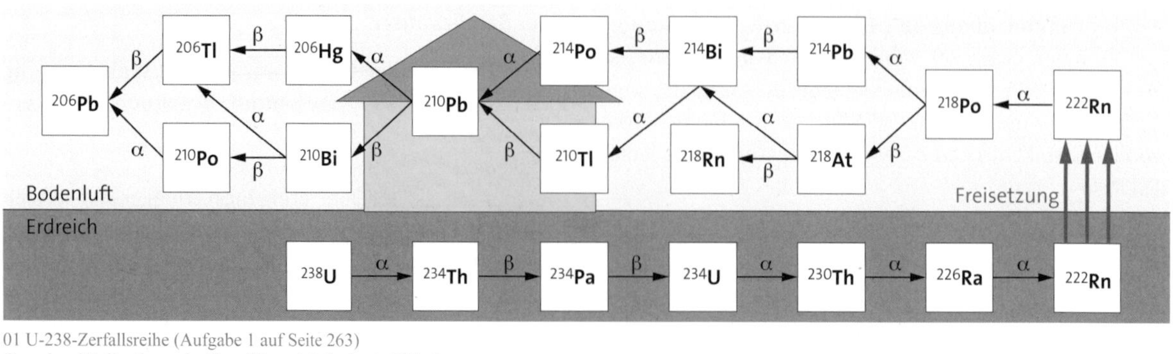

01 U-238-Zerfallsreihe (Aufgabe 1 auf Seite 263)
Cornelsen/Atelier tigercolor Tom Menzel, Scharbeutz/Klingberg

Die Aufgabe kann rechnerisch oder anhand der Grafik im Buch gelöst werden.
Ablesen von der Grafik ergibt einen Wert knapp unterhalb von 2000 Jahren.
Hinweis: Der rechnerische Weg führt über das Zerfallsgesetz:

$$N(t) = N_0 \cdot \left(\frac{1}{2}\right)^{\frac{t}{T_{1/2}}}$$

$\Rightarrow t = \log_{1/2}(0{,}8) \cdot T_{1/2} = 1845{,}06$ Jahre
Somit ist die Leiche in etwa 1850 Jahre alt.

Seite 220

1 Begründe, warum in den Abfallbehältern ein gefährliches Gemisch von Nukliden entsteht.
Aufgrund der verzweigten Zerfallsreihen und der spontanen Spaltungen mit eventuell zufälligen Spaltprodukten ist nach einiger Zeit unklar, welche Nuklide sich in den Behältern befinden, welche Aktivitäten und Halbwertszeiten sie haben und ob sie ggf. gefährliche chemische Reaktionen miteinander eingehen.

Seite 221 (Material)

Versuch – Modellversuch „Reißnagelzerfall"

a) Lege die Reißnägel in einen Behälter, schüttle sie und entleere den Behälter auf einer freien Fläche. Sortiere alle „zerfallenen" Reißnägel aus und notiere ihre Anzahl. Wiederhole den Versuch mit den verbliebenen Reißnägeln so oft, bis alle Reißnägel „zerfallen" sind.
b) Notiere deine „Messwerte" in der Tabelle und stelle die Ergebnisse in einem gemeinsamen Punktdiagramm dar.
Lösungen zu a) und b):
Das Säulendiagramm entspricht grob der Zerfallskurve auf der vorangegangenen Doppelseite im Schülerbuch.
c) Gib an, welche Vorgänge oder Größen im Modellexperiment der Halbwertszeit und der Aktivität bei einem radioaktiven Zerfall entsprechen. Was entspricht einer Zeiteinheit?
Im Experiment gilt:
- Aktivität: gekippt zur Ruhe kommende Reißnägel
- Zeiteinheit: ein Wurf
- Halbwertszeit: Anzahl Würfe, nach der die Hälfte der Reißzwecken „zerfallen" ist.

e) Die Vereinbarung über „zerfallene" Reißnägel wird gerade umgekehrt getroffen. Ermittle, wie sich die Halbwertszeit in deinem Versuch ändert.
Die Halbwertszeit ist (bei den meisten Reißnagel-Sorten) höher, wenn die Landung auf dem Rücken als Zerfall interpretiert wird.

Material A – Np-237-Reihe

A1 a) Gib mithilfe der Nuklidkarte die vollständige Zerfallsreihe ausgehend von Np-237 an.
***Hinweis*: Das letzte Nuklid dieser Reihe ist das stabile Bi-209.**
Die Zerfallsreihe lautet:
Np-237 → Pa-233 → U-233 → Th-229 → Ra-225 → Ac-225 → Fr-221 → At-217 → Bi-213 → Po-213 → Pb-209 → Bi-209 (stabil).
b) Begründe, dass die Np-237-Zerfallsreihe nicht existiert.
***Hinweis*: Beachte die Halbwertszeiten der Zerfallsprodukte.**
Die Halbwertszeit von Np-237 beträgt 2,144 Mio. Jahre. Die Erde ist bereits vor ca. 4,6 Mrd. Jahren entstanden. Das bedeutet, dass die Np-237-Reihe als natürliche Zerfallsreihe schon lange nicht mehr existieren kann.

Material B – Altersbestimmung

B1 a) Bestimme, nach wie viel Jahren noch ein Achtel der ursprünglichen Menge Ra-226 vorhanden ist.
Ein Achtel der ursprünglichen Menge eines radioaktiven Stoffes ist nach drei Halbwertszeiten noch vorhanden. Bei Ra-226 ist das nach 4800 Jahren.
b) Berechne, welcher Anteil nach 80 000 Jahren noch vorhanden ist.
80 000 Jahre entsprechen für Ra-226 genau 50 Halbwertszeiten. Somit ist nach dieser Zeit noch $\frac{1}{2^{50}}$ der ursprünglichen Menge vorhanden. Das entspricht einem Anteil von $8{,}88 \cdot 10^{-16}$.

B2 Das Alter einer neu entdeckten Höhlenmalerei wurde mit der C-14-Methode auf 10 000 Jahre bestimmt. Berechne mit dem Zerfallsgesetz, welcher Anteil des ursprünglich vorhandenen C-14 nach 10 000 Jahren noch vorhanden ist ($T_{1/2}$ von C-14: 5730 Jahre).
Gegeben: Zeit $t = 10\,000$ a, $T_{1/2} = 5730$ a.
Gesucht: $N(10\,000\text{ a})/N_0$.
Das Zerfallsgesetz lautet:

$$N(t) = N_0 \cdot \left(\frac{1}{2}\right)^{\frac{t}{T_{1/2}}}, \text{ also}$$

$$\frac{N(10\,000\text{ a})}{N_0} = \left(\frac{1}{2}\right)^{\frac{10\,000\text{ a}}{5730\text{ a}}} = 0{,}30.$$

Nach 10 000 Jahren sind noch ungefähr 30 % der ursprünglichen Menge an C-14 vorhanden.

2 Nutzen und Gefahren der Kernenergie

Strahlenschäden und Strahlenschutz

Seite 224

1 1965 ermittelten Wissenschaftler, dass Zigarettentabak das radioaktive Isotop Polonium-210 mit einer Aktivität von 10 bis 50 Bq pro Kilogramm Tabak enthält. Woher kann das Polonium-210 kommen?
Über sowohl Düngemittel, als auch die Luft, können natürlich vorkommende Isotope, wie Radon-222, in und auf die Tabakpflanze gelangen. Radon-222 zerfällt im Laufe der Zeit zu Po-210.

2 Bis in die 1960er Jahre wurden in vielen Schuhgeschäften unabgeschirmte Röntgenapparate verwendet, um die Passgenauigkeit von Schuhen zu prüfen. Schätze die Risiken für die einzelnen Beteiligten ab.
Mit den heutigen Röntgengeräten, die mit sehr geringer Strahlungsdosis auskommen, dürfte das Risiko für den Einzelkunden recht gering sein, sofern er nicht medizinisch notwendige Strahlenbelastungen erfährt. Die alten Geräte damals sind eher bedenklich. Vor dem Hintergrund, möglichst immer minimalinvasive Methoden anzuwenden, ist der Einsatz von Röntgenstrahlung beim Schuhkauf eher fragwürdig.
Anders ist es mit den Schuhverkäufern: Wenn man davon ausgeht, dass Verkäufer 1000 Mal im Jahr die Passgenauigkeit von Schuhen prüfen, dann könnte bei einer einzelnen Dosis von rund einem bis zehn Millisievert (bei den Geräten der 60er und früherer Jahrzehnte wegen der weniger empfindlichen Filme auch deutlich mehr) die Jahresdosis auf vier Sievert und mehr ansteigen. Dies entspräche einer wahrscheinlich gesundheitsschädigenden Dosis. Verschärfend kommt hinzu, dass sich der Verkäufer vermutlich des Öfteren über den Fuß beugt und so der Kopf der Röntgenstrahlung ausgesetzt war.

Seite 225 (Material)

Material A – Künstliche (zivilisatorische) und natürliche Strahlenbelastung

A1 Für Flüge in normaler Reisehöhe (12 km) wird aufgrund der kosmischen Strahlung eine zusätzliche Belastung von 0,005 $\frac{\text{mSv}}{\text{h}}$ angenommen. Bestimme daraus für einen Flug von Frankfurt nach New York – Flugdauer ca. 8 Stunden – den Anteil an der durchschnittlichen jährlichen Gesamtstrahlenbelastung.
Für den Flug in eine Richtung gilt:
0,005 mSv/h · 8 h = 0,04 mSv.
Das entspricht 0,9 % der jährlichen (natürlichen und zivilisatorischen) Gesamtstrahlung von 4,4 mSv.

A2 Berechne, nach wie vielen Flugstunden das Bordpersonal die durchschnittliche berufsbedingte Strahlenbelastung erreicht hat.
Die durchschnittliche berufsbedingte Strahlenbelastung beträgt 0,03 mSv/a. Die Belastung im Flugzeug beträgt 0,005 mSv/h. Daraus ergibt sich:

$$\frac{0{,}03\ \text{mSv}}{0{,}005\ \frac{\text{mSv}}{\text{h}}} = 6\ \text{h}$$

Das Bordpersonal hat nach 6 Flugstunden die durchschnittliche jährliche berufsbedingte Strahlenbelastung erreicht.

Material B – Auch der Stoffwechsel spielt eine Rolle – Die biologische Halbwertszeit

B1 Übertrage die Tabelle in dein Heft und berechne die fehlenden Werte der effektiven Halbwertszeit.

Nuklid	T_{eff}
Tritium	12 d
Phosphor-32	14 d
Kalium-40	58 d
Strontium-89	50 d
Technetium-99m	3 h–5 h
Iod-131	7 d
Caesium-137	109 d
Radium-226	44 a

B2 Für die radiologische Untersuchung der Schilddrüse wurde den Patienten früher Iod-131 verabreicht. Heute wird dafür das Nuklid Technetium-99m verwendet. Gib einen Vorteil der Verwendung von Tc-99m an.
Vergleicht man die effektiven Halbwertszeiten, dann wird der Vorteil von Tc-99m deutlich: Während Tc-99m mit einer effektiven Halbwertszeit von 3 bis 5 Stunden im Körper abklingt, ist es beim Iod ca. eine Woche.

Seite 227 (Blickpunkt)

1 Erkläre mithilfe einer Internetrecherche, weshalb man die maßgeschneiderten Moleküle zur Krebstherapie als „trojanische Pferde“ bezeichnet.
Der trojanische Prinz Paris raubte Helena, die Frau von Menelaos, König von Sparta. Menelaos belagerte daraufhin erfolglos Troja, um Helena zurückzuholen. Schließlich ersann der Spartaner Odysseus eine List: Er ließ ein Holzpferd bauen, das groß genug war, einige Krieger darin zu verstecken. Dieses Pferd blieb vor der Stadt stehen, während das spartanische Herr vorgab abzuziehen. Verwundert holten die Trojaner das schöne Pferd in die Stadt, denn sie dachten, sie hätten den Krieg gewonnen. In der Nacht entstiegen die spartanischen Kämpfer dem Pferd, öffneten

ihrem Heer die Tore der Stadt und die Spartaner eroberten Troja.
Die maßgeschneiderten Moleküle arbeiten mit derselben Methode: Sie werden von den Tumorzellen aufgenommen, weil sie die passenden Bindungseigenschaften haben. Auch diese Moleküle entfalten ihre zerstörerische Wirkung erst im Innern der Krebszellen, so wie auch die Spartaner die Trojaner in ihrer eigenen Stadt bekämpft haben.

Kernfusion

Seite 229

1 Berechne die Energie, die pro Sekunde freigesetzt wird, wenn in der Sonne 567 · 10^6 t Wasserstoff zu 563 · 10^6 t Helium verschmelzen.

Der Massendefekt beträgt $\Delta m = 4 \cdot 10^6\,\text{t} = 4 \cdot 10^9\,\text{kg}$. Dies ergibt eine Energie von $E = \Delta m \cdot c^2 = 3{,}6 \cdot 10^{26}$ J. Da diese Energie pro Sekunde freigesetzt wird, beträgt die Leistung der Sonne $P = 3{,}6 \cdot 10^{26}$ W. Das entspricht etwa der Leistung von etwa 10^{16} Kernkraftwerken.
Anmerkung: Genau genommen müssten noch die jeweiligen Bindungsenergien für Wasserstoff und Helium in die Bilanz aufgenommen werden, was aber an dieser Stelle nicht verlangt ist.

2 Recherchiere im Internet nach den Zielen und Herausforderungen des ITER. Präsentiere deine Ergebnisse in einem Kurzreferat.

Mögliche Schülerlösung:
Ziel des ITER (International Thermonuclear Experimental Reactor, lateinisch für Weg) ist die Bereitstellung elektrischer Energie mit Hilfe der Kernfusion. Dabei soll mehr Energie freigesetzt werden, als für den Prozess aufgewendet werden muss.
Herausforderungen: Erzeugung eines Plasmas, in dem die Fusion ablaufen kann; Koordination der Arbeiten und Aktivitäten innerhalb der Forschungsgemeinschaft, die aus 35 Nationen besteht; Materialforschung; Entsorgung der strahlenden Bauteile nach deren Ausbau, …

3 Stelle Chancen und Risiken von Kernfusionsreaktoren tabellarisch gegenüber. Bewerte, ob es eine zukunftsfähige Energiequelle ist.

Chancen	Risiken
– Enorme Energieausbeute mit sehr kleinem Bedarf an Fusionsmaterial – Sehr wenig radioaktiver Abfall – Kurze Halbwertszeiten bei Abfall (~100 Jahre, die sehr gut beherrschbar sind) – Unabhängigkeit von außereuropäischen Staaten, die die EU mit Gas und Öl versorgen – Erzeugung von elektrischer Energie über einen konventionellen Wasserdampfkreislauf (bekannte Technik) – Praktisch unbegrenzte Ressourcen; weltweit gleichverteilt – Keine CO_2-Produktion – Inhärent sicher, da es keine Kettenreaktion gibt – die Fusion stoppt aufgrund der Physik automatisch, sobald es ein Problem gibt	– Radioaktiver Abfall muss sicher gehandhabt und gelagert werden – Brüten/Bereitstellen von Tritium – Tritium darf nicht in falsche Hände geraten, da es waffenfähig ist – Die Prozesse bei der Fusion müssen schnellst möglich ohne Helium ablaufen können, da es auf der Erde bald kein Helium mehr gibt

Es wäre sehr wünschenswert, wenn die Fusion in geeigneten Kraftwerken genutzt werden könnte. Befürworter feiern jeden kleinen Erfolg. Kritiker sind überzeugt, dass dieses Großprojekt scheitern wird, da auf Erden die Bedingungen für eine Fusion, bei der netto Energie freigesetzt wird, nicht erreicht werden könnten. In diesem großen Spagat werden sich die Bewertungen durch die Schülerinnen und Schüler wiederfinden.

Seite 230 (Blickpunkt)

1 a) Vergleiche die Energiefreisetzung, die beim Verschmelzen von 1 kg Wasserstoff, bei der Spaltung von 1 kg Uran-235 und beim Verbrennen von 1 kg Kohle entstehen.

Bezogen auf die gleiche Masse der Brennstoffe verhalten sich die Energiefreisetzungen wie:
$\boldsymbol{W}_{\textbf{Fusion}} : \boldsymbol{W}_{\textbf{Spaltung}} : \boldsymbol{W}_{\textbf{Kohleverbrennung}}$
$= (\mathbf{10^7}) : (3 \cdot \mathbf{10^6}) : 1$
In 1 kg Steinkohle steckt eine Energie von 7000 kcal, also 2,9 · $\mathbf{10^7}$ J (Definition der SKE: Steinkohleeinheit). Die Prozesse bei der Fusion und bei der Kernspaltung sind mehrstufig, so dass die Auswertung des Diagramms auf Seite 276 nur sehr grob ist. Den Faktor 3 beim Vergleich von Fusion zu Fission erkennt man jedoch.
Bildet man die Differenz der Bindungsenergie pro Nukleon für die Fusion von Deuterium zu Helium, so erhält man 6 MeV pro Nukleon. Ein Mol, also 6 · $\mathbf{10^{23}}$ Teilchen, Deuterium wiegt 2 u. Somit sind in 1g Deuterium $\mathbf{3 \cdot 10^{23}}$ Teilchen enthalten, also $\mathbf{6 \cdot 10^{23}}$ Nukleonen. In einem Kilogramm Deuterium sind demnach $\mathbf{6 \cdot 10^{26}}$ Nukleonen.

$$W_{\text{Fusion}} = 6\,\frac{\text{MeV}}{\text{Nukleon}} \cdot 6 \cdot 10^{26}\ \text{Nukleonen}$$
$$= 36 \cdot 10^6 \cdot 1{,}602 \cdot 10^{-19} \cdot 10^{26}\,\text{J} = 6 \cdot 10^{14}\,\text{J}.$$

Anmerkung: Beim Verbrennen von Kohle laufen nur Prozesse in der Atomhülle ab. Bei den Kernreaktionen sind die Prozesse dominierend, die von der Kernkraft stammen.

b) Bewerte diesen Vergleich.
Will man die Bevölkerung beindrucken, so ist dieser Vergleich sehr eindrucksvoll. Man muss allerdings auch prüfen, wie aufwendig es ist, die jeweiligen Stoffe bereit zu stellen, wie gefährlich die Verwendung ist und welche Folgen sich dabei ergeben können.

Seite 231 (Material)

Material A – Kernfusion im Stop-Motion-Film

Hinweis: Mit Hilfe von Kärtchen, wie den hier abgebildeten, kann man die Reaktionen visualisieren. Auch der Einsatz von roten und weißen Kreisen oder Kugeln kann nützlich sein.

Material B – Kernfusion im Blog

B1 a) Schreibe mithilfe der Textsplitter einen eigenen Blogbeitrag.
Ein Blog-Beitrag ist stilistisch sehr individuell. In einem guten Blog erscheinen regelmäßig Beiträge. Die Sprache des Blogs sollte die der Leser sein. Somit ist die konkrete Ausformulierung des Beitrags durch die SuS sehr abwechslungsreich. Eine mögliche, sinnvolle Reihenfolge der Textsplitter ist:

- Energieversorgung trägt mit etwa 80 % zu den Treibhausgasemissionen bei.
- Typische Werte: 100 Kilogramm Deuterium und etwa drei Tonnen Lithium pro Jahr ersetzen 1 500 000 Tonnen Kohle
- Ein kleiner Lastwagen mit Kernbrennstoff pro Jahr.
- Mit dem Lithium eines Laptopakkus könnte man den Energiebedarf eines Menschen in seinem Leben decken, wenn dies in einem Fusionsreaktor genutzt würde.
- *Aus* Deuterium und Tritium entstehen *bei einer* Temperatur von 300 Millionen Kelvin Helium und Neutronen
- *Woher kommen die benötigten Stoffe?* In Wasser befindet sich 35 g Deuterium pro Kubikmeter – Energieäquivalent: 280 Kubikmeter Öl
- Tritium muss aus Lithium „erbrütet“ werden.
- Fusionsreaktor stoppt automatisch bei Störungen.
- Bauteile werden radioaktiv, sind aber nach hundert Jahren wieder ungefährlich.

b) Tauscht eure Blogbeiträge untereinander und schreibt euch gegenseitig einen inhaltlichen Kommentar unter den Beitrag. Ihr könnt entweder durch eigenen Ergänzungen auf den Beitrag eingehen oder gezielte Fragen stellen.
Individuelle Lösung

Kernspaltung

Seite 233

1 Gib die Kernspaltung von U-235 in Symbolschreibweise an.
$^{235}_{92}\text{U} \rightarrow {}^{144}_{56}\text{Ba} + {}^{89}_{36}\text{Kr} + 2\,{}^{1}_{0}\text{n}$

2 a) Nimm an, bei jeder Kernspaltung entstehen drei Neutronen, die wieder Kerne spalten. Bestimme die Anzahl der Kernspaltungen nach der 5. (10., 20.) „Generation“.
5. Generation:
$3^0 + 3^1 + \ldots + 3^5 = 364$
364 Kernspaltungen haben stattgefunden.
10. Generation:
$364 + 3^6 + \ldots + 3^{10} = 88\,573$
Über 88 000 Kernspaltungen haben stattgefunden.
20. Generation:
$88\,573 + 3^{11} + \ldots + 3^{20} = 5\,230\,176\,601$
Über 5 Mrd. Kernspaltungen haben stattgefunden.
b) 1 g U-235 enthält etwa $3 \cdot 10^{21}$ Atomkerne. Berechne, auf welche Höhe man ein Auto mit ihrer Kernenergie anheben könnte.
Annahmen:
Masse des Autos $m_A = 1000$ kg
Anzahl der Kerne $n = 3 \cdot 10^{21}$
Energie pro Kern $E_K = 2{,}9 \cdot 10^{-11}$ J
Rechnung:
Gesamtenergie
$E = n \cdot E_K = 3 \cdot 10^{21} \cdot 2{,}9 \cdot 10^{-11}\ \text{J} = 8{,}7 \cdot 10^{10}\ \text{J}$
Gewichtskraft des Autos
$F_G = m_A \cdot g \approx 1000\ \text{kg} \cdot 10\ \frac{\text{m}}{\text{s}^2} = 10\ \text{kN}$
Mögliche Hubhöhe
$h = \frac{E}{F_G} \approx 8{,}7 \cdot 10^6\ \text{m} = 8700\ \text{km}$
Antwort: Ein Auto könnte mit der Energie von 1 g U-235 auf eine Höhe von 8700 km gehoben werden.
Hinweis: Dieses Szenario ist nur veranschaulichend. Es werden nie alle Kerne einer Uranprobe gespalten. Zudem wird beim Heben immer Verlustarbeit verrichtet.

Seite 234 (Blickpunkt)

1 Erstelle ein Plakat zum Thema „Kernenergie–Chancen und Risiken“.
Individuelle Lösung

Seite 235 (Material)

Material A – Der Brennstoffkreislauf – wirklich ein Kreislauf?

A1 Beschreibe die Grafik zum Brennstoffkreislauf.
Uran wird im Bergwerk gefördert.

Das natürliche Uran wird „angereichert". D. h., der Anteil des Nuklids U-235 wird erhöht.
Das angereicherte Uran wird zu Brennelementen, dem „Brennmaterial" der Kernkraftwerke, verarbeitet. Im Kernkraftwerk läuft die kontrollierte Kernspaltung ab. Dabei wird die frei werdende Energie zum Antrieb von Turbinen und zur Umwandlung in elektrische Energie genutzt.
Die „abgebrannten" Brennelemente lagern anschließend für einige Zeit in den Abklingbecken.
Ein Teil der verbrauchten Brennelemente kommt in Wiederaufbereitungsanlagen und somit wieder in den Kreislauf. Ein anderer Teil muss in Zwischenlager transportiert werden.
Die Suche nach geeigneten Endlagerstätten ist zurzeit noch nicht abgeschlossen.

A2 Recherchiere im Internet, wie das „Anreichern" von natürlichem Uran geschieht.
Natürliches Uran, wie es im Bergwerk gefördert wird, besteht zu über 99 % aus dem Nuklid U-238. Nur zu 0,7 % sind U-235 und in noch geringerem Anteil U-234 enthalten. Um Uran zur Energieumwandlung im Kraftwerk nutzen zu können, muss der Anteil von U-235 auf 3 % erhöht werden. Man spricht deshalb von Anreicherung. Die technische Umsetzung kann in Gaszentrifugen erfolgen. Dabei wird der kleine Massenunterschied zwischen den Nukliden zur Trennung genutzt.

A3 Beurteile Risiken und Probleme auf dem Weg vom natürlichen Uran bis zum Zwischenlager.
Im sogenannten Brennstoffkreislauf müssen das natürliche und später auch das angereicherte Uran bzw. die Brennstäbe zwischen den Förder- und Fertigungsstätten und ins Kraftwerk transportiert werden. Die abgebrannten Brennstäbe werden zur Wiederaufbereitungsanlage oder als Atommüll zum Zwischenlager transportiert.
In allen Fällen ist das Transportgut schwach bis stark radioaktiv. Deswegen muss die an die Transportwege grenzende Umgebung geschützt werden. Die Transportbehälter, „Castoren", müssen absolut dicht sein. Außerdem sollen sie gegen Transportunfälle und Brände abgesichert sein.
Auf allen Wegen muss das Transportgut gegen Diebstahl gesichert werden.
Viele Umweltinitiativen und -verbände nutzen regelmäßig die Castortransporte für Protestaktionen. Aus diesem Grund sind Castortransporte mit einem extrem hohen personellen Polizeiaufwand verbunden.

A4 Bestimme die Halbwertszeiten der häufigsten Nuklide im radioaktiven Abfall. Berechne, wann die langlebigsten Nuklide auf ein Zehntel abgeklungen sind.
Halbwertszeiten der Abfälle:
Np-237: $T_{1/2}$ = 2 144 000 Jahre
Pu-238: $T_{1/2}$ = 87,74 Jahre
Pu-239: $T_{1/2}$ = 24 111 Jahre
Pu-240: $T_{1/2}$ = 6543 Jahre
Pu-241: $T_{1/2}$ = 14,35 Jahre
Pu-242: $T_{1/2}$ = 375 000 Jahre
Am-241: $T_{1/2}$ = 432,2 Jahre
Am-243: $T_{1/2}$ = 7370 Jahre
Die langlebigsten Nuklide sind somit Np-237 und Pu-242.
Nach drei Halbwertszeiten ist die ursprüngliche Menge auf 1/8 abgesunken. Die Zeit zur Abnahme auf ein Zehntel muss also etwas mehr als drei Halbwertszeiten betragen.
Hinweis: Die genaue Rechnung ergibt sich aus dem Zerfallsgesetz:
$N(t)/N_0 = 0{,}1 = 10^{-1}$, also

$$10^{-1} = \left(\frac{1}{2}\right)^{\frac{t}{T_{1/2}}} \qquad |\ln$$

$$\Rightarrow t = \frac{\ln(10)}{\ln(2)} \cdot T_{1/2}$$

Np-237: $t_{1/10}$ = 7 122 214 Jahre
Pu-242: $t_{1/10}$ = 1 245 723 Jahre

Material B – Endlagerung radioaktiver Abfälle

B1 Bewerte die Vorschläge zum Thema Endlagerung. Berücksichtige dabei auch die Lösung von Aufgabe A4.
Alle genannten Vorschläge sind sehr problematisch und bergen hohe Risiken für Menschen und Umwelt. Im Einzelnen:
Verbrennen von Atommüll funktioniert nicht, da es sich dabei um eine chemische Reaktion handelt. Der Zerfall radioaktiver Stoffe kann aber chemisch nicht beeinflusst werden.
Die Verteilung über große Flächen würde zwar tatsächlich zu einer Verdünnung führen, dennoch sind diese Flächen kontaminiert und würden über Jahrtausende zu einer zusätzlichen Belastung für alles Leben führen.
Der Start von Weltraumtransportern birgt immer das Risiko von Abstürzen. Der zum Teil hochradioaktive Müll würde in diesem Fall unkontrolliert in die Atmosphäre und schließlich auf die Erde gelangen mit unberechenbaren Folgen. Hinzu kommt, dass solche Raketenstarts äußerst viel Energie erfordern. Der Vorteil der ehemals aus dem Kernbrennstoff gewonnenen Energie wäre damit nicht mehr gegeben.
Entsorgung in der Antarktis oder in Tiefseegräben würde zu einer unberechenbaren „Zeitbombe" werden.

B2 Erläutere, gegen welche Gefahren eine geeignete Endlagerstätte abgesichert werden muss. Berücksichtige dabei natürliche und zivilisatorische Faktoren.
Eine geeignete Endlagerstätte muss langfristig Sicherheit bieten gegen natürliche und zivilisatorische Risiken.

Zu den natürlichen Risiken gehören kurzfristige Ereignisse wie Erdbeben und Vulkanausbrüche. Gerade angesichts der langen Halbwertszeiten müssen vor allem auch langfristige geologische Veränderungen der Erdkruste berücksichtigt werden. Die Gesteins- oder Salzformationen müssen über Millionen Jahre stabil sein gegen Verschiebungen und Grundwassereinbrüche.

Bei den zivilisatorischen Risiken ist zu unterscheiden zwischen unbeabsichtigten Ereignissen, also Unfällen und beabsichtigten, also kriminellen bzw. terroristischen Handlungen.

Unfälle könnten z. B. technischer Art im Endlager selbst sein oder auch Flugzeugabstürze in unmittelbarer Nähe. Zu den Risiken krimineller oder terroristischer Art gehören der mögliche Diebstahl von radioaktivem Material oder Angriffe auf elektronische Sicherheitssysteme. Vollkommen unbeherrschbar bliebe das Risiko im Falle militärischer Auseinandersetzungen in der Nähe des Endlagerstandortes.

Seite 287 (Basiskonzepte)

1 „Strahlung" könnte auch ein Basiskonzept sein. Vergleiche, was du in diesem und in anderen Kapiteln über Strahlung gelernt hast.

Die Antworten können und dürfen individuell ausfallen. Wichtig ist, dass die Inhalte der Optik in die Antwort mit einbezogen werden, damit der Sinn der Neustrukturierung durch die Basiskonzepte deutlich wird. Mögliche Teilantworten können sein:

- Der Begriff „Strahlung" umfasst die Röntgenstrahlung, die Radioaktivität (Alpha-, Beta-, Gammastrahlung) und Licht (sichtbares, UV- und IR-Licht).
- Strahlung überträgt Energie
- Strahlung kann auf unterschiedliche Weisen nachgewiesen werden.

Spannung und Induktion

Didaktische Hinweise

Aufbau des Kapitels
In diesem Band werden Strom und Spannung neu eingeführt, ausgehend von der Ladung in der Elektrostatik. Dabei erfolgt der Einstieg über alltagsnahe Phänomene, die die Alltagsrelevanz der Zusammenhänge verdeutlichen und so zur Auseinandersetzung mit den Inhalten motivieren.
Des Weiteren werden zunächst wesentliche physikalische Grundlagen wie die Induktion, die Funktionsweise eines Generators oder der Begriff der elektrischen Leistung behandelt. Anschließend stehen verschiedene Möglichkeiten zur Bereitstellung elektrischer Energie sowie deren Vor- und Nachteile im Vordergrund.
Mit der Betrachtung der aktuellen Situation der Energieversorgung und der Schwierigkeiten, die mit der Erneuerung des Energiemarktes einhergehen, nimmt der Anteil der behandelten physikalischen Grundlagen immer mehr ab. Dagegen treten das Abwägen von Alternativen und die Bewertung der Relevanz und Glaubwürdigkeit von Informationen zunehmend in den Vordergrund. Die damit verbundenen Bewertungskompetenzen sind wesentlich für die Meinungsbildung der Jugendlichen und für ihre persönliche Positionierung in der öffentlichen Diskussion zur energetischen Erneuerung.

Bedeutung der Energie
Bei der Behandlung von Stromkreisen war es uns besonders wichtig, immer wieder das Augenmerk darauf zu lenken, dass der Zweck eines Stromkreises bzw. einer elektrischen Schaltung der Transport elektrischer Energie ist. Das Strömen von Elektronen im Kreis ist lediglich eine Voraussetzung dafür. Deshalb ist der Aspekt der Energie schon in der Elektrostatik hervorgehoben worden: Spannung wird hier anschaulich als Maß für die gespeicherte Energie eingeführt, die zur Trennung der Ladungen aufgewandt werden musste.

Nutzung von Modellen
Gerade für die Elektrizitätslehre gibt es sehr viele unterschiedliche Modelle, die die verschiedenen Aspekte der Stromkreise – meist durch Analogiebildung – verdeutlichen sollen. Wir haben uns sehr bewusst dafür entschieden mit einer Ausnahme nur das Elektronengasmodell zu verwenden. Dadurch kann der Aufbau konsistenter Vorstellungen gestützt werden.
Das Elektronengasmodell bindet das bekannte Teilchenmodell mit ein. Damit lassen sich die Stromleitung in Metallen, die Wärmewirkung des elektrischen Stroms und der elektrische Widerstand auf mikroskopischer Ebene erklären. Insbesondere ermöglicht das Elektronengasmodell die Veranschaulichung der anliegenden Spannungen und der umgesetzten Energien und erlaubt so eine weitreichende Analogiebildung bis hin zur Reihenschaltung unterschiedlicher Widerstände.
Andere Analogien nutzen wir zur Einführung der elektrischen Stromstärke. Hier können die Schülerinnen und Schüler auf viele alltägliche Ströme zurückgreifen.

Elektrischer Strom
Die Festlegung der Stromrichtung ist historisch bedingt. Die konventionelle oder technische Stromrichtung verläuft vom positiven zum negativen Pol der Spannungsquelle, während sich die Leitungselektronen in Metallen gerade in die entgegengesetzte Richtung bewegen.
Im Grundtext wird die Stromrichtung in Analogie zu anderen Strömen eingeführt. Nach der Identifikation der Elektronen als (üblichen) Trägern des elektrischen Stroms wird entsprechend nur die Strömungsrichtung der Elektronen betrachtet, um Verwirrung zu vermeiden.

Grad der Mathematisierung
Insgesamt ist der Mathematisierungsgrad in diesem Kapitel eher gering. Es wird vorrangig ein methodisches Vorgehen geschult: die Nutzung und Verfeinerung von Modellen. An dieser Stelle lassen sich viele Effekte schon mit sehr einfachen Annahmen (zumindest im Bereich von Größenordnungen) abschätzen.

Methoden und Blickpunkte
Die Blickpunkte greifen wieder Aspekte des Alltags auf und erweitern oder vertiefen den Stoff des Lehrtextes. So bieten „Gewitterblitze" die Gelegenheit, alltägliche Erfahrungen besser zu verstehen.
Die Energieversorgung bietet in besonderem Maße Möglichkeiten zur Diskussion und zur Meinungsbildung. Dazu sollen die Methoden „Messwerte interpretieren" und „Podiumsdiskussion" Hilfestellungen geben.
Zu den Themenfeldern des Elektromagnetismus und der Energieversorgung gibt es zudem vielfältige Anwendungsgebiete, die die Alltagsrelevanz der Inhalte verdeutlichen. Daher finden sich hier verhältnismäßig viele Blickpunkte, wie z. B. „Wechselspannung" und „Gitarrenphysik".

Basiskonzepte
Alle vier Basiskonzepte sind gut geeignet, die Inhalte der Elektrizitätslehre zu strukturieren. Dabei eröffnet jedes Basiskonzept neue Perspektiven im Hinblick auf die Betrachtung elektrischer Phänomene.

1 Elektrostatik

Die elektrische Ladung

Seite 245

1 Beschreibe einen Versuch, bei dem du mithilfe einer positiv geladenen Folie feststellen kannst, welche Ladung ein Luftballon trägt.

Die Folie und der Luftballon werden nah aneinander gehalten, ohne dass sie sich berühren. Ziehen die beiden einander an, dann ist der Ballon negativ geladen. Wenn sie einander abstoßen, dann ist er positiv geladen.

Seite 246

1 Erläutere, warum ein geladener Luftballon an der Wand haften kann.

Zur Vereinfachung der Erklärung nehmen wir an, dass der Luftballon positiv geladen ist. Für einen negativ geladenen Luftballon müssen alle Ladungen vertauscht werden.

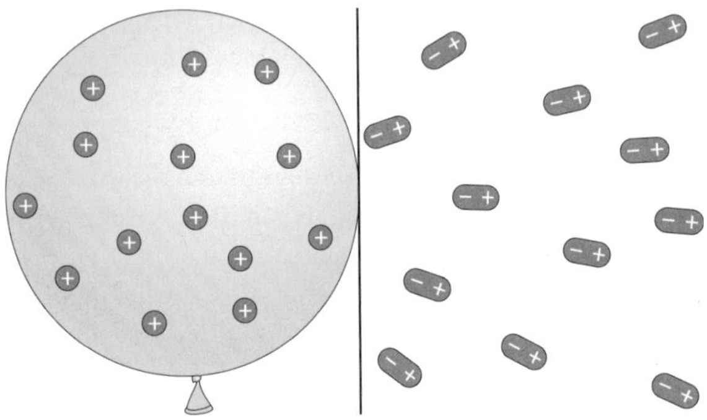

Cornelsen/newVISION! GmbH Bernhard A. Peter, Pattensen

Das Material, aus dem die Wand besteht, ist ein Isolator. Daher kommt es zur Polarisation, wenn der geladene Luftballon in die Nähe der elektrisch neutralen Wand gebracht wird.

Der positiv geladene Luftballon zieht daraufhin die Elektronen des Wandmaterials an. Diese lösen sich nicht von den zugehörigen Atomen, werden aber innerhalb der Atome leicht in Richtung Ballon verschoben. Damit ist die Wand in der Nähe des Ballons leicht positiv geladen und zieht den Luftballon an.

Seite 247 (Material)

Versuche – Untersuchungen mit einem selbstgebauten Elektroskop

V1 a) Notiere deine Beobachtungen. Erkläre mit dem unteren Bild.

Beobachtung: Wenn die Aluminiumkugel mit der geriebenen Folie berührt wird, dann bewegen sich die Aluministreifen plötzlich auseinander.

Erklärung: Der Draht und die Aluminiumfolie werden durch das Berühren elektrisch geladen. Da beide Hälften des Alustreifens gleichnamig geladen sind, stoßen sich diese voneinander ab, die Streifen bewegen sich auseinander.

b) Gib begründet an, ob du mit dem Elektroskop auch feststellen kannst, ob die Folie positiv oder negativ geladen ist.

Zeiger und Halterung des Elektroskops sind elektrisch leitend miteinander verbunden. Wenn das Elektroskop geladen ist, dann sind diese Bauteile immer gleichnamig geladen. Dadurch kommt es zu einer abstoßenden Kraft und somit zum Zeigerausschlag. Dabei ist es gleichgültig, ob die Bauteile positiv oder negativ geladen sind. Die Polung der Ladung lässt sich daher nicht bestimmten.

V2 Lade das Elektroskop auf. Berühre mit deinen Fingern die Kugel aus Alufolie. Notiere deine Beobachtungen dazu und erkläre sie.

Beobachtung: Die Aluminiumstreifen bewegen sich aufeinander zu und stehen nicht mehr ab.

Erklärung: Das Elektroskop wird elektrisch neutral, da die Ladung durch das Berühren mit den Fingern auf den menschlichen Körper übergeht.

Material A – Laserdrucker

A1 Die Aluminiumtrommel ist geerdet, sie hat also eine leitende Verbindung, über die sie Elektronen aufnehmen oder abgeben kann. Erkläre, warum das Aufbringen negativer Ladung auf die Beschichtung der Trommel dazu führt, dass sich positive Ladungen unter ihr ansammeln.

Bringt man die negativen Ladungen auf die Beschichtung der Aluminiumtrommel auf, werden die Elektronen in ihrer Nähe abgestoßen. Einige der beweglichen Leitungselektronen im Aluminium bewegen sich daraufhin von der äußeren Schicht der Trommel weg nach innen (Influenz). Über die Erdung verlassen diese Elektronen die Trommel. In der äußeren Schicht der Aluminiumtrommel bleiben positiv geladene Atomrümpfe zurück.

A2 Erkläre mithilfe der Abbildung, wie ein Zeichen (z. B. ein H) auf das Papier gedruckt wird. Begründe dabei, warum das Papier stärker geladen sein muss als die Bildtrommel.

Wenn Licht auf die Beschichtung der Trommel fällt, wird sie leitend und es kommt an diesen Stellen zum Ladungsausgleich. Mithilfe des Lasers werden daher Bereiche um das H herum belichtet und dadurch neutralisiert.

Im Bereich des H selbst bleiben die negativen Ladungen auf der Trommelbeschichtung und die positiven Ladungen unter der Beschichtung erhalten. Der positiv geladene

Toner lagert sich an die verbleibenden negativen Ladungen an, also an das H.
Um im Anschluss alle Tonerpartikel von der Trommel auf das Blatt zu übertragen, muss das Papier stärker negativ geladen sein als die Trommel. Der Toner wird dann vom Papier stärker angezogen und löst sich von der Trommel. Das H (der H-förmig verteilte Toner) wird somit auf das Papier übertragen und anschließend fixiert.

A3 Es gibt auch Drucker, in denen der Toner negativ aufgeladen wird. Gib begründet an, was dann noch anders sein muss.
Wenn der Toner negativ geladen ist, müssen die Trommelbeschichtung und auch das Papier positiv geladen werden, um die Tonerpartikel anzuziehen. In Folge der aufgebrachten positiven Ladungen ist die äußere Schicht des Aluminiums dann negativ geladen.

Ladungstrennung führt zu Spannung

Seite 249

1 Der Bandgenerator muss im Betrieb durch den in ▸ Bild 02 dargestellten Leiter mit der Erde verbunden sein. Erkläre dies.
Wenn der Bandgenerator eingeschaltet wird, dann wird die Innenseite des Gummibandes durch Reibung an den Rollen positiv geladen. Infolge dessen werden über die leitende Verbindung zur Erde Elektronen aufgenommen, die sich auf der Außenseite des Gummibandes ansammeln und so zum oberen Kamm transportiert werden. Dort werden die Elektronen dann vom Gummiband abgerieben und auf die Metallkugel übertragen. Sie sammeln sich auf der Außenseite der Kugel, die Innenseite bleibt neutral. Daher können über die leitende Verbindung zur Erde immer mehr Elektronen auf die Kugel gebracht werden.

Seite 251 (Material)

Material A – Grießkörner richten sich aus

A1 a) Beschreibe die Anordnung der Grießkörner.
Die Grießkörner bilden strahlenförmig angeordnete Ketten zwischen dem Metallring und der Metallscheibe.
b) Vergleiche die Anordnung der Grießkörner mit den Haaren des Mädchens im ▸ Bild, das an eine stark geladene Metallkugel fasst.
Die Haare des Mädchens stehen vom Kopf ab. Sie sind elektrisch gleichnamig geladen und deshalb stoßen sie sich ab. Die Grießkörner ordnen sich ähnlich an wie die abstehenden Haare. Es sieht so aus, als würden die Grießkörner von der Metallscheibe abstehen.

A2 a) Grießkörner sind elektrisch neutral. Durch die Hochspannung kommt es zur Polarisation innerhalb der Grießkörner. Zeichne eine Kette von fünf aneinanderhängenden Grießkörnern, die sich zwischen den Metallteilen ausrichten. Kennzeichne dabei die Bereiche der Grießkörner, die positiv bzw. negativ geladen sind.

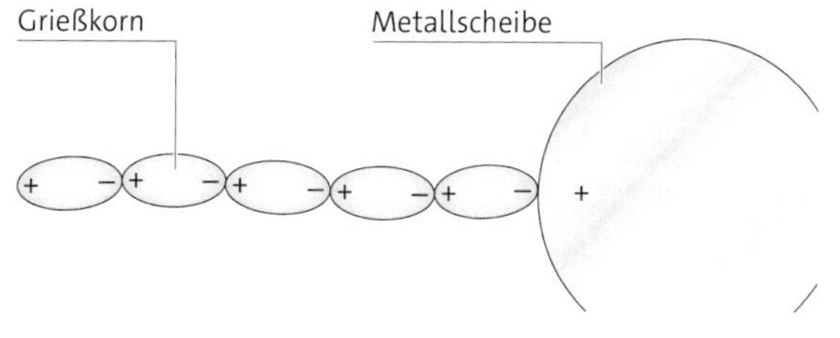

Cornelsen/Atelier tigercolor Tom Menzel, Scharbeutz/Klingberg

b) Gib an, wodurch der Kettenverlauf bestimmt wird.
Die Grießkörner bilden Ketten, weil sie im elektrischen Feld polarisiert werden. Sie verlaufen entlang der elektrischen Feldlinien.
c) Erkläre die Funktion des Rizinusöls im Versuch.
Das Rizinusöl ermöglicht es, dass die Grießkörner sich frei bewegen können.
Hinweis: Außerdem beeinflussen die elektrischen Eigenschaften von Rizinusöl das elektrische Feld weniger als z. B. die von Wasser ($\varepsilon_{r,\,\text{Wasser}} = 81$, $\varepsilon_{r,\,\text{Öl}} = 2$ bis 2,5).

Material B – Faraday-Käfig

B1 Betrachte den Modellversuch (▸ Bild links). Gib an, in welchen Bereichen ein elektrisches Feld vorliegt und wo nicht. Begründe deine Aussage mithilfe der Anordnung der Grießkörner innerhalb und außerhalb des Rings.
Die Grießkörner sind innerhalb des Rings zufällig verteilt, hier liegt also kein elektrisches Feld vor.
Zwischen dem Ring und den Kondensatorplatten haben sich Ketten aus Grießkörnern gebildet. Demnach muss dort ein elektrisches Feld vorliegen.

B2 a) Zeichne ein Feldlinienbild zum Modellversuch. Achte darauf, dass sich die Feldlinien nicht schneiden.
Die Feldlinien verlaufen vom positiv zum negativ geladenen Körper. Die Grießkörner zeigen, dass Feldlinien von der einen Kondensatorplatte zum Ring verlaufen. Von der anderen Seite des Ringes verlaufen dann Feldlinien zur zweiten Kondensatorplatte (s. Zeichnung zu b).
Hinweis: Die Ladung des Rings entsteht durch Influenz.
b) Schließe aus den Feldlinien auf die Ladungsverteilung im Ring und zeichne sie mit ein.
Entsprechend der Überlegungen in a) müssen die Hälften des Rings immer entgegengesetzt zur benachbarten Kondensatorplatte geladen sein. Also trägt die obere Hälfte des Rings die gleiche Ladung wie die untere Kondensatorplatte und umgekehrt.

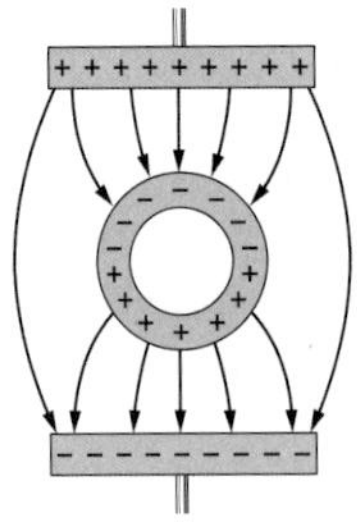

Cornelsen/Atelier tigercolor Tom Menzel, Scharbeutz/Klingberg

Die Polung könnte auch umgekehrt sein.

c) Für Profis: Begründe, warum im Ring kein elektrisches Feld messbar ist.

Angenommen, im Ring gäbe es ein elektrisches Feld. Dann gäbe es auch Kräfte auf elektrische Ladungen im Ring. Die Ladungen würden sich daher bewegen und damit das elektrische Feld verändern (abschwächen). Eine stabile Situation entsteht erst dann, wenn innerhalb des Rings kein elektrisches Feld mehr besteht.

Hinweis: Dies hat zur Folge, dass die Influenzladungen nur im äußeren Bereich des Rings sitzen. Innen liegende Influenzladungen hätten wieder ein elektrisches Feld und damit eine ausgleichende Bewegung von Elektronen zur Folge.

Material C – Einen gewischt kriegen

C1 Leider gibt es einige Fehler in Ronjas Text. Benenne die Fehler und korrigiere den Text.

Fehler in Ronjas Text:

Wenn jemand z. B. mit der Hand am **Metall**rahmen einer Rolltreppe entlang streicht, dann reibt er Elektronen davon ab, die sich dann auf ihm ansammeln. Dadurch ist diese Person **positiv** geladen **und steht unter Spannung**. Berührt diese Person dann z. B. eine Türklinke, kommt es zum Ladungsausgleich, den die Person als Schlag spürt. Je näher sie der Türklinke dabei kommt, desto **größer wird die Spannung**.

Korrigierte Fassung:

Wenn jemand z. B. mit der Hand am Handlauf (Gummi) einer Rolltreppe entlang streicht, dann gibt er Elektronen an den Handlauf ab. Dadurch sammeln sich auf ihm positive Ladungen an, die sich gleichmäßig über den ganzen Körper verteilen. Die Person ist positiv geladen. Es entsteht eine Spannung zwischen der positiv geladenen Person und der elektrisch neutralen Umgebung. Berührt diese Person dann z. B. eine Türklinke, kommt es zum Ladungsausgleich, den die Person als Stromschlag spürt.

Je näher die Person der Türklinke dabei kommt, desto leichter können die Elektronen überwechseln und den Stromschlag verursachen.

Seite 252 (Methode)

1 Zeichne das Feldlinienbild von zwei gleichnamig geladenen Körpern.

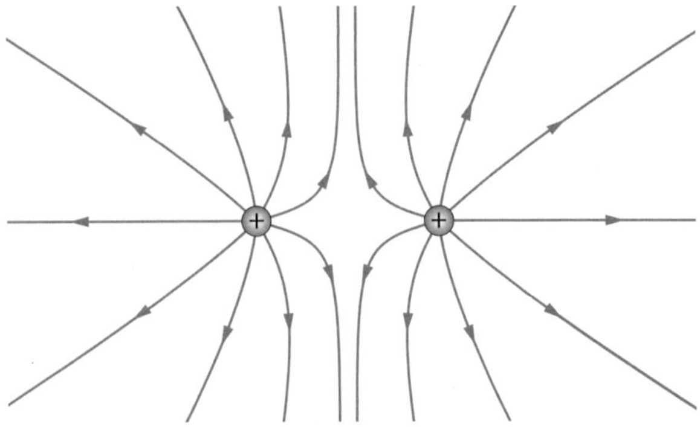

Cornelsen/newVISION! GmbH Bernhard A. Peter, Pattensen

Im Fall von negativen Ladungen sind die Feldlinien entgegengesetzt gerichtet.

2 a) Nenne Unterschiede zwischen magnetischen und elektrischen Feldern.

Nord- und Südpole der Magnete können nicht getrennt werden. Es gibt daher keine getrennten Senken oder Quellen des Magnetfeldes.

Elektrisch geladene Körper können dagegen nur positiv oder nur negativ geladen sein. Positive und negative Ladungen lassen sich also voneinander trennen, wodurch einzelne Senken oder Quellen des elektrischen Feldes entstehen.

Das Magnetfeld wirkt auf alle ferromagnetischen Stoffe, diese müssen aber nicht bereits magnetisiert sein.

Das elektrische Feld wirkt nur auf geladene Körper oder auf Ladungen innerhalb von Körpern.

Hinweis: Die Wirkung auf stromdurchflossene Leiter bzw. bewegte Ladungen wird in diesem Kapitel noch nicht betrachtet.

b) Erkläre, inwiefern hierdurch Grenzen der Analogie deutlich werden.

Aus der Analogie lässt sich nicht ableiten, dass elektrische Monopole existieren und dass elektrische Ladungen voneinander getrennt werden können.

Ladung und Strom

Seite 255

1 Jemand vermutet, dass die Ladung auf dem Elektroskop im Versuch in ▸ Bild 04 C zunehmen müsste. Nimm begründet Stellung dazu.

Ist das Elektroskop bereits negativ geladen, dann ist auch die Metallplatte in der Edison-Röhre negativ geladen. Daher werden die aus dem Glühdraht stammenden Elektronen von der Metallplatte abgestoßen und können nicht auf die Platte gelangen. Die negative Ladung des Elektroskops nimmt also nicht zu.

Seite 256

1 Begründe, warum die Leitfähigkeit eines Metalls abnimmt, wenn es erwärmt wird.

Durch Stöße übertragen die Leitungselektronen ständig Energie auf die schwingenden Atomrümpfe des Metalls. Infolge der Erwärmung schwingen die Atomrümpfe stärker und die Wahrscheinlichkeit von Stößen zwischen Elektronen und Atomrümpfen nimmt zu. Daher geben die Elektronen insgesamt mehr Energie ab und werden so auf ihrem Weg durch das Metall stärker behindert.

Seite 257 (Material)

Versuch – Ströme sichtbar machen

a) Notiere deine Beobachtungen.

Durch den Salzsäuretropfen entsteht ein roter Fleck, durch die Natronlauge ein blauer. Der rote Fleck wandert nach Anlegen der Spannung zum Minuspol, der blaue zum Pluspol.

Hinweis: Der rote Fleck wandert etwa dreimal schneller als der blaue.

b) Erkläre möglichst genau, wie es zu diesen Beobachtungen kommt. Du kannst Antons Notizen nutzen.

Mögliche Schülerantwort:

Durch die Lösung der Natronlauge entstehen Hydroxidionen, die zur Blaufärbung des Indikatorpapiers führen. Da die Hydroxidionen negativ geladen sind, wandern sie im elektrischen Feld zum Pluspol und mit ihnen der blaue Fleck.

Entsprechend führt die Lösung der Salzsäure zur Bildung von positiven Hydroniumionen. Diese wandern im elektrischen Feld zum Minuspol, während sie den Universalindikator rot färben.

Hinweis: Alle drei genutzten Stoffe dissoziieren in Wasser:

- $HCl \rightarrow H^+ + Cl^-$
- $NaOH \rightarrow Na^+ + OH^-$
- $KNO_3 \rightarrow K^+ + NO_3{}^-$

Das Kaliumnitrat dient nur der Verbesserung der Leitfähigkeit.

Material A – Ladung und elektrischer Strom

A1 a) Durch Bewegung des Fadens wird eine der Platten kurz mit der beweglichen Kugel berührt. Dann wird die Kugel losgelassen. Beschreibe, was anschließend passieren wird. Erkläre.

Die Kugel pendelt zwischen den Platten hin und her. Die Kugel erhält an den Metallplatten jeweils etwas von der Ladung der Metallplatte und wird deshalb von ihr abgestoßen.

b) Skizziere die Anordnung, kurz bevor und kurz nachdem die Kugel die negativ geladene Platte berührt.

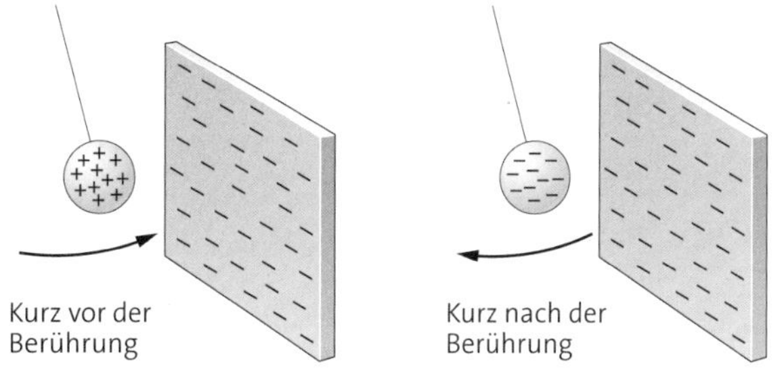

Cornelsen/Atelier tigercolor Tom Menzel, Scharbeutz/Klingberg

c) Begründe, warum die Bewegung nach einiger Zeit aufhört.

Bei jeder Pendelbewegung wird eine positive Ladungsmenge auf die negativ geladene Platte transportiert und umgekehrt. Die beiden geladenen Platten werden elektrisch neutral. Es wirken dann keine Kräfte mehr und die Pendelbewegung hört auf.

d) Vermute, was geschieht, wenn beide Platten gleich geladen sind? Begründe.

Wenn beide Platten gleich geladen sind, gibt es keine Pendelbewegung. In diesem Fall wird das geladene Pendel von beiden Platten abgestoßen und bleibt daher in der Mitte.

A2 a) Wieder wird mit der beweglichen Kugel kurz die linke Platte berührt. Dann wird die Kugel losgelassen. Beschreibe, was passieren wird. Wann und wie leuchten die Glimmlampen auf? Erkläre.

Die Kugel pendelt zwischen den Platten hin und her. Die Glimmlampen leuchten auf.

Wenn die Kugel die negativ geladene (linke) Platte berührt, dann fließt Ladung auf die Kugel, es leuchtet die Seite der Glimmlampe, die von der Kugel weg zeigt. Wenn die Kugel die positiv geladene (rechte) Platte berührt, dann fließt Ladung von der Kugel auf die Platte, es leuchtet die Seite der Glimmlampe, die zur Kugel zeigt.

b) Gib begründet an, wann die Bewegung aufhört.

Die Bewegung hört dann auf, wenn das Hochspannungsnetzgerät abgeschaltet wird.

Bei jeder Berührung wird nach dem Abschalten ein Teil der Ladung von einer Seite zur anderen transportiert und die Platten werden neutralisiert. Da das Netzteil abgeschaltet ist, werden die Platten nicht mehr nachgeladen und die Bewegung hört auf.

2 Induktion und Elektromagnetismus

Magnetfelder durch elektrischen Strom

Seite 259

1 Ein Kompass zeigt Richtung Norden. Mit einem stromführenden, geraden Leiter soll die Kompassnadel abgelenkt werden. Gib an, wie du den Leiter halten musst, damit die Kompassnadel nach Westen bzw. nach Osten zeigt. Begründe deine Antwort.
Der Leiter muss parallel zur Kompassnadel in Nord-Süd-Richtung gehalten werden. Wenn dann Strom durch den Leiter fließt, bildet sich ein ringförmiges Magnetfeld, durch dessen Zentrum der Leiter verläuft. Ist das Magnetfeld des Leiters stark genug, um das Erdmagnetfeld vollständig zu überlagern, richtet sich die Kompassnadel danach aus und steht dann quer zum Leiter, also in West-Ost-Richtung.
Ob die Kompassnadel dann nach Westen oder nach Osten zeigt, hängt von der Stromrichtung im Leiter ab und davon, ob der Leiter sich unter- oder oberhalb der Kompassnadel befindet. Die tatsächliche Richtung lässt sich dann mit der „Linken-Faust-Regel“ bestimmen.

2 Gib an, ob der Magnet in ▸ Bild 08 von der Spule angezogen oder abgestoßen wird. Begründe deine Entscheidung.
Unter Beachtung der Stromrichtung zeigt die „Linke-Faust-Regel“, dass der Südpol des Magnetfelds der Spule auf der Seite des Stabmagneten liegt. Damit weist der gleichnamige Pol des Stabmagneten zur Spule und der Stabmagnet wird von der Spule abgestoßen.

Seite 261 (Material)

Versuche – … mit Spulen

V1 Bau eines Elektromagneten
a) Überlege dir, wie du mit den gegebenen Materialien einen Elektromagneten bauen kannst. Erstelle eine entsprechende Skizze und baue den Magneten auf.

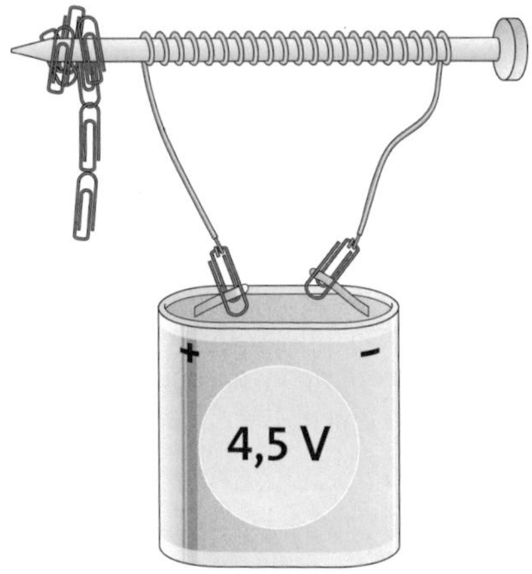

Cornelsen/newVISION! GmbH Bernhard A. Peter, Pattensen

b) Untersuche die Eigenschaften deines Elektromagneten mithilfe der Büroklammern und der Magnetnadeln. Beschreibe und erkläre deine Beobachtungen.
Der selbstgebaute Elektromagnet ist nur mit dem Eisennagel als Spulenkern stark genug, um die Büroklammern heranzuziehen. Der Nagel wird im Feld der stromdurchflossenen Spule magnetisiert und verstärkt so das Feld.
Je mehr Windungen die selbst gewickelte Spule besitzt, desto stärker ist der Elektromagnet, da jede Spulenwindung einen Teil zum Gesamtfeld der Spule beiträgt.
Mithilfe der Magnetnadeln ist zu erkennen, dass die Polung des Elektromagneten entsprechend der „Linke-Faust-Regel“ von der elektrischen Polung abhängt.

V2 Windungszahlen
a) Schließe die Spule mit den wenigsten Windungen in Reihe mit einer Glühlampe an die Stromquelle an. Untersuche das Magnetfeld der Spule mit der Kompassnadel. Berücksichtige dabei auch den Einfluss der Stromstärke.
Wenn die Kompassnadel anfangs quer zur Spule steht, wird diese mit zunehmendem Stromfluss durch die Spule immer stärker abgelenkt, bis sie schließlich in Richtung der Spulenachse zeigt. Auf der anderen Seite der Spule zeigt der andere Pol der Kompassnadel zur Spule.
Im Umfeld der Spule richtet sich die Magnetnadel in Richtung der Feldlinien aus, die denen eines Stabmagneten entsprechen.
Hinweis: Es muss darauf geachtet werden, dass die Schülerinnen und Schüler die zulässigen Höchststromstärken für die Spulen nicht überschreiten (können).
b) Untersuche mithilfe der Nägel den Einfluss des Eisenkerns auf die Spulen. Beschreibe und erläutere deine Beobachtungen.
Mit den meisten Experimentierspulen lassen sich Nägel ohne Verwendung eines Eisenkerns nicht anziehen. Mit

Eisenkern werden diverse Nägel angezogen, und zwar umso mehr Nägel, je mehr Strom durch die Spule fließt. Durch den Eisenkern wird das Magnetfeld der Spule verstärkt. Dabei richten sich (im Modell) die Elementarmagnete innerhalb des Eisenkerns nach dem Magnetfeld der Spule aus und tragen so zur Stärke des Magnetfeldes bei.

c) Ermittle die Bedeutung der Windungszahl der Spulen. Nutze dazu wieder den Eisenkern und die Nägel. Beschreibe deine Beobachtungen und deute sie.

Je größer die Windungszahl ist, desto stärker ist das Magnetfeld. Dabei trägt das Magnetfeld jeder einzelnen Windung zum Magnetfeld der gesamten Spule bei und verstärkt es somit.

V3 Abgelenkter Kompass

a) Schließe den Schalter und beobachte die Kompassnadel. Miss den Winkel zwischen dem Draht und der Kompassnadel.

Die Magnetnadel wird aus der Nord-Süd-Richtung abgelenkt und stellt sich schräg dazu ein. (*individuelle Lösung*)

b) Wickle den Draht einmal, zweimal, dreimal oder noch öfter um den Kompass und miss jeweils die Auslenkung der Kompassnadel. Fasse deine Beobachtungen zusammen und erkläre sie.

Die Magnetnadel wird zunehmend starker abgelenkt.

Der stromdurchflossene Draht ist von einem Magnetfeld umgeben. Das Aufwickeln führt zu einer Verstärkung des Magnetfelds. Je mehr Wicklungen es sind, desto größer ist der Verstärkungseffekt.

c) Ermittle die Lage der magnetischen Pole deines Elektromagneten, ohne die Magnetnadel zu verwenden. Erläutere dein Vorgehen.

Die Polung folgt zusammen mit der Stromrichtung aus der „Linke-Faust-Regel“.

d) Ändere die Stromrichtung durch den gewickelten Draht. Beschreibe, wie sich die Auslenkung der Kompassnadel dadurch ändert. Erkläre deine Beobachtungen.

Die Magnetnadel wird in die entgegengesetzte Richtung abgelenkt. Wenn man die Drahtanschlüsse an Plus- und Minuspol vertauscht, dann kehrt sich die Stromrichtung um. Dadurch kehrt sich auch die Richtung der magnetischen Feldlinien um.

Material A – Elektrische Ströme und magnetische Felder

1 a) Gib an, wie man die Drahtenden 1 und 2 in (▸ Bild A und B) anschließen muss, damit das Magnetfeld die dargestellte Richtung hat.

zu A: Mit der „Linke-Faust-Regel“ erhält man die Bewegungsrichtung der Elektronen. Wenn die gekrümmten Finger in Richtung der magnetischen Feldlinien zeigen, dann zeigt der Daumen von 2 nach 1. Also muss 1 an den Pluspol und 2 an den Minuspol angeschlossen werden.

zu B: Mit der „Linke-Faust-Regel“ folgt, dass die Elektronen von 1 nach 2 fließen. Also muss 2 an den Pluspol und 1 an den Minuspol angeschlossen werden.

b) Bei der Spule (▸ Bild C) ist der Anschluss 1 am Pluspol und der Anschluss 2 am Minuspol angeschlossen. Beschreibe den Feldlinienverlauf.

Die magnetischen Feldlinien verlaufen durch die Drahtwindungen hindurch und im Bogen außerhalb der Spule zurück. Die Richtung erhält man mit der „Linke-Faust-Regel“: Hält man den Daumen entlang der Bewegungsrichtung der Elektronen, also von 2 nach 1, so zeigen die gekrümmten Finger für das oberste Drahtstück, dass die Feldlinien von oben nach unten um die Spule herum verlaufen. Für das unterste Drahtstück zeigen die Finger, dass die Feldlinien im Spuleninneren von unten nach oben verlaufen. Oben befindet sich also der Nordpol.

2 a) Die Drahtwindungen einer Spule müssen isoliert sein. Begründe dies.

Wären die Drahtwindungen nicht isoliert, dann würde die Ladung nicht den Windungen nach fließen, sondern parallel zur Spulenachse. Das Magnetfeld wäre schwach und der Feldlinienverlauf entspräche nicht dem einer Spule.

b) Ein Eisenkern führt zu einer Verstärkung des Magnetfelds. Erkläre, warum man keinen Kern aus Aluminium oder Kupfer verwenden kann.

Um ein Magnetfeld zu verstärken, benötigt man einen ferromagnetischen Stoff. Die meisten Metalle sind nicht ferromagnetisch. Die einzigen ferromagnetischen Metalle in Reinform sind Eisen, Kobalt und Nickel. Darüber hinaus gibt es noch eine Reihe ferromagnetischer Verbindungen.

c) Wie erhält man einen möglichst starken Elektromagneten? Stelle Vermutungen auf und teste sie.

Einen starken Elektromagneten erhält man durch eine Spule mit Eisenkern und möglichst vielen Windungen sowie einer möglichst großen Stromstärke.

Die elektromagnetische Induktion

Seite 263

1 Ein Stabmagnet wird innerhalb einer Spule um seine Längsachse gedreht. Gib begründet an, ob so eine Spannung induziert wird.

Es kommt nicht zur Induktion. Eine Spannung wird nur dann induziert, wenn sich das Magnetfeld in der Spule ändert. Dies ist aber nicht der Fall, wenn der Stabmagnet um seine Längsachse gedreht wird, weil sein Magnetfeld symmetrisch um die Drehachse ist.

2 Lässt man eine Spule mit sehr vielen Windungen wie in ▸ Bild 07 um ihre eigene Achse rotieren, wird eine Spannung induziert. Gib an, welches Magnetfeld

hierbei wirksam ist. Beschreibe den erwarteten zeitlichen Verlauf der Spannung.
Die Spannung in der Spule wird infolge des Erdmagnetfeldes induziert. Dieses tritt schräg aus der Erdoberfläche heraus (in Nordrhein-Westfalen beträgt der Inklinationswinkel zwischen 66° und 67°). Durch die Drehung der Spule ändert sich der Winkel zwischen Erdmagnetfeld und Spulenachse ständig und periodisch. Es entsteht eine Wechselspannung.

Seite 265 (Material)

Versuche – Erkundung der Induktion

V1 Induktion durch Bewegung
a) Schließe die Spule an das Spannungsmessgerät an. Untersuche, wie sich die Stärke und die Richtung der Induktionsspannung beeinflussen lassen.
Das Vorzeichen der Spannung hängt davon ab, ob man den Magneten hinein- oder herausbewegt und ob der Nordpol oder der Südpol zur Spule zeigt. Außerdem hängt es davon ab, welches Spulenende man verwendet.
Der Betrag der Spannung wird umso größer, je schneller man den Magneten hinein- oder herausbewegt. Außerdem nimmt der Spannungsbetrag mit der Windungszahl zu.
Hinweis: Die Proportionalität zwischen Windungszahl und induzierte Spannung erhält man hier idR. nicht, da die Spulen meist unterschiedliche Widerstände besitzen.
b) Drehe den Stabmagneten innerhalb der Spule um seine Längsachse. Erkläre deine Beobachtungen.
Wenn man den Stabmagneten nur um seine Längsachse dreht und ihn ansonsten nicht bewegt, wird keine Spannung induziert.
Das Magnetfeld des Stabmagneten ist rotationssymmetrisch zu seiner Längsachse. Daher ändert sich das Magnetfeld in der Spule nicht durch die Rotation.

V2 Induktion durch Drehung
a) Befestige die Schnur mittig am Magneten und hänge ihn über dem U-Kern auf. Drehe den Magneten. Beobachte die Anzeige des Messgeräts. Beschreibe den beobachteten Spannungsverlauf.
Das Spannungsmessgerät schlägt abwechselnd nach rechts und links aus. Die Spannung wechselt also ständig ihr Vorzeichen bzw. ihre Polung. Es entsteht also Wechselspannung.
b) Beschreibe, wie du eine möglichst große Spannung erzeugst.
Man erzeugt eine große Spannung, indem man eine Spule mit möglichst großer Windungszahl verwendet und den Magneten möglichst schnell rotieren lässt.
Hinweis: Bei zu schneller Rotation kommt die Anzeige des Messgeräts nicht mit. Abhilfe schafft die Einstellung auf Wechselspannung.

Material A – Viele Möglichkeiten zur Induktion

A1 a) Beschreibe fünf Möglichkeiten, wie man mit dem obigen Versuchsaufbau eine Spannung induzieren kann. Erkläre jeweils, warum eine Spannung induziert wird.
1. Man bewegt die rechte Spule auf die linke zu oder von ihr weg. Dabei ändert sich in der rechten Spule die Stärke des Magnetfelds und es wird eine Spannung in dieser Spule induziert.
2. Man kann auch die linke Spule bewegen, dabei ändert sich ebenso die Stärke des Magnetfelds in der rechten Spule und es wird eine Spannung induziert.
3. Man kann die rechte oder die linke Spule drehen. In beiden Fällen ändert sich die Richtung des Magnetfelds in der rechten Spule und es wird eine Spannung induziert.
4. Man kann den Eisenkern hinein- oder herausschieben. Dadurch ändert sich die Stärke des Magnetfelds und es kommt zur Spannungsinduktion.
5. Man kann die Stromstärke in der linken Spule ändern (oder die Spannungsquelle ein- oder ausschalten), dadurch ändert sich wieder die Stärke des Magnetfelds wodurch eine Spannung induziert wird.
b) Die linke Spule wird an eine Wechselspannung angeschlossen. Begründe, warum in der rechten Spule ebenfalls eine Wechselspannung induziert wird.
Durch die Wechselspannung ändert sich ständig die Stromrichtung. Dadurch ändert sich auch ständig die Richtung der magnetischen Feldlinien. Deswegen wird in der rechten Spule ständig eine Spannung mit wechselndem Vorzeichen, also eine Wechselspannung, induziert.

A2 Begründe, ob man auch mit einem Elektromagneten ohne Eisenkern eine Spannung induzieren kann. Erkläre den Vorteil des Eisenkerns.
Sobald sich das Magnetfeld in einer Spule ändert, wird eine Spannung induziert. Das geht auch ohne Eisenkern. Mit Eisenkern werden die Magnetfeldänderungen verstärkt. Deswegen geht es mit Eisenkern besser.

A3 a) Beschreibe die Änderung am Spannungsmessgerät.
Zuerst zeigt das Spannungsmessgerät keine Spannung an. Während die Spule in das Magnetfeld hineinbewegt wird, zeigt das Messgerät eine Spannung an. Wenn die Spule ganz in das Magnetfeld eingetaucht ist, geht die Anzeige des Messgeräts auf null zurück. Während die Spule wieder aus dem Magnetfeld herausbewegt wird, zeigt das Messgerät wieder eine Spannung an, aber mit umgekehrtem Vorzeichen im Vergleich zum Hineinbewegen.
b) Skizziere den zeitlichen Verlauf der Spannung.
Nach einer Sekunde hat die rechte Kante der Spule die Schenkel der Hufeisenmagnete erreicht. Es dauert eine Sekunde, bis sich die Spule vollständig im homogenen Magnetfeld zwischen den Schenkeln der Magnete befindet.

Nach einer halben Sekunde hat dann die rechte Kante der Spule das Ende der Magnete erreicht. Dann dauert es wieder eine Sekunde, bis die Spule das homogene Magnetfeld ganz verlassen hat.

Mit starker didaktischer Reduktion (feldfreier Raum neben den Magneten): Eine Spannung wird nur zwischen 1,0 s und 2,0 s sowie zwischen 2,5 s und 3,5 s induziert.

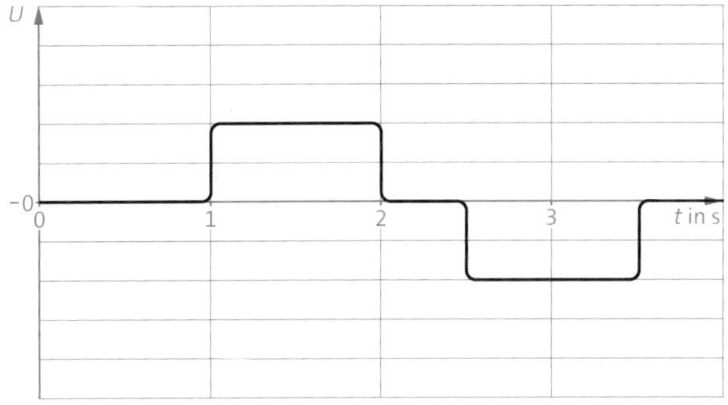

Cornelsen/newVISION! GmbH Bernhard A. Peter, Pattensen

Für fittere Schülerinnen und Schüler: Der Bereich neben den Magneten ist nicht feldfrei, auch wenn die Stärke des Magnetfelds schnell abnimmt. Daher wird auch dann eine Spannung induziert, wenn sich die Spule in diesen Bereichen befindet. Der Betrag der Spannung ändert sich hier langsamer (s. Diagramm).

c) Erkläre, wie sich der Spannungsverlauf ändert, wenn du die Drahtschleife schneller bewegst.

Wenn die Geschwindigkeit größer ist, dann ist das Schaubild in Richtung der t-Achse gestaucht, da der Vorgang schneller abläuft. Außerdem ist das Schaubild in Richtung der U-Achse gestreckt, da bei größerer Geschwindigkeit eine größere Spannung induziert wird.

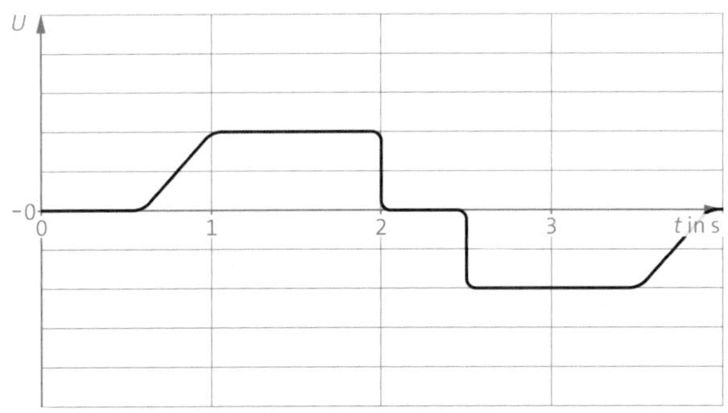

Cornelsen/newVISION! GmbH Bernhard A. Peter, Pattensen

Je nach Lösungsversion für Teil c) ergibt sich in etwa eines der folgenden Diagramme.

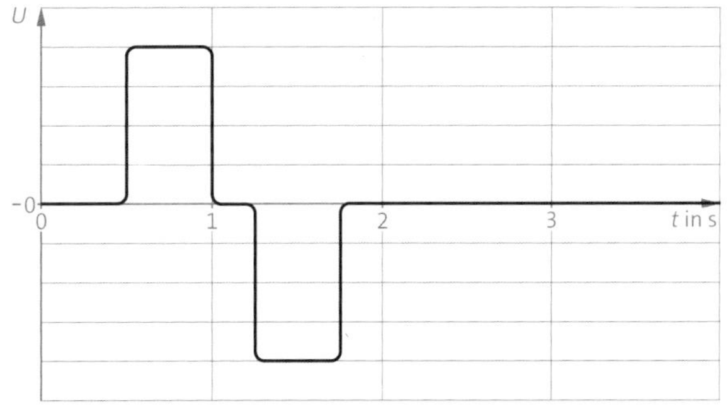

Cornelsen/newVISION! GmbH Bernhard A. Peter, Pattensen

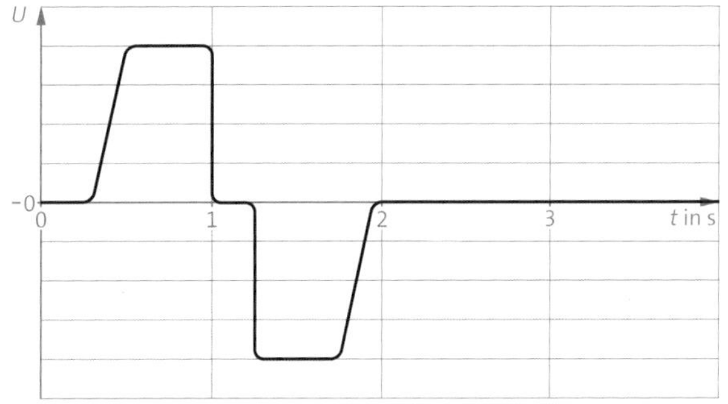

Cornelsen/newVISION! GmbH Bernhard A. Peter, Pattensen

d) Die Drahtschleife sei nun 20 cm breit, der Magnet bleibt unverändert. Bearbeite a) und b) erneut.

Sobald die rechte Kante der Spule in das Magnetfeld eintaucht, wird eine Spannung induziert, bis die rechte Kante wieder aus dem Magnetfeld austritt. Es wird nun solange keine Spannung induziert, bis die linke Kante der Spule in das Magnetfeld eintaucht. Dann wird eine Spannung mit umgekehrten Vorzeichen induziert, bis auch die linke Kante der Spule wieder aus dem Magnetfeld austritt.

Die Änderungen für die komplexere Variante ergeben sich wieder entsprechend (vergleiche Abbildungen zu Teil c)).

Material B – Taschenlampe

B1 a) Beschreibe die Funktionsweise der Schütteltaschenlampe.

Das Schütteln der Taschenlampe führt dazu, dass sich ein kleiner Magnet hin und zurück durch eine Spule bewegt. Beim Eintritt des Magneten in die Spule und bei seinem Austritt wird jeweils eine Spannung induziert. Deren Vorzeichen wechselt aber zwischen Ein- und Austritt und hängt auch von der Bewegungsrichtung des Magneten ab. Insgesamt wird so eine Wechselspannung induziert. Diese Spannung dient zur Versorgung der LED.

b) Die Taschenlampe muss noch ein Bauteil enthalten, das zu einer konstanten Polung der erzeugten Spannung führt. Begründe dies.

LEDs lassen den Strom nur in eine Richtung durchfließen, in der anderen Richtung sperren sie. Wenn die LED gleichmäßig leuchten soll, muss der erzeugte Wechselstrom somit in einen Gleichstrom umgewandelt werden.

Hinweis: Die Gleichspannung ist auch erforderlich, um den Kondensator aufladen zu können, in dem die elektrische Energie gespeichert wird.

Der Transformator

Seite 267

1 Erläutere, wie ein Transformator aufgebaut ist. Nenne Beispiele oder Geräte, in denen Transformatoren benutzt werden.

Ein Transformator besteht aus zwei Spulen, die auf einem gemeinsamen Eisenkern stecken. Beim Eisenkern kann es sich um einen einfachen Stab oder Zylinder handeln wie bei einer elektrischen Zahnbürste. Der Eisenkern kann aber auch geschlossen sein wie bei den im Unterricht genutzten Transformatoren. Diejenige Spule, an der eine Spannungsquelle angeschlossen ist, nennt man Primärspule. Die andere Spule heißt Sekundärspule.

In folgenden Geräten kommen Transformatoren zum Einsatz: elektrische Zahnbürste, Modellbahntrafo, Ladegeräte oder Netzteile (älteren Datums), Netzgeräte für Schülerübungen, …

2 Bei einem Transformator mit $n_1 = 250$ und $n_2 = 1000$ beträgt die Spannung $U_1 = 230$ V. Berechne U_2.

Gegeben: $n_1 = 250,\ n_2 = 1000, U_1 = 230\ V$

Gesucht: U_2

Am Transformator gilt

$$\frac{U_1}{U_2} = \frac{n_1}{n_2} \Leftrightarrow U_2 = \frac{n_2}{n_1} \cdot U_1 = \frac{1000}{250} \cdot 230\text{ V} = 920\text{ V}.$$

3 Begründe, warum ein Transformator nur mit Wechselspannung betrieben werden kann, nicht mit Gleichspannung.

Bei Gleichspannung besitzen die Spulen ein konstantes Magnetfeld. Wenn sich das Magnetfeld aber nicht ändert, wird auch keine Spannung induziert.

Bei Wechselspannung ändert sich mit der Spannung auch das Magnetfeld ständig, so dass kontinuierlich Spannung induziert wird.

Seite 268

1 Beschreibe möglichst ausführlich die Energieumwandlungen, die beim Laden deines Smartphones stattfinden.

Das Netzteil des Smartphones enthält einen kleinen Transformator. An dessen Primärspule wird zunächst elektrische Energie in magnetische Energie umgewandelt, dann auf die Sekundärspule übertragen und dort wieder in elektrische Energie umgewandelt.

Infolge des ständigen Umpolens des Magnetfeldes wird der Eisenkern permanent ummagnetisiert, was zu einer spürbaren Erwärmung des Netzteils führt. Es wird also ein nennenswerter Anteil der ursprünglichen Energie in Form von Wärme abgegeben.

Die elektrische Energie wird dann in Form von chemischer Energie im Akku des Smartphones gespeichert.

Seite 269 (Material)

Material A – Energieübertragung

A1 Beschreibe die Versuchsdurchführung und das Ergebnis.

Versuchsdurchführung: Die Spule mit Eisenkern wird an den Karton mit dem Fragezeichen herangeschoben.

Ergebnis: Wenn die Spule mit Eisenkern direkt neben dem Karton steht, dann leuchtet die Glühlampe.

A2 Erläutere, was sich unter dem Karton befinden muss.

Unter dem Karton muss sich eine Spule befinden, vermutlich sogar eine Spule mit einem Eisenkern, damit die Energie besonders gut übertragen werden kann. Der Aufbau ist mit dem der elektrischen Zahnbürste (im Buch S. 300) vergleichbar. Dort wird (elektrische) Energie mithilfe eines Transformators übertragen.

Material B – Transformatoren berechnen

B1 Transformatoren kommen in vielen Bereichen zur Anwendung. Ein Modelleisenbahn-Transformator soll eine Spannung von maximal 12 V liefern. Er wird an die Netzspannung (230 V) angeschlossen. Berechne die Windungszahl der Sekundärspule, wenn die Primärspule 1500 Windungen hat.

Gegeben: $n_1 = 1500$, $U_1 = 230$ V, $U_{2,\text{max}} = 12$ V

Gesucht: n_2

Es gilt

$$\frac{U_1}{U_2} = \frac{n_1}{n_2} \Leftrightarrow n_2 = n_1 \cdot \frac{U_2}{U_1} = 1500 \cdot \frac{12\text{ V}}{230\text{ V}} \approx 78$$

Die Sekundärspule muss 78 Windungen haben. Das Abrunden ist hier nötig, um die Vorgabe „maximal 12 V" zu erfüllen.

B2 Das Netzteil eines Notebooks soll die Netzspannung (230 V) auf 19 V herabsetzen. Es stehen ein Eisenkern und Spulen mit folgenden Windungszahlen zur Verfügung: 75, 150, 300, 600, 900, 1200, 3600, 7250. Gib mögliche Spulenkombinationen für einen geeigneten Transformator an.

Die Spannung muss um den Faktor $230 : 19 \approx 12$ herabgesetzt werden. Es muss also gelten $n_1 \approx n_2 \cdot 12$.

Ausgehend von der Windungszahl 75 werden folgende Produkte gebildet:

$75 \cdot 12 = 900$, $150 \cdot 12 = 1800$, $300 \cdot 12 = 3600$, $600 \cdot 12 = 7200$ und $900 \cdot 12 = 10\,800$. Der Vergleich mit den tatsächlich vorhandenen Windungszahlen ergibt, dass folgende Spulenkombinationen möglich sind: $n_2 = 75$ und $n_1 = 900$, $n_2 = 300$ und $n_1 = 3600$, $n_2 = 600$ und $n_1 = 7250$.

B3 a) Begründe die Verwendung der sehr hohen Frequenz.
Durch die sehr hohe Frequenz ändert sich das Magnetfeld der Primärspule sehr viel schneller als bei 50 Hz. Entsprechend ist die Induktionsspannung pro Spulenwindung höher und die Sekundärspule benötigt weniger Windungen.
b) Die Sekundärspannung soll 1,7 V betragen. Berechne n_2.
Gegeben: $U_1 = 10$ V, $U_2 = 1{,}7$ V, $n_1 = 600$
Gesucht: Windungszahl der Sekundärspule
Es gilt

$$\frac{U_1}{U_2} = \frac{n_1}{n_2} \Leftrightarrow n_2 = n_1 \cdot \frac{U_2}{U_1} = 600 \cdot \frac{1{,}7\text{ V}}{10\text{ V}} = 102.$$

Die Sekundärspule benötigt 102 Windungen, wenn tatsächlich ein idealer Transformator vorliegt.

Material C – Hochspannungstransformator

C1 Im ▸ Bild links haben sich mehrere Fehler eingeschlichen. Notiere die Fehler und korrigiere sie. Begründe deine Korrekturen.
Abgesehen von den nachfolgend angeführten Fehlern ist eine derartige Benutzung der Tischsteckdose verboten!
Hinweis: siehe RISU
Fehler 1: Ein Kabel zwischen Transformator und Tischsteckdose wurde falsch gesteckt. Die Kabel müssten in die zusammengehörigen Buchsen der Tischsteckdose eingesteckt werden.
Fehler 2: Die Spulen sind vertauscht. So kann am Ende keine Hochspannung entstehen. Also müssen die Spulen getauscht werden: $n_1 = 12$, $n_2 = 600$.
Fehler 3: Auf dem Warnschild steht „Hochstrom“. Es muss aber „Hochspannung“ heißen. Also muss das Schild ausgetauscht werden.

C2 Beschreibe und erkläre den Ausgang des Versuchs, nachdem alle Fehler behoben worden sind.
Wenn alle Fehler behoben worden sind, dann wird zwischen den gebogenen Drähten (Hörnerelektroden) ein Lichtbogen entstehen, da die Luft bei großen Spannungen leitend wird. Der Lichtbogen wandert aufgrund der Hitze nach oben und reißt irgendwann ab.

C3 Berechne mit den Daten aus ▸ Bild 03 die zu erwartende Hochspannung.
Gegeben: $n_1 = 12$, $n_2 = 600$, $U_1 = 230$ V.
Gesucht: Hochspannung U_2.
$U_2 = U_1 \cdot \frac{n_2}{n_1} = 230\text{ V} \cdot \frac{600}{12} = 11{,}5\text{ kV}.$

C4 Beschreibe Maßnahmen, mit denen man die Spannung auf der Sekundärseite erhöhen kann.
Folgende Maßnahmen sind geeignet, um die Spannung auf der Sekundärseite zu erhöhen:
- die Primärspannung U_1 erhöhen,
- die Windungszahl n_1 verkleinern,
- die Windungszahl n_2 vergrößern.

Elektromotor und Generator

Seite 271

1 Die Motoren in den ▸ Bildern 03–05 laufen nicht in jeder Stellung an. Erkläre dies anhand von Skizzen.
Motor aus Bild 03:
Der Motor läuft nicht an, wenn der Stabmagnet mit einem ungleichnamigen Pol zum Elektromagneten zeigt und daher von diesem angezogen wird. In der Skizze in Aufsicht ist mit dem Halbkreis der Bereich gekennzeichnet, in dem sich der ungleichnamige Pol nicht befinden sollte. In den äußeren Bereichen läuft der Motor nur dann an, wenn der Magnet gut gelagert ist.
Zur Veranschaulichung ist hier der Südpol gewählt.

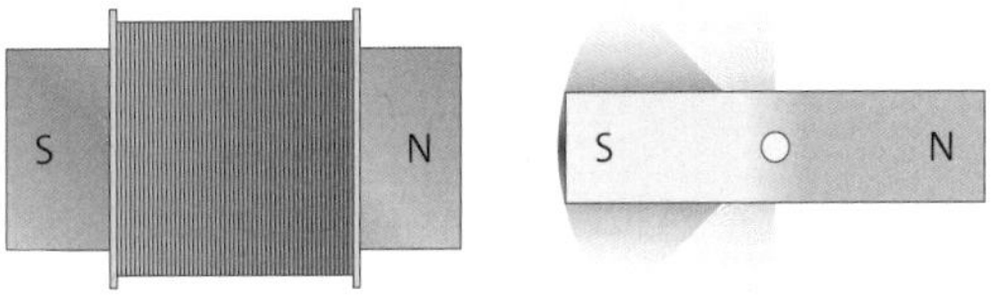

Cornelsen/newVISION! GmbH Bernhard A. Peter, Pattensen

Motor aus Bild 04A:
Der Motor kann nur anlaufen, wenn das Isolierband den Stromkreis nicht unterbricht.

Motor aus Bild 04B bzw. 05:
Der Motor kann nicht anlaufen, wenn der Rotor senkrecht zu den Polen des Stators steht. Der Kommutator sorgt dann für eine Unterbrechung des Stromkreises, damit das Magnetfeld des Rotors umgepolt werden kann. Der Rotor ist also kurzzeitig nicht magnetisiert.

Cornelsen/Atelier tigercolor Tom Menzel, Scharbeutz/Klingberg

Seite 272

1 Der Motor benötigt einen Kommutator. Beim Generator wird mit und ohne Kommutator eine Spannung induziert. Erläutere.

Beim Elektromotor sorgt der Kommutator dafür, dass die Stromrichtung durch den Rotor immer im passenden Moment umgekehrt wird. Ohne diese Umpolung würde der Rotor stehen bleiben, sobald sich die ungleichnamigen Pole von Rotor und Stator gegenüberstehen. Im Generatorbetrieb ändert sich durch die Drehung des Rotors im Magnetfeld ständig die Richtung des Magnetfelds relativ zur Spule. Deswegen wird ohne Kommutator eine Wechselspannung induziert. Mit Kommutator wird aus dieser Wechselspannung eine Gleichspannung.

2 Im Experiment in ▸ Bild 02 kehren wir die Stromrichtung um. Skizziere diese neue Situation mit den dann wirkenden Kräften.

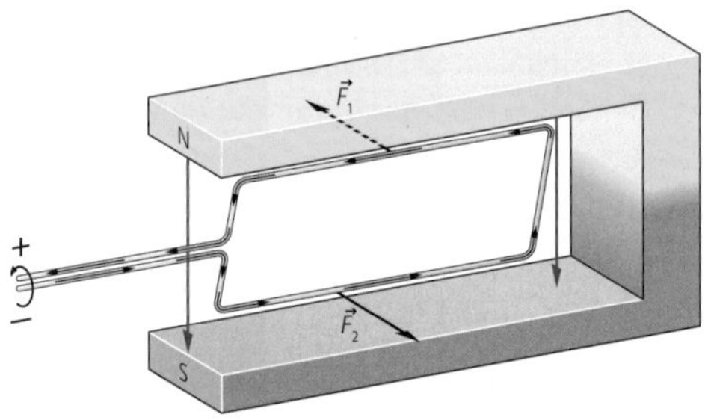

Cornelsen/Atelier tigercolor Tom Menzel, Scharbeutz/Klingberg

3 Erkläre den Begriff „Nutzbremse". Recherchiere dazu im Internet.

Wenn ein Fahrzeug über eine Nutzbremse verfügt, dann wird der Motor während des Bremsvorgangs als Generator betrieben. Ein Teil der Bewegungsenergie wird auf diese Weise in elektrische Energie statt in Wärme umgewandelt. Die am Generator erzeugte elektrische Energie kann mithilfe der Autobatterie gespeichert und anschließend noch genutzt werden.

Seite 273 (Material)

Versuch – Ein selbstgebauter Motor

V1 Schließe und öffne den Schalter. Notiere deine Beobachtungen und erkläre sie.

Beobachtungen: Beim Schließen des Schalters richtet sich die Schraube zwischen den Bügeln des Permanentmagneten aus (Drehung um 90°). Die Drehrichtung kann z. B. durch Umpolen der Stromrichtung an der Quelle geändert werden. Wenn man anschließend den Schalter öffnet, dann kehrt die Schraube in die Ausgangslage zurück (verbunden mit Schwingungen über die Ruhelage hinaus).

Erklärung: Wenn der Schalter geschlossen wird, dann wird die Schraube samt Drahtwicklung durch den Stromfluss zu einem Elektromagneten mit Nord- und Südpol. Dadurch kommt es zu einer Ausrichtung im Magnetfeld des Hufeisenmagneten (gleichnamige Pole ziehen sich an). Diese magnetischen Kräfte führen zum „Verdrillen" der Aufhängung und zum Anheben der Schraube. Dadurch ist eine Rückstellkraft gegeben, die dafür sorgt, dass die Schraube beim Öffnen des Schalters wieder in die Ausgangslage zurückkehrt.

V2 Wie kannst du erreichen, dass sich die Spule im Kreis dreht? Probiere es aus. Notiere dein Vorgehen.

Um eine komplette Drehung zu erreichen, wird der Schalter nur kurz geschlossen. Er muss geöffnet werden, bevor die Schraube sich um 90° gedreht hat. Nur dann ist es möglich, dass sich die Schraube aufgrund ihrer Trägheit weiterdreht. Der Schalter darf erst wieder geschlossen werden, wenn die Schraube sich um mindestens 270° (bezogen auf die Ausgangsposition) gedreht hat. Dann treten abstoßende Kräfte auf, die ein Weiterdrehen unterstützen. Bevor eine komplette Drehung von 360° erreicht ist, muss der Schalter wieder geöffnet werden. Dieses Verfahren kann fortgesetzt werden, bis irgendwann die Rückstellkraft (durch das Verdrillen der Aufhängung, vgl. V1) zu groß wird.

Material A – Ein einfacher Elektromotor

A1 Beschreibe den generellen Aufbau eines Elektromotors.

Die wichtigsten Bestandteile eines Elektromotors sind der Rotor und der feststehende Stator. Einer von beiden kann als Permanentmagnet ausgeführt sein. Bei den meisten Motoren wird ein Kommutator als dritter wesentlicher Bestandteil verwendet, damit das Magnetfeld des Rotors (Elektromagnet) im richtigen Moment umgepolt wird. Erst dadurch kommt es zu einer ständigen Drehbewegung des Rotors.

A2 Die ▸ Bilder A–C zeigen drei Momentaufnahmen eines sich drehenden Rotors. Ermittle jeweils die Lage der Magnetpole. Nutze dazu zwei unterschiedliche Begründungen. Erkläre dann für jede dargestellte Situation, warum sich der Rotor weiterdreht.

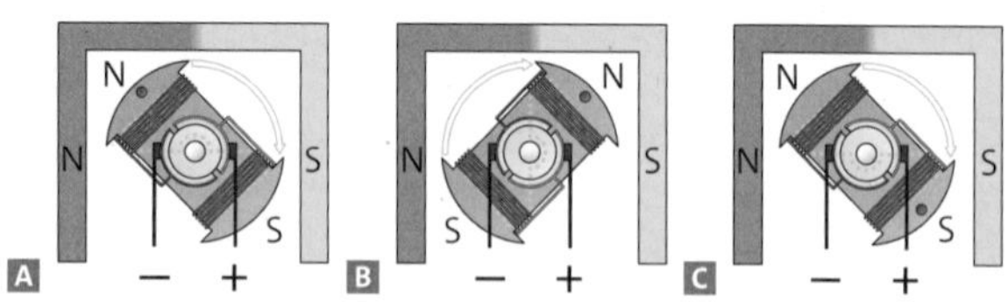

Cornelsen/newVISION! GmbH Bernhard A. Peter, Pattensen

Mögliche Begründungen für die Wahl der Polung:

1. Eine kontinuierliche Drehung ist nur möglich, wenn der Rotor in Bild A und C vom nächstgelegenen Pol des Stators abgestoßen und in Bild B von ihm angezogen wird. Entsprechend müssen in den äußeren Bildern gleichnamige Pole beieinander liegen und im mittleren Bild ungleichnamige Pole.

2. Der Rotor ist ein Elektromagnet, dessen Polung sich mithilfe der „Linke-Faust-Regel“ aus der eingezeichneten Polung der Spannungsquelle ergibt.
Im ▹ Bild A dreht sich der Rotor hauptsächlich deshalb weiter, weil sich gleichnamige Magnetpole abstoßen. Eine anziehende Wirkung zwischen ungleichnamigen Polen ist auch vorhanden, aber aufgrund der größeren Entfernungen deutlich kleiner.
Im ▹ Bild B dreht sich der Rotor hauptsächlich deshalb weiter, weil sich ungleichnamige Magnetpole anziehen. Eine abstoßende Wirkung zwischen gleichnamigen Polen ist auch vorhanden, aber aufgrund der größeren Entfernungen deutlich kleiner.
Im ▹ Bild C besitzt der Rotor im Vergleich zu ▹ Bild B eine andere magnetische Polung, weil die Stromrichtung durch den Kommutator geändert worden ist. Die Erklärung zum Weiterdrehen verläuft wie bei ▹ Bild A.

A3 Notiere Möglichkeiten, den Motor stärker zu machen.
Um den Motor stärker zu machen, gibt es folgende Möglichkeiten:
- einen stärkeren Magneten als Stator verwenden (Permanent- oder Elektromagnet)
- das Magnetfeld des Rotors verstärken
  - die Anzahl der Wicklungen des Rotors erhöhen
  - die Stromstärke erhöhen

A4 Erstelle einen Stop-Motion-Film, in dem du die Funktionsweise des Elektromotors erklärst.
individuelle Lösung
Hinweis: Das grundsätzliche Vorgehen wurde auf einer Methodenseite in Universum 5/6 erklärt. Zum Erstellen eines Stop-Motion-Films lassen sich verschiedene hilfreiche Apps nutzen (Suchbegriff „Stop Motion“). Mit Hilfe der Apps können die Einzelbilder direkt aufgenommen und zu einem Film verbunden werden.

Material B – Ein Fahrraddynamo

B1 a) Durch die Drehung des Magneten wird der Eisenkern ständig ummagnetisiert. Jedes Mal wenn sich der Magnet um 45° weitergedreht hat, ändert sich die Richtung des magnetischen Feldes durch die Spule. Begründe.
Durch das Magnetfeld des Dauermagneten werden die Blechstreifen magnetisiert. Die magnetisierten Bleche sorgen dafür, dass die Feldlinien von den Nordpolen über die Blechstreifen durch die Spule bis zu den Südpolen verlaufen. In der im Bild gezeigten Stellung verlaufen die Feldlinien daher von links nach rechts durch das Spuleninnere. Wenn sich der Magnet um 45° weitergedreht hat, dann verlaufen die Feldlinien von rechts nach links durch die Spule. Folglich hat sich die Richtung des Magnetfelds im Spuleninneren umgekehrt.

b) In der Spule wird eine Wechselspannung induziert. Begründe dies und gib an, wie oft die Spannung bei einer kompletten Umdrehung des Magneten das Vorzeichen wechselt.
Bei jeder Umkehrung der Magnetfeldrichtung wird eine Spannung induziert. Dabei wechselt die Spannung jedes Mal ihr Vorzeichen. Also handelt es sich um eine Wechselspannung. Bei einer kompletten Umdrehung ändert sich die Magnetfeldrichtung achtmal, also wechselt die induzierte Spannung achtmal das Vorzeichen.

c) Skizziere den zeitlichen Verlauf der Wechselspannung für die Zeitdauer einer Umdrehung.
Wenn die Spannung pro Umdrehung achtmal das Vorzeichen wechselt, dann bedeutet das, dass die Spannung viermal positiv und viermal negativ ist, z. B. wie im folgenden Bild dargestellt.

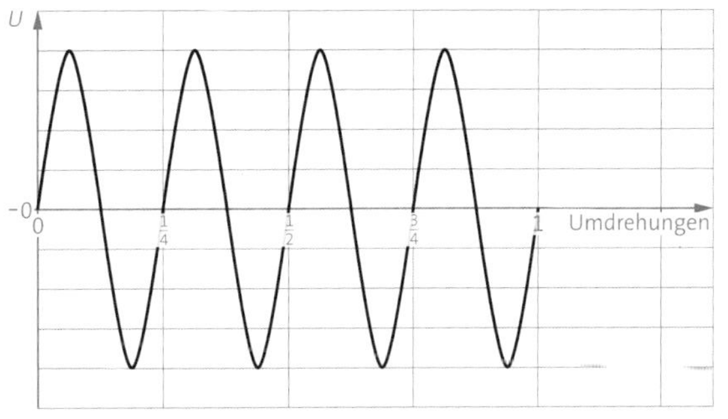

Cornelsen/Atelier tigercolor Tom Menzel, Scharbeutz/Klingberg

B2 Der Magnet wird schneller gedreht. Erläutere, wie sich die induzierte Spannung ändert.
Wenn sich der Magnet schneller dreht, wechselt die Spannung schneller das Vorzeichen und der Betrag der Spannung ist größer. Mit anderen Worten, die Frequenz und die Amplitude der Wechselspannung nehmen zu.

Seite 274 (Blickpunkt)

1 In den USA hat die Netzspannung eine Frequenz von 60 Hz und eine Effektivspannung von 110 V. Bestimme die Periodendauer und die Scheitelspannung.
Gegeben: $f = 60\text{ Hz}, U_{\text{eff}} = 110\text{ V}$
Gesucht: $T, \hat{U}$
$T = \frac{1}{f} = \frac{1}{60\text{ Hz}} \approx 17\text{ ms}$
$\hat{U} = \sqrt{2} \cdot U_{\text{eff}} = \sqrt{2} \cdot 110\text{ V} \approx 156\text{ V}$

3 Bereitstellung und Nutzung von Energie

Verbrennungskraftwerke

Seite 277

1 Begründe, warum der Wirkungsgrad immer kleiner als 1 ist.
Der Wirkungsgrad ist das Verhältnis von nutzbarer zu zugeführter Energie. Aufgrund der Energieerhaltung muss der Wirkungsgrad immer kleiner als 1 sein, da bei jedem Vorgang Energie entwertet wird und somit nicht mehr Energie genutzt werden kann als zugeführt wird.

Seite 278

1 Nenne Möglichkeiten, die Effizienz von Fernwärmesystemen zu verbessern.
Man kann die Effizienz von Fernwärmeanlagen durch bessere Wärmeisolierung erhöhen. Anlagen, die näher am Verbraucher liegen, ermöglichen außerdem kürzere Rohrleitungen, die weniger Abwärme verlieren.

Seite 279 (Material)

Material A – Blockheizkraftwerk

A1 Gegenüber der getrennten Bereitstellung von elektrischer Energie durch ein Kraftwerk und von thermischer Energie durch eine Heizung spart das Hotel mit seinem Blockheizkraftwerk Energie ein. Erkläre.
Bei der getrennten Bereitstellung von elektrischer und thermischer Energie wird ein wesentlicher Anteil von Energie in Form von Abwärme abgegeben. Das Blockheizkraftwerk nutzt die Abwärme aus der Bereitstellung der elektrischen Energie, um mithilfe eines Wärmetauschers direkt nutzbares Warmwasser zu erzeugen.

A2 Stelle die Energieumwandlungskette des Blockheizkraftwerks im Diagramm dar.

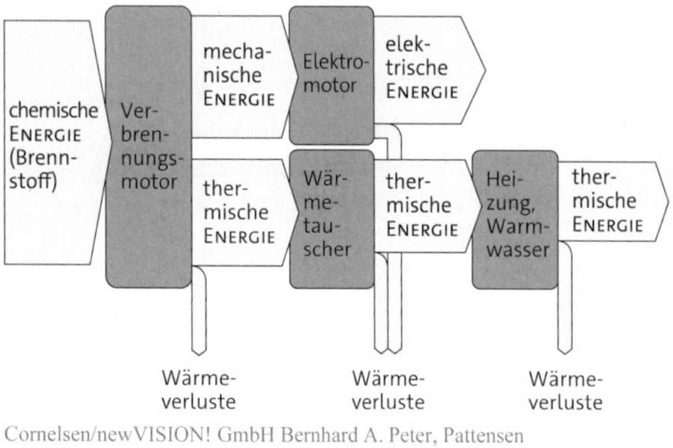

Cornelsen/newVISION! GmbH Bernhard A. Peter, Pattensen

A3 Berechne den Wirkungsgrad des Blockheizkraftwerks.
Der Wirkungsgrad ergibt sich aus dem Verhältnis der nutzbaren zur zugeführten Energie. Es gilt somit

$$\eta = \frac{E_{\text{nutzbar}}}{E_{\text{zugeführt}}} = \frac{48\ \text{kW} + 80\ \text{kW}}{10\ \frac{\text{kWh}}{\text{m}^3} \cdot \frac{350\ \text{m}^3}{24\ \text{h}}} \approx 0{,}88$$

Der Wirkungsgrad beträgt etwa 88 %.

A4 Der umweltbewusste Hotelbesitzer überlegt, sich auch für sein Privathaus ein Blockheizkraftwerk anzuschaffen, wo er bereits mit einer Solarthermieanlage Warmwasser erzeugt. Beurteile sein Vorhaben.
In diesem Fall ist die Anschaffung eines Blockheizkraftwerks nicht sinnvoll, weil über die Solarthermieanlage bereits ein wesentlicher Anteil des benötigten Warmwassers erzeugt wird. Die vom Blockheizkraftwerk bereitgestellte thermische Energie könnte der Hotelbesitzer zum Großteil gar nicht nutzen.

Material B – Verbrennungsmotoren

B1 Recherchiere, was in den vier Takten eines Benzinmotor geschieht, die im rechten ▸ Bild dargestellt sind.
Der dargestellte Benzinmotor arbeitet in folgenden Takten:
1. Durch Ventile wird Benzin in den Motor eingespritzt. Dadurch wird der Brennstoff zerstäubt und mit Luft vermischt.
2. Der Kolben komprimiert das Gasgemisch. Dieses wird dann durch einen Zündfunken zur Explosion gebracht.
3. Durch die Erwärmung dehnt sich das Gasgemisch aus und treibt den Kolben an, der über die Pleuelstange die Kurbelwelle in Drehung versetzt. So wird die Abwärtsbewegung des Kolbens in eine Drehbewegung der Welle und der Räder umgesetzt.
4. Während sich das Gas ausdehnt, kühlt es ab und wird durch Auslassventile in die Umgebung entlassen.

Nun wird der Zylinder erneut gefüllt und das Gasgemisch wieder gezündet.
Damit der Motor gleichmäßig läuft, ist er häufig aus mehreren Zylindern aufgebaut, die nacheinander gezündet werden und die Kurbelwelle immer ein Stück weiterdrehen.

B2 Begründe die deutlich verschiedenen Wirkungsgrade der Motoren in der ▸ Tabelle rechts. Nutze dazu auch die angegebenen Temperaturen. Bei beiden Verbrennungsmotoren wird das Gas mit Temperaturen bis 2000 °C verbrannt.
Benzinmotoren haben sehr hohe Abgastemperaturen, die deutlich über der Temperatur des komprimierten Gases vor dem Zünden liegen. Ein erheblicher Anteil der Energie, die durch die Verbrennung freigesetzt wird, wird in Form von Abwärme an die Umgebung abgegeben. Das führt zu einem geringen Wirkungsgrad.

Der Dieselmotor hat geringere Abgastemperaturen, die deutlich unter der Temperatur des komprimierten Gases vor dem Zünden liegen. Die freigesetzte Energie wird folglich effizienter genutzt und der Wirkungsgrad des Dieselmotors ist somit höher als der des Benzinmotors.
Beim Elektromotor gibt es keine Verbrennung und damit keine heißen Gase, die ausgestoßen werden und dabei wesentliche Anteile der zugeführten Energie mitführen. Die ohmschen Verluste und die Energieabgaben bei den Umwandlungen zwischen elektrischer und magnetischer Energie sind verhältnismäßig gering. Der Elektromotor hat damit einen sehr hohen Wirkungsgrad.

Material C – Modell einer Dampfturbine

C1 a) Nenne die Energieumwandlungen bei diesem Versuch.
Chemische Energie des Brennstoffs
→ Thermische Energie des Abgases
→ Thermische Energie des Wassers
→ Bewegungsenergie des Wasserdampfs
→ Bewegungsenergie des Flügelrads
Der Wirkungsgrad beträgt also etwa 5,4 %.
b) Beurteile, inwiefern der Aufbau als Modell einer Kraftwerks-Dampfturbine dienen kann. Nenne Übereinstimmungen und Unterschiede.
Bei der Turbine und beim Modell wird ein Brennstoff verbrannt und Wasserdampf erzeugt.
Beim Modell liegt das Flügelrad frei, bei der Turbine ist es umhüllt, damit der Wasserdampf nicht an der Seite entweichen kann. Außerdem strömt der Dampf von vorn durch die Turbine, während er das Flügelrad von der Seite trifft.
Im Modell hat der Wasserdampf 100°C, bei der Turbine hat er eine wesentlich höhere Temperatur.

C2 Der Wirkungsgrad einer Dampfturbine hängt von den Temperaturen des Dampfes beim Ein- und Austritt ab. Da die thermische Energie proportional zur Temperatur ist, kann man schreiben:
$$\eta = \frac{\Delta E_{\text{nutzbar}}}{\Delta E_{\text{zugeführt}}} = \frac{T_{\text{Eintritt}} - T_{\text{Austritt}}}{T_{\text{Eintritt}}}$$
Direkt hinter dem Flügelrad beträgt die Temperatur der Luft etwa 80 °C. Berechne den Wirkungsgrad der Modellturbine. *Hinweis*: Die Temperaturen müssen in Kelvin geschrieben werden.
Wasserdampf hat ursprünglich eine Temperatur von 100°C ≈ 373 K. Nach dem Flügelrad beträgt die Austrittstemperatur ca. 80°C ≈ 353 K. Damit ergibt sich:
$$\eta = \frac{T_{\text{Eintritt}} - T_{\text{Austritt}}}{T_{\text{Eintritt}}} = \frac{373\text{ K} - 353\text{ K}}{373\text{ K}} \approx 0{,}054$$
Der Wirkungsgrad beträgt also etwa 5,4 %.

Regenerative Energiequellen

Seite 281

1 Beurteile, ob ein Pumpspeicherkraftwerk im Sinne einer regenerativen und nachhaltigen Energieversorgung ist.
In einem Pumpspeicherkraftwerk existieren mindestens zwei Wasserreservoire. Eines davon liegt deutlich höher als das andere.
Ist im Stromnetz überschüssige elektrische Energie vorhanden, nutzt man diese, um Wasser vom niedrigen Niveau auf das hohe Niveau zu pumpen. Die elektrische Energie wird so in Lageenergie umgewandelt.
Wird später mehr elektrische Energie benötigt als bereitgestellt, so lässt man das Wasser vom hohen Niveau zum niedrigen Niveau herabfließen. Dabei treibt es über eine Turbine einen Generator an. Die Lageenergie wird wieder in elektrische Energie zurück gewandelt.
Somit ist ein Pumpspeicherkraftwerk durchaus im Sinne einer regenerativen Energieversorgung.
Der Betrieb vorhandener Pumpspeicherkraftwerke ist auch nachhaltig, da er keine Schädigung der Umwelt mit sich bringt. Allerdings gilt dies nicht für den Neubau von Pumpspeicherkraftwerken. Der Bau erfordert zumeist die Anlage neuer Stauseen, die zur Überflutung großer Flächen und zur Vernichtung der dort vorhandenen Biotope führt.

Seite 283 (Material)

Versuch – Bestimmung der Solarkonstanten

V1 b) Miss die Wassertemperatur zehn Minuten lang alle zwei Minuten.
c) Bestimme die Masse des Kolbens und des Wassers und schätze die Fläche des Kolbenbodens ab.
Beispielhafte Werte:

Messzeit Δt in min	0	2	4	6	8
Temperatur T in °C	22,0	22,3	22,6	22,9	32,2

Masse des Wassers: $m_{\text{Wasser}} = 310$ g
Masse des Glases: $m_{\text{Wasser}} = 122$ g
Fläche des berußten Kolbenbodens: $A = 57\text{ cm}^2$
d) Die Wärmekapazität von Glas beträgt $c_{\text{Glas}} = 08\ \frac{\text{kJ}}{\text{kg} \cdot \text{K}}$. Kläre, was diese Angabe bedeutet und gib den entsprechenden Wert für Wasser an.
Die Wärmekapazität beschreibt die Speicherfähigkeit eines Körpers für thermische Energie und ist gleich dem Verhältnis aus zugeführter thermischer Energie und damit bewirkter Temperaturerhöhung.
Die spezifische Wärmekapazität c berücksichtigt die Materialabhängigkeit der Wärmekapazität und ist unabhängig von der Masse eines Körpers. Sie gibt an, wie viel Energie ein Körper der Masse 1 kg aus einem bestimmten Stoff

aufnehmen muss, um eine Temperaturerhöhung um 1 K (Kelvin) zu erfahren:

$c_{\text{Stoff}} = \frac{\Delta E}{m \cdot \Delta T}$ mit der Einheit $\frac{\text{J}}{\text{kg} \cdot \text{K}}$.

Für Wasser gilt $c_{\text{Wasser}} \approx 4{,}2 \cdot 10^3\ \frac{\text{J}}{\text{kg} \cdot \text{K}}$.

e) Die vom Kolben aufgenommene Strahlungsenergie ΔE verursacht eine Temperaturerhöhung um ΔT. Dabei gilt $\Delta E = c \cdot m \cdot \Delta T$. Berechne damit die Strahlungsleistung P der Sonne. Vergleiche deinen Wert mit der Solarkonstanten, die oberhalb der Atmosphäre $1367\ \frac{\text{W}}{\text{m}^2}$ beträgt.

aufgenommene Strahlungsenergie:

Die über den Kolbenboden aufgenommene Energie verursacht in Glas und Wasser eine Temperaturerhöhung von 1,2 K und beträgt daher

$$\Delta E = (c_{\text{Glas}} \cdot m_{\text{Glas}} + c_{\text{Wasser}} \cdot m_{\text{Wasser}}) \cdot \Delta T$$

$$= \left(4{,}2 \cdot 10^3\ \frac{\text{J}}{\text{kg} \cdot \text{K}} \cdot 0{,}310\ \text{kg} + 0{,}8 \cdot 10^3\ \frac{\text{J}}{\text{kg} \cdot \text{K}} \cdot 0{,}122\ \text{kg}\right) \cdot 1{,}2\ \text{K} \approx 1{,}68 \cdot 10^3\ \text{J}$$

Über den Flaschenboden aufgenommene Strahlungsleistung der Sonne:

$$P = \frac{\Delta E}{\Delta t} = \frac{1{,}68 \cdot 10^3\ \text{J}}{8 \cdot 60\ \text{s}} = 3{,}5\ \text{W}$$

Strahlungsleistung pro Quadratmeter:

$$K_{\text{Solar}} = \frac{P}{A} = \frac{3{,}5\ \text{W}}{5{,}7 \cdot 10^{-3}\ \text{m}^2} \approx 614\ \frac{\text{W}}{\text{m}^2}$$

Die gemessene Strahlungsleistung pro Quadratmeter beträgt damit etwa 45 % des Literaturwerts der Solarkonstanten. Gründe für die Abweichung sind z. B. die Wärmeabstrahlung und -reflexion des Kolbens während des Experiments. Etwa 50 % der Strahlung der Sonne werden aber bereits in der Atmosphäre reflektiert bzw. absorbiert.

f) Schätze ab, wie viel Energie die Dach-Solaranlage eines Einfamilienhauses täglich bereitstellen kann. Recherchiere dazu den Wirkungsgrad handelsüblicher Solarzellen.

Eine typische Dachfläche beträgt 40 m², der Wirkungsgrad von Solarzellen etwa 22 %. Bei 8 h Sonnenschein pro Tag ergibt sich:

$$\eta_{\text{Solarzellen}} = \frac{E_{\text{nutzbar}}}{E_{\text{zugeführt}}} = \frac{E_{\text{nutzbar}}}{K_{\text{Solar}} \cdot A_{\text{Dach}} \cdot \Delta t}$$

$$\Rightarrow E_{\text{nutzbar}} = K_{\text{Solar}} \cdot A_{\text{Dach}} \cdot \Delta t \cdot \eta_{\text{Solarzellen}}$$

$$= 614\ \frac{\text{W}}{\text{m}^2} \cdot 40\ \text{m}^2 \cdot 8 \cdot 3600\ \text{s} \cdot 0{,}22 \approx 43\ \text{kWh}$$

$$\approx 1{,}6 \cdot 10^8\ \text{J}$$

Mit einer durchschnittlichen Anlage lassen sich an einem sonnigen Tage etwa 43 kWh an elektrischer Energie bereitstellen.

Hinweis: Das ist etwa dreimal so viel, wie ein durchschnittlicher Vier-Personen-Haushalt an einem Tag benötigt. Insgesamt ist dies nur eine grobe Abschätzung, da weder die Dachneigung noch die Beschattung berücksichtigt werden.

Material A – Biogas-Anlagen

A1 Sollte die Erzeugung von Biogas weiterhin allgemein gefördert werden? Schreibe ein Plädoyer.

Individuelle Lösung

Letztlich läuft die Bewertung auf die Frage hinaus, welche Materialien in die Biogas-Anlagen eingespeist werden. Handelt es sich dabei wirklich um Abfälle, ist die Erzeugung von Biogas ressourcenschonend und sicherlich auch förderungswürdig.

Dagegen ist der gezielte Anbau von Pflanzen für die Verwendung in Biogas-Anlagen sehr bedenklich. Mögliche Argumente:

- Nutzung von Äckern zur Stromerzeugung statt zum Anbau von Nahrung (besonders problematisch in Ländern wie Brasilien)
- Es entstehen so zu viele Biogas-Anlagen. Folgen sind u. a.
  - Maismonokulturen
  - Überdüngung von Böden durch Ausbringen von zu viel Abfällen der Biogasanlagen; erhöhte Nitrat-Belastung des Grundwassers.

Diese Form der Erzeugung von Biogas sollte daher nicht gefördert werden.

Bereitstellung von Energie

Seite 285

1 Erkläre, wie es an der Strombörse zu negativen Strompreisen kommen kann.

Bei sehr windigem Wetter wird durch Windkraftanlagen zu viel elektrische Energie in unser Stromnetz eingespeist. Deutschland verkauft dann elektrische Energie u. a. nach Österreich und in die Schweiz, wo die Stauseen von Pumpspeicherkraftwerken aufgefüllt werden.

Ist es aber über mehrere Tage sehr windig, dann sind die Stauseen schließlich gefüllt. Folglich benötigen auch unsere Nachbarstaaten keine weitere elektrische Energie, sondern haben eher selbst zu viel. Das kann dazu führen, dass die Stromanbieter sogar dafür bezahlen müssen, dass ihnen jemand den Strom abnimmt, der Strom an der Strombörse also mit negativen Preisen gehandelt wird.

2 Erläutere, wie ein Netzbetreiber das Stromnetz bei überschussiger Energie stabil halt.

Die überschüssige Energie wird als kinetische Energie in den Rotoren der Generatoren gespeichert. Dadurch steigt die Frequenz der erzeugten Wechselspannung. Das Kraftwerk muss seine Leistung reduzieren und den Turbinen weniger Dampf zuführen, bis die Netzfrequenz von 50 Hz wieder erreicht ist.

Seite 286

1 Methan – Klimaretter oder Umweltrisiko? Recherchiere und stelle die Positionen dar.

Argumente für Methan als Klimaretter:

- Erzeugung mithilfe überschüssiger elektrischer Energie direkt an Windenergieanlagen etc.
- sehr effizienter Energiespeicher, Lagerung über längere Zeiträume möglich, z. B in unterirdischen Kavernen
- vielfache Verwendungsmöglichkeiten:
  - Einspeisung in das Erdgas-Netz (damit existiert bereits ein effizientes Verteilungsnetzwerk)
  - Kraftstoff für Fahrzeuge
  - Brennstoff für Blockheizkraftwerke

⇒ Methan kann als Zwischenspeicher eine wichtige Rolle in der Entwicklung einer nachhaltigen und weiterhin stabilen Energieversorgung übernehmen.

Argumente für Methan als Umweltrisiko:

- Methan (CH_4) ist ein Treibhausgas (deutlich schädlicher ist als CO_2), sollte also nicht unkontrolliert entweichen
- Eine hohe Verfügbarkeit von Methan als Brenn- und Kraftstoff reduziert die Bereitschaft zur Entwicklung sparsamer Alternativen (z. B. im Drei-Liter-Auto) oder neuer Techniken.

⇒ Methan trägt nicht wirklich dazu bei, die eigentlichen Probleme der Energieversorgung zu lösen.

Seite 287 (Material)

Material A – Strombedarf eines Haushalts

A1 a) Erstelle eine Liste von elektrischen Geräten eines typischen Haushalts.

b) Ergänze die Liste durch Schätzungen der elektrischen Leistung der Geräte. Recherchiere typische Leistungsangaben im Internet.

c) Schätze den täglichen Energiebedarf eines Musterhaushalts mit drei Personen ab, indem du für die Geräte eine mittlere Laufzeit pro Tag annimmst. Recherchiere den mittleren elektrischen Energiebedarf eines Drei-Personen-Haushalts und Vergleiche mit deinem Wert.

Gerät	Maximalleistung in W	Arbeitszeit pro Tag in min	Energie pro Tag in Wh
Waschmaschine	2500	15	625
Durchlauferhitzer	18 000	15	4500
Spülmaschine	2000	15	500
Mikrowelle	1000	5	83
Kühlschrank	160	1200	3840
Herd	5000	15	1250
Wasserkocher	2000	5	167
Staubsauger	850	5	71
Beleuchtung	$5 \cdot 15$	180	225
Computer	135	180	405
Fernseher	100	150	250
		Insgesamt:	11 916

Ein Drei-Personen-Haushalt benötigt pro Jahr etwa 4500 kWh an elektrischer Energie, wenn ein Durchlauferhitzer verwendet wird. Das entspricht etwa 12,3 kWh am Tag. Das passt gut zu obiger Schätzung.

Hinweis: Die in der Tabelle angegebenen Arbeitszeiten sind in vielen Fällen eher gering geschätzt. Auf diese Weise soll der Fehler ausgeglichen werden, der entsteht, weil immer mit der auf den Geräten angegebenen Maximalleistung gerechnet wird. Denn diese wird häufig gar nicht benötigt.

d) Recherchiere die typische Leistung dreier Kraftwerkstypen und schätze ab, wie viele Städte ein solches Kraftwerk jeweils mit elektrischer Energie versorgen kann. Nimm dazu an, dass deine Heimatstadt nur aus Drei-Personen-Haushalten besteht.

In einer Stadt mit 150 000 Einwohnern gibt es (vereinfachend betrachtet) 50 000 Drei-Personen-Haushalte mit einem Energiebedarf von insgesamt

$50\,000 \cdot 12{,}3\ \text{kWh} = 6{,}15 \cdot 10^8\ \text{Wh}$

Kraftwerkstyp	Typische Leistung in MW	Energie pro Tag in GWh	Anzahl versorgter Städte
Kohlekraftwerk	2000	48	78
Gaskraftwerk	800	19,2	31
Kernkraftwerk	1300	31,2	50

Hinweis: Das sind nur grobe Schätzungen. Die Industrie wird nicht berücksichtigt, außerdem gilt dies nur bei gleichmäßiger Leistungsaufnahme über Tag und Nacht hinweg. Realistische Werte liegen also weit darunter.

Material B – Stromerzeugung und -bedarf in Deutschland

B1 a) Analysiere und begründe den zeitlichen Verlauf von Strombedarf und -erzeugung jeder Energiequelle. Gehe dabei auch auf die niedrigen Werte am 1. Mai ein.

Deutlich sichtbar sind die Maxima des Energiebedarfs zur Tagesmitte. Nachts wird weniger Energie benötigt.

Kernkraft, Biomasseverbrennung und Wasserkraft übernehmen die Grundlast, die praktisch konstant ist.

Die konventionellen Kraftwerke (Kohle- und Gaskraftwerke) liefern den größten Energiebeitrag und dienen u. a. dazu, Bedarfsspitzen zu abzufangen. Sie werden also bedarfsgerecht geregelt (insbesondere die Gaskraftwerke).

Die Solar- und Windenergie sind tageszeit- und wetterabhängig. Entsprechende Schwankungen sind sichtbar.

Am 1. Mai war ein Feiertag. Daher war der Energiebedarf niedriger als gewöhnlich, weshalb konventionelle Kraftwerke und sogar Kernkraftwerke gedrosselt wurden.

b) Schätze aus der gegebenen Leistung die maximal überschüssige elektrische Energie eines Tages in Joule

ab. *Hinweis*: **Ein Kästchen entspricht 6 Stunden bzw. 5 GW.**
Der größte Überschuss trat am 2. Mai auf und macht etwa ein Kästchen pro Tag aus, also folgt
$\Delta E = P \cdot \Delta t = 5\text{ GW} \cdot 6\text{ h} = 30\text{ GWh} \approx 1{,}08 \cdot 10^{14}\text{ J}$.

B2 a) Informiere dich über die Kraftwerke Linth-Limmern, zu denen der Stausee Limmern gehört, und beschreibe ihre Besonderheiten.
Die Kraftwerke Linth-Limmern stellen im Prinzip eine Kaskade von Speicherseen und -kraftwerken dar, die einen Höhenunterschied von insgesamt 1800 m umfassen.
Die gesamte Anlage hat seit 2015 eine Leistung von 1520 MW und kann 33 h im Volllastbetrieb laufen, wenn der Muttsee vollständig gefüllt ist. Die Anlage besitzt damit eine Speicherkapazität von 33 GWh.
Das Kraftwerk Limmern ist mit einer Leistung von 1000 MW das größte Pumpspeicherkraftwerk der Welt. Der Muttsee hat mit 1054 m die längste Staumauer der Schweiz und die höchstgelegene Europas.
b) Berechne, welchen Anteil die in B1 ermittelte überschüssige Energie an der maximal pro Tag durch das Pumpspeicherwerk Limmern bereitgestellten Energie ausmacht.
Das Pumpspeicherwerk Limmern kann an einem Tag bis zu 24 GWh Energie bereitstellen.
Der in B1 ermittelte Überschuss von 30 GWh übersteigt selbst bei dem weltweit größten Pumpspeicherkraftwerk die Tageskapazität um 25 %.
(Bezogen auf die gesamte Anlage Kraftwerke Linth-Limmern beträgt die Tageskapazität 36,48 GWh und der Anteil 82 %.)
c) Vergleiche die Möglichkeiten der Kraftwerke Linth-Limmern mit denen des größten Pumpspeicherkraftwerks von NRW in Herdecke.
Das Pumpspeicherkraftwerk Herdecke besitzt eine Leistung von 153 MW und eine Speicherkapazität von 590 MWh. Damit besitzt dieses Kraftwerk nur 10 % der Leistung der Kraftwerke Linth-Limmern und sogar nur 1,8 % der Speicherkapazität.
B3 a) Kläre, was es mit der EEG-Umlage auf sich hat.
Die EEG-Umlage ist im Erneuerbare-Energien-Gesetz (EEG) festgelegt und dient der Finanzierung des Ausbaus der Erneuerbaren Energien. Die Netzbetreiber müssen den Strom, der von Erneuerbare-Energien-Anlagen ins öffentliche Netz eingespeist wird, zu einem Festpreis abnehmen (Einspeisevergütung). Zum Ausgleich der Kosten, die durch diese Vergütung entstehen, erhalten die Netzbetreiber Ausgleichszahlungen, die über die EEG-Umlage finanziert werden.
Da der Ausbau der Erneuerbaren Energien eine Gemeinschaftsaufgabe ist, ist die EEG-Umlage Teil der Strombezugskosten für alle Nutzer. Für stromverbrauchsintensive Industriezweige gelten allerdings Ausnahmeregelungen.

b) Nimm Stellung zu der Kritik.
Seit 2014 müssen auch Eigenversorger die EEG-Umlage entrichten, solange sie nicht unter die Sonderregelungen fallen. Folglich müssen auch Betreiber von Windkrafträdern die EEG-Umlage zahlen, wenn sie ihren selbst bereitgestellten Strom zur Erzeugung von Wasserstoff oder Methan nutzen wollen. Das führt zu einem nicht unwesentlichen Kostenanstieg und macht diese Form der Energiespeicherung für kleine Anlagen unrentabel.
Dagegen ist der Eigenstromverbrauch von konventionellen Kraftwerken (Kohle-, Gas- und Kernkraftwerken) von der EEG-Umlage befreit.
Hinweis: In der EE-Richtlinie der EU wurde 2018 festgelegt, dass Abgaben für die Eigenversorgung mit Erneuerbaren Energien abzubauen sind. Dies muss bis Mitte 2021 im nationalen Recht umgesetzt werden.

Der Einfluss des Menschen

Seite 289

1 Dürren, Buschfeuer und Hurrikans scheinen durch die globale Erwärmung zuzunehmen. Bewerte diese Aussage mithilfe der langfristige Datenreihen in ▸ Bild 03 und 04.
Zumindest für die USA (hier liegen lange Datenreihen vor) scheinen weder die Zahl der Dürren noch der Hurrikans in den letzten 100 Jahren zuzunehmen. Die Zahlen schwanken stark, daher könnte es sein, dass einzelne Ausreißer den Eindruck entstehen lassen könnten, dass die Zahlen zunehmen.

Seite 290

1 Erläutere das Spannungsfeld, in dem sich die aktuelle Klimadebatte bewegt, indem du die beiden Extrempositionen darstellst und anschließend einen möglichen Kompromiss aufzeigst.
Von der einen Seite wird ein extremer Temperaturanstieg vorhergesagt, der die Erde in großen Teilen unbewohnbar machen soll; daher müsse jedwede CO_2-Emission möglichst umgehend vermieden werden unabhängig von wirtschaftlichen und gesellschaftlichen Aspekten.
Von der anderen Seite wird ein geringer Temperaturanstieg vorhergesagt, der nur zu einem kleinen Teil durch den anthropogenen Treibhauseffekt verursacht wird und dessen Folgen mit heutigen technischen Mitteln gut beherrschbar sind. Daher seien keine außergewöhnlichen Maßnahmen zur CO_2-Reduktion notwendig.

2 Bewerte den Einfluss der Medien darauf, dass Dürren, Hurrikanes und Waldbrände als Folgen des Klimawandels scheinbar zunehmen.

Mögliche Schülerlösung:

Schlechte Nachrichten verkaufen sich besser als gute, daher könnten entsprechende Nachrichten über Naturkatastrophen überrepräsentiert in den Medien sein. Dadurch kann der Eindruck entstehen, dass solche Katastrophen immer häufiger stattfinden.

Seite 291 (Material)

Material A – Die globale Erwärmung und der Meeresspiegel

A1 Das ▸ Diagramm 02 zeigt die Änderung des mittleren Meeresspiegels.

a) Beschreibe den Verlauf des Graphen.

Von 1880 bis etwa 1930 nahm der Meeresspiegel um ca. 4 cm zu. Die Zunahme war dabei relativ unregelmäßig. Seit 1930 steigt der Meeresspiegel stärker an. Von 1930 bis etwa 1970 stieg er um etwa 6 cm. Die Zunahme war dabei näherungsweise linear. Von 1970 bis 2010 nahm der Meeresspiegel um etwa 10 cm zu, wieder näherungsweise linear.

b) Gib mögliche Gründe für den Anstieg des Meeresspiegels an.

Durch das Abschmelzen von Gletschern, Inlandeis und dem Eis auf der Antarktis und auf Grönland nimmt die Menge des Meerwassers zu, sodass der Meeresspiegel steigt. Mit zunehmender Temperatur kommt es zusätzlich zur thermischen Ausdehnung des Wassers.

Hinweis: Dieser Effekt ist tatsächlich größer als die zuvor genannten, da das Volumen so groß ist!

c) Schätze anhand des Diagramms ab, wie stark der Meeresspiegel bis 2100 ansteigen wird.

Geht man davon aus, dass der Meeresspiegel mit der gleichen Geschwindigkeit wie seit 1970 weiter ansteigt, sollte er pro Jahrzehnt um etwa 2,5 cm ansteigen, d. h. um etwa 25 cm in einem Jahrhundert.

d) Recherchiere im Internet, in welchem Bereich die wissenschaftlichen Vorhersagen für den Anstieg des Meeresspiegels liegen.

Pessimistische Prognosen gehen von einem Anstieg von anderthalb bis zwei Metern bis zum Ende des 21. Jahrhunderts aus, wesentlich mehr als in Aufgabenteil e) vorhergesagt.

Hinweis: Siehe z. B. European Environment Agency: Climate change, impacts and vulnerability in Europe 2016 – An indicator-based report. S. 124.

Material B – Abschmelzen der Gletscher

B1 Die ▸ Bilder links zeigen, dass Gebirgsgletscher genauso abschmelzen wie das Eis der Arktis. Das Abschmelzen der Gletscher trägt zum Anstieg des Meeresspiegels bei, der Rückgang des arktischen Meereseis jedoch nicht, obwohl dort viel mehr Eis schmilzt. Erkläre.

Das arktische Meereis schwimmt auf dem Wasser. Wenn das Eis schmilzt, wird es zu flüssigem Wasser und nimmt genau das Volumen des verdrängten Wassers ein. Der Meeresspiegel ändert sich so daher nicht. Anders ist es bei Inlandeis, wie dem von Gletschern. Es liegt auf den Kontinenten und fließt von dort ins Meer, wenn es schmilzt. Entsprechend trägt es zum Anstieg des Meeresspiegels bei.

Material C – Arktis und Antarktis

C1 a) Um die globale Erwärmung möglichst deutlich zu veranschaulichen, eignet sich die Arktis sehr gut. Recherchiere im Internet nach den Gründen und erkläre.

Die Temperaturzunahme ist im Bereich der Arktis höher als die durchschnittliche globale Erwärmung. Die Folgen sind daher dort besonders deutlich.

b) Anders als die Eismenge in der Arktis nimmt die Eismenge in der Antarktis zu. Manche Leute meinen, dass dies ein Beweis dafür sei, dass es keine globale Erwärmung gibt. Recherchiere im Internet und nimm Stellung.

Die Eismenge der Antarktis nimmt tatsächlich zu. Allerdings ist die Zunahme wesentlich kleiner als die Abnahme der arktischen Eismenge. Die globale Erwärmung lässt sich so nicht wegdiskutieren.

Material D – Die kleine Eiszeit

D1 Die Kleine Eiszeit war eine Kälteperiode, die vom Anfang des 15. Jahrhunderts bis ins 19. Jahrhundert andauerte. Recherchiere die Lebensumstände in der Kleinen Eiszeit und ziehe dazu auch künstlerische Darstellungen aus dieser Zeit heran. Beurteile vor diesem Hintergrund die aktuelle Debatte um den Klimawandel.

In der Kleinen Eiszeit waren die Winter lang und hart, was sich auch in den Gemälden dieser Zeit niedergeschlagen hat. Vermutlich hat sich dieses Bild schnee- und eisreicher Winter so im kollektiven Gedächtnis der Menschen bis heute erhalten, obwohl es schon lange nicht mehr der Realität entspricht. Aufgrund der niedrigeren Temperaturen war das Leben der Menschen sehr hart, es gab viele Hungersnöte. Auch ein Zusammenhang der Kälte mit einer erhöhten Zahl von Konflikten und Kriegen wird diskutiert. Die skandinavischen Siedlungen auf Grönland wurden ausgelöscht und verschwanden unter dem Eis.

Offenbar gab es in der Vergangenheit bereits einen Klimawandel. Nicht nur hohe, sondern auch niedrige Temperaturen sind für das (menschliche) Leben ungünstig.

Material E – Hockey Stick

E1 a) Stelle die möglichen Interessen unterschiedlicher Beteiligter wie z. B. von Forschern, Medien, Industrie und politischen Organisationen in einer Übersicht zusammen.
Forscher sind abhängig von öffentlichen Forschungsgeldern, d. h. sie forschen tendenziell an Themen, die in der öffentlichen Wahrnehmung als wichtig eingestuft werden.
Medien profitieren ggf. vom besseren Verkauf schlechter Nachrichten.
Die klassische Industrie hat vermutlich ein Interesse daran, CO_2-Reduktionsmaßnahmen zu verhindern, da diese die Produktion verteuern oder gänzlich unmöglich machen.
Politische Organisationen könnten bei der Interpretation von Klimadaten zu Extremen neigen, um das eigene Programm zu legitimieren.
b) Der Temperaturverlauf des Hockeyschläger-Diagramms in ▸ Bild 04 ist ein Sinnbild für den anthropogenen Klimawandel. Recherchiere im Internet nach der Hockeyschläger-Debatte und nimm Stellung.
Das im Jahr 1999 von Michael E. Mann, Raymond S. Bradley and Malcolm K. Hughes erstellte Hockeyschläger-Diagramm verbindet gemittelte indirekte Temperaturdaten der letzten 1000 Jahre aus verschiedenen Quellen wie z. B. Baumringen (also Proxydaten) mit gemessene Temperaturen der jüngeren Vergangenheit. Die Hauptkritik bezieht sich auf die Art der Mittelung der Proxydaten, die eventuelle Temperaturmaxima der Vergangenheit (die mittelalterliche Wärmeperiode) zu stark glätten und so den heutigen Temperaturanstieg vergleichsweise extrem erscheinen lassen. Die ursprüngliche Kurve konnte auch von anderen Forschern nicht reproduziert werden. Die reale Höhe der vorindustriellen Temperaturmaxima in den letzten Jahrtausenden werden immer noch kontrovers diskutiert.

Die energetische Erneuerung

Seite 295 (Material)

Material A – Klimaschonende und zuverlässige Energieversorgung

Individuelle Ergebnisse

Material B – Daten zur energetischen Erneuerung

B1 a) Stelle Recherchen zur aktuellen Verteilung der Kraftwerkstypen in den einzelnen Bundesländern an.
b) Beschreibe Gemeinsamkeiten und Unterschiede.
Individuelle Lösung
Hinweis: Es ist leider schwierig konkrete Zahlen zu finden, die sich auf die einzelnen Bundesländer beziehen. Das Umweltbundesamt stellt aber Karten zum Thema bereit, auf denen zumindest Größenordnungen abgeschätzt werden können.
Stand 2020:
In allen Bundesländern werden inzwischen wesentliche Anteile der elektrischen Energie mithilfe von Solar- und Windenergie bereitgestellt. Dabei gibt es generell im Süden Deutschlands höhere Anteile in der Nutzung von Solarenergie und im Norden mehr Windkraftanlagen.
Wasserkraftanlagen sind in einigen Mittelgebirgen zu finden wie z. B. dem Schwarzwald, Erzgebirge und Thüringer Wald.
Kernkraftwerke sind nur noch in Baden-Württemberg, Bayern, Niedersachsen und Schleswig-Holstein in Betrieb.
Verbrennungskraftwerke finden sich insbesondere nahe der großen Ballungszentren und in Gegenden mit energieintensiver Industrie. Dies gilt auch in Bundesländern, die nur noch einen geringen Anteil an konventionellen Kraftwerken haben, wie z. B. Hessen, Thüringen und Bayern.
Größere Braunkohlekraftwerke gibt es nur noch in Brandenburg, Nordrhein-Westfalen, Sachsen und Sachsen-Anhalt. Diese haben bis auf Nordrhein-Westfalen keine Steinkohlekraftwerke. Thüringen hat als einziges Bundesland gar keine Kohlekraftwerke mehr. Gaskraftwerke nutzen alle Bundesländer.
Baden-Württemberg, Nordrhein-Westfalen und Sachsen-Anhalt sind die einzigen Flächenstaaten, bei denen die regenerativen Energien noch weniger als 50 % der installierten Leistung ausmachen.

B2 Nordrhein-Westfalen nimmt hinsichtlich der energetischen Erneuerung eine Sonderstellung ein. Beschreibe diese Besonderheiten und begründe.
Stand 2020:
In Nordrhein-Westfalen haben die regenerativen Energien den geringsten Anteil der installierten Leistung unter den Flächenstaaten. Dieser beträgt nur rund 20 %. Die installierte Leistung der konventionellen Kraftwerke ist auch in absoluten Zahlen wesentlich höher als in den anderen Bundesländern. Sie ist etwa dreimal so hoch wie in den Bundesländern mit den nächsthöheren Zahlen (Niedersachsen, Baden-Württemberg, Bayern).

Dies ist aber nicht nur in fehlenden Anlagen zur Nutzung regenerativer Energien begründet, sondern auch in der hohen Bevölkerungs- und Industriedichte und dem damit einhergehenden hohen Bedarf an elektrischer Energie (im Buch S. 293).
Hinzu kommt, das in Nordrhein-Westfalen die klimatischen Bedingungen zum Betrieb von Wind- und Solaranlagen weniger günstig sind als in anderen Bundesländern.

Seite 347 (Basiskonzepte)

1 Erstelle eine Mindmap zum Verbrennungsmotor aus Sicht der vier Basiskonzepte.

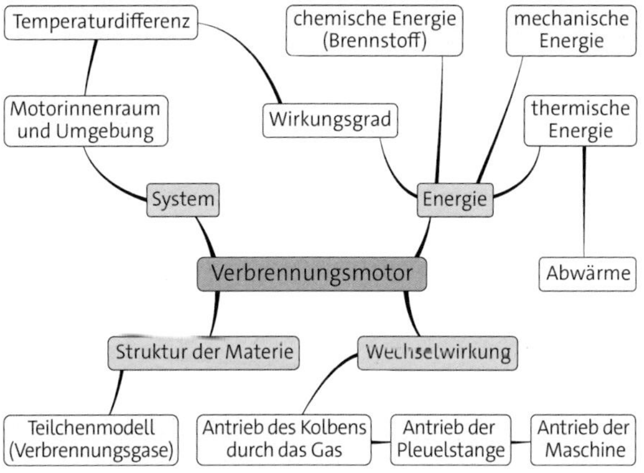

Cornelsen/newVISION! GmbH Bernhard A. Peter, Pattensen

Kosmos und Forschung

Didaktische Hinweise

Aufbau des Kapitels

Dieses für die Sekundarstufe I neue Thema ist ebenso spannend und Interesse weckend wie auch komplex, da dort Inhalte aus verschiedenen Bereichen der Physik miteinander verwoben sind (Kräfte, Wechselwirkung, Kernphysik, Spektroskopie etc.). Das Thema wird behandelt, bevor die vielfältigen Größen und Begriffe thematisiert wurden. Dies bietet jedoch die Chance, die Schönheit des Themas an sich erleben zu können. Die für das Verständnis notwendigen physikalischen Phänomene werden in Analogien mit engem Bezug zur Lebenswelt und meist nur qualitativ eingeführt (z. B. Gravitation, Dopplereffekt, ...). In folgenden Themen kann dann an verschiedenen Stellen auf das im Kontext Sterne und Weltall Gelernte zurückgegriffen werden (z. B. Kräfte, Wechselwirkungen, Fusion, ...). Somit werden frühzeitig Interesse und Neugierde geweckt sowie Fragen aufgeworfen, die in den folgenden Kapiteln eine Antwort finden.
Anknüpfend an das Kapitel zur Optik beginnt dieses Kapitel mit Phänomenen, die auf der Erde bzw. von der Erde aus erlebt werden. Danach weitet sich der Blick auf unser Sonnensystem und das Weltall.
Ebenso wie die Fülle an Informationen, die zu Objekten und Prozessen im Weltall bereits mit dem bloßem Auge gewonnen werden kann, ist dabei die Spannweite der technischen Hilfsmittel vom einfachen Fernrohr über Teleskope bis hin zur Raumsonde oder dem *Lander* beeindruckend.
Neben der großen technologischen Bandbreite im Zusammenhang mit Sternen und Weltall wird auch die historische Entwicklung bis hin zur aktuellen Forschung (Bild eines Schwarzen Lochs) thematisiert.

Die Erde: ein Planet im Sonnensystem

Das Leben auf der Erde wird geprägt von den Einflüssen anderer Himmelskörper. Die zugrundeliegenden Gesetzmäßigkeiten lassen sich durch Beobachtung der Himmelskörper von der Erde aus untersuchen. Mit der Beobachtung und Beschreibung von *Jahreszeiten* und *Finsternissen* starten die Schülerinnen und Schüler im Bereich der Alltagserfahrungen und wenden ihr physikalisches Wissen z. B. zum Lichtstrahlenmodell auf sehr viel größere Systeme an und vertiefen dabei den Gebrauch von Modellen durch Nutzung verschiedener Simulationen.
Mit der Reihenfolge *Jahreszeiten*, *Finsternisse* wird die Idee umgesetzt, zunächst nur die Besonderheiten der Erdbahn und dann in einem zweiten Schritt die Besonderheiten im größeren System zu betrachten.

Unser Sonnensystem

Nachdem die Schülerinnen und Schüler die Erde als Planet in unserem Sonnensystem kennengelernt haben, werfen sie einen Blick auf das Sonnensystem an sich. Neben den verschiedenen Objekten lernen die Schülerinnen und Schüler beeindruckende Zusammenhänge, Größen und neue wissenschaftliche Erkenntnisse.

Das Weltall erforschen

Ausgehend von der simplen Abschätzung des Monddurchmessers mit Hilfe des Daumens wird in diesem Abschnitt der Bogen geschlagen bis hin zu spektrometrischen Verfahren. Bei allen Verfahren ist Licht – sichtbares oder unsichtbares – der Träger der Informationen. Mit fortschreitender technologischer Entwicklung wurden diese erdgestützten Untersuchungen erweitert. Das Weltall und seine Objekte können auch vom Weltall aus untersucht werden. Höhepunkt dieser Entwicklungen ist die bemannte Raumfahrt. Insgesamt schildert der Abschnitt den Blick von der Erde ins Weltall, vom Weltall ins Weltall, aber auch vom Weltall zurück auf die Erde.

Der Lebenszyklus eines Sterns

Wenngleich die Physik, die hinter der Sternentwicklung steckt, nicht durchdrungen werden kann, so beschreibt dieser Abschnitt trotzdem verständlich die beeindruckenden Eckdaten und Zusammenhänge bei der Entwicklung und dem Tod von Sternen. Dabei darf natürlich der Blick auf unsere Sonne ebenso wenig fehlen, wie die Faszination von Schwarzen Löchern. Warum in jedem von uns Sternenstaub steckt, ist ebenso spannend wie beeindruckend.

Blickpunkte und Methoden

Die beiden Blickpunkte zum Urknall und Weltbild greifen spannende Themen auf. Gerade der Big Bang ist für Schülerinnen und Schüler ein sehr motivierendes Thema. Aber auch die Vernetzung der beiden Inhalte ist sehr hilfreich für das Verständnis von physikalischer Erkenntnisgewinnung. Gerade vor dem Hintergrund der gigantischen Fülle von Informationen, auf die die Schülerinnen und Schüler Zugriff haben, ist es sehr wichtig, frühzeitig den kritischen Umgang mit Informationen zu motivieren und zu trainieren. Am Beispiel der Flat Earth spürt man recht schnell, dass so manche Information fragwürdig ist. Genau dieses Gespür muss trainiert werden.

Basiskonzepte

Die vier Basiskonzepte sind im vorliegenden Kapitel intensiv vernetzt. Dominant sind jedoch die Gravitation und die Fusion. Diese beiden Wechselwirkungen sind der Ausgangspunkt für alle Objekte und Phänomene im Weltall. Die Bedeutung des Basiskonzeptes System wird am Beispiel unseres Sonnensystems besonders deutlich.

1 Die Erde – Ein Planet im Sonnensystem

Jahreszeiten

Seite 303

1 Am Äquator gibt es keine Jahreszeiten. Erkläre anhand von ▸ Bild 03.
In Bild 03 erkennt man, dass die Sonneneinstrahlung am Äquator im Laufe eines Jahres nahezu gleich bleibt. Deswegen ist es am Äquator während des ganzen Jahres gleichmäßig warm.

2 Die NASA meldet: „Eine Sonde hat einen erdähnlichen Planeten aufgespürt. Messungen haben ergeben, dass die Neigung seiner Drehachse 33 Grad beträgt.“ Untersuche Gemeinsamkeiten und Unterschiede zur Erde.
Mögliche Schülerlösung:
Gemeinsamkeiten: Es gibt auf diesem Planeten ähnlich wie auf der Erde Jahreszeiten, da die Drehachse des Planeten geneigt ist.
Unterschiede: Auf diesem Planeten sind größere Unterschiede zwischen den Jahreszeiten zu erwarten, da die Achse des Planeten stärker geneigt ist.

Seite 305 (Material)

Versuche – Die Auswirkungen der Ekliptik

V1 a) Beleuchte dein Erdmodell und untersuche mit dem Infrarotthermometer die Erwärmung am Äquator bzw. nahe am Pol (▸ Bild oben). Achte darauf, dass die Lampe in beiden Fällen den gleichen Abstand zur Kugel hat.
Individuelle Messwerte
Mögliche Schülerauswertung: Das Thermometer zeigt am Äquator eine höhere Temperatur als am Pol an.
b) Ändere die Neigung der Erdachse mehrfach und wiederhole den Versuch. Dokumentiere deine Ergebnisse.
Individuelle Messwerte
Mögliche Schülerdokumentation: Wenn die Erdachse senkrecht steht, d. h. keine Neigung aufweist, dann ist die Temperatur am Äquator höher als in V1a). Am Pol kommt fast kein Licht an, dort ist es kühler als in V1a). Wenn man die Erdachse neigt, kommt mehr Licht am Pol und weniger am Äquator an. Ist die Erdachse sehr stark geneigt, so ändert sich die Temperaturverteilung: ab einer bestimmten Neigung wird es am Pol wärmer als am Äquator.
Hinweis: Da nur die Abhängigkeit vom Neigungswinkel der Erdachse bei feststehender Sonnenposition betrachtet werden soll, ist es sehr wichtig, dass die Lichtquelle ihre Position nicht ändert. An dieser Stelle soll zunächst die Abhängigkeit qualitativ untersucht werden. Die Schülerinnen und Schüler haben bereits eine Messung mit geneigter Achse durchgeführt. Es bietet sich dann an, eine Messung ohne Neigung und eine weitere Messung mit sehr großer Neigung durchzuführen.

V2 a) Befestige nun eine Solarzelle so auf der Styroporkugel, dass sie etwa die Position von Europa einnimmt. Schließe die Solarzelle an ein Multimeter an (▸ Bild unten). Die Anzeige des Multimeters stellt ein Maß für die eingestrahlte Energie dar. Beleuchte die Solarzelle und notiere das Energiemaß.
Individuelle Messwerte
Hinweis: Die Solarzelle sollte so flach wie möglich auf der Kugel befestigt werden. Mithilfe eines Geodreiecks kann dann der Neigungswinkel zumindest abgeschätzt werden.
b) Wiederhole die Messung für verschiedene Neigungen der Erdachse. Dokumentiere deine Ergebnisse.
Individuelle Messwerte
Hinweis: Die Aussagen zur eingestrahlten Energiemenge hängen stark von der gewählten räumlichen Anordnung ab. Zu unterscheiden sind die Positionen „zugeneigte Achse“ (Sommerposition) und „weggeneigte Achse“ (Winterposition).
c) Stelle die gemessenen Werte grafisch dar und formuliere eine „Wenn-Dann“ Aussage.
Individuelle Grafik
Beispiellösung für die Sommerposition:
Wenn der Neigungswinkel von 0° auf 23° ansteigt, so nimmt die eingestrahlte Energie zu. Es gibt einen Winkel, bei dem die Energie maximal ist. Dann stehen die Lichtstrahlen senkrecht zur Fläche der Solarzelle. Wenn die Neigung weiter zunimmt, sinkt die Energie.
Hinweis: Innerhalb der Messung findet eine Drehbewegung statt. Deshalb erwartet man eine trigonometrische Funktion als funktionalen Zusammenhang. Die effektive Fläche hängt vom Sinus des Winkels ab.

Material A – Jahreszeiten in der Simulation

1 a) Betrachte die ▸ Bilder A und B und erläutere, unter welchem Winkel das Licht einfällt.
In ▸ Bild A ist der Winkel, unter dem das Licht einfällt, kleiner als in ▸ Bild B.
Hinweis: Betrachtet man die Sonneneinstrahlung am Pol, so wird der Unterschied besonders deutlich. Es ist sinnvoll eine kleine Skizze anfertigen zu lassen, aus der der verwendete Winkel hervorgeht.
b) Ordne die beiden Bilder einem Termin im Jahreskreis zu.
In ▸ Bild A wird nur ein kleiner Teil der Nordhalbkugel beleuchtet. Außerdem ist der Winkel des einfallenden Lichts minimal. Das ist der Termin der Wintersonnenwende (21.12.). In ▸ Bild B wird die Nordhalbkugel

dagegen deutlich stärker beleuchtet. Außerdem ist der Winkel des einfallenden Lichts maximal. Das ist der Termin der Sommersonnenwende (21.6.).

2 a) Stelle zunächst eine gegenständliche Simulation her (▸ Bild links). Zwei Kreisscheiben in verschiedenen Farben stellen die Erde und die Sonne dar. Markiere auf deiner Erde den Äquator und den Breitengrad für deine Stadt. Zeichne dir die elliptische Bahnkurve der Erde um die Sonne auf ein Blatt Papier. Lege dann deine Erde so auf die Bahnkurve, dass die Erdachse in der richtigen Neigung steht. Bewege deine Erdscheibe um die Sonne und erstelle einen Stop-Motion-Film. Überlege, wie viele Einzelbilder du benötigst, damit die Bewegung flüssig wiedergegeben wird. Illustriere besondere Termine in deinem Jahreslauf durch Kärtchen.

Individuelle Lösung

Hinweis: Besondere Termine im Jahreslauf sind die Winter- bzw. Sommersonnenwende zum Winter- bzw. Sommerbeginn sowie die Tag- und Nachtgleichen zum Frühjahrs- bzw. Herbstbeginn. Weitere Kärtchen lassen sich mit den vier Jahreszeiten beschriften.

b) Recherchiere im Internet nach Simulationen, die die Jahreszeiten auf die Neigung der Erdachse zurückführen. Nutze die Simulation, um die Jahreszeiten im Jahresverlauf in Australien zu erläutern.

Mögliche Schülerlösung:

Australien liegt auf der Südhalbkugel. Wenn auf der Nordhalbkugel am 21.6. der längste Tag ist, so herrscht auf der Südhalbkugel Winter und die Menschen erleben den kürzesten Tag des Jahres. Am 21.12. erleben die Menschen in Australien den längsten Tag des Jahres: dort herrscht dann Sommer.

Hinweis: An dieser Stelle können die Schülerinnen und Schüler aus einem großen Fundus an Simulationen und Videos schöpfen. Geeignete Suchbegriffe sind *Entstehung Jahreszeiten, Neigung Erdachse* oder auch *Ekliptik.*

c) Beide Simulationen sind nicht maßstabsgerecht. Begründe, warum sie trotzdem geeignet sind.

In den verwendeten Simulationen sind in der Regel Erde und Sonne gleich groß gezeichnet. Außerdem entsprechen die Abstände zwischen den Himmelskörpern nicht der Realität. Mit den Simulationen kann man aber prinzipielle Zusammenhänge wie z. B. den Strahlengang des Lichts und die Neigung der Erdachse erfahrbar machen.

Licht und Schatten im Weltraum

Seite 307

1 Diskutiere mit deinem Nachbarn, bei welchen Erdpositionen eine Mondfinsternis möglich ist. Wie viele findet ihr? Begründet, warum in anderen Positionen keine Mondfinsternis eintritt.

Eine Mondfinsternis ist nur dann möglich, wenn sich Sonne, Erde und Mond auf einer Linie befinden. Außerdem muss der Mond im Vollmond stehen. Beide Bedingungen treffen nur für die obere und die untere Position zu. Die Positionen auf der linken und auf der rechten Seite des Bildes erfüllen die Bedingung nicht.

Seite 308

1 Betrachte ▸ Bild 03 und erläutere, bei welcher Mondphase eine Sonnen- bzw. eine Mondfinsternis möglich ist.

Eine Sonnenfinsternis ist nur bei Neumond möglich. Sonne, Mond und Sterne liegen dann auf einer Linie, der Mond befindet sich zwischen Sonne und Erde. Eine Mondfinsternis ist nur bei Vollmond möglich. Dann liegen Sonne und Mond auf einer Linie, Der Mond befindet sich-von der Sonne aus gesehen- hinter der Erde.

Seite 309 (Material)

Versuch – Zu Hause erlebt: ein Modell für die Sonnenfinsternis

a) Bewege nun den Ball langsam nach links oder rechts. Notiere deine Beobachtungen.

Mögliche Schülerlösung:

Wenn ich den Ball langsam nach rechts oder links bewege, dann sehe ich zunächst eine schmale Sichel. Je weiter ich den Ball bewege, desto mehr wird von der Lichtquelle sichtbar.

b) In welchem Bereich des Schattenraums befindet sich dein Auge, wenn du die Lampe nicht sehen kannst? Wo befindet es sich, wenn die Lampe gerade wieder sichtbar wird? Begründe.

Mögliche Schülerlösung:

Wenn ich die Lampe nicht sehen kann, befindet sich mein Auge im Kernschatten des Balls. Wenn die Lampe teilweise sichtbar ist, befindet sich mein Auge im Teilschatten des Balls. Wenn die Lampe vollständig sichtbar ist, befindet sich mein Auge nicht mehr im Schattenraum. In den Kernschatten fällt kein Licht von der Lichtquelle, deshalb kann man dort nichts von der Lichtquelle sehen. Im Teilschatten wird nur ein Teil der ausgedehnten Lichtquelle sichtbar. Nur außerhalb des Schattenraums ist die Lichtquelle vollständig sichtbar.

c) Verdecke mit dem Ball wieder die Lichtquelle und wechsle dann das Auge. Notiere deine neuen Beobachtungen. Verwende dabei die Begriffe „Kernschatten" oder „Teilschatten".
Das eine Auge befindet sich im Kernschatten und sieht nichts. Das andere Auge befindet sich im Teilschatten und ich sehe eine Sichel.
Alternative bei anderer Geometrie: Das andere Auge befindet sich außerhalb des Schattenraums und ich sehe die Lichtquelle vollständig.
Hinweis: Die Augen stellen zwei verschiedene Beobachter dar, die während einer Sonnenfinsternis von verschiedenen Positionen auf der Erde zur Sonne schauen.

Material A – Die Erde aus dem All betrachtet

A1 Beschreibe, wie sich das Bild der Erde in der Zeit von 05:15 bis 11:15 Uhr verändert.
Mögliche Schülerlösung:
Der Satellit sieht aufgrund seiner geostationären Position immer die gleiche Seite der Erde. In der Zeit von 05:15 bis 11:15 verändert der auf dem Bild sichtbare Teil der Erde seine Form. Im ersten Bild ist nur eine schmale Sichel sichtbar. Je später es wird, desto größer wird der sichtbare Anteil.
Hinweis: Im Laufe der Beobachtungszeit haben sich natürlich auch Wolkenformationen bewegt.

A2 Schätze ab, wann die Erde als vollständige Scheibe zu sehen sein wird.
Zwischen den Aufnahmen liegen jeweils drei Stunden. Im letzten Bild ist die Erde schon zu einem großen Teil zu erkennen. Wahrscheinlich ist die Erde etwa drei Stunden später, also gegen 14:15 als vollständige Scheibe sichtbar.

A3 Entwirf Skizzen, mit denen du der Klasse demonstrieren kannst, wie Sonne, Satellit und Erde dann stehen.
Individuelle Lösung
Hinweis: In der Skizze sollte festgehalten werden, dass sich Sonne, Satellit und Erde auf einer Linie befinden. Der Satellit steht dann zwischen Sonne und Erde.

Material B – Annas Mondbeobachtungen

B1 a) Gib an, wann Anna Vollmond beobachtet hat.
In der Spalte *beleuchteter Anteil* hat Anna am 28.12. eine 1 eingetragen. Also hat sie an diesem Tag den Vollmond beobachtet.
b) Begründe, warum der Mond am 11.01. nicht zu sehen war.
Anna hat in der Zeit vom 02.01. bis zum 08.01. beobachtet, wie der beleuchtete Teil des Mondes immer kleiner wurde. Also war am 11.01. Neumond.
c) Am 18.01. ist die helle Seite rechts zu sehen. Notiere, welche Mondphase dann vorliegt.
Wenn der beleuchtete Teil des Mondes rechts zu sehen ist, befindet sich der Mond in der zunehmenden Phase.
d) Gib an, welche Mondphase am 28.01. vorliegt.
Zwischen Vollmond (heller Anteil: 1) und Neumond (heller Anteil: 0) vergehen laut Tabelle etwa zwei Wochen. Damit steht etwa zwei Wochen nach dem 11.01. wieder der Vollmond am Himmel. Am 28.01. hingegen nimmt der Mond bereits wieder ab, auch wenn das am Himmel noch kaum sichtbar ist.

2 Ein Blick ins Universum

Unser Sonnensystem

Seite 311

1 In ▸ Bild 04 ist die Sonne mit den inneren Planeten bis zum Asteroidengürtel dargestellt. Übertrage das Bild in dein Heft und erweitere es anschließend um die Gasplaneten, Zwergplaneten und den Kuipergürtel.

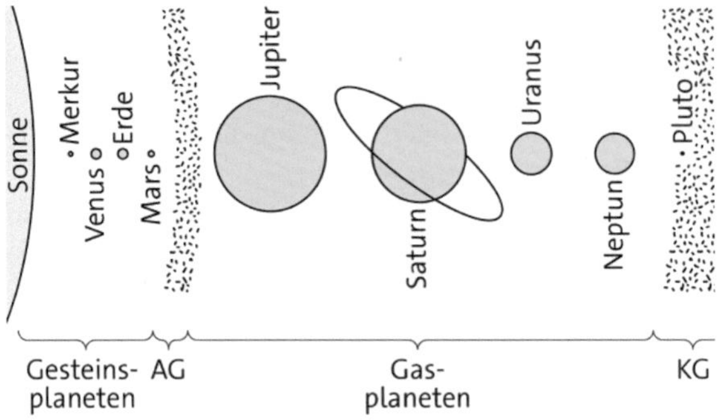

Cornelsen/newVISION! GmbH Bernhard A. Peter, Pattensen

Seite 312

1 Recherchiere im Internet nach Möglichkeiten, die Erde vor einem Asteroideneinschlag zu schützen. Präsentiere deine Ergebnisse.

Mögliches Ergebnis der Recherche:

Vor 65 Millionen Jahren verursachte ein Asteroid einen Klimawandel. Im Jahr 2013 war ein Asteroid mit einem Durchmesser von 20 Metern in bei Tscheljabinsk in Russland eingeschlagen. Neben den zahlreichen Asteroiden, die täglich auf der Erde einschlagen und keine Gefahr darstellen, gibt es also noch Gefährliche. Ein Problem ist, dass wir nicht alle Asteroiden kennen und dass wir sie mitunter erst kurz vor dem Einschlag entdecken (etwa einen Tag vorher).

Folgende Ideen werden als Schutz diskutiert:

- Asteroiden aufspüren (wie etwa das 2019 von der ESA auf Sizilien aufgebaute Teleskop) und nach Gefahr für die Erde klassifizieren (Größe und Abstand)
- Evakuieren der Region, in der der Asteroid einschlagen wird
- den Asteroiden durch Annähern einer Raumsonde mittels Gravitation oder sogar durch eine Kollision von seiner Bahn abbringen (DART: Double Asteroid Redirection Test).

Seite 313 (Material)

Versuch – Unser Sonnensystem auf dem Schulhof

Wenn die Örtlichkeiten geklärt sind, ist klar, wie viel Platz zur Verfügung steht. Mit den Angaben aus der Tabelle sollte dann ein möglichst einfacher Maßstab ermittelt werden, so dass das „Sonnensystem“ Platz findet. Da man nicht gleichzeitig die Durchmesser und die Entfernungen mit demselben Maßstab darstellen kann, werden hier nur die Abstände nachgestellt. Trotzdem werden die Größenverhältnisse anhand eines Vergleichs von Alltagsobjekten veranschaulicht. Ergänzend ist der Besuch eines Planetenwanderweges zu empfehlen.

a) Legt für euren Ort einen geeigneten Maßstab fest, um die Positionen der Himmelskörper darzustellen.

Individuelle Lösung

b) Berechnet mit dem Maßstab die Positionen der Himmelskörper in eurem Modell. Nutzt dazu die ▸ Tabelle rechts.

Individuelle Lösung

c) Fertigt Schilder an, die gut aus der Ferne lesbar sind. Notiert auf den Schildern sowohl den Namen des Himmelskörpers als auch ein analoges Beispiel aus dem Alltag, das maßstabsgerecht die Größenverhältnisse wiedergibt.

Individuelle Lösung

d) Stellt euch nun entsprechend auf. Dokumentiert eure Resultate mit geeigneten Fotos.

Individuelle Lösung

Material A – Definition eines Planeten

A1 Verfasse eine E-Mail an einen Freund, in der du den Text in eigenen Worten zusammenfasst.

Individuelle Lösung

A2 Schreibt zu zweit jeweils ein Plädoyer für und ein Plädoyer gegen Pluto als Planeten. Präsentiert euer Ergebnis als Streitgespräch.

Mögliche Argumente:

Pro	Contra
– Kategorien sind willkürlich, Definition von „Planet“ ist schwammig – „Bestandsschutz“ – Pluto ist kugelförmig – Er besitzt Atmosphäre, Monde, Berge, Vulkane, Wasser, Ozeane – Anziehungskraft des Pluto beeinflusst Umlaufbahn von Neptun und Uranus – Entstehung von Leben und Ozeanen auf der Erde hängt womöglich mit Pluto und seiner Nachbarschaft zusammen	– Pluto ist kleiner als unser Mond und so klein, dass er es nicht schafft, alle anderen Brocken in seiner Umlaufbahn einzufangen oder wegzustupsen – Plutos Weg wird massiv von Neptun bestimmt – Auch die Wissenschaft muss bei neuen Erkenntnissen Änderungen zulassen – Wenn Pluto wieder ein Planet wäre, gäbe es noch zahlreiche weitere Planeten um die Sonne

A3 a) Im Jahr 2006 etablierte sich im Englischen der Ausdruck „to get plutoed". Erkläre die Bedeutung.

Der Ausdruck spielt darauf an, dass Pluto als Planet höher wertig oder bedeutender eingestuft war. Er war nicht einfach nur ein Klumpen im Weltall. Aufgrund eines Beschlusses wurde er dann herabgestuft, also degradiert. So kann auch beispielsweise in einem Unternehmen ein Mitglied der Führungsebene wieder in die Reihen eines normalen Mitarbeiters zurückversetzt werden. Dann wird er wie Pluto behandelt.

b) Recherchiere im Internet nach Jim Bridenstine und Alan Stern und erkläre, warum gerade diese beiden Personen Pluto wieder zu einem Planeten ernennen wollen.

Mögliche Ergebnisse:

Jim Bridenstine:
- ist NASA-Chef
- Weltraummissionen sind sehr kostenintensiv, eine Rechtfertigung ist bei der Erkundung eines Planeten einfacher als bei einem Brocken im Weltall

Alan Stern:
- war Leiter der „New Horizons"-Mission zu Pluto; die Mission „New Horizons" lieferte 2015 die ersten hochaufgelösten Bilder von Pluto und seinem Mond Charon
- für ihn wäre die Mission noch bedeutender, wenn sie einen Planeten untersucht
- beim Start dieser Mission im Jahr 2006 war Pluto noch ein Planet

A4 a) Erläutere anhand des Textes, dass Wissenschaft und Erkenntnisgewinnung sehr lebendig sind.

Als Pluto entdeckt wurde, war man auf der Suche nach einem Himmelskörper (Planeten), der die Umlaufbahnen von Neptun und Uranus beeinflusste. Nachdem man zahlreiche weitere Himmelsobjekte entdeckt hatte, die ähnlich weit wie Pluto von der Sonne diese umkreisen, bemerkte man, dass Pluto auch ähnlich große und sogar größere Objekte in seiner Nachbarschaft und Umlaufbahn hatte (Kuipergürtel). Da Klassifizierungen dabei helfen sollen, die Erkenntnisgewinnung zu unterstützen und übersichtlicher zu gestalten, wurden keine weiteren Objekte als Planeten bezeichnet, sondern Pluto in die neue Kategorie der Zwergplaneten eingegliedert.

b) „Neue Erkenntnisse erfordern mitunter Änderungen in bestehenden Auffassungen." Belege diese Aussage anhand weiterer Beispiele.

Mögliche Schülerlösung (je nach persönlichem Interesse und Vorwissen):
- Entwicklung der Weltbilder
- Stromrichtung in der Elektrik
- Physik der Elementarteilchen: Proton und Neutron sind keine Elementarteilchen; vom Teilchenzoo zum Standardmodell
- Modelle in der Physik, die an ihre Grenzen gekommen sind, wie etwa die Atommodelle
- Raum und Zeit sind nicht absolut sowie die Konsequenzen daraus im Rahmen der SRT
- Quantenobjekte (Licht, Elektronen, Neutronen, ...)

Das Weltall erforschen

Seite 315

1 Erläutere das Verfahren der Spektrometrie zur Erforschung von Sternen.

Detektiert man Licht eines Sternes und zerlegt es spektral, so kann man mitunter dunkle Linien erkennen. Es fehlen also Farben. Da jedes Element charakteristische Farben absorbiert, kann man auf dessen Existenz in der Atmosphäre des Sternes rückschließen.

2 Neptun ist 30 AE von der Sonne entfernt. Rechne in km um.

Per Definition gilt: 1 AE = 149 597 870 700 m.

Somit folgt:

30 AE = 4 487 936 121 000 m = 4 487 936 121 km

$\approx 4{,}5 \cdot 10^9$ m

3 „Um von der Erde zum Jupiter zu reisen, braucht man Lichtjahre." Nimm Stellung zu dieser Aussage.

Während das Jahr eine Zeitangabe ist, ist das Lichtjahr eine Längeneinheit. Der Tabelle auf Seite 71 kann man entnehmen, dass der Abstand Erde-Jupiter etwa $6 \cdot 10^8$ km beträgt; das sind 2000 Lichtsekunden.

Seite 316

1 Stelle Informationen zu den Apollo Missionen sowie den Voyager-Missionen der NASA zusammen. Gehe dabei insbesondere auf die jeweiligen Ziele, Erfolge und Misserfolge ein. Nutze dazu das Internet und andere Quellen.

Unter dem Suchbegriff "Apollo Missionen Liste" erhält man sehr informative Seiten und Zusammenstellungen von der NASA oder dem DLR.

2 a) Erstelle einen Zeitstrahl zu den Epochen der bemannten Raumfahrt vom Kalten Krieg bis heute.

1. Epoche: Kalter Krieg – Wettlauf ins All – Mondlandung
2. Epoche: Das Shuttle-Konzept und die Raumstation Mir
3. Epoche: Die Internationale Raumstation (ISS)
4. Epoche: Privatisierung und Weltraumtourismus

Ergänzend liefert eine Internetrecherche zu "Liste der bemannten Raumflüge" viele Details.

b) Bewerte den Einfluss der Raumfahrtprojekte auf den Weltfrieden und die Völkerverständigung.

Mögliche Schülerlösung:

Es gibt eine recht große Schnittmenge von militärischer und ziviler Nutzung der Raumfahrt. Raketen können vernichtende Sprengköpfe ebenso transportieren wie Satelliten für Telekommunikation oder Wetterbeobachtungen – wenngleich sich ein Typ von Rakete natürlich nicht gleichzeitig für alle Anwendungen nutzen lässt. Das Wettrüsten im Kalten Krieg, die permanente Demonstration von Macht und die damit einhergehende Drohkulisse hat ihren Beitrag zum Weltfrieden geleistet, wenn auch in einer eher befremdlichen Form. Im Endstadium des Kalten Krieges sollte die Raumfahrt seitens der USA sogar genutzt werden, um Krieg im Weltall führen zu können, oder zumindest Raketen aus dem Weltall heraus abwehren zu können.

Trotz des Kalten Krieges und trotz vielfältiger politischer Diskrepanzen zwischen den USA und Russland gibt es auch in der heutigen Zeit eine enge Kooperation der beiden Nationen. Im Jahr 1975 gab es das Apollo-Sojus-Projekt, das die erste amerikanisch-sowjetische Mission war. Seit 2011 fliegen keine Space Shuttles mehr, so dass sämtliche Transporte zur ISS von russischen Sojus-Raumschiffen durchgeführt werden. Die ISS an sich ist eine intensive, multinationale Kooperation mit gemeinsamen Interessen. Sie liefert einen großen Beitrag zur Völkerverständigung.

Insgesamt hat die Raumfahrt viele positive Beiträge zum Weltfrieden und zur Völkerverständigung geleistet.

3 Recherchiere im Internet zum Thema „Vorbereitung eines Menschen auf einen Aufenthalt im Weltall". Stelle dar, welche verschiedenen Aspekte dabei berücksichtigt werden müssen.

Mögliche Schülerlösung:

Im Weltall ist vieles völlig anders, als wir es beim Leben auf der Erde gewohnt sind. All diese Faktoren können physische oder psychische Probleme bereiten. Beispiele sind etwa:

- Schwerelosigkeit (Blutzirkulation, oben/unten, Muskelabbau, Bewegungsabläufe)
- Leben im All (spezielle Nahrung, Geschmacksveränderung, Trinkwasser aus Urin, Gefühl des Ausgeliefertseins, auf engem Raum mit anderen Besatzungsmitgliedern leben müssen, keine Pflanzen, Tiere oder alltägliche Geräusche)
- Start und Landung (enorme körperliche Belastungen, recht plötzlicher Wechsel von irdischen zu schwerelosen Verhältnissen und umgekehrt)

Seite 317 (Material)

Versuch – Antike Methoden zur Himmelserforschung

a) Schlage einen Nagel senkrecht durch ein Holzbrett, sodass er ein Stück herausragt. Drücke dann ein Papier über den Nagel und befestige es mit etwas Klebeband am Holzbrett. Notiere das Datum auf dem Papier.

b) Stelle deinen Gnomon an einen sonnigen Ort und markiere etwa jede halbe Stunde die Position des Schattens. Achte darauf, dass du den Gnomon nicht bewegst.

c) Beschreibe den Verlauf deines Schattendiagramms und erkläre anhand einer Skizze, wie er zustande kommt.

d) Bestimme mithilfe deiner Messung die Richtung der Erdachse. Vergleiche mit der Anzeige eines Kompasses und erkläre den Unterschied.

e) Wiederhole einige Wochen später und erkläre.

Lösung zu a) bis e): Wenn die Messung vor dem Höchststand der Sonne begonnen wird, kann man den ersten Schatten markieren und eine Kreislinie auf dem Papier zeichnen, deren Radius dieser erste Schatten ist und in deren Mittelpunkt der Nagel steht. Nach einer gewissen Zeit gibt es am Nachmittag wieder einen Schatten, der genau bis zu dieser Kreislinie reicht. Die Winkelhalbierende der beiden gleich langen Schatten zeigt nach Norden.

Aufgrund der Deklination liegt der magnetische Nordpol nicht beim geographischen Nordpol.

Einige Wochen nach der ersten Beobachtung mit dem Gnomon werden die Schatten zu gegebenen Uhrzeiten eine andere Länge haben, da sich die Mittagshöhe der Sonne und damit die gesamte beobachtete Bahn der Sonne sich im Verlauf der des Jahres ändern.

Material A – Entfernungen im Weltall

A1 Die Entfernung des Mondes von der Erde kann mithilfe eines Reflektors bestimmt werden, den die Astronauten der Apollo-11-Mission auf dem Mond installiert haben. Ein Lichtpuls, der auf diesen Reflektor gerichtet wird, benötigt 2,56 Sekunden, bis er die Erde wieder erreicht. Berechne damit die Entfernung des Mondes von der Erde.

Der Lichtpuls legt zweimal die Entfernung Erde-Mond zurück, so dass für die Entfernung gilt:

$$d = \frac{c \cdot 2{,}56\ \text{s}}{2} = 384\,000\ \text{km}.$$

A2 Fixsterne sind viel zu weit von uns entfernt, um dort Reflektoren anzubringen und darüber ihre Entfernung zu bestimmen. Eine geeignetere Möglichkeit zur Entfernungsbestimmung bietet die Fixsternparallaxe. Erkläre dieses Verfahren mithilfe vom ▸ Bild links.

Wenn man einen Stern (z. B. einen nahen Stern oder auch einen Fixstern) von zwei Punkten aus beobachtet, die möglichst weit auseinander liegen, so erscheint er jeweils unter einem anderen Winkel. Seine Lage in Bezug zu einem Sternbild oder anderen Fixsternen ändert sich. Erfolgen die beiden Beobachtungen im zeitlichen Abstand von 6 Monaten, so liegen die Beobachtungsorte 2 AE auseinander. Mit Beziehungen aus dem Dreieck kann man aus dem Winkel auf die Entfernung zurückrechnen.

A3 a) Skizziere die Konstellation in dein Heft und ergänze nach einer Recherche im Internet die Namen der Sterne und ihre Entfernungen zur Erde.

Stern	Entfernung in Lj
Kapella	42,2
Aldebaran	70
Rigel	650
Sirius	8,6
Prokyon	11,2
Pollux	33,7

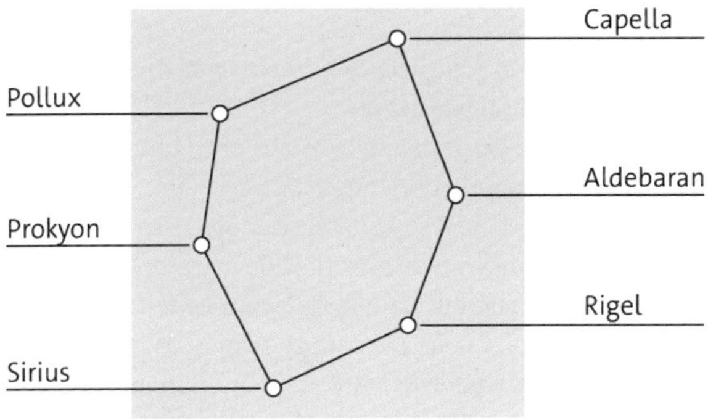

Cornelsen/newVISION! GmbH Bernhard A. Peter, Pattensen

b) Stelle die Entfernungen dieser Sterne von der Erde in einem maßstabsgerechten Modell dar. Du kannst das Modell sowohl mit geeigneten Materialien basteln oder auch eine Geometrie-Software dazu verwenden.

Mit Hilfe einer Styroporplatte, 6 Schaschlikspießen und etwas Knetmasse für 6 Kügelchen kann man recht leicht die Anordnung der Sterne modellieren. Aus der Richtung des Beobachters kommend positioniert man zunächst die Schaschlikspieße, auf denen ein Knetkügelchen oben aufgesteckt ist, so dass die Abstände und Positionen passen. Durch Variieren der Höhe der Knetkügelchen (und anschließend der Schaschlikspieße) erhält man die Form des Wintersechsecks.

Alternativ kann man mit Hilfe einer 3D-Zeichensoftware ein Modell erstellen, das man dann am Bildschirm von allen Seiten betrachten kann.

c) Betrachte das Modell aus verschiedenen Perspektiven und beschreibe.

Bei einem Perspektivwechsel verschwindet die Sechseckform auf beeindruckende Weise.

Seite 318 (Methode)

1 Erkläre die wissenschaftlichen Argumente, die gegen die Theorie einer flachen Erde sprechen.

Die Erde ist rund, weil…

… man es schon bei einem Linienflug aus dem Fenster sehen kann; der Horizont kann nicht von einem geraden Objekt über eine größere Strecke abgesteckt werden

… Fotos aus dem Weltall den Erdball zeigen

… die Erdanziehung gemessen und bestätigt wurde, es somit klar ist, warum wir nicht von der Erde herunterfallen oder Wasser von der Erde abläuft

… kein Objekt – also auch keine flache Erde – kontinuierlich beschleunigt werden kann, da spätestens die Lichtgeschwindigkeit ein oberes Limit ist

… die Bewegung der Erde und Planeten um die Sonne wissenschaftlich belegt und berechnet wurde; ebenso: Satelliten um die Erde (wie soll ein geostationärer Satellit bei einer flachen Erde am Himmel bleiben?)

2 Einige Menschen sind der Meinung, dass die Mondlandung nie stattgefunden hat und die Aufnahmen in einem Fotostudio nachgestellt wurden. Bewerte diese Information, indem du Argumente für und gegen eine Mondlandung gegenüberstellst. Nimm Stellung.

Zweifler	Gegendarstellung
die Fahne flatterte, obwohl es keine Atmosphäre auf dem Mond gibt	gerade die Abwesenheit einer bremsenden Atmosphäre führte dazu, dass die Flagge weiter geschwungen ist
keine Sterne am Himmel	beim Mondtag ist es so hell, dass die Sonne alle anderen Lichtquellen überstrahlt
Fotos zu scharf	NASA veröffentlichte nur die sehr gut gelungenen Fotos; Umgang mit den Fotokameras wurde von den Astronauten im Vorfeld intensiv trainiert
Schatten laufen mitunter zusammen, es muss also mindestens zwei Lichtquellen wie in einem Filmstudio gegeben haben	auch mit einer einzigen Lichtquelle kann man konvergierende Schatten erhalten, wenn der Untergrund hinreichend uneben ist

In einer Zeit, als der Wettlauf ins All insbesondere die UdSSR auf den Plan gerufen hätte, da nunmehr die USA als erste Menschen auf dem Mond waren, sollten belastbare Gegenargumente für die Mondlandung bereits zu jener Zeit benannt worden sein, was nicht der Fall war.

Seite 319 (Blickpunkt)

1 Führe das Experiment mit verschiedenen Luftballons durch und beobachte die Abstände zwischen den drei Wattebäuschen. Deute deine Ergebnisse im Sinne der Galaxienflucht.

Die Wattebäusche entfernen sich alle voneinander. Es gibt nicht zwei Wattebäusche, die sich annähern. So ist es auch bei der Galaxienflucht.

2 Ein Priester stellte die Urknalltheorie vor und stellt damit Thesen auf, die der Kirchenlehre scheinbar zuwider laufen. Heute betreibt der Vatikan selbst intensive astronomische Forschung. Erstelle einen kurzen Abriss über das Spannungsfeld Kirche-Wissenschaft von Galileo bis heute.

Mögliche Schülerlösung:

Viele Wissenschaftler waren wie G. Lemaître auch Theologen oder gläubige Christen. Wissenschaft und Glaube schlossen sich nicht aus, sondern ergänzten oder bedingten sogar einander.

Im Mittelalter gab es eine friedliche Koexistenz, solange die Wissenschaft nicht das Weltbild der Kirche in Zweifel zog. Im Jahr 1616 verbot die Kirche die Lehre von Nikolaus Kopernikus, nach der die Sonne im Mittelpunkt des Universums stehe.

Galileo Galilei konnte durch Beobachtungen im Jahre 1609 das heliozentrische Weltbild bestätigen. Seit 1616 forschte er heimlich weiter und veröffentlichte 1632 seine wissenschaftlichen Erkenntnisse auf italienisch, so dass sie einer viel größeren Bevölkerungsgruppe zugänglich waren. Aufgrund dieses Angriffs auf die Lehre der Kirche musste Galilei 1633 seine Lehren widerrufen. Im Jahr 1833 wurden Galileis Veröffentlichungen vom Index der verbotenen Bücher genommen. Papst Johannes Paul II beauftragte 1979 eine Kommission (die Päpstliche Akademie der Wissenschaften) damit, den Fall aufzuarbeiten. Die Arbeit mündete darin, dass am 2. November 1992 Galileo Galilei von der römisch-katholischen Kirche formal rehabilitiert wurde. Papst Johannes Paul II hatte kurz zuvor eine Rede gehalten, in der er seine Sicht des Verhältnisses von kirchlicher Lehre und Wissenschaft darstellte.

Weitere Themen, die zu Spannungen von Wissenschaft und Kirche führten sind die Evolutionstheorie von Darwin und die Theorie des Urknalls. Letztere wurde jedoch rasch akzeptiert, da die Kirche die „Zündung" des Urknalls als schöpferischen Akt Gottes definierte.

Zahlreiche Themen rund um das menschliche Leben sind auch heute noch eine Reibungsfläche für Wissenschaft und Kirche, wie etwa die Stammzellenforschung oder die Sterbehilfe.

Seit 1936 trägt die „Forschungsabteilung des Vatikan" den Namen „Päpstliche Akademie der neuen Wissenschaften". Der Akademie gehören etwa 80 hochrangige Wissenschaftler aus aller Welt an, von denen viele Nobelpreisträger sind. Sie werden vom Papst direkt ernannt. Die Mitglieder der Akademie dürfen auch Frauen sein. Einer bestimmten Konfession müssen sie nicht angehören – Stephen Hawking war sogar als bekennender Atheist Mitglied in der Akademie.

Der Lebenszyklus eines Sterns

Seite 321

1 Erkläre Kriterien, anhand derer man grob das Alter eines Sterns klassifizieren kann.

Da die Masse und die Helligkeit eines Sternes zusammenhängen, und diese je nach Stadium anders sind, kann man diese Parameter nutzen. Sterne in offenen Sternhaufen sind gleich alt. Aufgrund des masseabhängigen Alterungsprozesses kann man durch Vergleiche Aussagen zu den Sternen in dem betreffenden Haufen machen.

2 Erläutere den Einfluss der Masse auf die Entwicklung eines Himmelsobjektes.

Wenn sich aus dem stellaren Nebel ein Himmelskörper bildet, der weniger als 0,1 Sonnenmassen hat, wird er ein Brauner Zwerg. Bildet sich ein kleiner Stern, so entwickelt er sich zu einem Weißen Zwerg. Für massereiche Sterne verläuft das Leben hin zu einem Neutronenstern oder einem Schwarzen Loch. Dies liegt daran, dass die Ausgangsmasse festlegt, wie stark die Gravitation innerhalb des Sterns wirkt und wie intensiv die Verschmelzungsprozesse im Stern ablaufen. Somit leben massereiche Sterne relativ kurz, leuchten dafür aber deutlich heller, verglichen mit der Sonne.

3 Stelle eine Vermutung auf, weshalb man Braune und Weiße Zwerge nur schwer am Himmel finden und nachweisen kann.

Braune Zwerge leuchten nicht dauerhaft und auch nur im Infraroten. Somit sind sie nur mit speziellen Geräten aufzuspüren. Der Weiße Zwerg leuchtet aufgrund seiner kleinen Oberfläche nur schwach, so dass sein Licht nur schwer aus dem intensiveren Licht anderer Himmelsobjekte herausgefiltert werden kann.

4 Bestimme rechnerisch, wie tief die Erdbahn in der Sonne liegt, wenn diese sich zu einem Roten Riesen entwickelt.

Der Radius der Sonne beträgt 696 340 km, also umgerechnet 0,0046547454 AE. Wird dieser genau 100-mal so groß, dann wäre die Erde noch 0,5 AE von der Sonne entfernt. Da es sich aber nur um eine typische Größenordnung handelt, stimmt die Aussage im Text dennoch. Bei einem Faktor 200 wäre die Erde praktisch auf der Sonnenoberfläche, bei einem Faktor 300 wäre sie 0,5 AE in die Sonnenoberfläche eingetaucht.

Seite 322

1 Schätze die Masse von einem Kubikzentimeter eines Neutronensternes ab.

Das Volumen eines Neutronensterns beträgt

$V = \frac{4}{3}\pi r^3 = 7238\,\text{km}^3$. Die Masse betrage 1 Sonnenmasse, also $2 \cdot 10^{27}$t. Somit beträgt die Dichte etwa

$$3 \cdot 10^{26}\,\frac{\text{kg}}{\text{km}^3} = 3 \cdot 10^{9}\,\frac{\text{kg}}{\text{cm}^3} = 3 \cdot 10^{12}\,\frac{\text{g}}{\text{cm}^3}.$$

Die Dichte eines Neutronensterns ist somit 10^{11}-mal (also 100 Milliarden mal) so groß wie von Eisen. Das ist unvorstellbar.

2 Kläre das Phänomen der „spaghettification". Recherchiere dazu im Internet.

Ein Schwarzes Loch ist so massereich, dass es aufgrund seiner Gravitation alle Objekte und auch Licht einsaugt. Da nun die Gravitation mit wachsender Entfernung abnimmt, wird die dem Schwarzen Loch zugewandte Seite stärker angezogen, als die abgewandte Seite. Dadurch wird das Objekt in die Länge gezogen oder sogar auseinandergerissen. Dieser Prozess wurde im April 2014 beobachtet.

3 Erstelle einen Stop-Motion-Film, in dem du die möglichen Entwicklungen nach einer Sternengeburt darstellst.

Individuelle Lösung

Seite 323 (Material)

Versuch – Supernova im Modell

V1 a) Lasse jeden Ball aus Brusthöhe fallen und notiere, wie hoch er nach dem Aufprall hüpft.

Jeder Ball alleine hüpft deutlich weniger hoch als seine Ausgangshöhe.

b) Wiederhole dein Vorgehen für alle Kombinationen von kleinem Ball auf großem Ball. Notiere, wie hoch die einzelnen Bälle jeweils hüpfen.
Achtung Verletzungsgefahr!

Je nach Massenverhältnis und Elastizität macht der große, untere Ball nur einen kleinen Hüpfer, während der kleine Ball mehrere Meter hoch hüpfen kann. Es kann also sinnvoll sein, die Versuche draußen oder in einer Sporthalle durchzuführen.

c) Beschreibe mithilfe dieses Modellversuchs als Analogie die Vorgänge bei einer Supernova.

Im Vorfeld einer Supernova geht der Brennstoff zur Neige, der Gasdruck sinkt und der Stern kollabiert aufgrund seiner eigenen Schwerkraft. Die äußeren Schichten bewegen sich nach innen (der untere Ball berührt den Boden, der obere bewegt sich noch nach unten und verformt den unteren). Irgendwann kann die Dichte im Stern nicht weiter ansteigen, so dass eine Schockwelle von innen nach außen startet, die auf die nach innen laufende Schockwelle trifft (der untere Ball kehrt in seine Ausgangsform zurück, expandiert also, während der obere Ball noch „in den unteren Ball" hineinstürzt). Die Bewegung der äußeren Hülle wird umgekehrt und verstärkt (der obere Ball wird vom unteren weggeschleudert), so dass die äußere Hülle des Sternes weggeschleudert wird.

Versuch – Schockwelle

V2 a) Fülle einen Luftballon mit Wasser. Er sollte nicht zu prall sein. Lass ihn aus wenigen cm auf einen Tisch fallen, ohne dass er platzt.
b) Lege einen Tennisball auf den Ballon und lass beide zusammen fallen.
c) Nimm mit deinem Smartphone den Vorgang in Slow-Motion auf. Achte darauf, dass dein Smartphone nicht nass wird. Beschreibe deine Beobachtungen.
d) Vergleiche deine Beobachtungen mit den Prozessen bei einer Supernova.

Die Kunst ist es, genau so viel Wasser in den Ballon zu füllen, dass er nicht zerplatzt.

Es gilt im Wesentlichen die Erläuterung zu V1. In diesem Experiment erkennt man jedoch die Schockwelle sehr deutlich. Es gibt hierzu auch Online beeindruckende Videos zu sehen.

Material A – Sternbild Orion im Fokus

A1 Schreibe mithilfe der vorgegebenen Schnipsel einen Zeitungsartikel über die Lebensstadien der Sterne im Sternbild Orion.

1. Orion hat an Silvester seinen Höhepunkt.
2. Das Sternbild Orion wird von acht Sternen umrandet.
3. Beteigeuze ist ein Roter Überriese.
3. Er wird in den nächsten 100 000 Jahren sterben.
4. Die anderen sieben Hauptsterne sind vom Alter und Stadium her ähnlich.
5. Im unteren Trapez sieht man den Orionnebel sogar mit bloßem Auge.
6. In diesem Nebel, der überwiegend aus Wasserstoff besteht, werden viele Sterne geboren.
7. Aufgrund der spektroskopischen Untersuchung des Nebels weiß man, dass dort neben Wasserstoff, Helium, Sauerstoff und Stickstoff auch kohlenstoff- und eisenhaltige Partikel vorhanden sind.

A2 Wenn Skorpion im Osten aufgeht, geht das Sternbild Orion im Westen unter. Recherchiere nach der mythologischen Bedeutung.

Laut der griechischen Mythologie wurde Orion durch den Stich eines Skorpions getötet. Der Gott Zeus versetzte daraufhin beide an den Himmel und zwar so, dass die beiden Kontrahenten nie gemeinsam am Himmel zu sehen sind: Wenn das Sternbild Skorpion im Osten aufgeht, verlässt Orion den Himmel im Westen.

A3 Begib dich nach draußen und suche in einer wolkenlosen Winternacht die Sternbilder Orion und Skorpion am südlichen Himmel.

Individuelle Lösung

Wärmetransporte und ihre Beeinflussung

Didaktische Hinweise

Aufbau des Kapitels
Im Zentrum des ersten Unterkapitels steht die thermische Energieübertragung, insbesondere die Wärmeleitung, die Konvektion und die Abgabe von Energie durch Strahlung. Im zweiten Unterkapitel wird der propädeutische Begriff der Energieentwertung mit den irreversiblen Vorgängen verknüpft. Das wird genutzt, um die Wirkungsweise von thermischen Maschinen und die verschiedenen Möglichkeiten der Energieversorgung besser zu verstehen. Zudem wird die Entropie als neue Größe eingeführt.

Teilchenmodell
Die Schülerinnen und Schüler kennen das Teilchenmodell (je nach Schulcurriculum) aus der 7./8. Klasse oder dem Chemieunterricht. Zahlreiche damit verbundene Fehlvorstellung beruhen oft auf der mangelnden Unterscheidung zwischen Realität und Modellebene. Die Funktion von Modellen hat daher im Bildungsplan Physik einen höheren Stellenwert, während Chemie eher die Anwendung von Modellen in den Vordergrund stellt. Eine Absprache mit der Chemie ist (wie bei den Atommodellen) hier sinnvoll.

Die spezifische Wärmekapazität: Anhand der spezifischen Wärmekapazität wird die Mathematisierung vorangetrieben: Die Schülerinnen und Schüler lernen, wie man mit mehrfach proportionalen Abhängigkeiten umgeht. Erfahrungsgemäß benötigen sie hierfür Zeit. Es hat sich bewährt, zunächst anhand konkreter Zahlenbeispiele mit Tabellen wie auf S. 341, ▹Tabelle 04 zu arbeiten, bevor man den Umgang mit den Formeln übt. Der Kurbelversuch auf S. 342 zeigt, dass es keinen Einfluss hat, auf welche Weise die Energie zugeführt wird. Er erlaubt eine quantitative Verknüpfung mit der mechanischen Energieübertragung ($\Delta E_{\text{mech}} = F \cdot \Delta s$), ist aber vom Verständnis her anspruchsvoll.

Energie wird übertragen
Thermische Energieübertragung: Konvektion, Wärmeleitung und Wärmestrahlung werden im Kontext der Energieübertragung des menschlichen Körpers eingeführt. Es ist empirisch erwiesen, dass sich der Bezug zum eigenen Körper äußerst positiv auf die Schülermotivation auswirkt.
Bei der Wärmeleitung ist zu beachten, dass viele Phänomene (z. B.: Fliesen fühlen sich kälter an als ein Teppich) und Versuche (wie auf S. 335, ▹Bild) keine Situationen im Fließgleichgewicht sind, sodass z. B. auch noch Wärmekapazitäten eine Rolle spielen.

Die elektromagnetische Strahlung, die ein Körper aufgrund seiner Temperatur abgibt, nennen wir (entsprechend dem Bildungsplan) Wärmestrahlung. Um die Anschlussfähigkeit sowohl zur Optik (Farben) als auch zur Radioaktivität (Gammastrahlung) und zur Oberstufe sicherzustellen, ordnen wir sie im bekannten Teil (IR, sichtbar, UV) des Spektrums ein.

Fließgleichgewicht: Systeme stehen im Alltag häufig in einem energetischen Fließgleichgewicht, z. B. der menschliche Körper, elektrische Geräte im Stromkreis oder die Erde als Ganzes. Das Strahlungsgleichgewicht ist nur ein Spezialfall hiervon.

1 Energie wird übertragen

Thermische Energieübertragung

Seite 333

1 Um die Körpertemperatur konstant zu halten, darf man im Winter wenig Energie an die Umgebung abgeben, im Sommer viel. Nenne hierfür verschiedene Möglichkeiten.
Im Winter geschieht dies vor allem durch passende Kleidung, wie dick gefütterte Jacken, Handschuhe, Schal, Mütze usw. mit Daunen, Wolle oder Fleece, aber auch winddichte Jacken (z. B. Softshell), um die Konvektion zu behindern. Zudem sollte man keine kalten Körper berühren, die leichter thermisch Energie aufnehmen als Luft, wie z. B. Wasser oder Metalle.
Im Sommer trägt man leichte Kleidung, um die Energieabgabe nicht zu hemmen. Wind oder durch Ventilatoren erzeugte Luftströmung transportieren die vom Körper erwärmte Luft ab. Durch Schwitzen, feuchte Tücher, kaltes Wasser o. Ä. kann man zusätzlich Energie abgeben.

Seite 335

1 a) Erkläre, wie eine Rettungsdecke die Energieabgabe verhindert.
b) Wetterstationen messen Temperaturen immer nur im Schatten. Erläutere.
a) Die Rettungsdecke reflektiert die vom Körper ausgesendete Wärmestrahlung, sodass durch diese keine Energie abgegeben werden kann. Zudem verhindert sie die Konvektion.
b) Körper, die nicht im Schatten sind, nehmen durch die Wärmestrahlung von der Sonne zusätzlich Energie auf, sodass sie eine höhere Temperatur haben als ihre Umgebung. Um die Ergebnisse verschiedener Wetterstationen unabhängig vom Wetter vergleichen zu können, misst man daher die Lufttemperatur im Schatten.

2 Wenn man barfuß über Steinfliesen läuft, scheinen diese kälter zu sein als z. B. Teppichboden. Erkläre.
In der Regel ist der Boden kälter als die Fußsohle, d. h. der Fuß gibt Energie thermisch an den Boden ab. Da Stein ein besserer Wärmeleiter ist als Stoff (im Teppich zudem Lufteinschlüsse vorhanden sind), wird diese übertragene Energie von der Trittstelle im Stein besser verteilt, sodass die Trittstelle sich nicht so stark erwärmt wie beim Teppich. Die Steinfliesen fühlen sich daher kälter an.

3 a) Wasser ist ein schlechter Wärmeleiter. Trotzdem friert man in kaltem Wasser sehr schnell. Löse diesen scheinbaren Widerspruch auf.
b) Zur Wärmedämmung werden aufwendige Doppelglasfenster eingesetzt. Wäre es nicht leichter, einfach ein dickeres Fensterglas zu nehmen? Erläutere.
a) Hier spielen zwei Einflüsse eine Rolle:
Zum einen sind die Dichte und die Wärmekapazität von Wasser wesentlich größer als die von Luft. Dadurch kann das gleiche Wasservolumen wesentlich mehr Energie aufnehmen als Luft (etwa 4000-mal so viel!).
Zum anderen kommt es im Wasser zur Konvektion, sodass die Energie schnell wegtransportiert wird.
b) Luft ist als Gas ein sehr schlechter Wärmeleiter, Glas leitet die Energie viel besser. Durch das Einschließen der Luft zwischen den beiden Scheiben verhindert man die Konvektion, die sonst die Wärmedämmung durch Luft zunichte macht.

Seite 337 (Material)

Versuche – Thermische Energieübertragung bei deiner Hand

V1 Kalt oder warm?
a) Wasser und Metall fühlen sich kälter an als Holz und Wolle.
b) Metalle sind bessere Wärmeleiter als die anderen Stoffe. Dadurch wird die übertragene Energie im Metall besser verteilt, sodass sich die angefasste Stelle nicht so stark erwärmt und sich daher kälter anfühlt.
c) Im Wasser kommt es zur Konvektion, sodass die Energie schnell wegtransportiert wird. Zudem ist Wasser eine Flüssigkeit, sodass die Berührfläche größer ist.

V2 Die eingepackte Hand
a) Auf der Innenseite des Gefrierbeutels bilden sich kleine Wassertröpfchen und es wird wärmer.
b) Über die Poren verdunstet auf der Haut Wasserdampf. Im Beutel steigt dadurch die Luftfeuchtigkeit so weit, dass das Wasser auf der Innenseite des Gefrierbeutels kondensiert. Durch das Verdunsten gibt dein Körper Energie ab.
c) „Atmungsaktiv“ ist Kleidungsmaterial, wenn es für Wasserdampf durchlässig ist, sodass das Wasser nicht wie beim Gefrierbeutel auf der Innenseite kondensiert. „Wasserdicht“ ist es, wenn es für flüssiges Wasser (wie Regen) undurchlässig ist.
d) Die spezifische Verdampfungswärme von Wasser beträgt 2260 kJ/kg = 2,26 MJ/kg. Da Wasser eine Dichte von 1,0 g/cm^3 hat, ist 2,26 MJ die Energie, die benötigt wird, um einen Liter Wasser zu verdunsten. Da der Wirkungsgrad beim Schwitzen nicht 1 ist, wird tatsächlich etwas mehr Energie benötigt.

V3 Die silberne Hand

a) In der Folie fühlt es sich wärmer an.

b) Die Aluminiumfolie reflektiert die Wärmestrahlung der Hand, sodass die Energie nicht mehr so leicht an die Umgebung abgegeben werden kann.

c) Der eingewickelte Eiswürfel schmilzt langsamer, da die Strahlung von der Umgebung durch die Aluminiumfolie reflektiert wird, sodass der Eiswürfel nicht so viel Energie von der Umgebung aufnehmen kann.

d) Der in Wolle eingewickelte Eiswürfel schmilzt langsamer, da die Wolle die Energieaufnahme des Eiswürfels aus der Umgebung behindert.

Material A – Die Thermosflasche

A1 In einer Thermosflasche bleiben Tee oder Kaffee stundenlang heiß. Die Flasche ist so aufgebaut, dass Konvektion, Wärmeleitung und Strahlung möglichst effizient verhindert werden. Erläutere anhand der Abbildung, wie dies geschieht.

Strahlung: Die verspiegelte Innenfläche reflektiert die Strahlung des Tees bzw. Kaffees.

Konvektion: Der abgeschlossene Innenraum aus Gefäß und Verschluss verhindert die Konvektion.

Wärmeleitung: Da im Innern des doppelwandigen Gefäßes ein Vakuum ist, kann es dort nicht zur Wärmeleitung kommen. Im Raum zwischen Glasgefäß und Kunststoffhülle ist Luft eingeschlossen, die ein schlechter Wärmeleiter ist. Das gilt auch für Kunststoff und Kork.

Material B – Konvektion weltweit: Der Golfstrom

B1 a) Vergleiche die mittlere Temperatur und die geografische Breite von New York, Berlin und Lissabon. Erkläre die Unterschiede.

b) Im Golfstrom bewegen sich in der Sekunde etwa 1,5 · 10^8 m^3 Wasser. Er überträgt dadurch Energie mit einer Leistung von ca. 3 · 10^{15} W nach Norden. Berechne, wie stark sich das Wasser im Golfstrom dabei abkühlt.

a) New York: 12,5 °C; 41 °N,
Berlin: 8,9 °C; 53 °N
Lissabon: 17,1 °C; 39 °N

Lissabon ist hat die kleinste Entfernung zum Äquator. Der Sonnenstand ist dort im Jahresmittel am höchsten und dadurch wird durch die elektromagnetische Strahlung am meisten Energie aufgenommen. Die Durchschnittstemperatur ist daher dort am höchsten.

Obwohl New York nicht viel weiter nördlich liegt als Lissabon (220 km), ist die Durchschnittstemperatur dort deutlich geringer (4,6 K). Das liegt daran, dass der Golfstrom Energie von der Ostküste Amerikas nach Westeuropa transportiert, sodass es dort bei gleichem Breitengrad wesentlich wärmer ist.

Berlin liegt 1300 km nördlich von New York, die Durchschnittstemperatur ist aber nur 3,6 K niedriger. Auch hier zeigt sich noch der Einfluss des Golfstroms, obwohl Berlin weit vom Atlantik entfernt ist.

b) 1,5 · 10^8 m^3 Wasser haben eine Masse von 1,5 · 10^{11} kg. Bei einer Leistung von 3 · 10^{15} W überträgt der Golfstrom in einer Sekunde $3 \cdot 10^{12}$ kJ. Es gilt:
$\Delta E = c \cdot m \cdot \Delta T$ und nach ΔT aufgelöst:

$$\Delta T = \frac{\Delta E}{c \cdot m} = \frac{3 \cdot 10^{12}\,\text{kJ}}{4{,}2\,\frac{\text{kJ}}{\text{kg} \cdot \text{K}} \cdot 1{,}5 \cdot 10^{11}\,\text{kg}} = 5\ \text{K}.$$

Das Wasser des Golfstroms kühlt sich um 5 K ab.

B2 a) Beschreibe, was mit dem Wasser des Golfstroms geschieht, nachdem es den Nordatlantik erreicht hat.

b) Das Wasser der Tiefenströmungen hat eine größere Dichte als das in den Strömungen nahe der Wasseroberfläche. Erkläre.

c) Die Dichte von Meerwasser hängt vom Salzgehalt und der Temperatur des Wassers ab. Erläutere.

d) Das Wasser des Golfstroms ist relativ salzhaltig, gelangt aber erst bei Grönland in die Tiefe. Begründe.

a) Im Nordatlantik sinkt das dann kalte Wasser ab und strömt entlang der Küste Amerikas als Tiefenströmung Richtung Antarktis.

b) Wenn das Wasser der Tiefenströmungen eine kleinere Dichte hätte als das darüber liegende Wasser, gäbe es eine Auftriebskraft, die das Wasser der Tiefenströmungen nach oben drücken würde.

c) Durch eine höhere Temperatur kommt es beim Wasser (ab 4 °C) zur thermischen Ausdehnung, sodass die Dichte kleiner ist, wenn das Wasser wärmer ist. Wenn Salz in Wasser gelöst wird, nimmt dadurch das Volumen der Lösung praktisch nicht zu, wohl aber ihre Masse. Daher nimmt die Dichte des Wassers mit seinem Salzgehalt zu.

d) Beim Erwärmen des Wassers nahe des Äquators verdampft ein Teil des Wassers des Golfstroms, sodass es verglichen mit dem Wasser des Nordatlantiks mehr Salz enthält. Da das Wasser des Golfstroms zunächst eine relativ hohe Temperatur hat, hat es eine kleinere Dichte als das Wasser des Nordatlantiks und bleibt daher zunächst an der Oberfläche. Durch die Abkühlung nimmt die Dichte des Wassers des Golfstroms immer mehr zu, bis es aufgrund seines relativ hohen Salzgehalts vor Grönland absinkt.

Seite 338/339 (Blickpunkt)

1 Beschreibe, welche Arten der thermischen Energieübertragung bei der Prozessorkühlung genutzt werden. Erläutere, welche Art der Energieübertragung besonders effektiv ist.

Die Antworten sind im Text zu finden: Zunächst wird die Energie thermisch durch Wärmeleitung über Heatpipes und den Kühlkörper abtransportiert. Über die Aluminium-Lamellen des Kühlkörpers wird die Energie durch Strahlung an die Umgebung abgegeben. Anschließend wird die abgestrahlte thermische Energie durch den Luftstrom des

Lüfters durch Konvektion abtransportiert. Dieser Energietransport ist besonders effektiv, da die Energie schnell abgeführt und an die Umgebung abgegeben werden kann.

2 a) Überlege dir, wie man den Körper eines Verletzten mit der Rettungsdecke vor Überhitzung schützen kann, wenn die Außentemperatur höher ist als die Körpertemperatur. Begründe deine Antwort.
b) Beide Seiten der Rettungsdecke reflektieren Infrarotstrahlung nahezu gleich gut. Überlege, welchen Vorteil es dennoch haben könnte, wenn die gelbe Seite nach außen zeigt.

a) Um den Verletzten vor Überhitzung zu schützen, sollte ein Abtransport der Energie über Strahlung und Konvektion gewährleistet sein. Man sollte den Verletzten also keinesfalls in die Decke einwickeln. Statt dessen kann die Decke über dem Verletzten aufgespannt werden, um ihm Schatten zu spenden und ihn vor der Sonneneinstrahlung zu schützen.

b) Die gelbe Seite ist im Schnee besser zu sehen als die silberne Seite. Deshalb sollte bei einem Unfall im Winter die gelbe Seite nach außen zeigen.

Die spezifische Wärmekapazität

Seite 341

1 In einem Aluminiumtopf mit 0,2 kg Masse befindet sich 1 kg Wasser. Berechne die Energiemenge, die mindestens zugeführt werden muss, um Topf und Wasser von 20 °C auf 100 °C zu erwärmen.

Gegeben: $m_{\text{Alu}} = 0{,}2$ kg, $m_{\text{Wasser}} = 1$ kg, $\Delta T = 80$ K;
gesucht: ΔE.

$$\Delta E = c_{\text{Alu}} \cdot m_{\text{Alu}} \cdot \Delta T + c_{\text{Wasser}} \cdot m_{\text{Wasser}} \cdot \Delta T$$

$$\Delta E = 0{,}9\,\frac{\text{kJ}}{\text{kg·K}} \cdot 0{,}2\text{ kg} \cdot 80\text{ K} + 4{,}2\,\frac{\text{kJ}}{\text{kg·K}} \cdot 1{,}0\text{ kg} \cdot 80\text{ K}$$

$$\Delta E = 14{,}4\text{ kJ} + 336{,}0\text{ kJ} = 350{,}4\text{ kJ}$$

2 100 g Milchschokolade enthalten 2245 kJ Energie. Berechne, wie viel Wasser bzw. Speiseöl (jeweils in kg) man mit dieser Energiemenge um 50 K erwärmen könnte.

Gegeben: $\Delta E = 2245$ kJ, $\Delta T = 50$ K;
gesucht: m_{Wasser} bzw. $m_{\text{Öl}}$.

Die Gleichung $\Delta E = c \cdot m \cdot \Delta T$ stellen wir nach m um und rechnen jeweils für Wasser und Speiseöl:

$$m_{\text{Wasser}} = \frac{\Delta E}{c_{\text{Wasser}} \cdot \Delta T} = \frac{2245\text{ kJ}}{4{,}2\,\frac{\text{kJ}}{\text{kg·K}} \cdot 50\text{ K}} = 10{,}7\text{ kg}$$

$$m_{\text{Öl}} = \frac{\Delta E}{c_{\text{Öl}} \cdot \Delta T} = \frac{2245\text{ kJ}}{7\,\frac{\text{kJ}}{\text{kg·K}} \cdot 50\text{ K}} = 26{,}4\text{ kg}$$

Seite 342 (Blickpunkt)

1 Berechne aus den Angaben von JOULE die spezifische Wärmekapazität von Wasser.

Gegeben: $m_{\text{Wasser}} = 0{,}454$ kg,
$m_{\text{Masse}} = 781{,}5 \cdot 0{,}454\text{ kg} = 354{,}8$ kg,
$\Delta h = 0{,}305$ m, $\Delta T = {}^{5}/_{9}\text{ K} = 0{,}56$ K;
gesucht: c_{Wasser}.

Zunächst wird die durch Absenken der Massestücke zugeführte Energie berechnet:

$$\Delta E = m_{\text{Masse}} \cdot g \cdot \Delta h = 354{,}8\text{ kg} \cdot 9{,}8\,\frac{\text{m}}{\text{s}^2} \cdot 0{,}305\text{ m}$$

$$\Delta E = 1060{,}5\text{ J}.$$

Wenn diese Energie vollständig zur Erhöhung der Temperatur des Wassers genutzt wurde, dann ergibt sich aus $\Delta E = c_{\text{Wasser}} \cdot m_{\text{Wasser}} \cdot \Delta T$ für c_{Wasser}:

$$c_{\text{Wasser}} = \frac{\Delta E}{m_{\text{Wasser}} \cdot \Delta T} = \frac{1{,}0605\text{ kJ}}{0{,}454\text{ kg} \cdot 0{,}56\text{ K}}$$

$$= 4{,}2\,\frac{\text{kJ}}{\text{kg·K}}.$$

Das stimmt mit dem bekannten Wert überein.

Seite 343 (Material)

Material A – Der Abseilachter

A1 a) Ein Kletterer der Masse 70 kg seilt sich über eine 20 m hohe Felswand ab. Dadurch ändert sich seine Lageenergie $E_{\text{Lage}} = m \cdot g \cdot h$. Berechne den Unterschied der Lageenergie.
b) Der Abseilachter hat eine Masse von 90 g und besteht aus Aluminium. Vor dem Abseilen hat der Abseilachter eine Temperatur von 24 °C. Berechne die Temperatur, die der Abseilachter maximal annehmen kann. Nimm dazu an, dass die gesamte Energie aus a) zur Erwärmung des Abseilachters führt.
c) Erläutere, welche Rolle die Abseilgeschwindigkeit bei der Erwärmung des Abseilachters spielt.
d) Die Kletterseile bestehen hauptsächlich aus Kunststoff. Dieser Kunststoff schmilzt bei etwa 200 °C. Im praktischen Einsatz wird der Abseilachter aber nicht so heiß, wie in b) berechnet. Überlege dir mögliche Ursachen dafür.

a) Gegeben: $m = 70$ kg, $h = 20$ m;
gesucht: Änderung der Lageenergie E.

$$E = m \cdot g \cdot h = 70\text{ kg} \cdot 9{,}8\,\frac{\text{m}}{\text{s}^2} \cdot 20\text{ m} = 13{,}72\text{ kJ}.$$

b) Masse des Abseilachters $m_{\text{Al}} = 0{,}090$ kg, Temperatur vor dem Abseilen $\vartheta_1 = 24$ °C, zugeführte Energie: $\Delta E = 13{,}72$ kg;
gesucht: Temperatur des Abseilachters nach dem Abseilen.

Die Gleichung $\Delta E = c \cdot m \cdot \Delta T$ lösen wir nach ΔT auf:

$$\Delta T = \frac{\Delta E}{c \cdot m} = \frac{13{,}72\text{ kJ}}{0{,}9\,\frac{\text{kJ}}{\text{kg·K}} \cdot 0{,}090\text{ kg}} \approx 169\text{ K}.$$

Die Temperatur des Abseilachters beträgt nach dem Abseilen 193 °C.

c) Da die Gleitreibungskräfte unabhängig von der Geschwindigkeit sind, mit der die Körper aneinander gleiten, spielt die Geschwindigkeit eigentlich keine Rolle. Allerdings wird ja beim Abseilen Energie an die Umgebung abgegeben. Je länger der Vorgang dauert, umso mehr Energie kann währenddessen abgegeben werden.

d) Beim Abseilen wird bereits Energie an die Umgebung abgegeben. Die Energie wird also nicht nur zur Erwärmung des Abseilachters aufgewendet.

Material B – Was ist eine Kalorie?

B1 a) Berechne aus den Angaben in der Tabelle den Umrechnungsfaktor von kcal in kJ.
b) Gib die Energie an, die man benötigt, um 1 g Wasser um 1 K zu erwärmen.
c) In einem alten Physikbuch steht: 1 Kalorie ist die Wärmemenge, die benötigt wird, um 1 g Wasser von 14,5 °C auf 15,5 °C zu erwärmen. Vergleiche diese Aussage mit den Ergebnissen aus a) und b).

a) Den Angaben entnehmen wir:
1714 kJ = 407 kcal bzw. 240 kJ = 57 kcal.
Daraus ergibt sich:
1 kcal = 4,2 kJ bzw. 1 kJ = 0,24 kcal.

b) $\Delta E = 4{,}2\ \frac{\text{kJ}}{\text{kg·K}} \cdot 0{,}001\ \text{kg} \cdot 1\ \text{K} = 4{,}2\ \text{J}.$

c) Aus 1 kcal = 4,2 kJ folgt 1 cal = 4,2 J.
Dies ist genau die Energie, die benötigt wird, um 1 g Wasser um 1 K, also z. B. von 14,5 °C auf 15,5 °C, zu erhöhen. Das ist kein Zufall, denn so hat man die Einheit 1 cal festgelegt.

B2 a) Du hast einen Schokoriegel von 18 g mit dem Energiegehalt von 410 kJ gegessen. Berechne den Höhenunterschied, den du damit in den Bergen erwandern könntest.
b) Max sagt: „Dann brauche ich ja nur drei Riegel, um von Ehrwald (994 m) auf die Zugspitze (2962 m) zu klettern.“ Nimm Stellung.

a) Gegeben: Energiezufuhr $\Delta E = 410$ kJ;
gesucht: Höhenunterschied h.
Wenn man davon ausgeht, dass die gesamte Energie in Lageenergie umgewandelt wird, dann ergibt sich h aus:

$$h = \frac{\Delta E}{m \cdot g}.$$

Eine Masse ist nicht angegeben, wir nehmen an $m = 60$ kg.
Daraus folgt:

$$h = \frac{410\ \text{kJ}}{60\ \text{kg} \cdot 9{,}8\ \frac{\text{N}}{\text{kg}}} = 697\ \text{m}.$$

b) Mit drei Schokoriegeln käme man auf einen Höhenunterschied von 3 · 697 m = 2091 m, also von Ehrwald auf die Zugspitze. Es ist aber so, dass die im Schokoriegel enthaltene Energie nicht ausschließlich in die Zunahme der Lageenergie umgewandelt wird. Sie wird u. a. für die Aufrechterhaltung der Körperfunktionen benötigt und ein Teil wird thermisch an die Umgebung abgegeben. Max hat also nicht recht.

B3 Um den Energiegehalt von Lebensmitteln zu bestimmen, verbrennt man diese im Labor in einem besonderen, isolierten Gefäß zu Asche. In dem Gefäß befindet sich Wasser, das dabei erwärmt wird. Die Temperaturerhöhung des Wassers wird gemessen. Im Labor wurde auf diese Weise 1,5 g Zucker verbrannt. In dem Gefäß befinden sich 160 g Wasser. Der Temperaturverlauf wurde gemessen und im Diagramm unten dargestellt. Berechne den Energiegehalt von 1,5 g Zucker.

Anhand der Temperaturkurve erkennt man, dass die Temperatur des Wassers um ca. 36 K gestiegen ist. Für 160 g Wasser sind hierfür

$$\Delta E = c \cdot m \cdot \Delta T = 4{,}2\ \frac{\text{kJ}}{\text{kg·K}} \cdot 0{,}16\ \text{kg} \cdot 36\ \text{K} = 24{,}2\ \text{kJ}$$

an Energie nötig. Diese Energie stammt aus 1,5 g Zucker. Daraus ergibt sich ein Energiegehalt für Zucker von 16,1 kJ pro Gramm.

2 Energieumwandlungen

Energie und irreversible Vorgänge

Seite 347

1 Beschreibe drei Vorgänge aus dem Alltag, bei denen Energie irreversibel übertragen oder umgewandelt wird.

Wenn eine Tasse Tee sich abkühlt, wird Energie irreversibel vom heißen Tee auf die kalte Umgebung übertragen.
Beim Erwärmen von Wasser im Wasserkocher wird elektrische Energie irreversibel in innere Energie des Wassers umgewandelt.
Beim Bohren wird mechanische Energie irreversibel in innere Energie des Bohrers und des Werkstücks umgewandelt.
Beim Verbrennen einer Kerze wird chemische Energie irreversibel in thermische Energie umgewandelt.

Seite 348

1 Kraftwerke nutzen irreversible Vorgänge. Erläutere anhand von drei Beispielen.

Wasser fließt von selbst bergab. Mit diesem irreversiblen Vorgang kann ein Wasserkraftwerk angetrieben werden.
Luft strömt von selbst vom Hochdruckgebiet zum Tiefdruckgebiet. Mit diesem irreversiblen Vorgang kann eine Windkraftanlage angetrieben werden.
Die thermische Energie der Erde strömt von selbst aus dem heißen Erdinnern zur kalten Erdoberfläche. Mit diesem irreversiblen Vorgang kann ein Geothermiekraftwerk angetrieben werden.

Seite 349 (Material)

Versuche – Thermoelement als Generator und als Wärmepumpe

V1 Thermoelement als Generator

a) –

b) Um den Propeller schneller laufen zu lassen, kann man das heiße Wasser noch heißer machen oder das kalte Wasser noch kälter machen.

c) Der irreversible Vorgang des Temperaturausgleichs zwischen dem heißen und dem kalten Wasser treibt das Thermoelement als Generator an.

d) Die Energie wird vom heißen Wasser durch die linke Aluschiene auf das Thermoelement übertragen, das ein Energiewandler ist und daher die Energie direkt weitergibt. Ein Teil der Energie wird über die rechte Aluschiene an das kalte Wasser abgegeben. Den „Rest" gibt das Thermoelement elektrisch an den Elektromotor weiter.

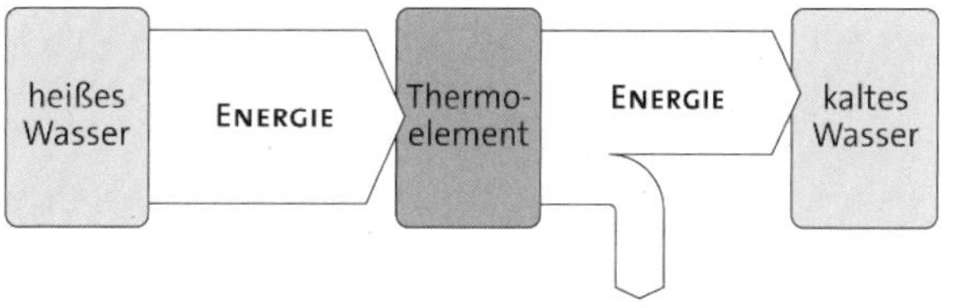

Cornelsen/Atelier tigercolor Tom Menzel, Scharbeutz/Klingenberg

V2 Thermoelement als Wärmepumpe

a) –

b) Ein Tonnenfuß wird wärmer, der andere wird kälter.

c) Der irreversible Vorgang des Potenzialausgleichs zwischen dem Pluspol und dem Minuspol des Akkus treibt das Thermoelement als Generator an.

d) Auf das Thermoelement wird elektrisch Energie übertragen. Diese wird dazu genutzt, um dem kälter werdenden Tonnenfuß thermische Energie zu entziehen und auf den heißer werdenden Tonnenfuß zu übertragen. Auch die elektrisch zugeführte Energie landet dort.

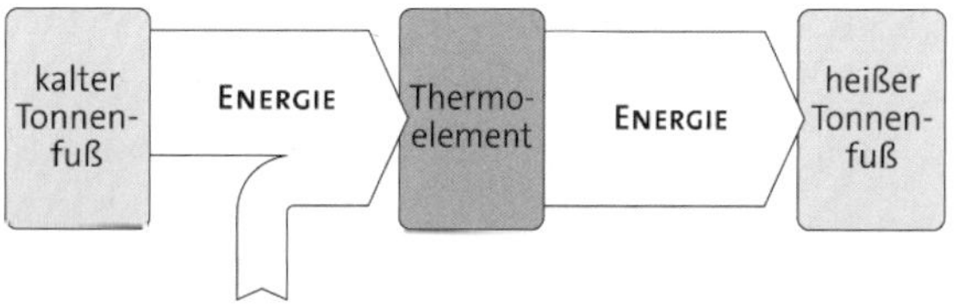

Cornelsen/Atelier tigercolor Tom Menzel, Scharbeutz/Klingenberg

Material A – Irreversibel?

A1 Beschreibe folgende Vorgänge mithilfe der Energie. Begründe, warum die Vorgänge irreversibel sind.
a) Eine Tasse heißen Kaffees kühlt sich ab.
b) Ein Stein fällt auf den Boden.
c) Ein Glas kalte Limonade erwärmt sich.
d) Ein Pendel schwingt hin und her.
e) Ein Radfahrer bremst aus voller Fahrt.
f) Eine Glühlampe wird an einen Akku angeschlossen.
g) Ein Elektromotor wird an einen Akku angeschlossen und hebt eine Last an.

a) Der heiße Kaffee gibt Energie thermisch an die Umgebung ab. Der Vorgang ist irreversibel, da die Energie niemals von selbst von der kalten Umgebung zum heißen Kaffee gelangt.

b) Bewegungsenergie wird in innere Energie von Stein und Boden umgewandelt. Der Vorgang ist irreversibel, da die innere Energie niemals wieder in Bewegungsenergie umgewandelt wird.

c) Die Umgebung gibt Energie thermisch an die kalte Limonade ab. Der Vorgang ist irreversibel, da die Energie niemals von selbst von der kalten Limonade zur wärmeren Umgebung gelangt.

d) Beim Pendel wandeln sich ständig Lage- und Bewegungsenergie ineinander um. Allerdings wird aufgrund von Reibung und Luftwiderstand ständig ein Teil der Bewegungsenergie in innere Energie von Haken, Faden, Luft usw. umgewandelt, sodass das Pendel irgendwann zur Ruhe kommt. Der Vorgang ist irreversibel, da die innere Energie niemals wieder in Bewegungsenergie umgewandelt wird.

e) Beim Bremsen wird die Bewegungsenergie des Radfahrers in innere Energie von Bremsklötzen und Felge umgewandelt. Der Vorgang ist irreversibel, da die innere Energie niemals wieder in Bewegungsenergie umgewandelt wird.

f) In der Glühlampe wird elektrische Energie in innere Energie des Glühdrahts umgewandelt. Der Vorgang ist irreversibel, da die innere Energie niemals wieder in elektrische Energie umgewandelt wird.

g) Im Motor wird elektrische Energie in mechanische Energie umgewandelt. Damit wird eine Last angehoben. Die Energie ist dann zumindest teilweise als Lageenergie gespeichert. Aufgrund von elektrischem Widerstand und mechanischer Reibung wird aber ein Teil der Energie des Akkus in innere Energie umgewandelt. Der Vorgang ist irreversibel, da die innere Energie niemals wieder in elektrische Energie umgewandelt wird.

A2 Einige der Vorgänge aus A1 können näherungsweise als reversibel betrachtet werden. Gib an, welche Vorgänge das sind und unter welchen Annahmen sie reversibel sind.

Die Vorgänge d) (Pendel) und g) (Motor) sind näherungsweise reversibel. d) ist reversibel unter der Annahme, dass Reibung und Luftwiderstand nicht vorhanden sind. g) ist reversibel, wenn man zusätzlich annimmt, dass es keinen elektrischen Widerstand gibt.

Material B – Trinkvogel

B1 a) Bringe in die richtige Reihenfolge: flüssiger Ether steigt im Rohr auf – das Wasser im Stoff um den Kopf verdunstet – der Vogel kippt und taucht seinen Schnabel in das Wasser – im Kopf kondensiert gasförmiger Ether – der Kopf kühlt sich ab – der Druck im Kopf sinkt.

b) Der Trinkvogel scheint sich von selbst ununterbrochen zu bewegen. Tatsächlich aber gibt es einen irreversiblen Vorgang, der den Vogel antreibt. Erkläre.

a) Der Vogel kippt und taucht seinen Schnabel in das Wasser – das Wasser im Stoff um den Kopf verdunstet – der Kopf kühlt sich ab – im Kopf kondensiert gasförmiger Ether – der Druck im Kopf sinkt – flüssiger Ether steigt im Rohr auf – der Vogel kippt …

b) Der Vogel wird durch den irreversiblen Vorgang der Verdunstung von Wasser angetrieben.

Thermische Maschinen

Seite 351

1 Vergleiche den Heißluftmotor mit dem Versuch mit dem Thermoelement als Generator (siehe S. 56, ▹Bild 02). Beschreibe Gemeinsamkeiten und Unterschiede.

Gemeinsamkeiten: Heißluftmotor und Thermoelement benötigen beide ein heißes und ein kaltes System. Beide werden durch den irreversiblen Vorgang des Temperaturausgleichs angetrieben. Dabei wird Energie vom heißen zum kalten System übertragen. Ein Teil der vom heißen System abgegebenen Energie wird „abgezweigt" und auf mechanische bzw. elektrische Weise abgegeben.

Unterschiede: Die gewünschte Energieabgabe erfolgt beim Heißluftmotor mechanisch durch Drehung einer Achse, beim Thermoelement dagegen elektrisch. Der Heißluftmotor durchläuft mehrere Takte, die sich periodisch wiederholen. Das Thermoelement arbeitet kontinuierlich.

2 Berechne die prinzipielle Grenze des Wirkungsgrads eines Heißluftmotors, der zwischen 900 °C und 30 °C arbeitet.

Gegeben: hohe Temperatur 900 °C, d. h. T_1 = 1173 K, niedrige Temperatur 30 °C, d. h. T_2 = 303 K;
gesucht: größtmöglicher Wirkungsgrad η_{ideal}.

$$\eta_{\text{ideal}} = 1 - \frac{T_2}{T_1} = 1 - \frac{303\ \text{K}}{1173\ \text{K}} = 0{,}74 = 74\ \%.$$

Seite 353 (Material)

Material A – Thermische Maschinen und Wirkungsgrad

A1 Gib an, welcher von selbst ablaufende irreversible Vorgang zum Antrieb thermischer Maschinen genutzt wird. Begründe, warum eine solche Maschine einen Teil der thermisch zugeführten Energie als „Abwärme" abgeben muss.

Zum Antrieb einer thermischen Maschine wird der von selbst ablaufende irreversible Vorgang der thermischen Energieübertragung von einem heißen zu einem kalten System genutzt bzw. der Temperaturausgleich zwischen heißem und kaltem System.

Anschauliche Begründung: Bei der thermischen Energieübertragung muss selbstverständlich Energie an das kalte System abgegeben werden, sonst wäre es keine thermische Energieübertragung. Diese Energieabgabe wird als „Abwärme" bezeichnet.

Begründung mit der Entropie: Wenn die Maschine Energie thermisch aufnehmen, aber niemals thermisch abgeben würde, dann würde die Entropie immer nur zunehmen und die Maschine würde immer heißer werden.

A2 In Kohle- und Kernkraftwerken treibt heißer Dampf die Dampfturbinen an. Vor dem Einlass in die Turbine hat der Dampf eine Temperatur von ca. 550 °C. Nach Verlassen der Turbine kondensiert der Dampf. Die Temperatur des Wassers beträgt ca. 50 °C.

a) Berechne den theoretisch größtmöglichen Wirkungsgrad η_{ideal}.

b) Der tatsächliche Wirkungsgrad einer Dampfturbine beträgt ca. 45 %. Berechne, welcher Bruchteil von η_{ideal} das ist.

a) Für den theoretisch größtmöglichen Wirkungsgrad sind Einlass- und Auslasstemperatur der Dampfturbine entscheidend. Die Einlasstemperatur beträgt 550 °C, d. h. $T_1 = 823$ K, die Auslasstemperatur ist bestenfalls 100 °C, d. h. $T_2 = 373$ K. Also gilt für den theoretisch größtmöglichen Wirkungsgrad:

$$\eta_{ideal} = 1 - \frac{T_2}{T_1} = 1 - \frac{373\ \text{K}}{823\ \text{K}} = 0{,}55 = 55\ \%.$$

b) Der Bruchteil des tatsächlichen Wirkungsgrads (45 %) vom theoretisch größtmöglichen Wirkungsgrad (55 %) beträgt:

45 % : 55 % = 0,82 = 82 %.

Die Dampfturbine nutzt 82 % des theoretisch nutzbaren Anteils an thermisch zugeführter Energie aus.

Material B – Der Stirlingmotor

B1 Beim Stirlingmotor werden nacheinander die vier Takte Expansion, Abkühlung, Kompression und Erwärmung durchlaufen (▹Bild unten).

a) Gib für jeden Takt an, ob die Luft Energie thermisch aufnimmt oder abgibt und ob sie Energie mechanisch aufnimmt oder abgibt.

b) In einer idealisierten Betrachtung nimmt man an, dass die Expansion und die Kompression bei konstanter Temperatur erfolgen. Erläutere, was daraus für die Energiebilanz der eingeschlossenen Luft bei der Expansion bzw. bei der Kompression folgt.

a) Energie:

1. Takt: Die Luft nimmt von der heißen Platte Energie thermisch auf und gibt Energie mechanisch an das Schwungrad ab.
2. Takt: Die Luft gibt Energie thermisch an den kalten Verdränger ab.
3. Takt: Die Luft nimmt vom Schwungrad Energie mechanisch auf und gibt Energie thermisch an die kalte Platte ab.
4. Takt: Die Luft nimmt Energie thermisch vom heißen Verdränger auf.

b) Wenn die Expansion bzw. Kompression bei konstanter Temperatur erfolgt, dann ändert sich die in der Luft gespeicherte Energie nicht. Das bedeutet, dass bei der Expansion (1. Takt) die thermisch zugeführte Energie in dieser Idealisierung vollständig auf mechanische Weise abgegeben wird. Entsprechend wird bei der Kompression (3. Takt) die mechanisch zugeführte Energie vollständig auf thermische Weise abgegeben.

B2 Typische Merkmale eines technischen Stirlingmotors sind:

- **Es gibt viele Möglichkeiten, die thermische Energie zuzuführen.**
- **Beliebige Brennstoffe sind möglich.**
- **Die Leistung kann nur langsam geändert werden.**
- **Hohes Gewicht.**

a) Der Stirlingmotor ist für Fahrzeuge ungeeignet. Begründe.

b) Erörtere Vor- und Nachteile für den Einsatz auf einem Schiff.

c) Gib weitere Einsatzmöglichkeiten des Stirlingmotors an.

a) In Fahrzeugen muss die Leistung schnell geändert werden können. Außerdem sollte der Motor möglichst leicht sein.

b) *Vorteile:* Der Motor kann mit beliebigen Brennstoffen betrieben werden.

Nachteile: Praktisch keine. Die langsame Leistungsänderung und das hohe Gewicht sind beim Schiff nicht entscheidend.

c) Der Stirlingmotor kann als Mini-Kraftwerk eingesetzt werden, z. B. in Gegenden ohne Stromversorgung. In heißen Ländern kann er mit Sonnenstrahlung betrieben werden, z. B. zum Betrieb von Wasserpumpen.

Material C – Verbrennungsmotoren

C1 Erkläre den prinzipiellen Unterschied zwischen Verbrennungs- und Heißluftmotor. Welche Bauteile sind grundsätzlich gleich? Welche Takte entsprechen sich im Prinzip?

Beim Verbrennungsmotor erfolgt die Verbrennung explosionsartig und im Innern des Zylinders. Dagegen erfolgt beim Heißluftmotor das Erhitzen kontinuierlich und von außen.

Grundsätzlich gleiche Bauteile sind Zylinder und Kolben. Der 3. Takt des Benzinmotos entspricht dem 1. Takt des Heißluftmotors, da in beiden Fällen das Gas im Zylinder expandiert und mechanisch Energie abgibt.

C2 Vergleiche die Merkmale des Verbrennungs- mit denen des Heißluftmotors. Beschreibe die Vor- und Nachteile von Verbrennungsmotoren gegenüber Heißluftmotoren.

Die Leistung des Verbrennungsmotors kann im Gegensatz zum Heißluftmotor schnell geändert werden. Der Verbrennungsmotor ist relativ leicht. Er benötigt spezielle Brennstoffe. Die Abgase enthalten CO_2 und andere schädliche Stoffe.

Vorteile: leicht, schnelle Leistungsanpassung;

Nachteile: spezielle Brennstoffe, Abgase

Entropie – eine neue Größe

Seite 355

1 Ein Stück Würfelzucker löst sich in einer Tasse Tee auf. Erkläre, dass dabei Entropie erzeugt wird.
Das Auflösen von Zucker im Tee ist ein irreversibler Vorgang. Folglich muss dabei Entropie entstehen.

Seite 357 (Material)

Material A – Entropie und Zeit

a) Ordne die Bilder in der richtigen Reihenfolge an. Erkläre, wie sich bei diesem Vorgang die Entropie von Bild zu Bild ändert.
b) Gib an, welcher Teil des Vorgangs annähernd reversibel und welcher Teil irreversibel ist.
c) Beschreibe, wie der annähernd reversible Teil im Prinzip umgekehrt werden könnte.
d) Gib an, bei welchem Teil des Vorgangs besonders viel Entropie erzeugt wird.
a) Die richtige Reihenfolge ist B, A, D, C.
b) Annähernd reversibel (bis auf die Luftreibung) ist der Sprung bis zum Eintauchen, das Eintauchen selbst ist irreversibel.
c) Der Sprung bis zum Eintauchen könnte prinzipiell umgekehrt werden, wenn sie von unten mit der nötigen Geschwindigkeit nach oben gestoßen wird.
d) Besonders viel Entropie wird beim Eintauchen in das Wasser erzeugt. Dabei wandelt sich Bewegungsenergie in thermische Energie um und das Wasser erwärmt sich. Aus der geordneten Bewegung der Springerin wird also ungeordnete Teilchenbewegung.

B1 a) Zum Schmelzen von Eis der Temperatur 0 °C wird eine Energie von 0,33 kJ/g benötigt. Berechne mit obiger Formel, um wie viel die Entropie eines schmelzenden Eiswürfels von 10 g zunimmt.
b) Ein Eiswürfel (10 g, 0 °C) wird zum Kühlen eines Getränks von 200 g verwendet. Berechne die Temperaturabnahme des Getränks (spezifische Wärmekapazität $c = 4{,}2\ \frac{\text{kJ}}{\text{kg} \cdot \text{K}}$).
c) Zeige mit obiger Formel, dass die Entropieabnahme des Getränks kleiner als die Entropiezunahme des schmelzenden Eiswürfels ist. Erkläre, warum dies so sein muss.
d) Überschlage wie viel Wasser von 0 °C man bräuchte, um das Getränk genauso gut zu kühlen, wie mit 10 g Eis von 0 °C.

a) $\Delta S = \frac{3{,}3\ \text{kJ}}{273\ \text{K}} = 12\ \frac{\text{J}}{\text{K}}$

b) Die Energie zum Schmelzen des Eiswürfels ($\Delta E =$ 3,3 kJ) wird dem Getränk entzogen. Daraus folgt für die Temperaturabnahme des Getränks:

$$\Delta E = c \cdot m \cdot \Delta T \Rightarrow \Delta T = \frac{\Delta E}{c \cdot m} = \frac{3{,}3\ \text{kJ}}{4{,}2\ \frac{\text{kJ} \cdot \text{K}}{\text{kg}} \cdot 0{,}2\ \text{kg}} = 3{,}9\ \text{K}$$

c) In der gegebenen Gleichung für die Entropie steht die Temperatur im Nenner. Die Energie, die das Getränk abgibt, ist genau gleich der Energie, die dem Eis zugeführt wird.
Das Getränk hat eine höhere Temperatur als das Eis. Deshalb ist die Entropieabnahme beim Getränk kleiner also die Entropiezunahme beim Eis. Insgesamt nimmt also die Entropie zu.
d) siehe b): Um den gleichen Kühleffekt zu erreichen, müsste man die 8-fache Menge Wasser zufügen, also ca. 80 g.

B2 a) Wenn man einen Kühlschrank einschaltet, kühlt er sein Inneres ab und heizt die Umgebung mit dem rückseitigen Gitter auf (▹Bild 04). Erkläre, warum dieser Vorgang nicht von selbst ablaufen kann.
b) Mit einem Gefrierschrank sollen pro Stunde 50 Eiswürfel der Masse 10 g erzeugt werden. Berechne die Energie ΔE_1 und die Entropie ΔS_1, die in einer Stunde dem gefrierenden Wasser entnommen werden.
c) Die Energie $\Delta E_2 = \Delta E_1$ wird thermisch an die Umgebung (293 K) abgegeben. Berechne die Entropie ΔS_2, die dabei den Kühlschrank verlässt. Berechne den prozentualen Anteil der Entropie ΔS_2 an der Entropie ΔS_1.
d) Damit sich im Kühlschrank keine Entropie anhäuft, muss auch die restliche Entropie noch abgegeben werden. Die gesamte Entropie, die den Kühlschrank in einer Stunde verlässt, muss mindestens so groß sein wie ΔS_1. Dazu liefert der Kompressor mechanische Energie, die als thermische Energie an dem rückseitigen Gitter an die Umgebung abgegeben werden kann. Berechne daraus die Energie, die der Kompressor in einer Stunde liefern muss. Berechne die dazu nötige Leistung des Kompressors.
e) Zeichne ein Säulendiagramm für die Entropiebilanz.
a) Erklärung über irreversible Vorgänge: Beim Kühlschrank wird Energie vom kalten Inneren zur warmen Umgebung transportiert. Von selbst wird Energie aber immer nur von einem wärmeren zu einem kälteren System übertragen.
Erklärung über die Entropie: In der Gleichung für die Entropie steht die Temperatur im Nenner. Die Energie, die der Kühlschrank abgibt, nimmt die Umgebung auf. Nun hat aber der Kühlschrank im Inneren eine niedrigere Temperatur als die Umgebung. Deshalb ist die Entropieabnahme des Kühlschranks größer als die Entropiezunahme der Umgebung. Insgesamt würde also die Entropie abnehmen.

b) 500 g Eis sollen pro Stunde bereitet werden.
Dazu ist eine Energie von
$\Delta E_1 = 50 \cdot 3{,}3\ \text{kJ} = 165\ \text{kJ}$ erforderlich.
Die nötige Entropie ist

$$\Delta S_1 = \frac{165\ \text{kJ}}{273\ \text{K}} = 0{,}60\ \frac{\text{kJ}}{\text{K}}$$

c) Die von der Umgebung aufgenommene Energie ist $\Delta E_2 = \Delta E_1 = 165\ \text{kJ}$.
Die Entropie erhöht sich dabei in der Umgebung um

$$\Delta S_2 = \frac{165\ \text{kJ}}{293\ \text{K}} = 0{,}56\ \frac{\text{kJ}}{\text{K}}$$

$$\frac{\Delta S_2}{\Delta S_1} = \frac{0{,}56\ \frac{\text{kJ}}{\text{K}}}{0{,}60\ \frac{\text{kJ}}{\text{K}}} = 0{,}93.$$ Das sind 93 %.

d) Die Entropie, die mindestens noch zusätzlich pro Stunde nach außen abgegeben werden muss ist:

$$\Delta S = \Delta S_2 - \Delta S_2$$
$$= 0{,}60\ \frac{\text{kJ}}{\text{K}} - 0{,}56\ \frac{\text{kJ}}{\text{K}} = 0{,}04\ \frac{\text{kJ}}{\text{K}}.$$

Bei einer Umgebungstemperatur von 293 K ist dazu eine Energie von

$$\Delta E = \Delta S \cdot T_2 = 0{,}04\ \frac{\text{kJ}}{\text{K}} \cdot 293\ \text{K} = 12\ \text{kJ}$$

pro Stunde erforderlich.

Das ist eine durchschnittliche Leistung von

$$P = \frac{12\ \text{kJ}}{3600\ \text{s}} = 3{,}3\ \text{W}.$$

e) Wir zeichnen ein Säulendiagramm für folgenden Vorgang: Eine Energieportion wird aus dem Kühlschrank an die Umgebung abgegeben. Dadurch nimmt die Umgebungsentropie zu und die Kühlschrankentropie ab. Zusätzlich steigt aber auch die Entropie in der Umgebung durch die mechanische Energie des Kompressors, die als thermische Energie an die Umgebung abgegeben wird.

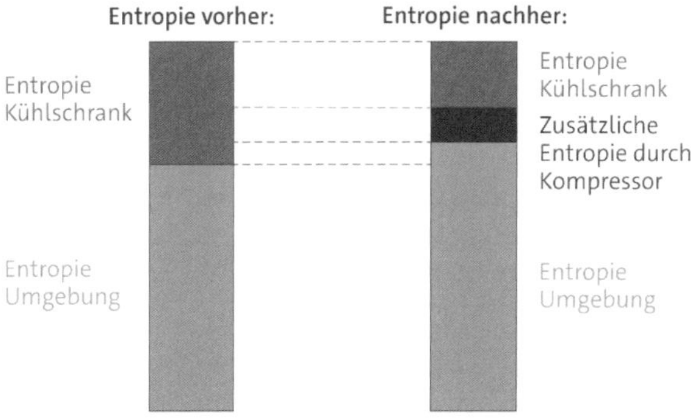

Cornelsen/newVISION! GmbH Bernhard A. Peter, Pattensen

Gesetzmäßigkeiten im elektrischen Stromkreis

Didaktische Hinweise

Größen der Elektrizitätslehre
In der Elektrizitätslehre von Universum Physik 5/6 stand das Grundverständnis von Schaltungen im Mittelpunkt. Messungen von Stromstärken und Spannungen und damit auch ihre absoluten Werte spielten noch keine Rolle. Stattdessen wurden lediglich die Auswirkungen von größeren Strömen und die Abstimmung zwischen Spannungsquelle und Gerät behandelt. Die Spannung wurde zunächst einmal nur als Antrieb für den Strom betrachtet.
In diesem Band werden die Größen daher neu eingeführt, ausgehend von der Ladung und der Spannung in der Elektrostatik. Dabei erfolgt der Einstieg über alltagsnahe Phänomene, die die Alltagsrelevanz der Zusammenhänge verdeutlichen und so zur Auseinandersetzung mit den Inhalten motivieren.

Bedeutung der Energie
Bei der Behandlung von Stromkreisen war es uns besonders wichtig, immer wieder das Augenmerk darauf zu lenken, dass der Zweck eines Stromkreises bzw. einer elektrischen Schaltung der Transport elektrischer Energie ist. Das Strömen von Elektronen im Kreis ist lediglich eine Voraussetzung dafür. Deshalb ist der Aspekt der Energie schon in der Elektrostatik hervorgehoben worden: Spannung wird hier anschaulich als Maß für die gespeicherte Energie eingeführt, die zur Trennung der Ladungen aufgewandt werden musste. Außerdem wurde das in Universum 5/6 eingeführte Elektronengasmodell des elektrischen Stromkreises so erweitert, dass sich die Energieübertragung am Gerät in Abhängigkeit von Spannung und Widerstand verdeutlichen lässt.

Nutzung von Modellen
Gerade für die Elektrizitätslehre gibt es sehr viele unterschiedliche Modelle, die die verschiedenen Aspekte der Stromkreise – meist durch Analogiebildung – verdeutlichen sollen. Wir haben uns sehr bewusst dafür entschieden mit einer Ausnahme nur das Elektronengasmodell zu verwenden. Dadurch kann der Aufbau konsistenter Vorstellungen gestützt werden.
Das Elektronengasmodell bindet das in Universum 5/6 eingeführten Teilchenmodell mit ein. Damit lassen sich die Stromleitung in Metallen, die Wärmewirkung des elektrischen Stroms und der elektrische Widerstand auf mikroskopischer Ebene erklären. Insbesondere ermöglicht das Elektronengasmodell die Veranschaulichung der anliegenden Spannungen und der umgesetzten Energien und erlaubt so eine weitreichende Analogiebildung bis hin zur Reihenschaltung unterschiedlicher Widerstände.
Andere Analogien nutzen wir zur Einführung der elektrischen Stromstärke. Hier können die Schülerinnen und Schüler auf viele alltägliche Ströme zurückgreifen und diese zur Veranschaulichung nutzen.

Elektrischer Strom
Die Festlegung der Stromrichtung ist historisch bedingt. Die konventionelle oder technische Stromrichtung verläuft vom positiven zum negativen Pol der Spannungsquelle, während sich die Leitungselektronen in Metallen gerade in die entgegengesetzte Richtung bewegen.
Im Grundtext wird die Stromrichtung in Analogie zu anderen Strömen eingeführt. Nach der Identifikation der Elektronen als (üblichen) Trägern des elektrischen Stroms wird entsprechend nur die Strömungsrichtung der Elektronen betrachtet, nicht die technische Stromrichtung – das vermeidet Verwirrung bei den Schülern.

Grad der Mathematisierung
Mit der Messung der Kenngrößen Spannung, Stromstärke und Widerstand gehen die Berechnung dieser Größen und die Interpretation von Kennlinien einher.
Die Berechnung von Gesamtwiderständen in Parallelschaltungen stellt erhöhte Anforderungen, die aber nicht umgangen werden sollen. Zum einen kann die physikalische Interpretation der erhaltenen Gesamtwiderstände in Reihen- und Parallelschaltungen das Verständnis der beiden Schaltungstypen abrunden. Zum anderen ist so eine Annäherung an reale Schaltungen möglich.

Methoden und Blickpunkte
Die Methoden dienen einerseits dem richtigen Umgang mit dem Multimeter bei der Messung von Stromstärken und Spannungen. „Analogien bilden“ und „Proportionale und antiproportionale Zusammenhänge erkennen“ haben Arbeitstechniken der Physik zum Thema, die an verschiedenen Stellen bereits genutzt wurden. An dieser Stelle wird das gezielte Vorgehen genauer beleuchtet.
Die Blickpunkte greifen wieder Aspekte des Alltags auf und erweitern oder vertiefen den Stoff des Lehrtextes. So bieten die „Gewitterblitze“ und auch die „Elektroinstallation im Haus“ Gelegenheiten, alltägliche Erfahrungen oder Verhaltensweisen genauer zu verstehen. „Elektrolyse“ und „Elektrizität im Tierreich“ geben einen Ausblick, der sich zur Binnendifferenzierung anbietet.

Basiskonzepte
Alle vier Basiskonzepte sind gut geeignet, die Inhalte der Elektrizitätslehre zu strukturieren. Dabei eröffnet jedes Basiskonzept neue Perspektiven im Hinblick auf die Betrachtung elektrischer Phänomene.

1 Größen des elektrischen Stromkreises

Die elektrische Stromstärke

Seite 365

1 Bei einer Verkehrszählung wurden zwischen 17 Uhr und 17:30 Uhr 954 Fahrzeuge gezählt. Bestimme die Verkehrsstromstärke. Begründe, welche Einheiten sinnvoll sind.

Gesucht ist die Verkehrsstromstärke. Die Stromstärke ist gegeben als Quotient von geflossener Menge und Zeitspanne.

Geflossene Menge: 954 Autos.

Zeitspanne: von 17 Uhr bis 17:30 Uhr, also 30 Minuten.

Nennen wir die Verkehrsstromstärke I, dann gilt:

$I = \frac{954 \text{ Autos}}{30 \text{ min}} = 31{,}8 \frac{\text{Autos}}{\text{min}} \approx 32 \frac{\text{Autos}}{\text{min}}$.

Die Einheit Autos/min ist nicht sehr sinnvoll, da die Autos nicht so gleichmäßig fahren. Es kann auch schon mal größere Lücken geben. Deshalb betrachtet man besser einen Zeitraum von einer Stunde. Damit erhält man für I:

$I = \frac{954 \text{ Autos}}{0{,}5 \text{ h}} = 1908 \frac{\text{Autos}}{\text{h}} \approx 1900 \frac{\text{Autos}}{\text{h}}$.

Die Verkehrsstromstärke beträgt etwa 1900 Autos pro Stunde.

2 Das Handy eines Smartphones hat einen 1500-mAh-Akku. Der Akku ist nach einer Ladezeit von 2,5 h aufgeladen. Berechne die mittlere Stärke des Ladestroms.

Gegeben: Speicherkapazität des Akkus: 1500 mAh, Ladezeit: 2,5 h.

Gesucht: Ladestromstärke

$I = \frac{1500 \text{ mAh}}{2{,}5 \text{ h}} = \frac{1500 \text{ mA} \cdot 1 \text{ h}}{2{,}5 \text{ h}} = 600 \text{ mA}$.

Die Ladestromstärke beträgt 600 mA.

Seite 366

1 Begründe, warum sich ein dünner Draht bei gleicher Stromstärke stärker aufheizt als ein dicker Draht.

Fließt ein gleich großer Strom durch einen dünneren Draht, so müssen die Elektronen eine kleinere Querschnittsfläche passieren. Daher kommt es vermehrt zu Stößen zwischen den Leitungselektronen und den Atomrümpfen und damit zur verstärkten Energieabgabe von den Elektronen an die Atomrümpfe. Dadurch erwärmt sich der dünne Leiter stärker als ein dicker Leiter.

2 Die Elektronik in LED-Lampen hat deutlichen Einfluss auf den Preis und damit auf Kaufentscheidungen. Bewerte dies.

Eine bessere Elektronik einer LED geht mit einer höheren Lebensdauer der Lampe einher und verursacht auch eine geringere Wärmeabgabe durch die Elektronik. Die höheren Kosten in der Anschaffung werden durch die höhere Lebensdauer und den reduzierten Stromverbrauch zumindest ausgeglichen.

Seite 367 (Material)

Versuch – Messungen der Stromstärke

V1 Stromstärke messen

a) Gib begründet an, ob die baugleichen Lampen gleich hell leuchten oder ob L_1 oder L_2 heller leuchtet.

Die Lampen L_1 und L_2 leuchten gleich hell, da sie in Reihe geschaltet sind und deshalb derselbe Strom durch sie fließt.

b) Baue die Schaltung vorerst ohne ein Messgerät auf und vergleiche die Helligkeit der Lampen.

Die Lampen L_1 und L_2 leuchten tatsächlich gleich hell.

c) Was folgerst du aus der Helligkeit der Lampen für die Stromstärken I_1, I_2 und I_3? Überprüfe durch drei Messungen.

Die Stromstärke ist im gesamten Stromkreis überall gleich groß, also $I_1 = I_2 = I_3$.

d) Vergleiche deine Ergebnisse aus c) mit deinen Vorhersagen aus a). Formuliere eine neue Begründung, falls deine Vorhersage nicht den Ergebnissen entsprochen hat. Nutze dabei den Begriff der Ladungserhaltung.

Individuelle Lösung

Die Elektronen geben an den Lampen Energie ab. Sie können aber nicht verschwinden, da ihre Ladung erhalten bleiben muss.

V2 a) Schließe die Spule an die Spannungsquelle an und lege die Nägel in die Spule. Gib eine begründete Vermutung an, wie sich die Nägel verhalten, wenn du die Stromstärke langsam erhöhst.

Wenn die Stromstärke erhöht wird, dann baut sich das Magnetfeld der Spule auf. In diesem werden die eisenhaltigen Nägel magnetisiert. Die Nägel besitzen dann die gleiche Polung und stoßen sich somit voneinander ab.

Material A – Federamperemeter

A1 Gib begründet an, welche Stromwirkung in diesem historischen Messgerät genutzt wird.

Da eine Spule ein wesentliches Bauteil des Messgeräts ist, wird hier die magnetische Wirkung des Stroms genutzt.

A2 Finde mithilfe der Skizze heraus, wie das Federamperemeter funktioniert, und erkläre.

Ein Eisenkern hängt an einer Feder und reicht ein wenig in eine Spule hinein. Der zu messende Strom fließt durch die Spule. Je größer dessen Stromstärke ist, desto stärker ist das Magnetfeld der Spule und umso weiter wird der Eisenkern in die Spule gezogen.

A3 Begründe mögliche Nachteile des Federamperemeters.

Folgende Nachteile sind ersichtlich:

- Die Stromstärke kann nicht in allen Bereichen mit der gleichen Genauigkeit abgelesen werden, weil die Skala nicht linear ist.
- Das Messgerät ist nur begrenzt für die Verwendung höherer Stromstärken geeignet, weil die Feder bei längerer Verwendung mit hohen Stromstärken ausleiert.
- Die Messung kleiner Stromstärken ist relativ ungenau, da der Innenwiderstand des Federamperemeters im Messbereich kleiner Stromstärken relativ hoch ist.
- Beim Wechsel von hohen auf niedrige Stromstärken dauert es ein wenig, bis die Anzeige zur Ruhe kommt, weil die Schwingung der Feder nicht gedämpft ist.

Material B – Wasserströme und Datenströme

B1 a) Berechne, wie viel Wasser pro Tag den Rheinfall hinunterfließt.

Gegeben: Wasserstromstärke $I = 370 \frac{\text{m}^3}{\text{s}}$

Gesucht: Geflossene Wassermenge pro Tag

Ein Tag hat $24 \cdot 60 \cdot 60$ s $= 8{,}64 \cdot 10^4$ s. Also erhält man die gesuchte Wassermenge aus

$$370 \frac{\text{m}^3}{\text{s}} \cdot 8{,}64 \cdot 10^4 \text{ s} \approx 32 \cdot 10^6 \text{ m}^3$$

Es fließen täglich also etwa 32 Mio. Kubikmeter Wasser den Rheinfall hinunter.

b) Das Volumen der Veltins-Arena auf Schalke (Gelsenkirchen) beträgt ca. 1 820 000 m³. Ermittle, wie lange es dauern würde, bis die Veltins-Arena vom Rhein gefüllt wäre.

Gegeben: zu füllendes Volumen $V = 1{,}82 \cdot 10^6 \text{ m}^3$, Wasserstromstärke $I = 370 \frac{\text{m}^3}{\text{s}}$

Gesucht: Füllzeit Δt

$$I = \frac{\Delta V}{\Delta t} \Leftrightarrow \Delta t = \frac{\Delta V}{I} = \frac{1{,}82 \cdot 10^6 \text{ m}^3}{370 \frac{\text{m}^3}{\text{s}}} \approx 4920 \text{ s}$$

Die Fülldauer beträgt etwa 4920 s oder 1 h 22 min.

c) Durch eine Engstelle muss pro Sekunde genauso viel Wasser fließen wie davor und dahinter. Diskutiere die Fließgeschwindigkeit in, vor und hinter der Engstelle.

Eine Engstelle ist dadurch gekennzeichnet, dass sie einen kleineren Querschnitt aufweist als die Stellen davor oder dahinter. Wenn die gleiche Menge Wasser je Sekunde vor, in und nach der Engstelle fließen soll, dann muss das Wasser die Engstelle schneller durchqueren als die Bereiche davor und dahinter. Die Fließgeschwindigkeit in der Engstelle muss also größer sein als davor und dahinter.

B2 Bei einem DSL-Anschluss sei die Datenstromstärke für den Download aus dem Internet 16 Mbit/s. Berechne die Downloadzeit für eine MP3-Datei mit 4,4 MB (8 bit = 1 B (Byte)).

Gegeben: Datenstromstärke $I = 16 \text{ Mbit/s}$, Datenmenge 4,4 MB.

Gesucht: Downloadzeit t

Es gilt

$4{,}4 \text{ MB} = 4{,}4 \cdot 10^6 \cdot 8 \text{ bit} = 3{,}52 \cdot 10^7 \text{ bit} = 35{,}2 \text{ Mbit}.$

$$\Delta t = \frac{35{,}2 \text{ Mbit}}{16 \frac{\text{Mbit}}{\text{s}}} = 2{,}2 \text{ s}$$

Die MP3-Datei ist also nach 2,2 s heruntergeladen.

Die elektrische Spannung

Seite 371

1 Ordne die einzelnen Komponenten des elektrischen Stromkreises ihren Entsprechungen im Elektronengasmodell zu.

Elektronengasmodell	Elektrischer Stromkreis
Atomrümpfe mit Elektronengas	elektrischer Leiter
Pumpe	Spannungsquelle
Überdruck im Elektronengas am Minuspol der Spannungsquelle	Elektronenüberschuss am Minuspol der Spannungsquelle
Druckdifferenz im Elektronengas	elektrische Spannung
Strömungsgeschwindigkeit im Elektronengas	Stromstärke
Hindernis im strömenden Gas	Lämpchen/Elektrogerät

Seite 373 (Material)

Versuche – Spannungsmessung

V1 Spannungen im Stromkreis

Miss die Spannung zwischen A und B, A und C, A und D, B und C, B und D sowie C und D. Fasse die Ergebnisse sinnvoll zusammen und erkläre.

Die Tabelle fasst die Ergebnisse sinnvoll zusammen:

Spannung zwischen	*U*
A – B	0 V
C – D	
A – C	4,5 V
A – D	
B – C	
B – D	

Zwischen den Punkten A und B bzw. C und D besteht praktisch kein Spannungsunterschied. Zwischen A und D liegt die Spannung 4,5 V, also auch zwischen A und C, B und C sowie zwischen B und D.

V2 Batterien kombinieren

a) Zeichne die Batteriekombinationen in dein Heft.

b) Miss die Spannung der Batteriekombinationen und notiere sie. Formuliere ein Ergebnis.

Bei zwei 1,5 V-Batterien gilt …

… in A: $U_{ges} = 3$ V,

… in B: $U_{ges} = 0$ V,

… in C: $U_{ges} = 0$ V.

Wenn man zwei Batterien gegenpolig hintereinander schaltet, dann addieren sich die Spannungen. Wenn man die Batterien mit gleichen Polen hintereinander schaltet, dann werden die Spannungen subtrahiert.

c) Mit zwei Mignon-Batterien (1,5 V) und einer 9-V-Blockbatterie sollen möglichst viele verschiedene Spannungen erzeugt werden. Stelle in Zeichnungen verschiedene Batteriekombinationen dar und gib die zu erwartende Spannung an. Überprüfe deine Ergebnisse im Experiment.

Auswahl möglicher Lösungen:

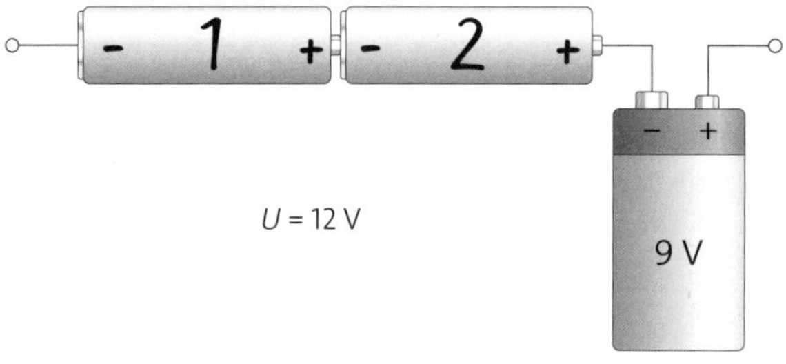

Cornelsen/newVISION! GmbH Bernhard A. Peter, Pattensen

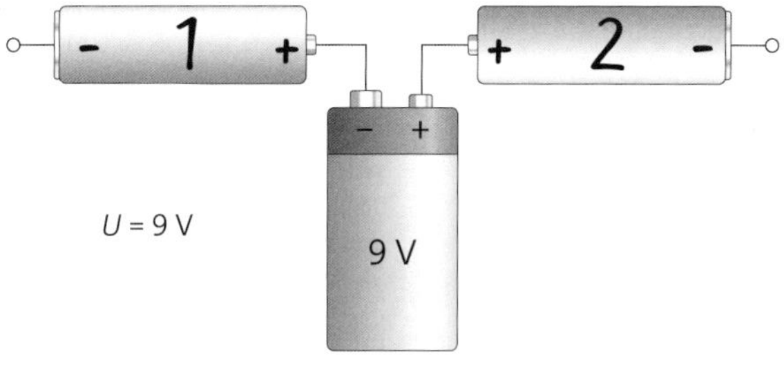

Cornelsen/newVISION! GmbH Bernhard A. Peter, Pattensen

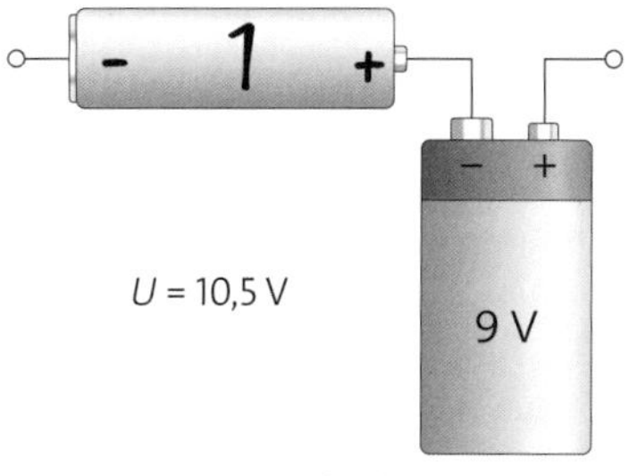

Cornelsen/newVISION! GmbH Bernhard A. Peter, Pattensen

mögliche Spannungswerte

- bei Verwendung der drei Batterien: ±12 V, ±9 V, ±6 V.
- bei Verwendung von nur zwei Batterien:
  - zwei Mignon-Batterien: 0 V, ±3 V
  - eine Mignon- und eine 9V-Batterie: ±7,5 V, ±10,5 V.

Hinweis: Einige der Möglichkeiten sollte man nur kurzzeitig aufrecht erhalten.

Material A – Stromstärke und Spannung im Vergleich

A1 Sandra, Juri und Alex diskutieren über die Größen des elektrischen Stromkreises. Schreibe zu jeder Aussage einen kurzen Kommentar. Korrigiere die Aussagen, falls nötig.

Sandra: Die Aussage ist falsch. Elektrische Spannung besteht zum Beispiel zwischen den Anschlüssen einer Batterie.

Juri: Richtig.

Alex: Der erste Satz ist richtig, der zweite Satz ist falsch. Die Spannung ist der Antrieb für die elektrische Ladung im Stromkreis. Ohne Spannung wird die Ladung nicht angetrieben. Also gibt es ohne Spannung keinen Strom. Die Umkehrung gilt aber nicht. Wenn der Stromkreis offen ist, dann gibt es Spannung aber keinen Strom.

A2 Erläutere die Begriffe Stromstärke und Spannung in eigenen Worten.

Stromstärke: Die elektrische Stromstärke gibt an, wie viel elektrische Ladung in einer bestimmten Zeit durch eine Stelle des Leiters fließt. Die Stromstärke hängt davon ab, wie stark der Antrieb für die Ladung ist.

Spannung: Die elektrische Spannung gibt an, wie stark der Antrieb für den elektrischen Strom in einem Stromkreis ist. Je größer die Spannung einer elektrischen Quelle ist, desto mehr Energie wird von der Quelle zum Gerät übertragen.

A3 a) Erläutere die Aussagen: Ein Stromstärkemessgerät muss in Reihe zum Gerät geschaltet werden. Ein Spannungsmessgerät muss parallel zur Batterie oder zum Gerät geschaltet werden (▸ Bild oben).

Um die Stromstärke in einem elektrischen Gerät zu messen, müssen die Elektronen auch durch das Messgerät fließen. Das tun sie aber nur, wenn das Messgerät in Reihe zum Gerät geschaltet wird.

Wenn man die Spannung an einer Batterie oder an einem Gerät messen will, dann muss das Messgerät parallel angeschlossen werden. Nur so kann man die Spannung zwischen den jeweiligen Anschlüssen messen.

Hinweis: Wenn die Schaltungen behandelt worden sind, wird Letzteres klarer: Da in der Parallelschaltung die Spannung in allen Zweigen der Schaltung gleich groß ist (aber nicht in einer Reihenschaltung!), lässt sich mit einem parallel geschalteten Messgerät die Spannung in einer Schaltung messen.

b) Begründe: Ein Stromstärkemessgerät muss den Strom praktisch ungehemmt durchlassen. Ein Spannungsmessgerät darf den Strom praktisch nicht durchlassen.

Wenn ein Stromstärkemessgerät den Elektronenfluss merklich hemmen würde, dann würde es die zu messende Stromstärke beeinflussen. Man würde eine zu geringe Stromstärke messen.

Wenn ein Spannungsmessgerät merklich Strom durchlassen würde, dann würde sich die Stromstärke im Stromkreis ändern. Das ist besonders dann unerwünscht, wenn man gleichzeitig die Stromstärke messen möchte.

c) Ein Stromstärkemessgerät wird an die Stelle eines Spannungsmessgeräts eingebaut (oder umgekehrt). Beschreibe und erkläre, was geschieht.

Einbau eines Stromstärkemessgeräts statt eines Spannungsmessgeräts: Das Stromstärkemessgerät hemmt den Elektronenfluss praktisch nicht. Dadurch kann ein Kurzschluss entstehen. Die Stromstärke ist dann sehr groß und das Messgerät kann dabei leicht zerstört werden.

Einbau eines Spannungsmessgeräts statt eines Stromstärkemessgeräts: Das Spannungsmessgerät lässt den Strom praktisch nicht durch. Dadurch fließen keine Elektronen im Stromkreis. Geräte im Stromkreis erhalten keine Energie mehr und können nicht arbeiten. Das Messgerät wird dabei aber nicht zerstört.

A4 a) Zeichne Plan A ab und ersetze die Zahlen in den Kreisen sinnvoll durch das Messgerätezeichen A oder V.

b) Verfahre für Plan B wie in a).

a):	b):
① ersetzen durch Ⓐ	① ersetzen durch Ⓐ
② ersetzen durch Ⓥ	② ersetzen durch Ⓐ
③ ersetzen durch Ⓥ	③ ersetzen durch Ⓥ
④ ersetzen durch Ⓐ	④ ersetzen durch Ⓐ
	⑤ ersetzen durch Ⓐ
	⑥ ersetzen durch Ⓥ

Der elektrische Widerstand

Seite 375

1 a) Berechne den Widerstand des Drahts.

Gegeben: $U = 4\,\text{V}, I = 62{,}5\,\text{mA}$

Gesucht: R.

$$R = \frac{U}{I} = \frac{4\,\text{V}}{0{,}0625\,\text{A}} = 64\,\Omega$$

Der Widerstand beträgt $64\,\Omega$.

b) Ermittle die anliegende Spannung, wenn die Stromstärke 250 mA beträgt.

Gegeben: $R = 64\,\Omega, I = 250\,\text{mA}$

Gesucht: U

$U = R \cdot I = 64\,\Omega \cdot 0{,}25\,\text{A} = 16\,\text{V}$.

Es liegt eine Spannung von 16 V an.

2 a) Ermittle die Widerstände der Konstantandrähte aus ▸ Bild 04 und vergleiche sie mit den Ergebnissen aus ▸ Tabelle 03.

Dicker Draht:

Bei einer Spannung von 4 V beträgt die Stromstärke 1,0 A. Damit ergibt sich der Widerstand zu

$$R = \frac{U}{I} = \frac{4\,\text{V}}{1\,\text{A}} = 4\,\Omega$$

Dies entspricht sehr gut dem Mittelwert 4,02 Ω der errechneten Widerstände in Tabelle 03.

Dünner Draht:

Bei einer Spannung von 8 V beträgt die Stromstärke 0,5 A. Damit ergibt sich der Widerstand zu

$$R = \frac{U}{I} = \frac{8\,\text{V}}{0{,}5\,\text{A}} = 16\,\Omega$$

Dies entspricht recht gut dem Mittelwert 15,9 Ω der errechneten Widerstände in Tabelle 03.

b) Bestimme aus Tabelle und Diagramm die zu $U = 2,5$ V gehörigen Stromstärken.

Dicker Draht:

Aus dem Diagramm ergibt sich bei einer Spannung von 2,5 V eine Stromstärke von etwa 0,6 A.

Unter Verwendung des in a) anhand der Daten in der Tabelle berechneten Widerstands folgt

$$I = \frac{U}{R} = \frac{2{,}5\,\text{V}}{4{,}02\,\Omega} = 0{,}62\,\text{A}$$

Dünner Draht:

Aus dem Diagramm liest man bei einer Spannung von 2,5 V eine Stromstärke von etwa 0,15 A ab.

Aus den Daten der Tabelle folgt

$$I = \frac{U}{R} = \frac{2{,}5\,\text{V}}{15{,}9\,\Omega} = 0{,}16\,\text{A}$$

Seite 376

1 Ermittle aus ▸ Bild 05 den Widerstand des in Wasser gekühlten Drahtes.

Bei einer Spannung von 3 V beträgt die Stromstärke 4,5 A. Damit ergibt sich der Widerstand zu

$$R = \frac{U}{I} = \frac{3\,\text{V}}{4{,}5\,\text{A}} \approx 0{,}7\,\Omega$$

2 An ein 42 cm langen und $0,7$ mm dicken Draht aus einem unbekannten Metall wird eine Spannung von $0,25$ V angelegt. Es fließt ein Strom von $8,2$ A. Bestimme, um welches Material es sich handelt.

Gegeben: $l = 42\,\text{cm} = 0{,}42\,\text{m},\ r = 0{,}7\,\text{mm}$,

$U = 0{,}25\,\text{V},\ I = 8{,}2\,\text{A}$

Gesucht: ϱ

$A = \pi \cdot r^2$

$R = \varrho \cdot \frac{l}{A}$

$$\Leftrightarrow \varrho = R \cdot \frac{A}{l} = \frac{U}{I} \cdot \frac{A}{l} = \frac{U}{I} \cdot \frac{\pi \cdot r^2}{l}$$

$$= \frac{0{,}25\ \mathrm{V} \cdot \pi \cdot (0{,}7\ \mathrm{mm})^2}{8{,}2\ \mathrm{A} \cdot 0{,}42\ \mathrm{m}} \approx 0{,}112\ \Omega \frac{\mathrm{mm}^2}{\mathrm{m}}$$

Demnach handelt es sich bei dem Material um Eisen.

Hinweis: Falls die Schülerinnen und Schüler noch keine Kreisflächen berechnen können, muss die Querschnittsfläche vorgegeben werden

($A = \pi \cdot r^2 = \pi \cdot (0{,}7\ \mathrm{mm})^2 \approx 1{,}54\ \mathrm{mm}^2$).

Seite 377 (Material)

Versuche – Widerstand im Experiment

V1 Kennlinien von Bleistiftminen

a) Nimm ihre $I(U)$-Kennlinie auf. Erhöhe die Spannung dazu in 0,5 V-Schritten, bis die Bleistiftmine glüht.

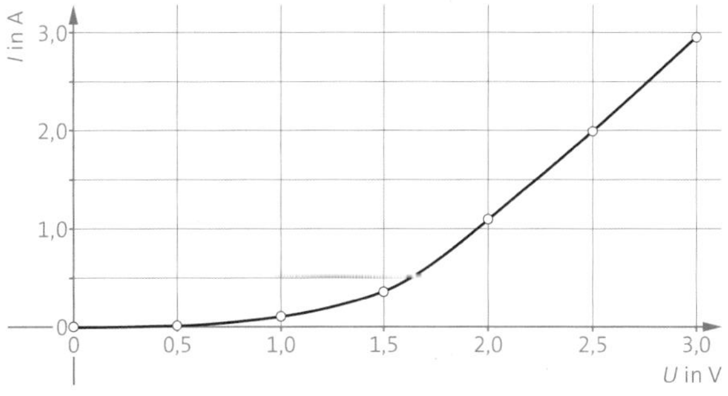

Cornelsen/Atelier tigercolor Tom Menzel, Scharbeutz/Klingberg

b) Erstelle die $R(U)$-Kennlinie der Bleistiftmine.

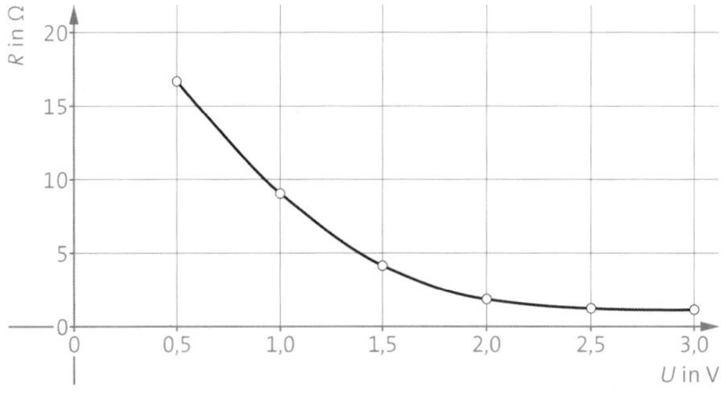

Cornelsen/Atelier tigercolor Tom Menzel, Scharbeutz/Klingberg

c) Beschreibe die Kennlinien und leite ab, wie der Widerstand der Mine von der Temperatur abhängt.

$I(U)$-Kennlinie:

Die Stromstärke steigt mit zunehmender Spannung erst ganz langsam und dann schneller an. Ab ca. 2,0 V steigt die Stromstärke linear an.

$R(U)$-Kennlinie:

Der Widerstand nimmt mit zunehmender Spannung zunächst schnell, dann immer langsamer ab. Ab ca. 2,5 V bleibt er in etwa konstant.

Folgerung:

Wenn die Spannung vergrößert wird, dann steigt auch die Stromstärke und die Bleistiftmine erwärmt sich. Der Widerstand der Bleistiftmine nimmt demnach mit zunehmender Temperatur ab.

V2 Leitfähigkeit von Wasser

a) Plane den Versuch und führe ihn durch.

Individuelle Lösung

b) Dokumentiere die Planung und die Durchführung sorgfältig und stelle die Ergebnisse übersichtlich zusammen.

Destilliertes Wasser leitet den elektrischen Strom nicht. Normales Trinkwasser und mit Zucker versetztes Trinkwasser haben eine bessere Leitfähigkeit aufgrund der im Wasser befindlichen Salze. Salzwasser leitet den elektrischen Strom am besten.

Material A – Widerstand und Kennlinie

A1 Bei den Schaltungen aus zwei baugleichen Lampen wird an der markierten Stelle ein dünner Draht eingesetzt. Erläutere, wie sich die Helligkeit von L_1 und L_2 ändert.

1) Ein dünner Draht erhöht den Gesamtwiderstand der Reihenschaltung. Die Stromstärke wird daher geringer, L_1 und L_2 leuchten beide dunkler.

2) Wie 1).

3) Der Widerstand in der Leitung mit L_1 wird größer. Die Stromstärke in diesem Teilstück wird geringer und L_1 wird dunkler. Dagegen verändert sich der Widerstand in der Leitung mit L_2 nicht. Die Stromstärke in diesem Teilstück ändert sich also nicht und damit auch nicht die Helligkeit von L_2 (vorausgesetzt, die Spannung der Batterie bleibt gleich).

4) L_1 und L_2 leuchten beide dunkler. Der Gesamtwiderstand wird größer, damit wird die Gesamtstromstärke kleiner – also auch die Stromstärke durch die Lampen L_1 und L_2.

A2 Bei einem Versuch mit verschiedenen Materialien wurden Kennlinien aufgenommen. Leite möglichst viele Informationen daraus ab und zeichne die $R(U)$-Kennlinien.

Blau (durchgezogen): Der Widerstand steigt mit zunehmender Spannung. Mit der Spannung steigt auch die Stromstärke. Daraus ergibt sich eine zunehmende Erwärmung, die zu einem größeren Widerstand führt.

Rot (gestrichelt): Der Widerstand ist konstant niedrig, unabhängig von der Spannung und der Stromstärke. Eine Erwärmung ändert den Widerstand nicht.

Grün (strichpunktiert): Der Widerstand ist konstant hoch, unabhängig von der Spannung und der Stromstärke. Eine Erwärmung ändert den Widerstand nicht.

Orange (gepunktet): Der Widerstand nimmt mit zunehmender Spannung ab. Mit der Spannung steigt die Stromstärke zunächst wenig, dann immer stärker. Die sich daraus ergebende Erwärmung führt bei diesem Material zu einem kleineren Widerstand.

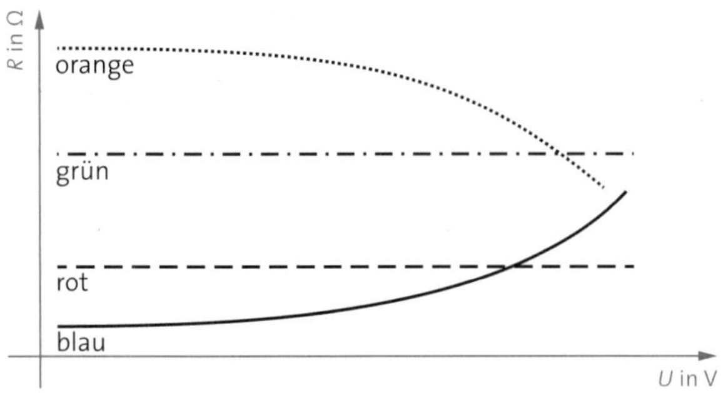

Cornelsen/Atelier tigercolor Tom Menzel, Scharbeutz/Klingberg

Material B – Widerstand von Drähten

B1 a) Berechne den Widerstand des Kupferkabels mit einer Querschnittsfläche von $1,5\ \text{mm}^2$ und vergleiche mit dem Widerstand der Heckenschere.

Zunächst bestimmt man aus dem Wertepaar (230 V/1,7 A) den Widerstand der Heckenschere:

$$R_{\text{Schere}} = \frac{U}{I} = \frac{230\ \text{V}}{1{,}7\ \text{A}} \approx 135\ \Omega$$

Für den spezifischen Widerstands von Kupfer gilt $\varrho_{\text{Cu}} = 0{,}017\ \Omega \frac{\text{mm}^2}{\text{m}}$. Damit ergibt sich für das 50 m lange Kabel

$$R = \varrho \cdot \frac{l}{A} = 0{,}017\ \Omega \frac{\text{mm}^2}{\text{m}} \cdot \frac{50\ \text{m}}{1{,}5\ \text{mm}^2} \approx 0{,}57\ \Omega.$$

Der Widerstand des Kabels entspricht nur ca. 0,4 % des Widerstands der Heckenschere, er ist also viel kleiner.

b) Erkläre, wie sich der Widerstand des Kabels auf den Betrieb der Heckenschere auswirkt.

Der Widerstand des Kabels ist vernachlässigbar klein gegenüber dem Widerstand der Heckenschere. Er hat keinen Einfluss auf den Betrieb der Schere.

B2 Eine Glühlampe (6 V/5 A) soll mit dem 50 m-Kabel aus Aufgabe B1 an ein Netzgerät angeschlossen werden. Berechne die Spannung, die du einstellen musst, damit die Lampe normal hell leuchtet.

Der Widerstand der Glühlampe beträgt:

$$R = \frac{U}{I} = \frac{6\ \text{V}}{5\ \text{A}} = 1{,}2\ \Omega$$

Er ist nur etwa doppelt so groß wie der Widerstand des Kabels (ca. 0,6 Ω). Der Kabelwiderstand darf daher nicht mehr vernachlässigt werden. Kabel und Glühlampe haben zusammen einen Widerstand von etwa 1,8 Ω. Die Stromstärke soll 5 A betragen. Daraus ergibt sich die notwendige Spannung zu:

$$U = R \cdot I = 1{,}8\ \Omega \cdot 5\ \text{A} = 9\ \text{V}$$

B3 Berechne für vier verschiedene Materialien, wie lang ein Draht mit der Querschnittsfläche $2,5\ \text{mm}^2$ sein muss, damit sein Widerstand 1 Ω beträgt.

Um die notwendige Länge zu ermitteln, muss man die Formel für den Widerstand

$$R = \varrho \cdot \frac{l}{A}$$

nach der Länge l auflösen und die entsprechenden Werte einsetzen.

$$l = \frac{R \cdot A}{\varrho}$$

Mögliche Werte für $R = 1\ \Omega$ und $A = 2{,}5\ \text{mm}^2$:

Material	Spezifischer Widerstand in $\Omega \frac{\text{mm}^2}{\text{m}}$	Länge in m
Silber	0,016	156
Kupfer	0,017	147
Aluminium	0,028	89,3
Wolfram	0,049	51,0
Eisen	0,1 bis 0,15	5,0 bis 25
Konstantan	0,5	5,0
Graphit	8	0,31
Kohle	50 bis 100	0,025 bis 0,05

Seite 378 (Methode)

1 Trage die Werte aus ▸ Bild 02 B so auf, dass du eine Ursprungsgerade erhältst.

Um eine Ursprungsgerade zu erhalten, muss der Widerstand gegen $\frac{1}{A}$ aufgetragen werden.

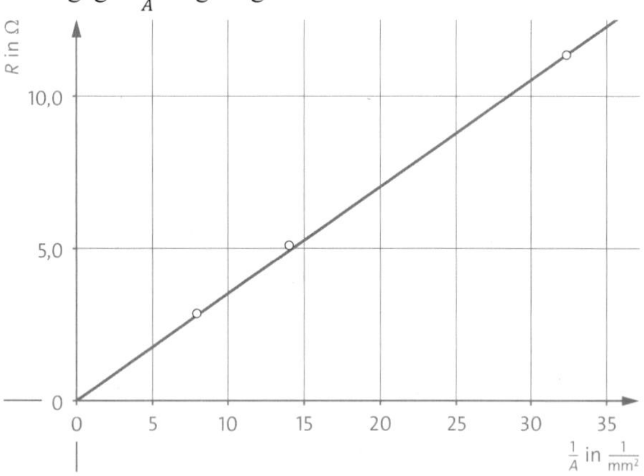

Cornelsen/newVISION! GmbH Bernhard A. Peter, Pattensen

2 Ein Konstantandraht der Länge 1,5 m hat einen Widerstand von 3,75 Ω. Ermittle die Querschnittsfläche.

Gegeben: $l = 1{,}5\ \text{m}$, $R = 3{,}75\ \Omega$

Gesucht: A

$$R = \varrho \cdot \frac{l}{A}$$

$$\Leftrightarrow A = \varrho \cdot \frac{l}{R} = 0{,}5 \frac{\text{mm}^2}{\text{m}} \cdot \frac{1{,}5\ \text{m}}{3{,}75\ \Omega} = 0{,}2\ \text{mm}^2$$

Der Draht hat eine Querschnittfläche von 0,2 mm².

3 Übertrage die Diagramme aus ▸ Bild 02 in dein Heft und zeichne die entsprechenden Graphen für einen größeren spezifischen Widerstand ein. Begründe.

Wenn der spezifische Widerstand größer ist, dann ist auch der Widerstand selbst größer. Die Gerade im $R(l)$-Diagramm wird also steiler. Die Kurve im $R(A)$-Diagramm liegt oberhalb der vorgegebenen Kurve.

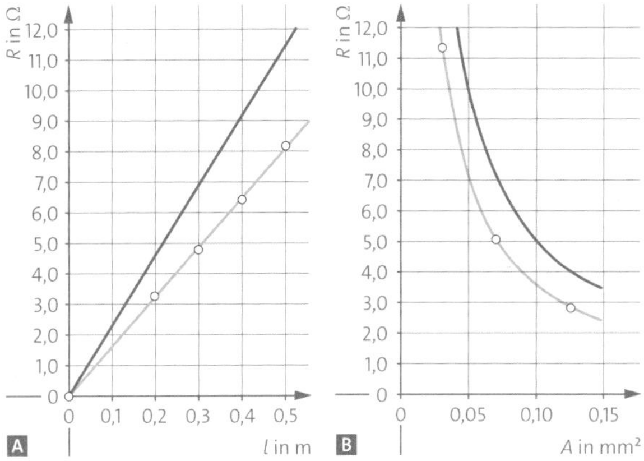

Cornelsen/newVISION! GmbH Bernhard A. Peter, Pattensen

Elektrische Energie und Leistung

Seite 381

1 Ein Wasserkocher arbeitet mit einer Leistung von 1000 W und wird mit einer Spannung von 230 V betrieben. Berechne die Stromstärke.

Gegeben: $P = 1000\ \text{W}$, $U = 230\ \text{V}$

Gesucht: Stromstärke I

Es gilt: $P = U \cdot I$.

Nach der Stromstärke aufgelöst ergibt sich für den Wasserkocher eine Stromstärke von

$$I = \frac{P}{U} = \frac{1000\ \text{W}}{230\ \text{V}} \approx 4{,}35\ \text{A}.$$

Seite 382

1 a) Eine Spielekonsole nimmt eine Leistung von 150 W auf. Berechne die benötigte Energie für zehn Stunden Betrieb. Gib das Ergebnis in kJ und in kWh an.

Gegeben: $P = 150\ \text{W}$, $\Delta t = 10\ \text{h} = 3{,}6 \cdot 10^4\ \text{s}$

Gesucht: ΔE in kJ und kWh

$\Delta E = P \cdot \Delta t = 150\ \text{W} \cdot 10\ \text{h} = 1{,}5\ \text{kWh}$

$= 150\ \text{W} \cdot 3{,}6 \cdot 10^4\ \text{s} = 5{,}4 \cdot 10^6\ \text{J}$

Während des zehnstündigen Betriebs werden 5,4 MJ bzw. 1,5 kWh an elektrischer Energie benötigt.

b) Im Stand-by-Betrieb beträgt die aufgenommene Leistung der Konsole 1 W. Berechne die jährlich benötigte Energie für den Stand-by-Betrieb.

Gegeben: $P = 1\ \text{W}$, $\Delta t = 1\ a = 365 \cdot 24\ \text{h} = 8760\ \text{h}$

Gesucht: ΔE für ein Jahr

$\Delta E = P \cdot \Delta t = 1\ \text{W} \cdot 8760\ \text{h} = 8{,}8\ \text{kWh}$

Für ein Jahr Standby-Betrieb würde die Konsole 8,8 kWh benötigen. Das entspricht der Energie für fast 60 Stunden Betrieb.

2 Ein Kühlschrank der Energieeffizienzklasse A+++ mit einer Leistungsaufnahme von 131 kWh pro Jahr kostet 160 € mehr als ein Gerät der Klasse A+ mit 241 kWh pro Jahr. Ermittle, wann sich die Anschaffung des teureren Geräts bezahlt gemacht hat. Gehe von 0,25 € pro kWh aus.

Das weniger energieeffiziente Gerät der Klasse A+ nimmt pro Jahr 110 kWh mehr auf als das effizientere, aber 160 € teurere Gerät.

Jährliche Kosten für den zusätzlichen Energiebedarf:

$110\ \text{kWh} \cdot 0{,}25\ \frac{€}{\text{kWh}} = 27{,}50\ €$

Dauer bis zur Amortisierung:

$160\ € : 27{,}50 \frac{€}{\text{a}} \approx 5{,}82\ \text{a}$

Damit hat sich der teure Kühlschrank nach 5 Jahren und knapp 10 Monaten bezahlt gemacht. Dies liegt deutlich unterhalb der typischen Lebensdauer eines Kühlschranks von etwa 15 Jahren, so dass sich die Anschaffung des teureren Gerätes auf alle Fälle lohnt.

Seite 383 (Material)

Versuche – Leistung und Energie bei Haushaltsgeräten

V1 a) Auf den meisten Haushaltsgeräten stehen Leistungsangaben. Untersuche für die ausgewählten Geräte, ob diese Angaben korrekt sind.

Die Messwerte hängen von den tatsächlich gewählten Geräten ab. Häufig liegen die Messwerte über den Herstellerangaben. Unter anderem kann Verschleiß zur Erhöhung der Leistungsabnahme führen.

b) Viele Geräte haben unterschiedliche Einstellungen (z. B. Haartrockner oder Handrührer). Untersuche ihren Einfluss auf die Leistung.

Generell ist die Leistungsabnahme umso größer, je schneller etwas bewegt bzw. je stärker etwas erwärmt wird. Hier ist je nach Einstellung des Geräts eine Zunahme um den Faktor 4 nicht ungewöhnlich.

V2 a) Ermittle für euren Fernseher oder Drucker, wie viel Leistung im Standby-Betrieb aufgenommen wird. Vergleiche diesen Messwert mit dem Wert im normalen Betrieb.

Alle betrachteten Geräte haben einen Standby-Modus, in dem sie sich außerhalb des Normalbetriebs befinden.

Drucker schalten nach Ablauf einer gewissen Zeitspanne zusätzlich in den Sleep-Modus, in dem noch weniger Leistung abgenommen wird.
Je nach Gerät und Hersteller treten hier sehr unterschiedliche Werte auf, typisch sind folgende Angaben:
Fernseher
- Normalbetrieb: 70 W
- Standby: 0,4 W (0,6 %)

Tintenstrahldrucker
- Normalbetrieb: 18 W
- Sleep: 0,7 W (3,8 %) – 1,9 W (11 %)

Laserdrucker
- Normalbetrieb: 370 W
- Sleep: 0,6 W (0,2 %) – 7,0 W (1,9 %)

Während die Leistungsabnahme im Standbybetrieb beim Fernseher generell eher gering ist, gibt es in diesem Bereich bei Druckern große Unterschiede. Entsprechend sollte dieser Aspekt ein Entscheidungskriterium beim Neukauf sein.

b) Gib an, wie du die Leistungsaufnahme im Stand-by-Betrieb verhindern kannst, falls sich das Gerät nicht komplett ausschalten lässt.
Viele Geräte lassen sich tatsächlich gar nicht komplett ausschalten, ohne den Stecker zu ziehen. Daher empfiehlt sich die Verwendung einer Steckerleiste mit separatem Schalter, durch den das Gerät komplett vom Netz genommen werden kann.

c) Miss den Energiebedarf eurer Waschmaschine bei unterschiedlichen Waschprogrammen. Leite daraus Empfehlungen zum Einsatz der Waschprogramme ab.
Der Energiebedarf hängt stark vom gewählten Waschprogramm ab. Generell wird umso mehr Energie benötigt, je stärker das Waschwasser erhitzt wird und je mehr Wasser dabei verwendet wird. Daher sind Waschprogramme energetisch sinnvoll,
- bei denen geringere Temperaturen als üblich genutzt werden. (Durch eine verlängerte Waschzeit kann dennoch das gleiche Reinigungsergebnis erzielt werden.)
- bei denen die Funktion "Wasser sparen" verwendet wird.

Zeitsparende Programme sind energetisch hingegen nicht sinnvoll, da das Wasser hier besonders schnell aufgeheizt wird, was einen erhöhten Energiebedarf mit sich bringt.

d) Diskutiert, worauf man beim Kauf neuer Elektrogeräte achten sollte.
Beim Neukauf sollten folgende Kriterien eine Rolle spielen: Energieeffizienzklasse, Leistungsabnahme im Standbybetrieb, Existenz eines Netzschalters und bei Geräten wie Spülmaschine und Waschmaschine auch Möglichkeiten zur Programmwahl.

Material A – Leistung bei Haushaltsgeräten

A1 a) Berechne die aufgenommene Energiemenge in J und in kWh.
Gegeben: $P = 2400\text{ W}, \Delta t = 12\text{ min } 45\text{ s} = 165\text{ s}$
Gesucht: ΔE in kJ und kWh
$\Delta E = P \cdot \Delta t = 2400\text{ W} \cdot 165\text{ s} = 396\text{ kJ} = 0{,}11\text{ kWh}$
Es wird eine Energiemenge von 396 kJ bzw. 0,11 kWh benötigt.

b) Herr Braun möchte Energie „sparen“ und überlegt sich, seinen Kocher durch einen mit einer niedrigeren Leistung von 1800 W zu ersetzen. Nimm dazu Stellung.
Die „Sparmaßnahme“ wird nichts bringen. Um einen Liter kaltes Wasser zum Kochen zu bringen ist eine bestimmte Energiemenge nötig. Dadurch wird es – besonders bei schlecht isolierten Wasserkochern – sogar weniger effizient, weil das „teilerwärmte” Wasser über einen längeren Zeitraum Wärme wieder abgeben kann. Sinnvoller wäre es, dafür zu sorgen, dass möglichst viel der eingesetzten Energie zum Erhitzen des Wassers verwendet wird und möglichst wenig in die Umgebung abgegeben wird.

A2 Kläre die Bedeutung der Angaben auf dem Akku eines Smartphones.
Es handelt sich um einen Lithium-Ionen-Akku mit einer Nennspannung von 3,7 V. Er besitzt eine Speicherkapazität von 1200 mAh, kann also eine Ladung von
$1{,}2\text{ Ah} \cdot 3600\,\frac{\text{s}}{\text{h}} = 4320\text{ As} = 4320\text{ C}$
speichern. Er könnte eine Stunde lang einen Strom von 1,2 A liefern.
Im vollständig geladenen Akku ist dabei die folgende Energiemenge gespeichert:
$4{,}4\text{ Wh} = 4{,}4\text{ W} \cdot 3600\text{s} = 15\,840\text{ Ws} \approx 15{,}8\text{ kJ}.$

Material B – Leistung und Energie beim Auto

B1 a) Berechne, nach welcher Zeit die Batterie nur noch 50 Ah enthält, wenn man die Scheinwerfer im Stand brennen lässt.
Gegeben:
$Q_1 = 60\text{ Ah},\ Q_2 = 50\text{ Ah},\ U = 12\text{ V},\ P = 2 \cdot 55\text{ W}$
Gesucht: Zeitspanne Δt, in der die Leistung um $\Delta Q = Q_1 - Q_2$ abgenommen hat
$$P = U \cdot I = U \cdot \frac{\Delta Q}{\Delta t} \Leftrightarrow \Delta t = \frac{U \cdot \Delta Q}{P} = \frac{12\text{ V} \cdot 10\text{ Ah}}{110\text{ W}}$$
$= 1{,}09\text{ h} \approx 1\text{ h } 6\text{ min}$
Nach etwa einer Stunde und sechs Minuten enthält die Batterie nur noch 50 Ah.

b) Ermittle, wie lange es dauert, bis die Batterie wieder voll geladen ist.
Gegeben: s. Aufgabenteil a), $P = 1300\text{ W}$
Wenn das Auto so schnell fährt, dass die Lichtmaschine die volle Leistung erbringt, dann errechnet sich die Zeit für das Laden durch die gleiche Formel wie in a):
$$\Delta t = \frac{U \cdot \Delta Q}{P} = \frac{12\text{ V} \cdot 10\text{ Ah}}{1300\text{ W}} \approx 0{,}09\text{ h} \approx 6\text{ min}$$

Nach etwa sechs Minuten ist die Batterie wieder voll geladen.

B2 a) Überlege und recherchiere, welche Vor- und Nachteile der Elektroautos die Entwicklungen vermutlich beeinflusst haben.

Mögliche Ergebnisse der Recherche:

Vorteile der Elektroautos:
- Starten des Autos direkt möglich, ohne das beim Verbrennungsmotor früher nötige Ankurbeln
- keine Verbrennungsabgase (evtl. aber bei der vorangehenden Stromerzeugung)
- sehr leiser Motor
- wartungsarmer Motor
- hoher Wirkungsgrad (bei Verwendung einer Nutzbremse insgesamt ca. 65 %, beim Verbrennungsmotor im Stadtverkehr nur ca. 25 %)
- höhere Beschleunigung
- unabhängig von Erdöl

Nachteile der Elektroautos:
- schwerer, sehr großer Batterieblock
- gespeicherte und nutzbare Energiemenge der Akkus sind bislang noch deutlich geringer als bei einer Tankfüllung mit Diesel oder Benzin → kurze Reichweite (maximale Reichweite 2020: etwa 600 km)
- lange Ladezeiten an Standard-Ladestationen (inzwischen gibt es Schnellladestationen, bei denen sich die Ladezeiten auf ca. 20 Minuten verringern)
- effiziente Batterieblöcke sind immer noch teuer (auch hier gibt es positive Entwicklungen sowie Möglichkeiten zum Verleih statt Verkauf)

b) Die deutschen Pumpspeicherkraftwerke können insgesamt etwa 37,7 GWh speichern. Vergleiche mit 7 Mio. Elektroautos.

Wenn man von einer typischen Ladekapazität von 94 Ah (2020) ausgeht, könnten in 7 Mio. Elektroautos bei 353 V insgesamt 232 GWh gespeichert werden, also etwa das Sechsfache des Energiebetrags, der in den deutschen Pumpspeicherkraftwerken gespeichert werden kann.
Selbst wenn man berücksichtigt, dass die Batterien nicht vollständig zur Pufferung genutzt werden können, und daher nur von einer realistischeren Pufferkapazität von 80 GWh ausgeht, ergäbe sich immer noch mehr als das Doppelte der Speicherkapazität der Pumpspeicherkraftwerke.

c) Mithilfe von intelligenten Stromnetzen könnten die Akkus der Elektroautos als Pufferspeicher für das öffentliche Stromnetz genutzt werden. Erläutere diese Aussage.

Elektroautos werden v. a. für kurze Strecken bis 50 km genutzt und stehen den Großteil des Tages auf einem Parkplatz, v. a. auch nachts. Mithilfe intelligenter Stromnetze und Ladesysteme könnte man die Akkus der Elektroautos nutzen, um Spitzen der Stromerzeugung abzufangen. So könnte elektrische Energie, die an windigen oder sonnigen Tagen bislang aufgrund fehlender Speicherkapazitäten an das Ausland abgegeben werden muss (z. T. unter Kostenaufwand) in den Akkus der Autos zwischengespeichert und bei späterer Gelegenheit wieder abgezogen werden.

Seite 384 (Blickpunkt)

1 Recherchiere, welche Gegenstände aus deinem alltäglichen Gebrauch galvanisiert wurden oder elektrolytisch gewonnene Materialien enthalten. Nenne Beispiele.

Beispiele für galvanisierte Alltagsgegenstände:
- Überzüge mit Chrom: Wasserhähne, Armaturen, Halterungen für Duschkopf und Seifenschale, Besteck, Fahrzeugteile
- Überzüge mit Zink: Geländer im Außenbereich, Gießkannen
- Überzüge mit Kupfer: Münzen, Bleche, Tröge
- Überzüge mit Silber: Besteck, Schmuck

Beispiele für elektrolytisch gewonnene Materialien in Alltagsgegenständen:
- Aluminium: Alufolie, Grillschalen, Getränke- und Konservendosen, Bauteile von Fahrzeugen
- Magnesium: Metall-Bleistiftanspitzer, Festplattengehäuse
- Lithium: Akkus
- z. T. Kupfer, Silber, Zink, Nickel (s. o.)

Seite 385 (Blickpunkt)

1 Recherchiere im Internet nach dem Ort Silicon Valley in den USA und stelle deine Ergebnisse in einem kurzen Referat der Klasse vor.

Neben den Informationen aus Wikipedia gibt es zahlreiche Videos, die die Genese und Dynamik im Silizium-Tal eindrucksvoll schildern. Es sollte klar werden, dass Silizium als bedeutendstes Halbleitermaterial eine gigantische technische Entwicklung verursacht hat. Die „Siliziumtechnologien“ sind in dieser Region sehr stark konzentriert, da Start-Up-Unternehmen die Nähe zu Entwicklungs- und Produktionsstätten gesucht haben. Dies hatte sehr gewinnbringende Synergieeffekte für alle Beteiligten.

Anmerkung: In Anlehnung an die Struktur des Silicon Valley spricht man in der Region um Dresden auch vom „Saxony Valley“.

3 Arbeiten mit Schaltungen

Reihenschaltung

Seite 387

1 Die Innenbeleuchtung in Autos wird heute oft mit LED realisiert. Eine solche LED darf maximal mit 2,1 V und 50 mA betrieben werden. Da die Autoelektrik mit 12 V betrieben wird, steht diese Spannung im Auto zur Verfügung. Berechne den Vorwiderstand, der zusammen mit der LED eingebaut werden muss und zeichne einen Schaltplan.

Von den anliegenden 12 V müssen 9,9 V am Vorwiderstand abfallen. Daher gilt $R = \frac{U}{I} = \frac{9{,}9\ \text{V}}{0{,}05\ \text{A}} = 198\ \Omega$.

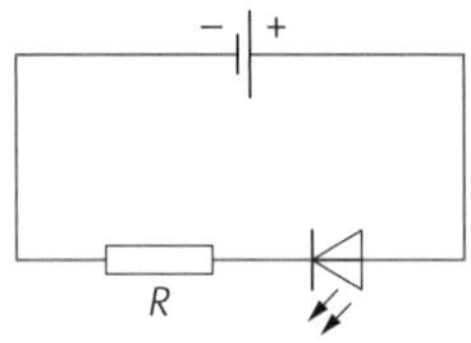

Cornelsen/newVISION! GmbH Bernhard A. Peter, Pattensen

2 Soll eine Lampe langsam eingeschaltet werden, kann man einen Vorwiderstand einbauen, der mit steigender Temperatur kleiner wird. Zeichne einen Schaltplan und beschreibe den Einschaltvorgang.

In diesem Fall wird ein Heißleiter verwendet. Er leitet um so besser, je wärmer er wird. Beim Einschalten fließt Strom, der im Widerstand aufgrund der ohmschen Verluste Wärme erzeugt. Dadurch sinkt der Widerstand und die Stromstärke steigt. Somit wird der Einschaltvorgang verlängert.

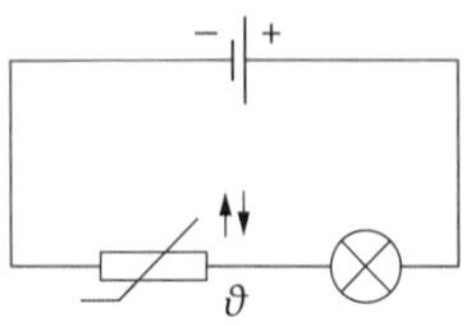

Cornelsen/newVISION! GmbH Bernhard A. Peter, Pattensen

Seite 388

1 a) Berechne jeweils den Widerstand für die Wege des Stromes zwischen den Händen, zwischen den Füßen und zwischen Hand und Fuß.

Bei allen drei genannten Wegen beträgt der Gesamtwiderstand 1200 Ω.

b) Erläutere, welche Stromwege für den Menschen gefährlicher sind.

Die Wege Hand-Hand und Hand-Fuß sind besonders gefährlich, da der Strom am Herzen vorbeifließt, wodurch die winzigen Steuerströme des Herzens massiv gestört werden können, was lebensbedrohlich sein kann.

c) Eine Stromstärke von 2 mA kann man gerade wahrnehmen. Berechne die zugehörige Spannung.

Gegeben: $I = 2$ mA, $R = 1200\ \Omega$

Gesucht: U

$U = R \cdot I = 1200\ \Omega \cdot 0{,}002\ \text{A} = 2{,}4\ \text{V}$.

Die dazugehörige Spannung beträgt 2,4 V.

d) Zwischen den Händen darf nie eine Spannung von mehr als 20 V anliegen, da ab 16,5 mA die Hände und Arme völlig verkrampfen. Rechne und begründe.

Gegeben: $U = 20$ V, $R = 1200\ \Omega$

Gesucht: Stromstärke I, die aus einer Spannung von 20 V zwischen den Händen resultiert.

$$I = \frac{U}{R} = \frac{20\ \text{V}}{1200\ \Omega} = 16{,}7\ \text{mA}$$

Bei 20 V wird gerade die kritische Stromstärke erreicht. In Schülerexperimenten sollten 12 V nicht überschritten werden, um auch empfindlichere Menschen zu schützen.

Seite 389 (Material)

Versuche – Reihenschaltung

V1 Diebstahlsicherung

a) Zeichne einen Schaltplan des Aufbaus.

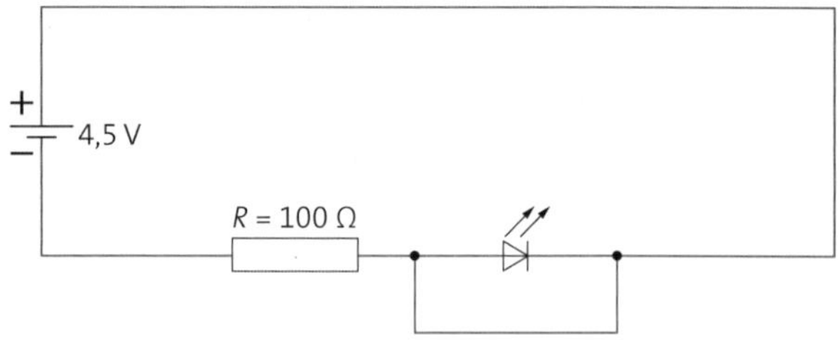

Cornelsen/Atelier tigercolor Tom Menzel, Scharbeutz/Klingberg

b) Erkläre das Prinzip dieser einfachen Diebstahlsicherung.

c) Baue den Versuch auf und überprüfe deine Vorhersage.

Lösungen zu b) und c):

Vermutung/Beobachtung: Wenn man den Draht durchtrennt, dann leuchtet die LED.

Erklärung: Der Draht ist parallel zur LED geschaltet. Die Batteriespannung teilt sich zwischen Vorwiderstand und Parallelschaltung auf. Da der Draht (und damit die Parallelschaltung) praktisch keinen Widerstand hat, fällt an der Parallelschaltung kaum Spannung ab. Entsprechend leuchtet die LED nicht. Wenn der Draht durchtrennt wird, dann teilt sich die Batteriespannung auf den Vorwiderstand und die LED auf. Der Widerstand der LED ist deutlich höher als es der Widerstand der Parallelschaltung war. Entsprechend liegt an der LED auch eine höhere Spannung an als zuvor. Die Spannung an der LED bewirkt einen Strom und die LED leuchtet.

V2 Hell-Dunkel-Schaltung

a) Beschreibe die Auswirkung auf die LED.

Ein LDR (Light Dependent Resistor), auch Fotowiderstand genannt, ist ein Bauelement, dessen Widerstand kleiner wird, je mehr Licht darauf fällt.

b) Erkläre deine Beobachtung.

Siehe a)

c) Beschreibe eine Anwendung für diese Schaltung.

Belichtungsmesser für eine Kamera.

V3 Potenziometer

a) Zeichne für den abgebildeten Versuchsaufbau einen Schaltplan.

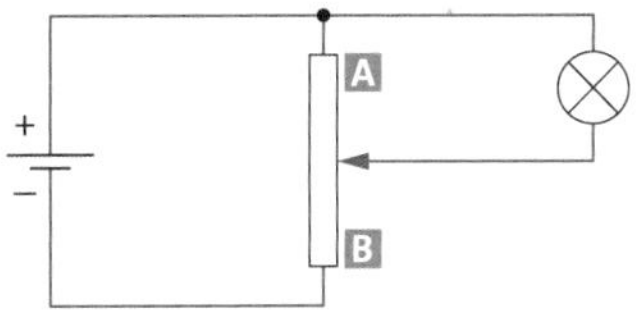

Cornelsen/newVISION! GmbH Bernhard A. Peter, Pattensen

Die Bleistiftmine wurde hier als langer Widerstand gezeichnet. Sie erfüllt eine wichtige Bedingung, nämlich, dass sie einen nicht vernachlässigbaren Widerstand aufweist. Das Schaltsymbol des Potenziometers kann mit dieser Skizze einfach motiviert werden.

b) Baue den Aufbau nach und bringe das Glühlämpchen zum Leuchten.

Individuelle Lösung

c) Führe das mittlere Kabel an der Bleistiftmine entlang und erkläre deine Beobachtung.

Anhand der beiden markierten Abgriffpositionen A und B in der Schaltskizze lassen sich die Extremsituationen verstehen, woraus sich dann das Verhalten der Lampe ableiten lässt:

Abgriff in A: die Lampe ist parallel zur gesamten Bleistiftmine geschaltet; über der Lampe liegt die maximal mögliche Spannung an, so dass der maximale Strom fließen kann, die Lampe mithin am hellsten leuchtet.

Abgriff in B: An der Lampe liegt praktisch keine Spannung an, so dass sie nicht leuchten kann.

Verschiebt man also den Abgriffpunkt von A nach B so wird die Lampe um so dunkler, je näher der Abgriffpunkt an B liegt.

Parallelschaltung

Seite 391

1 Erläutere anhand der Formeln zur Parallelschaltung, was bei einem Kurzschluss passiert.

Bei einem Kurzschluss ist ein nahezu verschwindender Widerstand parallel zu anderen Widerständen, so dass der Gesamtwiderstand praktisch Null wird, weswegen ein sehr großer Strom fließt.

2 Zeichne die Schaltung, bei der die Widerstände $R_1 = 1\ \text{k}\Omega$, $R_2 = 333\ \Omega$ und $R_3 = 100\ \Omega$ zum kleinst möglichen Gesamtwiderstand verschaltet werden. Berechne den Gesamtwiderstand.

Die Schaltung mit dem kleinsten Gesamtwiderstand ist die Parallelschaltung der drei Widerstände:

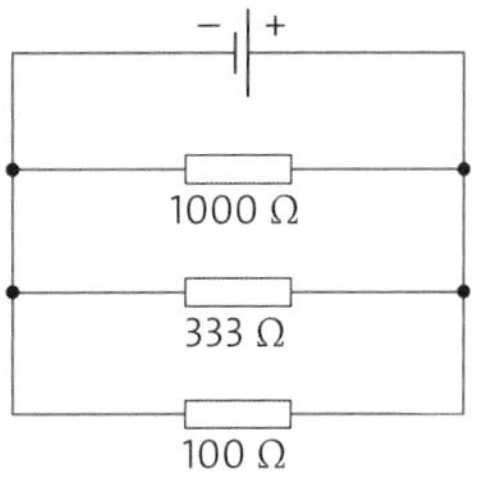

Cornelsen/newVISION! GmbH Bernhard A. Peter, Pattensen

Es gilt:

$$\frac{1}{R_{\text{ges}}} = \frac{1}{1000\ \Omega} + \frac{1}{333\ \Omega} + \frac{1}{100\ \Omega} = 0{,}014\ \Omega^{-1}$$

$\Leftrightarrow R_{\text{ges}} = 71\ \Omega.$

Der Gesamtwiderstand beträgt also 71 Ω.

3 Zeige, dass der Gesamtwiderstand bei einer Parallelschaltung von zwei Widerständen mit der Beziehung $R_{\text{ges}} = \frac{R_1 \cdot R_2}{R_1 + R_2}$ berechnet werden kann.

Der Zusammenhang kann durch folgende Rechnung gezeigt werden:

$$\frac{1}{R_{\text{ges}}} = \frac{1}{R_1} + \frac{1}{R_2} = \frac{R_2 + R_1}{R_1 \cdot R_2} \Leftrightarrow R_{\text{ges}} = \frac{R_1 \cdot R_2}{R_1 + R_2}.$$

Seite 392

1 Eine Steckdose ist mit einer 16-A-Sicherung geschützt. Überprüfe rechnerisch, ob ein Waffeleisen ($R_W = 53\ \Omega$) zusätzlich zu einem Toaster ($I_T = 3{,}7$ A), einem Wasserkocher ($I_A = 8{,}7$ A) und einer Kaffeemaschine ($R_K = 66\ \Omega$) angeschlossen werden kann.

Es muss überprüft werden, ob die Summe der Ströme durch die einzelnen Geräte kleiner als 16 A ist. Aufgrund der Reihenschaltung der Geräte kann man $U = 230$ V nutzen. Für die Stromstärke des Waffeleisens und der Kaffeemaschine ergibt sich

$$I_W = \frac{U}{R_W} = \frac{230\ \text{V}}{53\ \Omega} = 4{,}4\ \text{A}$$

$$I_K = \frac{U}{R_K} = \frac{230\ \text{V}}{66\ \Omega} = 3{,}5\text{A}\ .$$

In Summe folgt damit

$$\boldsymbol{I_W + I_T + I_A + I_K = 4{,}4}\ \text{A} + \boldsymbol{3{,}7}\ \text{A} + \boldsymbol{8{,}7}\ \text{A} + \boldsymbol{3{,}5}\ \text{A} = \boldsymbol{20{,}3}\ \text{A} > \boldsymbol{16}\ \text{A}.$$

Somit wird die Sicherung auslösen.

2 Früher waren Lichterketten oft eine Reihenschaltung von Lampen. Heute sind die Lampen in der Regel parallel geschaltet.

a) Erläutere Vorteile und Nachteile für beide Varianten.

Parallel:

Vorteil: alle Lampen unabhängig voneinander

Nachteil: Stromstärke kann groß werden

Reihe:

Vorteil: simpler Aufbau mit weniger Kabeln als bei der PS

Nachteil: wenn eine Lampe defekt ist, leuchtet keine mehr

b) Erläutere, warum das Verlängern von Lichterketten nicht zu empfehlen ist.

Da in neuen Lichterketten die Lämpchen parallel geschaltet sind, würde die Gesamtstromstärke beim Verlängern unter Umständen zu groß werden. Bei den alten Lichterketten würde die Helligkeit verringert, da bei der Reihenschaltung der Gesamtwiderstand steigt.

3 Du hast nun Reihenschaltung und Parallelschaltung kennengelernt. Fasse alle wichtigen Aspekte beider Schaltungen in einem tabellarischen Vergleich zusammen.

	Parallelschaltung	Reihenschaltung
Spannung	teilt sich nicht auf: $U_{ges} = U_1 = U_2 = ...$	teilt sich auf: $U_{ges} = U_1 + U_2 + ...$
Stromstärke	teilt sich auf: $I_{ges} = I_1 + I_2 + \cdots$	Teilt sich nicht auf: $I_{ges} = I_1 = I_2 = ...$
Widerstand	Teilwiderstände addieren sich direkt: $R_{ges} = R_1 + R_2 + ...$	Kehrwerte der Teilwiderstände addieren sich: $\frac{1}{R_{ges}} = \frac{1}{R_1} + \frac{1}{R_2} + \cdots$

4 Simon liest auf einer Kabeltrommel mit Mehrfachsteckdose einige Sicherheitshinweise (▸ Bild 02). Er erklärt: „Du darfst an die Kabeltrommel nicht zu viele Geräte gleichzeitig ranhängen, die Spannung wird sonst zu groß. Und das Kabel musst du ganz abwickeln, weil wenn du das nicht machst, wird es warm und kann explodieren. Und natürlich nicht draußen bei Regen hernehmen, sonst kriegst du einen Stromschlag!“ Korrigiere die Aussagen von Simon so, dass sie inhaltlich und fachsprachlich korrekt sind. Formuliere dazu einen eigenen Text.

An einer Kabeltrommel dürfen nicht zu viele Geräte gleichzeitig angeschlossen werden, da sonst die Gesamtstromstärke durch das Kabel zu groß werden kann. Das Kabel muss vollständig abgewickelt sein, damit keine Überhitzung auftreten kann, die zu einem Kabelbrand führen könnte. Die Kabeltrommel darf nur im Trockenen benutzt werden, damit keine Gefahr, wie etwa ein Stromschlag, von ihr ausgeht.

Seite 393 (Material)

Material A – Widerstand bei Reihen- und Parallelschaltungen

1 Die Widerstände $R_1 = 1{,}0\ \text{k}\Omega$ und $R_2 = 333\ \Omega$ sind parallel an eine Spannung von 12 V angeschlossen.

a) Berechne den Gesamtwiderstand, die Gesamtstromstärke und die Einzelstromstärken durch die beiden Widerstände.

Gegeben: $R_1 = 1{,}0\ \text{k}\Omega$, $R_2 = 333\ \Omega$, $U = 12$ V

Gesucht: $R_{ges}, I_{ges}, I_1, I_2$

Die gesuchten Größen berechnen sich wie folgt:

$$R_{ges} = R_1 \cdot \frac{R_2}{(R_1 + R_2)} = 250\ \Omega\,,$$

$$I_{ges} = \frac{U}{R_{ges}} = \frac{12\ \text{V}}{250\ \Omega} = 48\ \text{mA}\,,$$

$$I_1 = \frac{U}{R_1} = \frac{12\ \text{V}}{1000\ \Omega} = 12\ \text{mA}\,,$$

$$I_2 = \frac{U}{R_2} = \frac{12\ \text{V}}{333\ \Omega} = 36\ \text{mA} = I_{ges} - I_1.$$

b) Zwei gleiche Drähte werden parallelgeschaltet. Begründe mit einer Gleichung, dass sich der Gesamtwiderstand im Vergleich zur Schaltung mit einem Draht halbiert.

Ein Draht habe den Widerstand R. Schaltet man einen zweiten identischen Draht parallel dazu, gilt

$$R_{Ges} = \frac{R^2}{2R} = \frac{R}{2}.$$

A2 Begründe ohne Rechnung, welcher der Widerstandswerte ① bis ④ der Gesamtwiderstand der unten gezeigten Schaltung ist. ①: 48 Ω, ②: 240 Ω, ③: 620 Ω, ④: 1140 Ω

Da der Gesamtwiderstand kleiner als der kleinste Einzelwiderstand sein muss, kommt nur 48 Ω in Frage.

A3 In der unten abgebildeten Schaltung ist $R_1 = 38\ \Omega$, $R_2 = 20\ \Omega$, $R_3 = 30\ \Omega$ und $U_0 = 10$ V.

a) Berechne die Gesamtstromstärke.

Gegeben: $R_1 = 38\ \Omega$, $R_2 = 20\ \Omega$, $R_3 = 30\ \Omega$, $U_0 = 10$ V

Gesucht: I_{ges}

Zuerst wird der Gesamtwiderstand berechnet:

$$R_{ges} = R_1 + \frac{R_2 \cdot R_3}{R_2 + R_3} = 50\ \Omega.$$

Anschließend folgt für die Gesamtstromstärke:

$$I_{ges} = \frac{U_0}{R_{ges}} = \frac{10\text{V}}{50\Omega} = 200\ \text{mA}.$$

Die Gesamtstromstärke beträgt 200 mA.

b) Bestimme die Spannung an den Widerständen R_1 bis R_3.

Es reicht hierbei, die Spannung an dem Widerstand R_1 auszurechnen:

$$\boldsymbol{U_1 = R_1 \cdot I_{Ges} = 7{,}6}\ \text{V}.$$

Da die beiden anderen Widerstände parallel geschaltet sind, liegt an beiden die Spannung
$U_2 = U_3 = \mathbf{10}\text{ V} - \mathbf{7,6}\text{ V} = \mathbf{2,4}\text{ V}$ an.

Material B – Gemischte Schaltungen

B1 Fertige Schaltskizzen zu einer Schaltung mit vier baugleichen Widerständen an. Dabei sollen die angegebenen Bedingungen erfüllt sein.
a) Die Stromstärke durch R_1 soll dreimal so groß sein wie durch die anderen Widerstände.

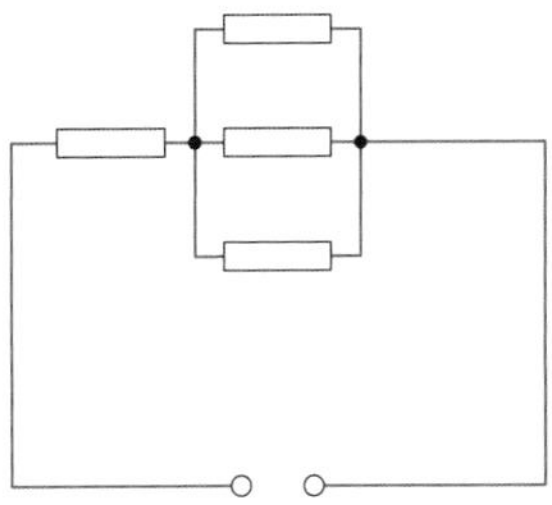
Cornelsen/Atelier tigercolor Tom Menzel, Scharbeutz/Klingberg

b) Die Stromstärke durch jeweils zwei Widerstände soll gleich groß sein, aber nie so groß wie I_{ges}.

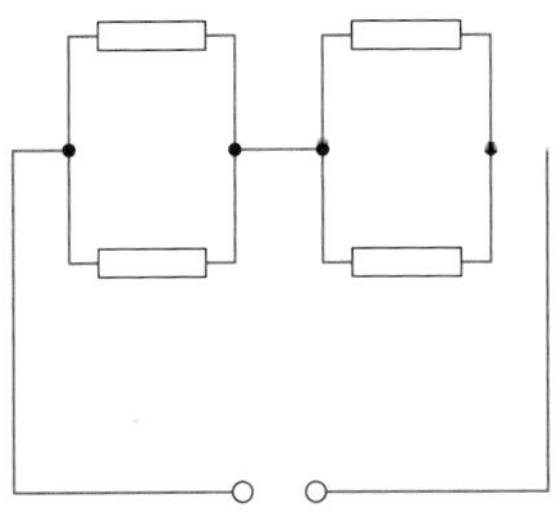
Cornelsen/Atelier tigercolor Tom Menzel, Scharbeutz/Klingberg

c) Vergleiche die beiden Schaltungen bezüglich der Teilstromstärken.
Die Teilstromstärken durch die Widerstände bei b) sind alle gleich groß, bei a) nicht. In a) sind nur die Teilstromstärken durch die drei parallel geschalteten Widerstände gleich groß.

B2 Elena und Sascha experimentieren mit blauen Lampen (6 V/0,1 A), roten Lampen (3 V/0,1 A) und einem 12-VAkku.
a) Sie wollen eine Schaltung mit vier blauen Lampen aufbauen. Zeichne dazu einen Schaltplan. Zeichne ein Stromstärkemessgerät zur Messung der Gesamtstromstärke ein. Notiere, was das Gerät anzeigen müsste.

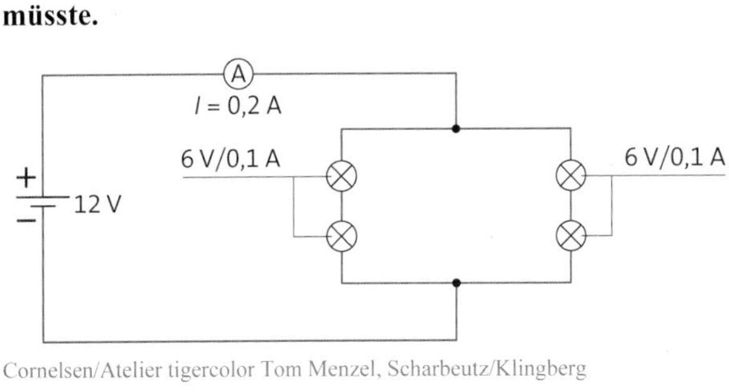

Cornelsen/Atelier tigercolor Tom Menzel, Scharbeutz/Klingberg

b) Nun wollen sie eine Schaltung mit blauen und roten Lampen aufbauen. Zeichne dazu drei verschiedene Schaltpläne.

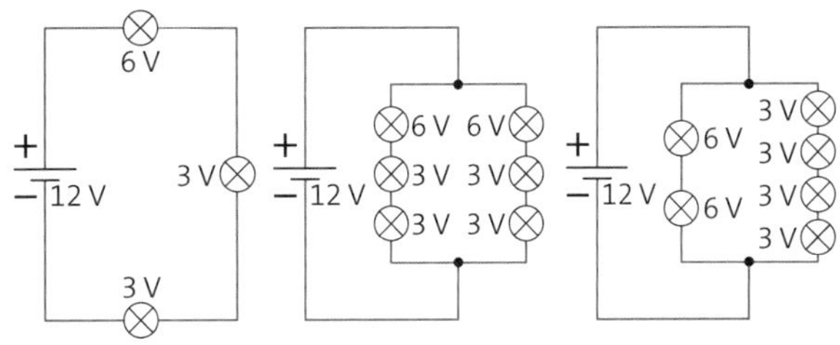

Cornelsen/Atelier tigercolor Tom Menzel, Scharbeutz/Klingberg

B3 Eine Lampe (6 V/0,4 A) soll mit einer 9-V-Batterie betrieben werden. Entwirf eine Schaltung, sodass die Lampe korrekt leuchtet. Berechne die erforderlichen Daten.
Um die Lampe mit einer 9-V-Batterie betreiben zu können, muss man einen passenden Vorwiderstand in Reihe zur Lampe einbauen. Die Spannung U_1 am Widerstand und die Spannung U_2 an der Lampe ergeben zusammen die Batteriespannung U_{ges}. Da die Spannung U_2 an der Lampe 6 V betragen soll, erhält man:
$U_1 = U_{ges} - U_2 = 9\text{ V} - 6\text{ V} = 3\text{ V}$.
Da die Stromstärke im gesamten Stromkreis 0,4 A betragen soll, erhält man für den Vorwiderstand:
$$R = \frac{U}{I} = \frac{3\text{V}}{0{,}4\text{A}} = 7{,}5\ \Omega$$

Material C – Schaltung einer 12-V-LED-Beleuchtung

C1 a) Gib begründet die Spannung an, die an einem Segment anliegt.
Da die Segmente der LED-Beleuchtung parallelgeschaltet sind, liegt dort jeweils die Gesamtspannung von 12 V an.
b) Erläutere den Zweck des Widerstandsbauteils in der Reihenschaltung.
Jede LED darf nur mit 3,2 V betrieben werden. Ohne Widerstand, würde aber eine Spannung von 4 V anliegen. Dadurch würde die LED kaputt gehen.
Hinweis: Außerdem dient der Widerstand als Geräteschutz, wenn die Spannung nicht konstant 12 V beträgt.
c) Berechne, welche Spannung am Widerstand abfällt.
Im Segment ist der Widerstand mit drei Leuchtdioden in Reihe geschaltet. Somit fällt an ihm die nachfolgende Spannung ab:
$U = 12\text{ V} - 3 \cdot 3{,}2\text{ V} = 2{,}4\text{ V}$.

C2 Wie müsste man die Verschaltung der Segmente verändern, um die Beleuchtung mit 24 V statt mit 12 V betreiben zu können? Erläutere.
In diesem Fall müssten jeweils 6 LEDs in Reihe geschaltet werden. Zusätzlich sollte der Vorwiderstand erhöht werden. Deshalb sollten zu den 6 LEDs zwei solche Widerstandsbauteile in Reihe geschaltet werden.

Seite 397 (Basiskonzepte)

1 Erstelle eine entsprechende Liste für ein mögliches Basiskonzept „Felder".

- Elektrische und magnetische Felder beschreiben Räume, in denen geladene bzw. magnetisierte Körper Kräfte aufeinander ausüben, ohne sich zu berühren.
- Elektrische und magnetische Felder zeigen sich jeweils in ihren Wirkungen auf Körper im Feld. Gleichnamige Pole bzw. Ladungen stoßen sich ab, ungleichnamige Pole bzw. Ladungen ziehen sich an.
- Elektrische und magnetische Felder lassen sich mit gerichteten Feldlinien veranschaulichen, die jeweils zwischen zwei unterschiedlichen Polen bzw. Ladungen verlaufen.
- Die Richtung der Feldlinien kennzeichnet die Richtung und ihre Dichte, die Stärke der wirkenden Kräfte.

Energiebilanzen und Wirkungsgrade

Didaktische Hinweise

Aufbau des Kapitels

Dieses Kapitel ist unterteilt in zwei Unterkapitel. In *Speicherung und Umwandlung von Energie* werden zunächst die drei wesentlichen mechanische Energieformen Bewegungs-, Lage- und Spannenergie behandelt. Es wird erklärt, wie die Energieformen in einander umgewandelt werden und welche Rolle der Energieerhaltungssatz dabei einnimmt. Anschließend wird beleuchtet, was ein Energiespeicher und ein Energiewandler ist, um letztlich Energieflussdiagramme einzuführen, um Energieübertragungsketten übersichtlich darzustellen. Im letzten Abschnitt des ersten Unterkapitels wird der umgangssprachliche Begriff des Energieverbrauchs aus physikalischer Sicht betrachtet.

Im zweiten Unterkapitel *Effizienz* werden die Schülerinnen und Schüler mit den Konzepten der Leistung und des Wirkungsgrad vertraut gemacht.

Didaktische Überlegungen zum Energiebegriff

Untersuchungen zeigen, dass sich Schülerinnen und Schüler unter Energie meistens eine Art universellen Treibstoff vorstellen. Auf diesen Vorstellungen aufbauend, entwickeln wir den Energiebegriff behutsam zu einem physikalisch tragfähigen Konzept weiter.

Nachdem eine Definition der Energie ohnehin nicht möglich ist – vergleiche dazu die Feststellung von Richard Feynman: „It is important to realize that in physics today, we have no knowledge of what energy is.“ – verfolgen wir einen Unterrichtsgang, der die Energie über ihre Eigenschaften veranschaulicht. Nach Reinders Duit sind die wesentlichen Eigenschaften der Energie:

- Energie kann gespeichert werden.
- Energie kann übertragen werden.
- Energie kann ihre Erscheinungsform ändern.
- Energie kann weder erzeugt, noch vernichtet werden.
- Es gibt mehr und weniger wertvolle Energie.

Speicherung und Übertragung von Energie

Im Bildungsplan wird zwischen der Speicherung und Übertragung von Energie unterschieden. Diese Unterscheidung stellt ein wesentliches Element der Strukturierung dar. Es spiegelt die fachwissenschaftliche Unterscheidung in Zustandsgrößen (kinetische Energie, potenzielle Energie, innere Energie) und in Prozessgrößen (mechanische Arbeit, elektrische Arbeit, Wärme) wider.

Energieformen

In diesem Zusammenhang stellt sich die Frage nach der Behandlung der Energieformen. Die Einteilung der Energie in Energieformen ist nicht so eindeutig, wie oft angenommen wird. Fachlich gesichert und didaktisch begründbar ist die Verwendung der mechanischen Energieformen (Bewegungsenergie, Lageenergie im Schwerefeld, Spannenergie elastisch verformter Körper). Die Einführung dieser Energieformen als spezielle Speicherformen von Energie ermöglicht die physikalische Beschreibung vielfältiger Vorgänge aus dem Alltag. Zur Beschreibung der scheinbaren „Energieverluste“ führen wir noch die thermische Energie ein. Die Behandlung zusätzlicher Energieformen ist unseres Erachtens nach nicht nötig und teilweise sogar fachlich oder didaktisch problematisch.

Energieerhaltung und Energieentwertung

Das Prinzip von der Energieerhaltung ist für Schülerinnen und Schüler nicht selbstverständlich, weil es den Alltagsvorstellungen von „Energieverbrauch“ und „Energiesparen“ widerspricht. Experimente zu mechanischen Energieumwandlungen, wie z. B. beim Fadenpendel, sind nicht überzeugend. Entscheidend ist die Thematisierung der scheinbaren Verluste. Von nun an berücksichtigen wir die Energieerhaltung auch bei den Energieflussdiagrammen.

Nach dem Prinzip von der Energieerhaltung wären Vorgänge möglich, die in der Realität niemals vorkommen. Die Erfahrung zeigt, dass sowohl Lebewesen als auch Maschinen die erhaltene Energie ganz oder teilweise als thermische Energie an die Umgebung abgeben. Die an die Umgebung abgegebene Energie kann für den ursprünglichen Zweck nicht mehr verwendet werden. Diese Tatsache wird als Energieentwertung bezeichnet. Erst unter Berücksichtigung des Entwertungsaspekts kann der Erhaltungsgedanke verstanden werden.

Energieübertragung und Leistung

Zur quantitativen Beschreibung von Energieübertragungsvorgängen sind sowohl die übertragenen Energiemenge ΔE als auch die zugehörige Zeitspanne Δt wesentlich. Aus diesen beiden Größen wird die neue Größe der Leistung gebildet. Anhand von Plausibilitätsbetrachtungen können die Schülerinnen und Schüler erkennen, wie man die Leistung sinnvoll festlegt. Im Zusammenhang mit Energiewandlern sind die Begriffe wichtig. Die Einführung der Begriffe Eingangsleistung, Nutzleistung und Wirkungsgrad erfolgt anhand konkreter Beispiele.

Blickpunkte
In diesem Inhaltsfeld spielen Energiequellen, Energieerzeugung, Energiespeicher, Energiebilanzen und der verantwortungsvolle Umgang mit Energie eine zentrale Rolle.
Die Methode *Bilanzierung mit dem Energiekontenmodell* führt den bereits in anderen Kapiteln üblichen einsatz von Modellen fort.
Die zur Vertiefung oder Erweiterung gedachten Blickpunkte behandeln Sachverhalte aus dem Alltag.
Im Blickpunkt *Energie im Sport* lernen die Schülerinnen und Schüler, welche Energieformen in unterschiedlichen Sportarten beteiligt sind.
Weitere Blickpunkte informieren über die Entstehung fossiler Energiespeicher, die Risiken ihrer Nutzung und wie sie zur Energieerzeugung in Verbrennungskraftwerken verwendet werden.
Auch die stets aktuellen Themenkomplexe Energiesparen und der verantwortungsvolle Umgang mit Energie werden ausführlich behandelt.

Basiskonzepte
Naturgemäß steht hier das Basiskonzept „Energie" im Vordergrund. Durch die Behandlung von Energiewandlern und Speichern werden auch "Systeme" wie Kraftwerke und das Verteilungsnetz behandelt, die essentiell für die Erzeugung und den Transport von Energie sind. Um die Energie eines Objekts zu ändern oder zu wandeln, bedarf es in jedem Fall einer Art von "Wechselwirkung", etwa das Beschleunigen, Anheben oder Verformen eines Körpers.

1 Speicherung und Umwandlung von Energie

Mechanische Energieformen

Seite 401

1 Erstelle eine Tabelle, in der du den Bildern 07 A–C die entsprechende Energieform und ihre Formel zuordnest.

Tabelle der Energieformen:

Bild	Name	Formel
A	Spannenergie	$E = \frac{1}{2} D \cdot s^2$
B	Bewegungsenergie	$E = \frac{1}{2} m \cdot v^2$
C	Lageenergie	$E = m \cdot g \cdot h$

2 Energien werden in der Maßeinheit Joule angegeben. Überprüfe, ob sich diese Einheit auch aus den Formeln für Bewegungsenergie und Spannenergie ergibt.

Einheitenrechnung Bewegungsenergie:

$$[E] = \frac{\text{kg} \cdot \text{m}^2}{\text{s}^2} = \frac{\text{kg} \cdot \text{m}}{\text{s}^2 \cdot \text{m}} = \text{Nm} = \text{J}.$$

Einheitenrechnung Spannenergie:

$$[E] = \frac{\text{N}}{\text{m}} \cdot \text{m}^2 = \text{Nm} = \text{J}.$$

Es ergibt sich in beiden Fällen die Maßeinheit Joule.

Seite 402

1 Von der Decke des Physikraums hängt ein Riesenpendel herab. Die neue Physiklehrerin lässt das Pendel in der Höhe ihres Kinns los. Ihre Schülerin Viola zieht sie schnell beiseite, als das Pendel zurückschwingt.

a) Kann das Pendel das Kinn treffen? Begründe deine Entscheidung.

Das Pendel erreicht nach einer Hin- und Her-Bewegung nicht mehr die ursprüngliche Höhe, da ein Teil der Energie entwertet wird und nicht mehr für Umwandlungsprozesse zur Verfügung steht. Das Pendel wird das Kinn nicht treffen.

b) Violas Physiklehrerin hat das Pendel nicht losgelassen, sondern angestoßen. Entscheide erneut.

Wenn Violas Physiklehrerin das Pendel anstößt, gibt sie ihm neben der Lageenergie noch etwas mehr an Energie mit als im ersten Versuch. Diese Energiemenge kann den Verlust an Entwertung möglicherweise ausgleichen. Damit könnte das Pendel seine ursprüngliche Höhe erreichen und das Kinn treffen.

Seite 403 (Material)

Versuche – Energieerhaltung

V1 Überlege, wie du diese Energieumwandlung bei einem Ball mithilfe eines Handys oder eines Messwerterfassungssystems abschätzen kannst. Führe entsprechende Versuche durch und berechne den Anteil entwerteter Energie für jeden der ersten drei Sprünge.

Wird zur Messwerterfassung eine Video- oder Handykamera eingesetzt, dann erfolgt die Auswertung mit einem Videoanalyseprogramm. Wird ein Ultraschallbewegungssensor verwendet, kann die Auswertung direkt über die Software des Erfassungssystems erfolgen. Bei allen Auswertungen wird für jeden Sprung die maximale Höhe der Unterkante des Balls gegenüber dem Boden bestimmt und daraus die Lageenergie berechnet. Die Differenz der Lageenergie von einem Sprung zum nächsten entspricht der jeweiligen Energieentwertung. Dieser Anteil ist näherungsweise konstant.

Hinweis: Ersatzweise kann auch eine Auswertung des Stroboskopbildes auf der gegenüberliegenden Seite vorgenommen werden. Wichtig ist hierbei, dass der höchste Punkt des ganz linken Sprungs nicht sichtbar ist und daher nicht mit ausgewertet werden kann. Außerdem sollte bis zur Balloberkante gemessen und dann der Durchmesser des Balls abgezogen werden, weil die Unterkante bei den kleineren Sprüngen nicht zuverlässig abzumessen ist.

V2 Wiederhole V1 mit anderen Bällen. Vergleiche die Ergebnisse und notiere Unterschiede und Gemeinsamkeiten. Untersuche, welchen Einfluss die Art des Balls hat.

Gemeinsamkeiten: Alle Bälle bleiben nach einiger Zeit liegen. Die Energieentwertung ist bei allen Bällen von Sprung zu Sprung näherungsweise konstant.

Unterschiede: Der Anteil der entwerteten Energie pro Sprung ist von Ball zu Ball sehr unterschiedlich. Den geringsten Energieumsatz in entwertete Energie findet man bei harten, elastischen Bällen wie Flummis oder Billardkugeln, die stärkste Entwertung bei weichen, evtl. sogar plastisch verformbaren Bällen.

Material A – Notfallspur

A1 An ausgedehnten Hangstrecken mit starkem Gefälle befinden sich häufig Notfallspuren (▸ Bild 02). Auf ihnen können Fahrzeuge, deren Bremsen versagen, zum Stillstand gebracht werden.

a) Beschreibe, wie eine solche Notfallspur gebaut ist.

Notfallspuren bestehen aus einem Kiesbett oder einer Rampe. Kombinationen sind möglich.

b) Gib an, welche Energieumwandlungen beim Abbremsen des Fahrzeugs stattfinden.

Ein Teil der Bewegungsenergie des Fahrzeuges wird in Lageenergie umgewandelt, da die Steigung der Rampe der Steigung der Fahrbahn entgegengesetzt ist. Die restliche Bewegungsenergie wird durch Reibung im Kiesbett in Wärme umgewandelt und damit entwertet.

c) Unter der Annahme, dass die Bewegungsenergie reibungsfrei in Lageenergie umgewandelt wird, kannst du berechnen, dass ein Lkw mit einer Geschwindigkeit von 90 $\frac{\text{km}}{\text{h}}$ auf einer Notfallspur mit 10 % Steigung erst nach über 330 m zum Stehen käme. Begründe, warum in der Regel ein tiefes Kiesbett als Bodenbelag eingesetzt wird.

Es ist weder wirtschaftlich sinnvoll noch raumplanerisch machbar, solch lange Rampen zu bauen. Mit einem Kiesbett kann die Rampe wesentlich kürzer ausfallen, da eine zusätzliche Energieumwandlung stattfindet.

Material B – Energieformen beim Sport

B1 Ein 85 kg wiegender Sportler überquert beim Stabhochsprung eine Höhe von 6 m.

a) Gib die Energieformen an, die hierbei auftreten.

Beim Anlauf hat der Sportler Bewegungsenergie, nach dem Absprung hat er Bewegungsenergie und Lageenergie und im Stab wird Spannenergie gespeichert. Sobald der Stab seine stärkste Krümmung erreicht hat, beginnt der Sportler seine Beine anzuheben. Es wird Spannenergie vom Stab und Energie von den Muskeln in Lageenergie und Bewegungsenergie umgewandelt. Ist der Stab wieder ganz entspannt, stößt sich der Sportler von der Stange ab. Dann hat er Bewegungs- und Lageenergie. Im höchsten Punkt hat er nur noch Lageenergie.

b) Berechne die maximale Lageenergie des Springers.

Gegeben ist die Masse des Springers m = 85 kg und die übersprungene Höhe h = 6 m. Um die Latte in 6 m Höhe zu überqueren, muss der Körperschwerpunkt um etwa 5 m angehoben werden.

$$E_{\text{Lage}} = m \cdot g \cdot h = 85\ \text{kg} \cdot 9{,}8\ \frac{\text{N}}{\text{kg}} \cdot 5\ \text{m} = 4165\ \text{J}.$$

c) Schätze die Geschwindigkeit ab, die der Stabhochspringer beim Anlauf ungefähr erreichen kann. Bestimme seine Bewegungsenergie und vergleiche sie mit der Lageenergie. Erkläre mögliche Unterschiede.

Für 100 m braucht ein trainierter Sportler etwa 10 s. Man kann deshalb annehmen, dass der Hochspringer beim Anlauf ungefähr eine Geschwindigkeit $v = 10\frac{\text{m}}{\text{s}}$ erreichen kann. Seine Bewegungsenergie ist dann:

$$E_{\text{Bew}} = \frac{1}{2}\ m \cdot v^2 = \frac{1}{2} \cdot 85\ \text{kg} \cdot \left(10\frac{\text{m}}{\text{s}}\right)^2 = 4250\ \text{J}.$$

Die Bewegungsenergie wird fast vollständig in Lageenergie umgewandelt.

B2 Ein Fußball der Masse 450 g wird mit einer Geschwindigkeit von 80 $\frac{\text{km}}{\text{h}}$ geschossen und prallt vom Pfosten des Tors zurück. Berechne die Energie, die bei der Verformung des Balls umgewandelt wird.

Beim Pfostentreffer wird die Bewegungsenergie des Balls vollständig in Verformung umgewandelt.

$$E_{\text{Bew}} = \frac{1}{2}m \cdot v^2 = \frac{1}{2} \cdot 0{,}45\ \text{kg} \cdot \left(22\ \frac{\text{m}}{\text{s}}\right)^2 = 108{,}9\ \text{J}.$$

B3 Ein Turmspringer (m = 85 kg) springt vom 10-Meter-Turm.

a) Gib die Energieformen an, die hier ineinander umgewandelt werden.

Der Turmspringer besitzt aufgrund seiner Position auf dem Sprungturm Lageenergie. Diese Lageenergie wird während des Sprungs in Bewegungsenergie umgewandelt.

b) Berechne die Geschwindigkeit, die er beim Eintauchen ins Becken höchstens haben kann.

Mit m = 85 kg, h = 10 m und $g = 9{,}81\ \frac{\text{N}}{\text{kg}}$ erhält man für die Lageenergie:

$$E = m \cdot g \cdot h = 85\ \text{kg} \cdot 9{,}81 \frac{\text{N}}{\text{kg}} \cdot 10\ \text{m} = 8338{,}5\ \text{J}.$$

Wenn diese Energie vollständig umgewandelt wird, beträgt auch die Bewegungsenergie 8338,5 J. Dann gilt wegen $E_{\text{Bew}} = \frac{1}{2}m \cdot v^2$:

$$v^2 = \frac{2 \cdot E_{\text{Bew}}}{m} = \frac{2 \cdot 8338{,}5\ \text{J}}{85\ \text{kg}} \Rightarrow v = 14\frac{\text{m}}{\text{s}}$$

Die Geschwindigkeit beim Eintauchen beträgt maximal $14\frac{\text{m}}{\text{s}}$ (ohne Luftwiderstand).

Seite 404 (Methode)

1 Berechne die Kontostände in den ▸ Bildern 01B und 01C.

Die Gesamtenergie des Energiekontos beträgt 0,0981 J.
Zu Bild B:

$$E_{\text{Lage}} = m \cdot g \cdot \frac{3}{4}h = 0{,}1\text{kg} \cdot 9{,}81\frac{\text{N}}{\text{kg}} \cdot \frac{3}{4} \cdot 0{,}1\ \text{m}$$
$$= 0{,}0736\ \text{J}$$

Die Lageenergie beträgt 0,0736 J.

$$E_{\text{Spann}} = \frac{1}{2}D \cdot \left(\frac{1}{4}h\right)^2 = \frac{1}{2} \cdot 19{,}62\ \frac{\text{N}}{\text{m}} \cdot \left(\frac{1}{4} \cdot 0{,}1\right)^2$$
$$= 0{,}0006\ \text{J}$$

Die Spannenergie beträgt 0,0006 J. Die Bewegungsenergie erhält man, indem man von der Gesamtenergie, die Lage- und die Spannenergie abzieht. Die Bewegungsenergie beträgt dann 0,0239 J. Zu Bild C:

$$E_{\text{Lage}} = m \cdot g \cdot \frac{1}{4}h = 0{,}1\ \text{kg} \cdot 9{,}81\frac{\text{N}}{\text{kg}} \cdot \frac{1}{4} \cdot 0{,}1\ \text{m}$$
$$= 0{,}0245\ \text{J}$$

Die Lageenergie beträgt 0,0245 J.

$$E_{\text{Spann}} = \frac{1}{2}D \cdot \left(\frac{3}{4}h\right)^2 = \frac{1}{2} \cdot 19{,}62\frac{\text{N}}{\text{m}} \cdot \left(\frac{3}{4} \cdot 0{,}1\right)^2$$
$$= 0{,}0552\ \text{J}$$

Die Spannenergie beträgt 0,0552 J. Die Bewegungsenergie berechnet sich wie zuvor und beträgt 0,0184 J.

2 a) Ein Ball wird mit einer Geschwindigkeit von 10 $\frac{\text{m}}{\text{s}}$ senkrecht nach oben geworfen. Stelle eine Energiebilanz auf und bestimme die Höhe, die der Ball maximal erreichen kann.

Energiebilanz: $E_{\text{Ges}} = E_{\text{Lage}} + E_{\text{Bew}}$.

Zum Zeitpunkt des Abwurfes besitzt der Ball nur Bewegungsenergie, am höchsten Punkt besitzt er nur Lageenergie. Deshalb lässt sich die Gesamtenergie E_{Ges} einmal über E_{Bew} und einmal über E_{Lage} ausdrücken:

$$E_{\text{Bew}} = E_{\text{Lage}} \Leftrightarrow \frac{1}{2} \cdot m \cdot v^2 = m \cdot g \cdot h.$$

Diese Gleichung lässt sich nach h umstellen:

$$h = \frac{\frac{1}{2} \cdot m \cdot v^2}{m \cdot g} = \frac{\frac{1}{2} \cdot v^2}{g} = \frac{\frac{1}{2} \cdot \left(10\frac{\text{m}}{\text{s}}\right)^2}{9{,}81\frac{\text{N}}{\text{kg}}} = 5{,}1 \text{ m}.$$

Die maximal erreichbare Höhe beträgt knapp über 5 m.

b) Zeige, dass die erreichte Höhe unabhängig von der Masse ist

Da sich die Masse aus der Gleichung für h herauskürzen lässt, ist die erreichte Höhe nicht von der Masse des Balls abhängig.

Energie speichern und übertragen

Seite 407

1 Zähle die Energiewandler des Solarflugzeugs auf. Gib an, auf welche Weise sie die Energie bekommen und abgeben.

Energiewandler: Solarzelle, Elektromotor, Propeller

Die Solarzelle bekommt die Energie durch das Licht und gibt sie durch den elektrischen Strom ab. Der Elektromotor erhält die Energie durch den elektrischen Strom und gibt sie durch die Drehbewegung ab. Der Propeller bekommt die Energie durch die Drehbewegung und gibt sie durch die strömende Luft an die Umgebung ab.

2 Zeichne das Energieflussdiagramm für den Flug bei Nacht.

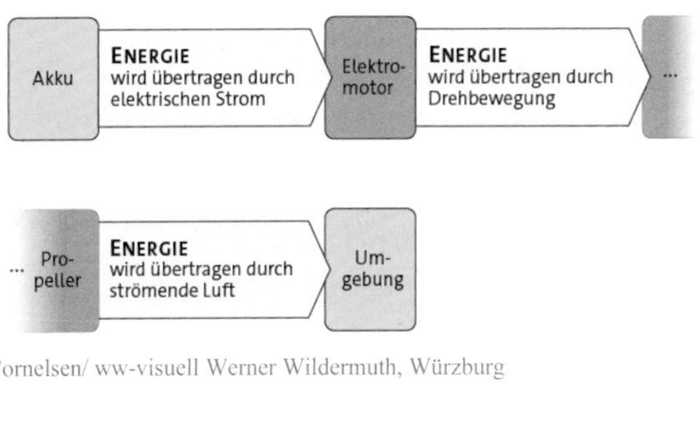

Cornelsen/ ww-visuell Werner Wildermuth, Würzburg

3 Sonne, Akku und Umgebung sind jeweils Energiespeicher. Beschreibe Gemeinsamkeiten und Unterschiede.

Gemeinsamkeiten: In allen drei Energiespeichern ist die Energie für längere Zeit gespeichert.

Unterschiede: Die Sonne hat die Energie vor sehr langer Zeit erhalten und gibt sie seitdem langsam ab. Dem Akku kann man jederzeit Energie zuführen und wieder entnehmen. Die in der Umgebung gespeicherte Energie kann dagegen nicht mehr genutzt werden (zumindest nicht auf einfache Weise).

4a) Zu jedem der Energiewandler des Solarflugzeugs gibt es einen Energiewandler, der „genau das Umgekehrte macht“. Gib diese Energiewandler an.

b) Gib einen Energiewandler aus deinem Alltag an, für den es keine Umkehrung gibt.

a) Solarzelle – LED-Lampe

Elektromotor – Generator

Propeller – Rotor

b) Keine Umkehrung gibt es zum Wasserkocher, der Glühlampe, dem Toaster usw.

Seite 409 (Blickpunkt)

1 Erkläre, woher die Energie der fossilen Brennstoffe ursprünglich kommt.

Die Kohlevorkommen sind vor vielen Millionen Jahren aus Urwäldern entstanden. Erdöl und Erdgas sind ebenfalls vor zig Millionen Jahren aus abgestorbenen Kleinlebewesen entstanden. Gedeihen konnten diese Pflanzen und Lebewesen aber auch nur durch die Energie von der Sonne. Die Energie der fossilen Brennstoffe stammt also ursprünglich von der Sonne.

2 Erläutere, warum die Verbrennung von fossilen Brennstoffen problematisch ist.

Bei der Verbrennung von fossilen Brennstoffen entsteht Kohlenstoffdioxid (CO_2). Dadurch hat sich der Anteil von CO_2 in der Luft gegenüber dem natürlichen Anteil stark erhöht. CO_2 ist ein Treibhausgas. Das bedeutet, in der Atmosphäre wirkt es wie ein Glasdach eines Gewächshauses. Darunter wird es wärmer als ohne den erhöhten CO_2-Anteil. Diese Temperaturerhöhung wirkt sich auf das Klima auf der Erde aus und kann schlimme Folgen für alle haben: Verschiebung von Klimazonen, Ausdehnung von Wüstengebieten, Erhöhung des Meeresspiegels, Zunahme extremer Wettersituationen, Abschmelzen der Gletscher.

Seite 410/411 (Material)

Versuche – Energieübertragungsketten

V1 Solarzelle, Motor, Propeller

a) *Beobachtung:* Hält man die Solarzelle in das Sonnenlicht, dann dreht sich der Propeller.

b) *Beobachtung:* Je schräger die Solarzelle gehalten wird, desto langsamer dreht sich der Propeller.

Erklärung: Bei schrägem Lichteinfall trifft insgesamt weniger Licht auf die Solarzelle. Also bekommt die Solarzelle auch weniger Energie.

c) *Beobachtung:* Die Solarzelle kann auch mit dem Licht einer Glühlampe, einer LED-Lampe oder einer Leuchtstoffröhre betrieben werden. Allerdings hängt es davon ab, wie hell die Lampen sind.

d)

Energiewandler	bekommt die Energie durch	gibt die Energie ab durch
Solarzelle	Sonnenlicht	elektr. Strom
Elektromotor	elektr. Strom	Drehbewegung
Propeller	Drehbewegung	strömende Luft

e)

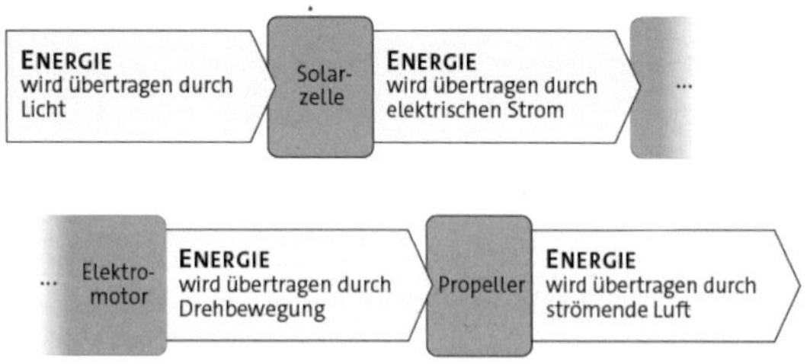

Cornelsen/ ww-visuell Werner Wildermuth, Würzburg

V2 Rotor, Generator, LED

a) *Beobachtung:* Wenn man den Rotor anbläst und die LED richtig angeschlossen ist, dann leuchtet die LED.

b) *Beobachtung:* Je höher die Gebläsestufe ist, desto heller leuchtet die LED. Die Heizstufe hat keinen Einfluss.

Folgerung: Die nutzbare Energie hängt von der Windgeschwindigkeit ab. Von der Lufttemperatur hängt sie nicht ab.

c)

Energiewandler	bekommt die Energie durch	gibt die Energie ab durch
Haartrockner	elektr. Strom	strömende Luft
Propeller	strömende Luft	Drehbewegung
Generator	Drehbewegung	elektr. Strom
LED	elektr. Strom	Licht

d)

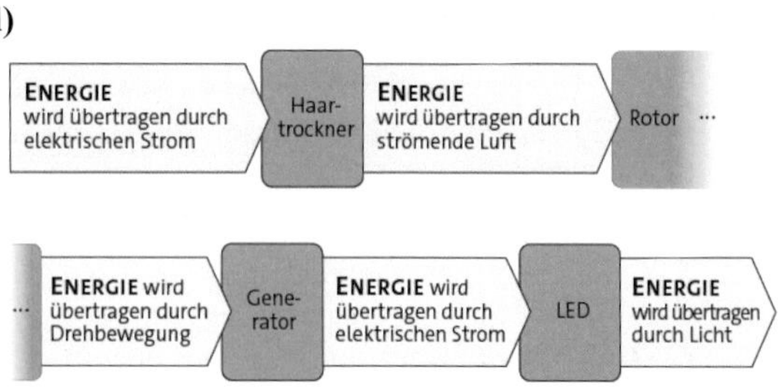

Cornelsen/ ww-visuell Werner Wildermuth, Würzburg

V3 Thermoelement, Motor, Propeller

a) *Beobachtung:* Nach einiger Zeit beginnt der Propeller sich zu drehen.

b) *Beobachtung:* Wenn man die Gläser vertauscht, dann dreht sich der Propeller in die andere Richtung.

Wenn beide Gläser mit heißem oder beide mit kaltem Wasser gefüllt sind, dann dreht sich der Propeller nicht.

c) Das Wasser in dem einen Glas muss möglichst heiß (z. B. aus dem Wasserkocher), das in dem anderen Glas möglichst kalt sein (z. B. mit Eiswürfel). Es kommt auf den Unterschied der Temperaturen an.

d) Vom heißen Wasser zum kalten Wasser wird Energie thermisch übertragen. Vom Thermoelement zum Motor wird Energie elektrisch übertragen. Zum Schluss wird noch Energie mechanisch vom Motor zum Rotor übertragen.

Material A – Energie im Alltag

A1a) Nenne fünf Elektrogeräte, die du täglich benutzt, und beschreibe, wozu sie Energie benötigen.

b) Schätze ab, welche der folgenden Geräte viel und welche wenig Energie benötigen: LED-Lampe, Smartphone, Waschmaschine, elektrische Zahnbürste, Backofen. Notiere deine Überlegungen dazu.

a) Lampe: benötigt Energie, um Licht zu erzeugen.

Haartrockner: benötigt Energie, um die Luft zu erwärmen und um den Propeller anzutrieben.

Elektrische Zahnbürste: benötigt Energie, um die Motoren für die Bürstenköpfe zu bewegen.

Smartpone: benötigt Energie, um das Display leuchten zu lassen, zum Musik abspielen, zum Telefonieren, um Daten zu empfangen, zu verarbeiten und zu senden, usw.

Mikrowelle: benötigt Energie, um Speisen zu erhitzen …

b) Die elektrische Zahnbürste braucht wenig Energie.

Überlegungen: Sie wird nur wenige Minuten pro Tag benutzt. Es müssen nur kleine und leichte Bürsten bewegt werden.

Das Smartphone benötigt ebenfalls eher wenig Energie.

Überlegungen: Es kann fast den ganzen Tag mit einer Akkuladung betrieben werden.

Die LED-Lampe benötigt schon etwas mehr Energie.

Überlegungen: Sie ist mehrere Stunden am Tag in Betrieb. Sie benötigt einen richtigen Stromanschluss.

Die Waschmaschine braucht viel Energie.

Überlegungen: In der Waschmaschine muss viel Wasser erwärmt werden. Die Trommel muss ständig gedreht werden, beim Schleudern sogar sehr schnell. Die Waschmaschine muss an einer Steckdose angeschlossen werden.

Der Backofen benötigt sehr viel Energie.

Überlegungen: Der Ofen wird sehr heiß. Außerdem benötigt er einen speziellen Anschluss an den Haushaltsstrom und oft eine eigene Sicherung.

A2 Nenne fünf unterschiedliche Gegenstände aus deiner Wohnung, in denen Energie gespeichert ist. Erkläre, woran du merkst, dass diese Gegenstände Energie enthalten.

Batterie: Mit einer Batterie kann man z. B. eine Taschenlampe betreiben.

Akku: Mit einem Akku kann man verschiedene elektronische Geräte betreiben.

Kerze: Wenn man eine Kerze anzündet, dann gibt sie Licht und Wärme ab.

Nahrungsmittel: Ohne Nahrungszufuhr wird man krank. Nahrungsmittel erhalten uns am Leben.

Warmwasserspeicher: Das Wasser darin ist warm.

Gespanntes Gummiband: Wenn man es loslässt, kann man damit ein Papierkügelchen abschießen.

A3 Beschreibe drei Vorgänge aus deinem Alltag, bei denen Energie übertragen wird. Erkläre, wodurch die Energie jeweils übertragen wird.

Fahrrad fahren: Die Energie wird durch die Nahrung aufgenommen. Über die Pedale und die Fahrradkette wird die Energie auf das Hinterrad übertragen.

Essen kochen: Die Energie wird durch den elektrischen Strom auf die Herdplatte übertragen. Von dort wird die Energie auf den Topf und die Speisen darin übertragen.

Musik hören: Die Energie wird durch den elektrischen Strom auf den CD-Player übertragen. Durch den Schall wird die Energie auf das Ohr übertragen.

A4 Bei einem Auto wird Energie auf unterschiedliche Weise übertragen. Beschreibe je ein Beispiel für eine mechanische, elektrische und thermische Energieübertragung.

Vom Motor wird die Energie mechanisch über Achsen und Zahnräder auf die Antriebsräder übertragen.

Vom Generator („Lichtmaschine“) zur Batterie wird die Energie auf elektrische Weise übertragen, ebenso von der Batterie zu den Scheinwerfern.

Vom Motor zum Kühler wird Energie auf thermische Weise übertragen. Eine gänzlich andere Form der thermischen Energieübertragung findet dadurch statt, dass Energie durch das Licht von der Sonne in den Innenraum des Autos übertragen wird.

Material B – Energieübertragungsketten

B1 Lea hat eine Energieübertagungskette aufgebaut und eine Zeichnung dazu gemacht.

a) Benenne die Energiewandler ① bis ⑤.

b) Übertrage die Tabelle in dein Heft. Gib an, wie die Energiewandler die Energie bekommen und wieder abgeben.

c) Übersetze Leas Zeichnung in ein Energieflussdiagramm.

d) Erläutere die Vor- und Nachteile eines Energieflussdiagramms gegenüber einer Zeichnung.

a) ① Generator, ② Lampe, ③ Solarzelle, ④ Elektromotor, ⑤ Propeller

b)

Energie-wandler	bekommt die Energie durch	gibt die Energie ab durch
Generator	Drehbewegung	elektr. Strom
Lampe	elektr. Strom	Licht und Wärme
Solarzelle	Licht	elektr. Strom
Elektromotor	elektr. Strom	Drehbewegung
Propeller	Drehbewegung	strömende Luft

c)

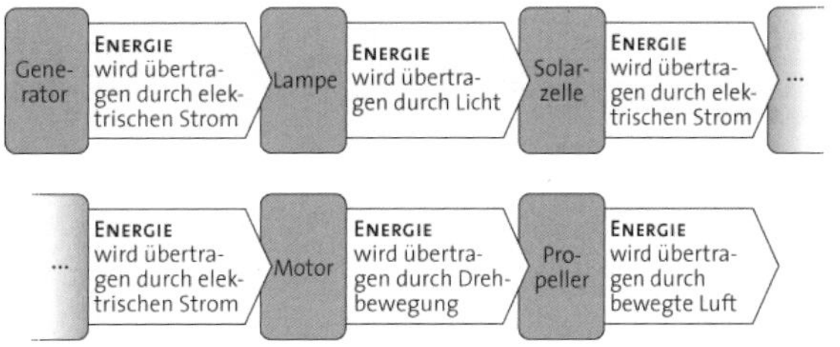

Cornelsen/ ww-visuell Werner Wildermuth, Würzburg

d) Vorteile: Ein Energieflussdiagramm ist übersichtlich. Es zeigt, wie die Energie übertragen wird und ist einfach zu zeichnen.

Nachteile: Ein Energieflussdiagramm zeigt nicht wie die Geräte genau aussehen, wie sie aufgebaut sind und wie sie miteinander verbunden sind.

Material C – Energie von der Sonne

C1 Mit einer thermischen Solaranlage kann man die Energie der Sonne zum Heizen und zum Erwärmen von Wasser nutzen. Eine solche Anlage hat einen Kollektor und einen Speicher. Der Kollektor besteht im Wesentlichen aus einer schwarzen Platte mit einer langen Rohrleitung. Das Sonnenlicht erwärmt die Platte und dadurch das Wasser, das durch die Rohrleitung fließt und einen Speicher erwärmt.

a) Zeichne ein Energieflussdiagramm der Solaranlage.

b) Erkläre, welche der drei thermischen Energietransportarten hier eine Rolle spielen.

a)

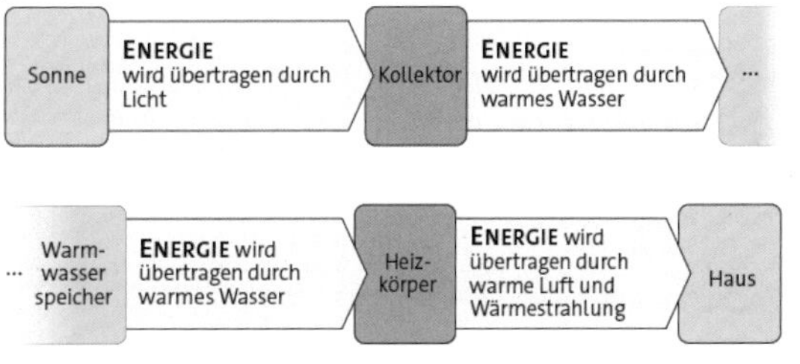

Cornelsen/ ww-visuell Werner Wildermuth, Würzburg

b) Von der Sonne zum Kollektor wird die Energie durch Wärmestrahlung übertragen. Vom Kollektor zum Speicher durch Konvektion, von dort zum Heizkörper ebenfalls durch Konvektion. Vom Heizkörper in das Haus durch Konvektion der Luft und durch Wärmestrahlung.

C2 Familie Roth plant den Bau einer thermischen Solaranlage. Der Kollektor soll eine Fläche von 7 m² haben. Wenn die Sonne scheint, dann nimmt der Kollektor pro Quadratmeter und pro Sekunde etwa 0,6 kJ Energie auf.

a) Berechne die Energie, die von der Solaranlage in einer Stunde aufgenommen wird.

b) Familie Roth braucht täglich etwa 200 ℓ Warmwasser. Um 1 ℓ Wasser um 1°C zu erwärmen, benötigt man 4,2 kJ Energie. Berechne die Energie, die erforderlich ist, um 200 ℓ Wasser von 10 °C auf 50 °C zu erwärmen. Berechne, wie viele Stunden Sonnenschein dazu benötigt werden.

c) Jährlich braucht Familie Roth etwa 12 000 MJ Energie für Warmwasser. Sie nimmt an, dass die Solaranlage zwei Drittel dieses Betrags liefern wird. Berechne, wie viele Liter Heizöl Familie Roth durch die Solaranlage sparen kann.

Beachte, dass 1 ℓ Heizöl einen Energiegehalt von 36 MJ hat.

d) Die Sonne liefert bei senkrechtem Einfall etwa 1 kJ Energie pro Quadratmeter und Sekunde. Im jährlichen Durchschnitt nimmt die Solaranlage aber nur etwa 0,1 kJ pro Quadratmeter und Sekunde auf. Gib mögliche Gründe an.

a) Gegeben: Kollektorfläche: 7 m², Energieaufnahme: 0,6 kJ/m² · s

Gesucht: Energieaufnahme in 1 h

$\Delta E = 0{,}6 \frac{\text{kJ}}{\text{m}^2 \cdot \text{s}} \cdot 7\ \text{m}^2 \cdot 60 \cdot 60\ \text{s} \approx 15\,000\ \text{kJ}$

b) Berechnung Energiebedarf:

1 ℓ Wasser, 1 °C: 4,2 kJ

200 ℓ Wasser, 1 °C: 200 · 4,2 kJ = 840 kJ

200 ℓ Wasser, 40 °C: 840 kJ · 40 = 33 600 kJ

Berechnung der Sonnenscheindauer:

Der Kollektor nimmt ΔE/1 h ≈ 15 000 kJ/1 h auf. Benötigt werden etwa 34 000 kJ:

$\text{x h} = \frac{34000\ \text{kJ}}{15000\ \frac{\text{kJ}}{\text{h}}} \approx 2{,}3\ \text{h}$

Um die 200 ℓ um 40 Grad zu erwärmen, muss die Sonne mindestens 2,3 h bzw. 2 h 18 min scheinen.

c) Berechnung der Energie, die durch die Solaranlage geliefert wird:

$12\,000\ \text{MJ} \cdot \frac{2}{3} = 8000\ \text{MJ}$

Berechnung der eingesparten Heizölmenge:

Energiegehalt je ℓ Heizöl: 36 MJ/ℓ

$\text{x}\ \ell = \frac{8000\ \text{MJ}}{36\ \text{MJ} \cdot \frac{1}{\ell}} \approx 222\ \ell$

Familie Roth könnte etwa 222 ℓ Heizöl sparen.

d) Mögliche Gründe sind:

- Die Sonnenstrahlung trifft nicht senkrecht auf den Kollektor.
- Nachts sowie bei Bewölkung scheint keine Sonne.
- Kollektor, Rohre und Speicher geben Energie thermisch an die Umgebung ab („Verluste").

Was bedeutet „Energieverbrauch"?

Seite 413

1 Vergleiche Energieverbrauch und Wasserverbrauch miteinander.

In beiden Fällen bedeutet „Verbrauch" nicht, dass Wasser oder Energie nach der Nutzung verschwunden ist. Das Wasser ist nach der Nutzung verschmutzt und kann nicht mehr zum Trinken, Kochen usw. genutzt werden. Die Energie liegt nach der Nutzung als thermische Energie der Umgebung vor und kann nicht mehr für den ursprünglichen Zweck, z. B. den Antrieb einer Maschine, verwendet werden.

2 Ein Mountainbiker fährt einen Berg hinauf und wieder hinunter. Beschreibe, auf welchen Wegen die Energie in die Umgebung gelangt.

Durch Reibung in den Lagern, der Räder auf dem Untergrund, der Bremsen an der Felge und durch Reibung an der Luft wird die Energie an die Umgebung abgegeben. Außerdem wird dem Mountainbiker ganz schön warm. Er gibt Energie z. B. durch Schwitzen in die Umgebung ab.

Seite 415 (Material)

Versuche – Energie – „verbraucht" und wiedergefunden!

V1 … beim Hinunterrutschen

Beobachtung: Wenn man den Gegenstand an der Schnur durch die Hand rutschen lässt, dann spürt man, wie die Haut warm wird.

Erklärung: Der angehobene Gegenstand hat Lageenergie. Durch die Reibung der Schnur in der Hand wandelt sich die ursprünglich vorhandene Lageenergie in thermische Energie von Haut und Schnur um.

V2 … beim Verformen

Beobachtung: Der Draht ist an der Knickstelle ganz warm geworden.

Erklärung: Die Energie, die man zur Verformung benötigt hat, steckt als thermische Energie in dem Draht.

V3 … beim Bewegen

a) *Beobachtung:* Das Thermometer zeigt eine höhere Temperatur an als vor dem Versuch.

Erklärung: Die Energie, die für das Drehen benötigt wurde, steckt als thermische Energie in der Wäscheklammer und dem Thermometer.

b) Typische Ergebnisse:

Umdrehungen	0	5	10	15	20
ϑ in °C	20,1	20,8	21,5	22,1	22,6

Die Temperaturerhöhung ist näherungsweise proportional zur Anzahl der Umdrehungen. Je höher die Temperatur allerdings steigt, desto schneller kühlt sich das Thermometer wieder ab, weswegen die Messwerte immer mehr von der Proportionalität abweichen.

Material A – Achterbahn

A1 Silver-Star ist die höchste Achterbahn Europas. Die Wagen rollen nach einer 69° steilen Abfahrt über mehrere unterschiedlich hohe Hügel und durch einige Steilkurven. Das Bild unter dem Foto zeigt den Verlauf einer anderen Achterbahn.

a) An welcher Stelle erreichen die Wagen die größte Geschwindigkeit? Erkläre.

b) An welcher Stelle zwischen A und G ist die Geschwindigkeit der Wagen am kleinsten? Erkläre.

a) Die Geschwindigkeit ist an der Stelle A am größten. Ohne Reibung und Luftwiderstand wären die Wagen in C, E und G genauso schnell wie in A. Durch Reibung und Luftwiderstand wird unterwegs Energie an die Umgebung abgegeben. Also muss die Geschwindigkeit in C, E und G kleiner als in A sein.

b) Die Geschwindigkeit ist an der Stelle F am kleinsten. Ohne Reibung und Luftwiderstand wäre die Geschwindigkeit in F genauso groß wie in B. Durch Reibung und Luftwiderstand wird von B nach F Energie an die Umgebung abgegeben. Folglich muss die Geschwindigkeit in F kleiner als in B sein.

A2 Setze die im Bild rechts angegebenen Teile zu einer Achterbahn zusammen. Die Geschwindigkeitsangaben helfen dir, die richtige Reihenfolge der Teile zu finden.

Reihenfolge: Start – Teil 4 – Teil 2 – Teil 1 – Teil 3

Teil 4: höchster Berg und größte Geschwindigkeit,
Teil 2: mittlerer Berg und größte Geschwindigkeit,
Teil 1: mittlerer Berg und mittlere Geschwindigkeit,
Teil 3: niedrigster Berg und kleinste Geschwindigkeit.

Material B – „Energieverbrauch“

B1 Im Alltag spricht man oft von „Energieerzeugung“, „Energieverbrauch“ und „Energiesparen“.

a) Erkläre, was damit aus physikalischer Sicht gemeint ist.

b) Erkundige dich, welche Geräte bei dir zuhause viel Energie „verbrauchen“. Gib die fünf vermutlich größten „Energieverbraucher“ an.

c) Erstelle eine Liste, wie du und deine Familie sinnvoll Energie „sparen“ können.

a) „Energieerzeugung“: Energie kann nicht entstehen. Man meint damit die Bereitstellung von Energie, meistens von elektrisch übertragener Energie durch Kraftwerke. Dazu muss dem Kraftwerk Energie zugeführt werden, z. B. durch Wind, Sonnenlicht, fließendes Wasser oder durch Brennstoffe wie Kohle, Erdgas und Erdöl.

„Energieverbrauch“: Energie kann nicht verschwinden. Man meint damit, dass Maschinen, Gebäude oder Fahrzeuge die zugeführte Energie letztlich als thermische Energie an die Umgebung abgeben. Die abgegebene Energie kann für den ursprünglichen Zweck nicht wieder eingesetzt werden. Man sagt, sie ist entwertet.

„Energiesparen“: Damit meint man, dass man weniger Energie einsetzt und damit letztlich in thermische Energie umwandelt.

b) Unterschiedliche Antworten sind möglich. Übliche Geräte mit hohem „Energieverbrauch“ sind:
Elektroherd, Waschmaschine (Heizen), Warmwasserbereiter, Kühlschrank/-truhe, große, leistungsstarke Pkw.

c) Licht ausschalten, Geräte ausschalten (kein Stand-by-Betrieb), moderne effiziente Geräte nutzen, Geräte nur einschalten, wenn sie wirklich verwendet werden, häufiger zu Fuß gehen, mit dem Fahrrad oder mit öffentlichen Verkehrsmitteln fahren, …

2 Effizienz

Leistung und Wirkungsgrad

Seite 417

1 Erläutere den Unterschied zwischen den Größen Energie und Leistung.

Energie und Leistung sind nicht dasselbe. Die Leistung ist ein Maß für die Energieübertragung. Bei der Energieübertragung kommt es darauf an, erstens wie viel Energie übertragen wird und zweitens wie schnell die Übertragung stattfindet. Es kommt also auf zwei Größen an: Energie und Zeitspanne. Der Quotient aus diesen beiden Größen, $\Delta E/\Delta t$, heißt Leistung. Je größer die übertragene Energie ist, desto größer ist die Leistung. Je kleiner die Zeitspanne ist, in der die Energie übertragen wird, desto größer ist die Leistung.

2 Gib die Energie an, die eine Lampe bei einer Leistung von 25 W in 1 s, 2 s, 5 s, 10 s abgibt.

Gegeben die Leistung: $P = 25\,\text{W} = 25\,\frac{\text{J}}{\text{s}}$

Gesucht die abgegebene Energie in

1 s: $\Delta E = 25\,\frac{\text{J}}{\text{s}} \cdot 1\,\text{s} = 25\,\text{J}$,

2 s: $\Delta E = 25\,\frac{\text{J}}{\text{s}} \cdot 2\,\text{s} = 50\,\text{J}$,

5 s: $\Delta E = 25\,\frac{\text{J}}{\text{s}} \cdot 5\,\text{s} = 125\,\text{J}$,

10 s: $\Delta E = 25\,\frac{\text{J}}{\text{s}} \cdot 10\,\text{s} = 250\,\text{J}$.

Seite 419 (Material)

Versuche – Leistung und Energie von Geräten

V1 Leistungsmessung

a) Schüleraktivität

b) Unterschiedliche Antworten möglich.

c) Unterschiedliche Antworten möglich. Beim Haartrockner: Je höher die Temperatur der ausströmenden Luft, desto größer die Leistung. Je stärker der Haartrockner bläst, desto größer die Leistung.

d) Verschiedene Antworten möglich.

e) Das Fazit sollte sein, dass die Elektrogeräte mit Bedacht eingesetzt werden, sodass nicht unnnötig viel Energie benötigt wird.

V2 Energiemessung

a) – c) Schüleraktivität

d) Vergleiche V1e.

Material A – Kilowattstunde

A1 Wie lange kann man mit der Energie 1 kWh ein Gerät mit einer Leistung von 100 W (10 W, 1 W) betreiben?

Mit der Energie $\Delta E = 1$ kWh (eine Kilowattstunde) kann man ein Gerät mit der Leistung $P = 1\,\text{kW} = 1000\,\text{W}$ eine Stunde ($\Delta t = 1$ h) lang betreiben. Leistung P und Zeitspanne Δt verhalten sich umgekehrt proportional. Entsprechend gilt:

Leistung P	Zeitspanne Δt	Energie ΔE
1000 W	1 h	1 kWh
100 W	10 h	1 kWh
10 W	100 h	1 kWh
1 W	1000 h	1 kWh

A2 Auch eine Wattstunde (1 Wh) ist eine Einheit für die Energie. Erkläre diese Einheit wie in Aufgabe A1.

Mit der Energie $\Delta E = 1$ Wh (eine Wattstunde) kann man ein Gerät mit einer Leistung von $P = 1$ W eine Stunde ($\Delta t = 1$ h) lang betreiben.

Material B – Wirkungsgrad beim Erhitzen von Wasser

B1a) Rechne die Angaben in kJ um.

b) Berechne die Wirkungsgrade für die drei Arten, Wasser zu erhitzen.

c) Gib mögliche Gründe an, warum die Geräte mehr Energie benötigen als der theoretische Wert von 252 kJ.

a) 0,075kWh $= 75\,\text{W} \cdot 1\,\text{h} = 75 \cdot 60 \cdot 60\,\text{Ws} = 270\,000\,\text{J} = 270\,\text{kJ}$

0,20 kWh $= 200\,\text{W} \cdot 1\,\text{h} = 200 \cdot 3600\,\text{Ws} = 720\,000\,\text{J} = 720\,\text{kJ}$

0,10 kWh $= 0{,}5 \cdot 0{,}2\,\text{kWh} = 360\,\text{kJ}$

b) Der Wirkungsgrad η ist der Quotient aus genutzter und eingesetzter Energie, also:

Wasserkocher: $\eta = \frac{252\,\text{kJ}}{270\,\text{kJ}} = 0{,}93$ bzw. $\eta = 93\%$

Mikrowellengerät: $\eta = \frac{252\,\text{kJ}}{720\,\text{kJ}} = 0{,}35$ bzw. $\eta = 35\%$

Topf und Elektroherd: $\eta = \frac{252\,\text{kJ}}{360\,\text{kJ}} = 0{,}7$ bzw. $\eta = 70\%$

c) Mögliche Gründe sind:

- Es wird nicht nur das Wasser erhitzt. So werden z. B. beim Elektroherd auch die Glasplatte und der Topf erhitzt. Zum Erhitzen dieser Körper wird Energie benötigt.
- Ein Teil der Energie geht direkt in die Umgebung. So wird bei der Mikrowelle ein großer Teil der elektrisch zugeführten Energie als Abwärme abgegeben.
- Ein weiterer Teil der Energie geht vom heißen Wasser in die Umgebung, im Wesentlichen durch Wärmestrahlung und Konvektion.

- Ein Teil des Wassers verdampft. Im Wasserdampf steckt viel Energie. Die Energie gelangt ebenfalls in die Umgebung.

B2 Bei etlichen Elektrogeräten wird Wasser erhitzt. Wasser zu erhitzen, benötigt viel Energie.
a) Nenne solche Geräte.
b) Erläutere, wie du mit diesen Geräten energiebewusst umgehen kannst.
a) Spülmaschine, Waschmaschine, Wasserkocher, Kaffeemaschine
b) Spülmaschine: Nur volle Maschine laufen lassen. Möglichst eine schwache Stufe oder Energiesparstufe einstellen.
Waschmaschine: Nur volle Maschine laufen lassen. Bei möglichst niedriger Waschtemperatur waschen.
Wasserkocher: Nur so viel Wasser kochen, wie gebraucht wird.
Kaffeemaschine: Nach dem Kaffeekochen ausschalten.

Transport elektrischer Energie

Seite 424

1 Die vermehrte Nutzung von Wind- und Sonnenenergie erfordert zusätzliche HGÜ-Leitungen. Erkläre.
Wenn in einer Region für einige Stunden ein besonders starker Wind weht oder besonders viel Sonnenstrahlung auftrifft, dann wird dort mehr elektrische Energie gewonnen als benötigt wird. Der Überschuss muss über Kabel in Ballungszentren und andere Regionen übertragen werden. Viele der großen Windparks befinden sich beispielsweise in Norddeutschland, wo aber die Bevölkerungsdichte und auch die Zahl großer Betriebe eher gering sind. Daher wird die elektrische Energie von hier über weite Strecken Richtung Süden transportiert, was teilweise HGÜ-Leitungen erfordert, um die Verluste gering zu halten.
Windparks vor der Küste (Offshore-Windparks) werden über Tiefseekabel angeschlossen. Die Länge, bei denen der Einsatz von HGÜ-Leitungen energetisch sinnvoll ist, beträgt hier nur etwa 80 km und wird meist überschritten.

Seite 425 (Material)

Material A – Energieübertragungsketten im Diagramm

A1 Für die Energieübertragung mit zwei Transformatoren wurde das obere ▹ Bild angefertigt. Erstelle dazu ein Energiediagramm, in dem die Verluste berücksichtigt sind.
Das Diagramm der Energieübertragungskette in ▹ Bild 01 zeigt die Energieübertragung mit Transformatoren unter Berücksichtigung von Verlusten.

A2 Erstelle ein Diagramm für die Energieübertragung ohne Transformatoren (siehe Material C, oben). Erläutere unter Verwendung beider Diagramme Vor- und Nachteile der beiden Übertragungsarten.
Diagramm der Energieübertragung ohne Transformatoren:

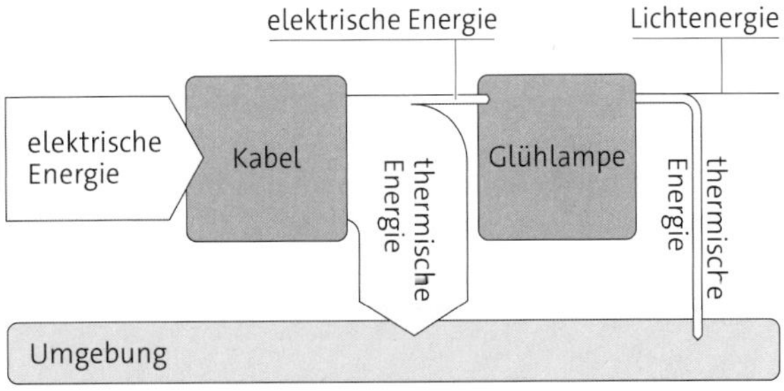

Atelier tigercolor Tom Menzel, Scharbeutz/Klingberg

Erläuterung: Der Vorteil der Übertragung mit Transformatoren ist, dass an der Glühlampe viel mehr Energie ankommt. Insbesondere sind die Verluste in den (Hochspannungs-)Kabeln gering. Hauptnachteil ist natürlich, dass teure Transformatoren eingebaut werden müssen.
Die Übertragung ohne Transformatoren ist offenbar nur über kurze Strecken sinnvoll. Dann treten in den Kabeln kaum Verluste auf. Dieser Umstand ist im Übrigen vorher in den äußeren Stromkreisen (Quelle bis Transformator 1 sowie Transformator 2 bis Lampe) stillschweigend vorausgesetzt worden.

Material B – Verteilungsnetz

B1 Pro Einwohner benötigt man im Durchschnitt eine Leistung von 1,0 kW. Berechne, wie groß die mittlere Stromstärke in einer 380-kV-Leitung ist, die eine Stadt von 30 000 Einwohnern versorgt.
Gegeben: $P = 1{,}0\ \text{kW}, U_2 = 380\ \text{kV}$, Zahl der Einwohner $n = 30\,000$
Gesucht: Stromstärke I_2 in der Hochspannungsleitung
Zu übertragende Leistung:

$$P_2 = n \cdot P = 30\,000 \cdot 1{,}0\ \text{kW} = 3{,}0 \cdot 10^7\ \text{W}$$

$$I_2 = \frac{P_2}{U_2} = \frac{3{,}0 \cdot 10^7\ \text{W}}{380\ \text{kV}} \approx 79\ \text{A}$$

Die mittlere Stromstärke in der Stadt beträgt somit knapp 79 A.

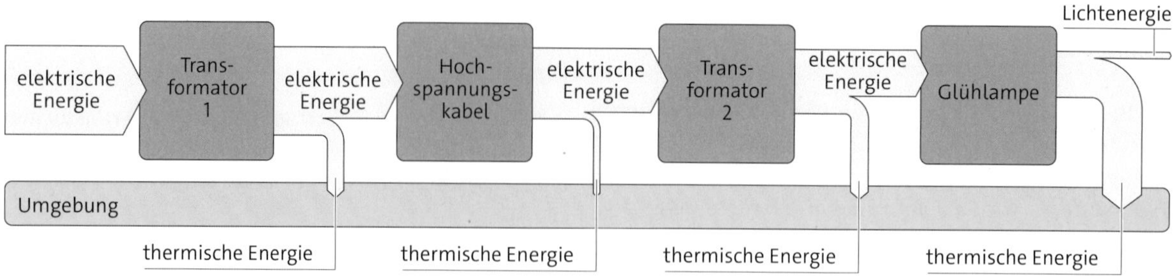

01 Diagramm für die Energieübertragung mit Transformatoren (Aufgabe A1)
Cornelsen/Atelier tigercolor Tom Menzel, Scharbeutz/Klingberg

B2 a) Schreibe einen kurzen Zeitungsbericht. Erläutere dabei, warum sich Wechselstrom damals durchgesetzt hat.

In den Zeitungsartikel über den Stromkrieg sollten folgende Aspekte einfließen:

- THOMAS ALVA EDISON (1847–1931) errichtete 1882 in New York das erste Stromübertragungsnetz der Welt, um Glühlampen mit elektrischer Energie zu versorgen: Es wurde Gleichstrom bei einer Spannung von 110 V verwendet.
- Aufgrund der Leistungsverluste in den Kabeln mussten hohe Stromstärken verwendet werden. Außerdem waren Leitungen mit großen Querschnitten nötig, auch die Widerstände der Leitungen möglichst klein zu halten. Das war unwirtschaftlich.
- Um die Leitungswiderstände gering zu halten, mussten auch die Entfernungen zwischen Kraftwerk und Verbraucher klein gehalten werden. Das führte zu dezentralen Kraftwerken und dazu, dass Personen, die es sich leisten konnten, eigene Generatoren verwendeten.
- GEORGE WESTINGHOUSE (1846–1914) erkannte die Schwächen der Energieverteilung durch Gleichstromnetze und stellte seine Technik, die Wechselspannung und Transformatoren verwendete, 1886 der Öffentlichkeit vor. Er musste zunächst Vorbehalte gegenüber der Wechselspannung auflösen, denn sie wurde für gefährlich gehalten.
- Das Wechselspannungskonzept setzte sich seit 1888 durch, da WESTINGHOUSE unter Mithilfe von NIKOLA TESLA (1856–1943) leistungsfähige Wechselstrommotoren entwickelte, die sich gut verkauften. Auch der Auftrag, für die Weltausstellung 1893 in Chicago ein Wechselstromnetz zu liefern, war für Westinghouse von Vorteil.
- Erst 1928 stoppte die Firma Consolidated Edison den Ausbau von Gleichstromnetzen endgültig. Der letzte Gleichstromkunde wurde erst im Jahre 2007 auf Wechselstrom umgestellt.

b) Begründe, warum man heute mit den HGÜ-Leitungen wieder vermehrt auf eine Übertragung mit Gleichstrom setzt.

Bei einer Übertragung per Wechselspannung müssen die Stahlkerne der Kabel 100-mal pro Sekunde ummagnetisiert werden. Auch die elektrischen Felder zwischen den Freileitungen und der Umgebung ändern sich in diesem Takt. Für beides ist Energie erforderlich, die dann bei der Übertragung fehlt.

Sind die Strecken sehr lang (bei Freileitungen mehr als 600 km), sind diese Verluste höher als diejenigen, die sich durch das Umspannen am Kraftwerk und vor der Einspeisung ins Wechselspannungsnetz ergeben. Damit lohnt sich auf diesen Strecken die HGÜ.

Material C – Energieübertragung mit Hochspannung

C1 a) Beschreibe die Unterschiede in den beiden Aufbauten.

Im ▸ Bild 05 B sind zusätzlich zwei Transformatoren eingebaut. In diesem Aufbau wird die Stromstärke im mittleren Stromkreis gemessen, im Aufbau von ▸ Bild 05 A wird sie im einzigen (Gesamt-)Stromkreis gemessen. Hier erfolgt zusätzlich eine Spannungsmessung an der Lampe.

b) Erkläre, warum die Lampe beim Aufbau in ▸ Bild 05 B leuchtet, bei dem in ▸ Bild 05 A aber nicht.

Im ▸ Bild 05 A leuchtet die Lampe nicht, weil die Übertragungsverluste sehr groß sind. Im ▸ Bild 05 B sind die Verluste aufgrund der Verwendung von Hochspannung deutlich kleiner und die Lampe leuchtet.

Eine rechnerische Betrachtung folgt in C2.

C2 Berechne für ▸ Bild A die Gesamtstromstärke. Bestimme die Leistungsumsätze in den Konstantandrähten und in der Lampe. Vergleiche.

Gegeben: $U = 6\,\text{V}$, $R = R_\text{V} + 12\,\Omega = 72\,\Omega$

Gesucht: I, P_V, P_Lampe

Gesamtstromstärke:

$I = \frac{U}{R} = \frac{6\,\text{V}}{72\,\Omega} \approx 0{,}083\,\text{A}$

Leistungsumsatz in den Kabeln:

$P_\text{V} = R_\text{V} \cdot I^2 = 60\,\Omega \cdot (0{,}083\,\text{A})^2 \approx 0{,}42\,\text{W}$

Leistungsumsatz in der Lampe:
$P_{Lampe} = R_{Lampe} \cdot I^2 = 12\,\Omega \cdot (0{,}083\text{ A})^2 \approx 0{,}083\text{ W}$
Der Leistungsumsatz in den Konstantandrähten ist etwa fünfmal höher als in der Lampe. Insgesamt wird eine Leistung von 0,5 W umgesetzt. Somit kommen ca. 83 % der zugeführten Leistung nicht bei der Glühlampe an.

C3 Ordne die folgenden Begriffe entsprechenden Orten im zweiten Aufbau zu (▸ Bild B): Hochspannungsleitungen, Umspannwerk, elektrische Haushaltsgeräte, Kraftwerk.
Entsprechungen:

Hochspannungsleitungen	Konstantandrähte (zwischen den Isolierstützen)
Umspannwerke	Transformatoren
elektrische Haushaltsgeräte	Glühlampe
Kraftwerk	Spannungsquelle (6 V~)

C4 a) Im mittleren Stromkreis von ▸ Bild B besteht eine Spannung von etwas weniger als 48 V. Begründe.
Die Spannung nach der Transformation mit einem idealen Transformator müsste aufgrund des Windungszahlenverhältnisses 48 V betragen. Da allerdings in einem Transformator Verluste auftreten (die sich z. B. als Erwärmung äußern), gibt es keinen idealen Transformator und die rechnerisch ermittelte Spannung von 48 V wird nicht erreicht.
b) Im mittleren Stromkreis wird eine Stromstärke von 0,09 A gemessen. Berechne die Verlustleistung durch die Kabel. Ermittle auch, welche Leistung übertragen wird.
Gegeben: $I_V = 0{,}09\text{ A}$, $R_V = 60\,\Omega$
Gesucht: P_V, durch den mittleren Stromkreis übertragene Leistung P_2
$P_V = R_V \cdot I_V{}^2 = 60\,\Omega \cdot (0{,}09\text{ A})^2 \approx 0{,}49\text{ W}$
$P_2 = U_2 \cdot I_V = 48\text{ V} \cdot 0{,}09\text{ A} \approx 4{,}3\text{ W}$
In diesem Fall macht die Verlustleistung nur gut 11 % der übertragenen Leistung aus, also viel weniger als ohne „Hochspannung“.

Sensoren im Alltag

Didaktische Hinweise

Aufbau des Kapitels

In diesem Kapitel werden grundlegende Wirkprinzipien von Sensoren und ihre Anwendungen behandelt. Zur Herstellung eines Gegenwartsbezugs wird zunächst auf die menschlichen Sinne eingegangen und mit den passenden elektronischen Nachbildungen verglichen. Dabei werden Grenzen von Sensoren sowie Erweiterungen der Sinne aufgezeigt. An drei exemplarischen Beispielen werden Anwendungen von Sensoren behandelt und gleichzeitig das umfassende Gebiet der Sensorik erweitert und bewertet.

Im Abschnitt *Erweiterung der menschlichen Sinne* werden die grundlegende Funktionsweise von Sensoren und die Wandlung in elektrische Signale vorgestellt. Das Einstiegsfoto der Digitalkamera soll auf das komplexe Zusammenspiel von Sensoren und Aktoren, sowie die hohe Integrationsdichte der Bauelemente hinweisen. Mit einfachen Schaltplänen werden Zusammenhänge von Strömen und Spannungen in einfachen und verzweigten Stromkreisen zur Gewinnung von Signalen vermittelt. Eine Übersicht von gängigen Sensoren zeigt die vielfältigen Lösungen für technische Aufgabenstellungen, bei den es immer mehrere Lösungen gibt.

Im Abschnitt *Sensoren im Smartphone* wird bewusst der Lebensbezug der Schüler genutzt, um vorhandenes Wissen mit neuen Inhalten zu verknüpfen. Bekannte Sensoren, wie das Mikrofon werden um komplexere Sensoren, wie den CMOS-Sensor erweitert. Dieser wird jedoch weitestgehend als Blackbox behandelt. So werden sich Überforderungen in Grenzen halten. Originelle Anwendungen sollen über den Aha-Effekt den Forscherdrang anregen.

Im Abschnitt „Das Wetter im Blick“ werden die analogen Eigenschaften der Sensoren um digitale Signalwandlungen ergänzt, damit sie von Computer gespeichert und verarbeitet werden können.

Im Abschnitt „Sicher ist Sicher- Warnsensoren“ werden weitere aktive Bauelemente, wie der Transistor als Schalter mit Spannungssteilerschaltung erklärt. Die sonst als Blackbox behandelnde bekannte Sensoren und Messeinrichtungen, wie das Fahrradtachometer oder der PIR-Bewegungsmelder werden entmystifiziert und verstehbar gemacht. Somit sind zukünftige Funktionsstörungen erkennbar und teilweise behebbar. Das analog arbeitende Thermostat wird im Regelkreis behandelt und lässt eigene Rückschlüsse auf nachhaltige Verhaltensweisen zu.

In allen Abschnitten werden bereits erworbene physikalische Kenntnisse genutzt, um Bewertungskompetenzen weiter auszubilden. Fächerübergreifend werden technische Kompetenzen, wie technisch Kommunizieren, Nutzen und Gestalten, sowie Bewerten gefördert. So können später Entscheidungen für technische Lösungen begründet getroffen werden.

Grundlagen für die Behandlung des Kapitels

Es sollten physikalischen Zusammenhänge über Strom, Spannung und Widerstand in einfachen und verzweigten Stromkreisen vorhanden sein. Die Schüler sollten Schaltpläne und einfache Konstruktionsskizzen lesen können. Kenntnisse über elektronische Bauelemente sind nicht zwingend erforderlich. Die technischen Stromrichtung unterscheidet sich historisch bedingt von der physikalischen Stromrichtung, weshalb der Pluspol immer oben im Schaltplan angegeben ist.

Grad der Mathematisierung

Insgesamt ist der Mathematisierungsgrad in diesem Kapitel eher gering. Die Ausnahme stellt die Spannungsteilerformel S. 447 Aufgabe 1 dar. Die Umstellung nach den Widerstand R_2 ist einfacher mit der gewählten Formel, wobei die Spannung U_1 als Differenz der Betriebsspannung und U_2 eingesetzt werden muss.

Methoden und Blickpunkte

Sensoren spielen in unseren Leben eine immer wichtiger werdende Rolle. Sei es in der Sicherungstechnik, der Metrologie, der Kommunikationstechnik, Militär- oder der Medizintechnik. Neue Herausforderungen in der Technik und Entwicklungen in der Wissenschaft bedingen immer ausgefeiltere Sensorik. Der Miniaturisierungsgrad bis hin zur Nanotechnologie wird in der Zukunft neue ungeahnte Sensoren hervorbringen. Diese Vielfalt zu erfassen und grundlegend zu verstehen, wird entscheiden, ob wir später objektive Entscheidungen treffen können, um z.B. mögliche Biosensoren implantieren zu lassen.

Auf Grund der unterschiedlichen experimentellen Ausstattung der Schulen wurden die Anforderungen an die verwendeten Sensoren geringgehalten und preisgünstige Lösungen gewählt. Die bedrahteten Bauelemente können am besten auf Steckboards verschaltet werden. Messinstrumente lassen sich mit Miniaturklemmen anschließen. Der Umgang mit dem Steckboard wird im Kapitel Methoden gezeigt.

Basiskonzepte

Die „Energie“, „Systeme“ und „Wechselwirkungen“ werden im Kapitel geleichberechtigt bedient. Materie spielt auf Grund der technischen Kontexte eine untergeordnete Rolle. Es geht bei technischen Lösungen mehr um die Kenntnis und Nutzung von technischen Parametern als um die inneren Zusammenhänge.

1 Erweiterung der menschlichen Sinne

Wie fühlen Sensoren?

Seite 433

1 Erläutere, warum wir uns besser auf ein Thermometer als auf unseren Temperatursinn verlassen.

Unser individueller Temperatursinn ist als Thermometer nicht geeignet. Wir spüren kleine Temperaturänderungen nur bei größeren Temperaturdifferenzen. Der Körper passt sein Temperaturempfinden ständig an, so dass wir keine absoluten Temperaturen bestimmen können.

2 Bestimme die Signalspannung des Temperatursensors in ▸ Bild 03 bei einer Temperatur von 50 °C.

Im Diagramm A ablesen nach welcher Zeit die 50 °C erreicht sind (t = 3 min). Im Diagramm B ergibt sich eine Signalspannung von 2,8 V nach 3 min.

Seite 434

1 Fertige eine Präsentation zu drei ausgewählten Sensoren an und gehe auf deren Messprinzipien ein.

Individuelle Lösung

Die Lösung sollte den Sensor kurz vorstellen und in einem Kontext verwenden. Denkbar wäre der Helligkeitssensor des Handys. Bei verringerten Umgebungslicht gibt der Sensor ein Signal an das Betriebssystem. Es erfolgt eine Anpassung der Displayhelligkeit. Die Aufgabe ist ein wenig vorgegriffen, weil einige Sensoren auf folgenden Seiten vorgestellt werden. Vielmehr ist hier ein Rückgriff auf vorhandenes Vorwissen aus der Elektrik, z. B. des Fotowiderstandes gewünscht.

Seite 434 (Versuche)

Versuche – Sensoren

V1 Fotowiderstand im Spannungsteiler

c) Erfasse die Signalspannung in Abhängigkeit des Leuchtenabstandes mit einer Wertetabelle

Je nach verwendetem Fotowiderstand ergeben sich unterschiedliche Spannungen. Die Streuung innerhalb einer Charge ist relativ hoch. Bei voller Beleuchtung wird die nahe der Betriebsspannung sein.

s in cm	0	5	10	15	20	25	30
U_R in V	7,2	4,6	2,8	2	1,5	1,2	1

d) Das Abstandsgesetz sagt aus, dass die Lichtstärke bei doppeltem Abstand nur noch ein Viertel beträgt. Überprüfe dies für deinen Versuch.

Weil der Fotowiderstand keine lineare Kennlinie hat, kann der Nachweis mit diesem Versuch nicht erbracht werden. Vielmehr führt er zu einem Widerspruch, der zum Denken anregt. Der Widerstand des Fotowiderstands in Abhängigkeit zum Leuchtenabstand kann berechnet werden. Es ergibt sich eine Proportionalität zum Leuchtenabstand, die es nach dem Abstandgesetzt gar nicht geben dürfte.

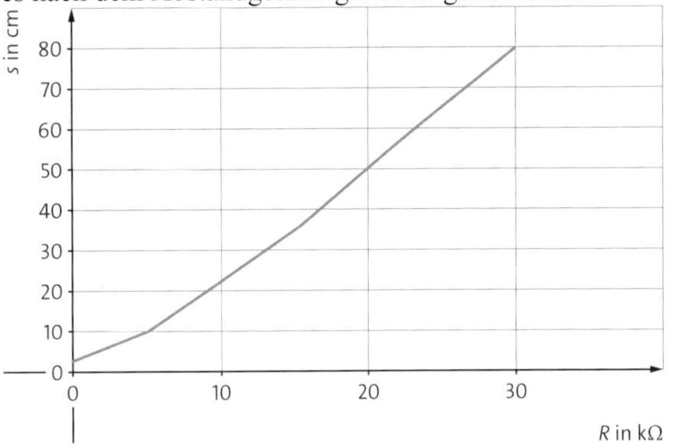

Cornelsen/newVISION! GmbH Bernhard A. Peter, Pattensen

V2 Fotowiderstand im veränderlichen Spannungsteiler

c) Erfasse die Signalspannung in Abhängigkeit des Leuchtenabstandes und zwei unterschiedlicher Potentiometereinstellungen mit einer Wertetabelle.

$R_{einstell}$	s in cm	0	5	10	15	20	25	30
10 kΩ	U_R in V	7,2	4,6	2,8	2	1,5	1,2	1
50 kΩ	U_R in V	8,5	7,5	6,2	5,2	4,5	3,9	3,4
100 kΩ	U_R in V	9,97	9,91	9,81	9,74	9,66	9,6	9,55

d) Beschreibe, wie mit der Einstellung des Potentiometers die Signalspannung angepasst werden kann.

Je größer der Widerstand R_2 eingestellt wird desto mehr verschiebt sich die Signalspannung Richtung Betriebsspannung. Dafür wird der Spannungshub des Messsignals geringer.

Seite 434 (Material)

Material A Potentiometer

a) Beschreibe den Aufbau des Potentiometers

Das Potentiometer besteht aus einer Widerstandsbahn mit den äußeren Anschlüssen a und b. Ein Schleifer mit dem Anschluss c kann an jede Position der Widerstandsbahn bewegt werden. Zwischen Anschluss a und c sowie b und c können zwei Widerstände gemessen werden die gemeinsam den Widerstand a – b ergeben. Das Potentiometer ist ein Spannungsteiler.

b) Punkt a soll am Pluspol und Punkt b am Minuspol einer 9-V-Batterie angeschlossen sein. Gib eine begründete Vermutung für die Höhe der Spannung am Punkt c ab, wenn der Schleifer genau in der Mitte steht.

Der Spannungsteiler wird in Mittelstellung von zwei gleich großen Widerständen gebildet. Über beiden fällt die gleiche Spannung von 4,5 V ab.

c) Beschreibe, wie das Potentiometer als Längensensor benutzt werden könnte.

Wenn der Schleifer des Schiebewiderstandes mit einer linearen Mechanik verbunden wird, ändert sich der Widerstand in Abhängigkeit der Länge. Im Spannungsteilerbetrieb ändert sich die Spannung am Schleifer in Abhängigkeit der Länge.

2 Sensoren und ihre Anwendungen

Sensoren im Smartphone

Seite 437

1 Beschreibe die Prozesse im Sensor vom Lichteinfall bis zur Ausleseelektrode (▸ Bild 03). Achte dabei auf die Verwendung korrekter Fachbegriffe.

Durch den Lichteinfall kommt es zu Ladungstrennung. Mit positivem Potential der ersten Elektrode sammeln sich alle freien Elektronen unterhalb der Elektrode. (Bild 03 B) Es werden zwei Elektroden bestromt und die Elektronen verteilen sich unter ihnen. (Bild 03 C) Es wird nur noch die zweite Elektrode bestromt und die Elektronen wandern zu dieser. Im nächsten Schritt muss die 2. und 3. Elektrode bestromt werden, dann nur die 3. Elektrode. Zum Schluss werden die 3. und die Ausleseelektrode und dann nur noch die Ausleseelektrode bestromt und die Ladungsmenge ausgelesen.

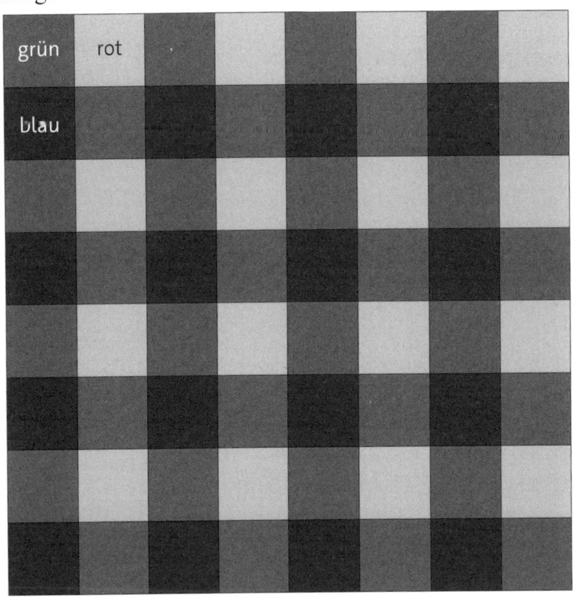

Cornelsen/newVISION! GmbH Bernhard A. Peter, Pattensen

2 Recherchiere, wie ein Sensor Farben durch Filter wahrnehmen kann. Stelle deine Ergebnisse in einer Präsentation dar.

Die Pixel des CMOS-Sensors registrieren Licht in einem großen Frequenzbereich. Der reicht von Infrarot über Rot, Grün, Gelb, Blau bis zu Ultraviolett. Wenn vor diesen Pixel ein Farbfilter z. B. Rot gesetzt wird, kann er nur Licht mit Rotanteilen registrieren. Ähnlich dem menschlichen Auge werden Rot, Grün und Blau verwendet.

Es werden pro Bildpunkt je 3 Pixel mit Farbfilter benötigt. Aus Symmetriegründen und zur Verstärkung der Farbe Grün wird die Bayermatrix verwendet.

Seite 438

1 Erstelle eine Übersicht von Smartphonesensoren. Beschreibe deren Nutzungsmöglichkeiten.

Individuelle Lösung: Neben den Standardsensoren, wie Touch-, Helligkeits-, GPS-, Mikrofon-, Beschleunigungs- und Funksensoren sollten auch die Bluetooth-, NFC- und die generelle Handyantenne Erwähnung finden. Ergänzend könnten Infrarot-, Wärmebild-, Druck-, Ultraschall und Magnetsensoren entdeckt werden.

2 Ein Beschleunigungssensor kann nicht nur Bildschirminhalte drehen. Finde weitere Anwendungsbeispiele.

Mit den Beschleunigungssensoren können Beschleunigungskräfte gemessen werden. Es kann die Geschwindigkeitsänderung eines bewegten Handys in allen 3 Raumrichtungen erfasst werden. Das können Physik-Apps anzeigen oder es kann zur Bewegung von Objekten in Spielen dienen. Sport-Apps realisieren damit den Schrittzähler.

Seite 439 (Versuche)

V1 Magnetsensor

b) Finde mit einer Kartenapp heraus, wo Norden liegt und überprüfe diese Behauptung.

Bei aufrechtstehendem Handy zeigt die z-Achse in Richtung Norden einen positiven Ausschlag. Wenn das Handy in Südrichtung gedreht wird, ist der Ausschlag negativ.

c) Baue mithilfe der Skizze ein Fahrzeug mit Magnetsensor. Stoße es an und sorge dafür, dass der Magnet eine Pendelbewegung durchführt. Beschreibe, was du auf dem Display deines Smartphones beobachtest und suche dafür eine passende Erklärung.

Mit dem Pendel wird ein Bewegungserkennung realisiert. Auf Grund der Trägheit wird das Pendel beim Anfahren in Fahrtrichtung nach hinten ausschlagen. Die Höhe der magnetischen Amplitude kann als Beschleunigung ausgedrückt werden. Wenn das Pendel z. B. mit einem Gummi gedämpft wird könnte es als Beschleunigungssensor genutzt werden.

V2 CMOS-Bildsensor für IR

a) Filme mit deinem Handy die Sendediode an der Frontseite einer Fernbedienung. Halte eine Taste der Fernbedienung gedrückt. Sieh genau auf das Display. Was kannst du sehen?

Es wird ein schwaches violettes Leuchten zusehen sein. Das Licht pulst in einem Frequenzmuster. Dies ist von Handy zu Handy verschieden, je nach dem, wie gut empfindlich der CMOS-Sensor ist und ob ein Infrarotfilter verbaut wurde.

b) Prüfe den Sensor mit anderen Lichtquellen, z. B. UV-Licht. Gibt es eine Änderung im Vergleich zur Fernbedienung? Hast du eine Erklärung dafür?

Andere Lichtquellen werden selten moduliert sein. es kann so auf die Datenübertragung von einer Fernbedienung geschlossen werden.

Schmalbandige UV-Lichtquellen sind schwer zu bekommen. Wenn wir mit dem Auge angeblich UV-Licht sehen, ist es der noch sichtbare Blauanteil. Im Handy ist der Farbeindruck anders als mit bloßem Auge.

Seite 439 (Material)

A Bayermatrix

A1 Zähle die Farbpixel der Bayermatrix. Berechne den Anteil der einzelnen Farben.

Rot und Blau ist mit 25% und Grün mit 50% vertreten.

A2 Viele Menschen haben Schwierigkeiten bei der Rot-Grünunterscheidung. Wie kann die Bayermatrix dem entgegenwirken?

Die Farbe Grün wird verstärkt aufgenommen und unterscheidet sich damit von der Farbe Grün.

A3 Recherchiere im Internet und beschreibe, wie viele Pixel zum Filmen von Farben benutzt werden.

Die meisten Kamerasysteme verwenden die Farben Rot, Grün und Blau zum Auswerten von Farben. Das heißt jeder Bildpunkt benötigt drei Farbpixel.

A4 Erläutere, wie das rote Pixel des CMOS-Sensors ausgelesen wird.

Das rote Pixel wird durch elektronische Zuschaltung der 3 Zeile und der 2 Spalte ausgelesen. Mit dieser Matrixschaltung ist es möglich jedes einzelne Pixel auszulesen. Der Kreuzungspunkt der Zeilen und Spalten ist der Auslesepunkt der Matrix.

A5 Informiere dich im Internet, welche Alternativen es zum Bayerfarbfilter gibt. Stelle deine Erkenntnisse übersichtlich dar.

Von Kodak wurde die XTrans-Matrix entwickelt. Sie hat zusätzlichen weißen Pixeln (ohne Farbfilter) mit verschiedenen Pixelanordnungen. Sony hat mit einer Farbmatrix mit einem weiteren Grünton experimentiert. Organische Farbsensoren könnten nur auf eine Farbe reagieren ohne Farbfilter zu verwenden.

Das Wetter im Blick

Seite 440

1 Zeichne das Widerstands-Temperatur-Diagramm des PT100 für den Messbereich von − 10 °C bis 150 °C. Nutze dabei aus, dass sich die Kennlinie linear verhält.

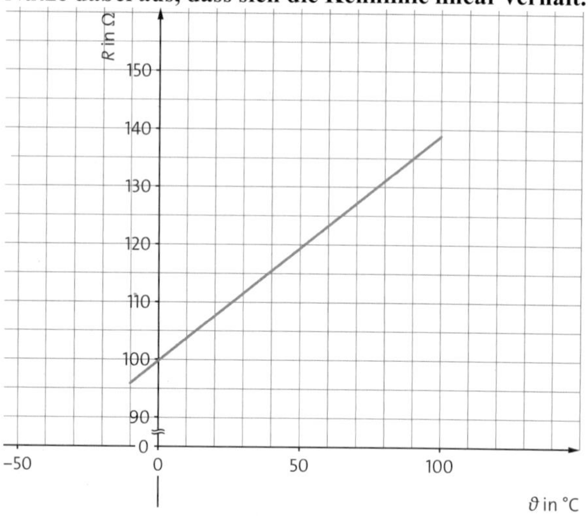

Cornelsen/newVISION! GmbH Bernhard A. Peter, Pattensen

a) Berechne die Messspannung für 100 ° C.

$$R = \frac{U}{I}$$

$U = R \cdot I$

$U = 139\ \Omega \cdot 0{,}001\text{A}$

$U = 0{,}139\ \text{V} = 139\ \text{mV}$

b) Fasse die zentralen Eigenschaften des PT100-Sensors zusammen.

Der PT100 vergrößert seinen Widerstand proportional mit der steigenden Temperatur. Der Temperaturmessbereich ist sehr groß. Der Messstrom darf die Temperatur des PT 100 nicht erhöhen.

Seite 441

1 Warum lassen sich Luftdrucksensoren für die Messung der Höhe verwenden?

Der Luftdruck sinkt mit der Höhe, weil die Luftmoleküle durch die Gravitationskraft angezogen werden und sich vermehrt über der Erdoberfläche anordnen. Dieser Zusammenhang kann für Höhenmesser (Altimeter) genutzt werden.

2 Recherchiere und beschreibe, wie zusätzlich zur Windgeschwindigkeit die Windrichtung mithilfe eines Sensors gemessen werden kann.

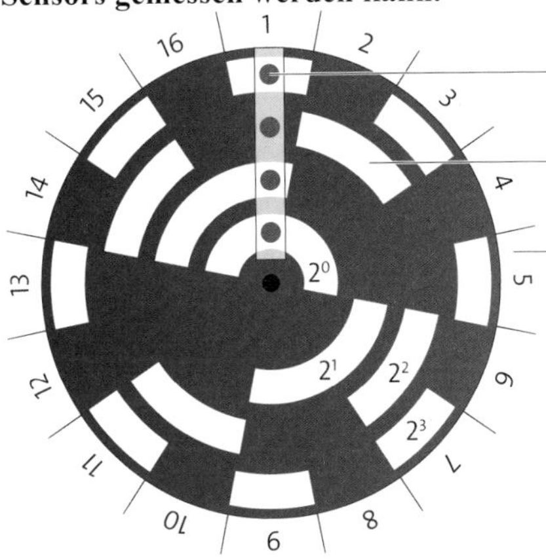

Cornelsen/newVISION! GmbH Bernhard A. Peter, Pattensen

Mit einer Wetterfahne stellt sich ein Winkel passend zur Windrichtung ein. Dieser Winkel kann mit verschieden Methoden elektronisch gemessen werden. Am häufigsten werden Kodierscheiben verwendet die über Lichtschranken ausgelesen werden.

Seite 443 (Versuche)

V1 Regenmesser selbst bauen

a) Stelle eine Vermutung an, welcher Regenmesser die höchste und welcher die geringste Füllhöhe haben wird, wenn alle drei Messgeräte gleichmäßig beregnet werden.

Die größte Öffnung kann am meisten Niederschlag sammeln. Die Füllhöhe wiederum wird mit kleinerem Durchmesser des Sammelzylinders steigen.

d) Begründe, welches Regenmessgerät sich besonders für kleine Niederschlagsmengen eignet.

Bei kleineren Niederschlagmengen erhöht sich die Ablesegenauigkeit, wenn der Anstieg möglichst hoch ist, also beim schmaleren Gefäß.

e) Lies nun die Füllhöhen am Zylinder ab. Diese Ergebnisse kannst du in Material A nutzen. Warum erhältst du mit einem Lineal andere Werte?

Mit dem Lineal wird die Höhe des Wasserstands gemessen. Die Skalierung wiederum zeigt ein Volumen an, was vom Durchmesser des Zylinders abhängig ist.

Material A Füllstandsensor

A1 Erkläre die Funktionsweise des Füllstandsensors im ▸ Bild rechts.

Im Schwimmkörper ist ein Ringmagnet. Das Magnetfeld des Ringmagneten hält den Magnetschalter und damit einen Stromkreis geschlossen Wenn eine bestimmte Füllhöhe überschritten wird öffnet der Magnetschalter und unterbricht den Stromkreis.

A2 Überlege dir, wie ein Sensor zwei unterschiedliche Füllstände elektronisch erfassen kann. Skizziere den Aufbau und beschrifte ihn sorgfältig.

Gleiche Grafik mit einen weiteren Magnetschalter oberhalb des ersten.

Material B Regenmesser

B1 Lies die Niederschlagsmenge ab. Was sagt sie aus?

Die Niederschlagsmenge beträgt 6 mm pro m^2. Das heißt auf einer Fläche von 1 m^2 würde eine Wassersäule von 6 mm, das entspricht 6 Liter Wasser stehen.

B2 Beschreibe die Geometrie des Messgerätes. (eckig, rund, zylindrisch, prismenförmig, konisch, kurz, lang)

Das Gefäß ist rund und konisch und wird nach oben hin größer. Es ist ein langer Kegelstumpf.

B3 Erläutere die Einteilung der Skala. Gehe dabei auf Unterschiede im unteren und oberen Bereich der Skala ein.

Weil der Kegelstumpf sich nach oben öffnet, nimmt die Füllhöhe im oberen Bereich bei gleichem Niederschlag ab. Die Skalenabschnitte werden enger. Damit führen große Niederschlagsmengen nicht zu schnell zum Überlauf und kleine Niederschlagsmengen könne genauer abgelesen werden.

B4 Erkläre, welchen Vorteil die Bauform bei Frost hat.

Bei Frost gefriert das Regenwasser und dehnt sich aus. Das könnte zur Zerstörung des Niederschlagmessers führen. Durch die konische Bauform schiebt sich der Eiskegel aus der Form.

B5 Rechne den Inhalt des Messzylinders in die Einheit Liter um.

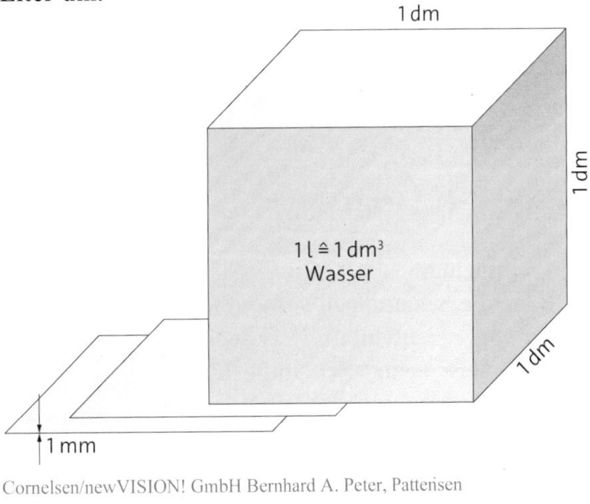

Cornelsen/newVISION! GmbH Bernhard A. Peter, Pattensen

Ein dm^3 Wasser sind ein Liter. Ein dm^3 sind 1.000.000 mm^3. Ein m^2 sind 100 dm^2 oder 1.000.000 mm^2. Ein Füllstand von 1 mm entsprich ein Volumen von 1.000.000 mm^3. Das sind 1 Liter Wasser. Bei einen Füllstand von 6 mm entspricht dies 6 l pro m^2.

Sicher ist sicher – Warnsensoren

Seite 444

1 Erläutere, wie der PIR-Bewegungssensor z. B. mithilfe der Raumtemperatur überlistet werden kann.
Da der PIR Bewegungssensor auf Temperaturänderungen reagiert müsste die Raumtemperatur auf Körpertemperatur gebracht werden.

Seite 445

1 Berechne den Widerstand R_2 des Wasserlecksensors, damit bei R_1 = 1 MΩ die Spannung U_2 = 0,7 V beträgt.

$$U_1 = \frac{U_g \cdot R_1}{R_1 + R_2}$$

$$R_2 = \frac{U_g \cdot R_1}{U_1} - R_1$$

$$R_2 = \frac{9V \cdot 10^6\Omega}{8,3V} - 10^6\Omega$$

R_2 = 84 kΩ

2 Begründe, an welcher Stelle ein Rauchwarnmelder angebaut werden sollte und wo besser nicht.
Der Rauchwarnmelder sollte an der höchsten Stelle im Zimmer angebracht werden. Ungünstig ist der Einbau in der Küche, weil dort viel Rauch (Dampf) entstehen kann.

3 Erläutere den Vorteil von vernetzten Rauchwarnmeldern.
Vernetzte Rauchmelder geben nicht nur an ihrem Standort Signal, sondern kommunizieren mit anderen Meldern, die alle mit Signal geben. So sind auch abgeschiedene Räume überwachbar.

Seite 447

VERSUCH Lichtsensor

V1 Lichtmelder

b) Baue die Schaltungen auf und untersuche ihr Verhalten bei Lichteinfall. Verwende die dimmbare Lampe, um beide Schaltungen unterschiedlichen Lichtintensitäten auszusetzen.
Die linke Schaltung reagiert bei Dunkelheit und die rechte Schaltung auf Helligkeit. Es muss die richtige Einstellung des Potentiometers gefunden werden.

c) Überlege dir Anwendungen für beide Schaltungen.
Die Dunkelschaltung wird für automatische Licht, wie Straßenlaternen oder Autoscheinwerfer sowie am Handydisplay benötigt. Auch Lichtschranken nutzen dieses Prinzip.
Die Hellschaltung reagiert auf Lichteinfall. Das könnte für Alarmierungen verwendet werden. Wenn in einem Raum Licht registriert wird, könnte Alarm ausgelöst werden.

Material A Thermostat

A1 Beschreibe die Funktionsweise des Thermostatventils im unteren ▸ Bild.
Der Ausdehnungskörper vergrößert sich in der Länge bei steigender Temperatur. Er drückt auf den Ventilteller und verringert die Warmwasserzufuhr. Sinkt die Temperatur zieht sich der Ausdehnungskörper wieder zusammen und das Ventil wird durch die Rückstellfeder wieder geöffnet. Mit dem Einstellknopf wird der Sollwert eingestellt.

A2 Begründe aus ökologischer Sicht, warum bei geöffnetem Fenster das Thermostatventil auf 0 gedreht werden sollte.
Bei geöffnetem Fenster kühlt sich der Raum ab. Das Thermostatventil öffnet und die Heizung gibt Wärme an den Raum. Die Wärme wird über das Fenster entweichen.

A3 Überlege, warum ein auf Maximum eingestelltes Thermostat den Raum nicht schneller aufheizen lässt als auf Stufe 3.
Die Stufe 3 entspricht einer bestimmten Raumtemperatur. Wenn diese erreicht ist, schließt das Ventil. Vorher ist das Ventil genauso offen, wie bei der Maximaleinstellung, nur dass bei Maximalstellung der Raum viel zu warm wird. Kurz vor Erreichen der eigestellten Temperatur fließt weniger Wasser und die Erwärmung verringert sich geringfügig.

A4 Einige Thermostatventile besitzen einen Temperatursensor, der an einem entfernteren Ort angebracht sein kann. Begründe den Vorteil dieser Maßnahme.
Die Temperaturverteilung ist im Raum unterschiedlich. Wenn entfernt angebrachte Temperatursensor sich in der Komfortzone befindet wird genau dort die Wunschtemperatur erreicht.

Seite 451 (Basiskonzepte)

1 Ordne den Basiskonzepten weitere Inhalte aus dem vorangegangenen Kapitel zu.

- Wechselwirkung: Ein Wasserlecksensor erkennt ausgetretenes Wasser an dessen elektrischen Widerstand. Bewegliche Finger im Inneren eines Beschleunigungssensors ändern ihre Position durch die Einwirkung der Gewichtskraft.

- System: Durch Sensoren lassen sich die Eigenschaften anderer Systeme bestimmen, beispielsweise die Temperatur in einem Raum.
- Energie: Passive Sensoren beziehen die Energie zur Signalwandlung aus der Messgröße;
- Struktur der Materie: Sensoren bestehen abhängig vom Anwendungszweck aus unterschiedlichen Materialien.

Weitere individuelle Lösungen sind möglich.

Praxis und Forschung

1 Theoretische Grundlagen

Seite 455

1 Nimm an, dass nur die ersten beiden Werte gemessen wurden. Wie verändern sich Mittelwert und Fehler? Begründe die Abweichung.

Wenn man nur die ersten beiden Messwerte benutzt, erhält man für Mittelwert und Fehler: t = 1,7 s ± 0,1 s. Der Wert hat einen größeren Fehler als der Wert, der sich aus zehn Messungen ergibt. Bei wenigen Messungen ist der Mittelwert stärker vom einzelnen Messwert und damit auch von dessen Messfehler abhängig. Er ist somit ungenauer.

2 Thilo misst 10 einzelne Pendelschwingungen. Ayse misst die Zeit von 10 Pendelschwingungen und teilt dann die Zeit durch 10. Welche Methode erscheint dir besser? Begründe.

Mögliche Schülerlösung: Ich finde Ayses Methode besser. Wenn Ayse nur eine Messung macht, dann muss sie den Fehler, der beim Starten und Stoppen der Zeit entsteht, abschätzen und durch zehn teilen. Thilo rechnet den Fehler des Mittelwertes aus. Vermutlich ist dieser Fehler größer. Hinweis: Ein Schüler kann zunächst nicht wissen, dass die Periodendauer konstant ist. Wenn eine Abhängigkeit bestünde, würde Ayses Methode einen falschen Wert ergeben. Um dies auszuschließen, könnte Thilo mit seinen Einzelmessungen zunächst feststellen, ob die Periodendauer abgesehen von statistischen Schwankungen konstant ist. Danach ist das Zusammenfassen mehrerer Perioden in einer Messung, wie Ayse es getan hat, erlaubt.

Seite 456

1 Harry stellt fest: „Einer meiner Messwerte ist ein Ausreißer, weil er auf unverständliche und deutliche Weise von den übrigen Messwerten abweicht.“ Überlege, ob du solche Ausreißer beim Zeichnen der Ausgleichsgeraden berücksichtigen sollst. Begründe deine Entscheidung.

Mögliche Schülerantwort: Ich berücksichtige die Ausreißer nicht, weil ich vermutlich beim Messen etwas falsch gemacht habe. Wenn ich einen falschen Messwert einbeziehe, verfälscht das die Ausgleichsgerade.

Seite 457

1 Beschreibe die Energieumwandlungen bei einem Jo-Jo. Wenn man das Jo-Jo einfach loslässt, dann erreicht es seine Ausgangshöhe nicht mehr. Erkläre. Durch geschicktes Ziehen an der Schnur kann man erreichen, dass das Jo-Jo wieder an Höhe gewinnt. Widerspricht das dem Energieerhaltungsprinzip? Erkläre.

Die Lageenergie des Jo-Jos wird beim Abrollen in Bewegungsenergie (Drehbewegung) des Jo-Jos umgewandelt. Wenn das Jo-Jo unten angekommen und der Faden vollständig abgewickelt ist, dann hat das Jo-Jo die meiste Bewegungsenergie. Das Jo-Jo dreht sich weiter und wickelt dabei den Faden wieder auf. So gewinnt es wieder an Höhe. Die Bewegungsenergie wird wieder in Lageenergie des Jo-Jos umgewandelt. Da bei der Bewegung durch Reibung ein Teil der Energie an die Umgebung abgegeben wird, kann das Jo-Jo nicht mehr die Ausgangshöhe erreichen. Wenn man im richtigen Moment an der Schnur zieht, dann wird dem Jo-Jo etwas Energie zugeführt. Dadurch wird der Verlust ausgeglichen und das Jo-Jo erreicht seine Ausgangshöhe. Das Prinzip der Energieerhaltung bleibt auch beim Jo-Jo gültig.

Seite 461

1 Computergestützte Messwerterfassung kommt nicht nur bei sehr schnellen oder sehr langsamen Bewegungen zum Einsatz. Nenne andere Einsatzmöglichkeiten.

In lebensfeindlicher oder unzugänglicher Umgebung wie z. B. in der Tiefsee, in Vulkanen, in heißen Quellen, im ewigen Eis oder in Wetterballons, sowie bei sehr großen Datenmengen wie z. B. bei Experimenten mit Teilchenbeschleunigern.

2 a) Eine Hochgeschwindigkeitskamera liefert 360 Bilder pro Sekunde. Berechne den Zeitabstand zwischen zwei Einzelbildern.

b) Eine Gewehrkugel verlässt den Lauf mit einer Geschwindigkeit von 500 m/s. Ihre Bewegung auf den ersten fünf Zentimetern soll per Videoanalyse untersucht werden. Berechne, wie viele Bilder pro Sekunde die Kamera mindestens liefern muss.

a) 360 Bilder pro Sekunde bedeuten 1 Bild in (1/360) s = 2,8 ms. Der Zeitabstand zwischen zwei Einzelbildern beträgt also 2,8 ms.

b) Gegeben: v = 500 m/s, Δs = 0,05 m; Gesucht: Zahl der Fotos pro Sekunde Die Kugel benötigt für die Strecke von 0,05 m eine Zeitspanne von

$$\Delta t = \frac{\Delta s}{\Delta v} = \frac{0{,}05m}{500\frac{m}{s}} = 0{,}1ms.$$

Zur Analyse müssen mindestens zwei Bilder gemacht werden. Also muss die Kamera mindestens zwei Bilder in 0,1 ms bzw. 20 000 Bilder pro Sekunde liefern.

Seite 464

1 Ein 1,5 m langer Konstantandraht hat einen Widerstand von 3,75 Ω. Ermittle die Größe seiner Querschnittsflache.

Gegeben: I = 1,5 m, R = 3,75 Ω.

Gesucht: A.

$R = p \times \frac{l}{A} \Leftrightarrow A = p \times \frac{l}{P} = 0{,}5\frac{mm^2}{m} \times \frac{1{,}5m}{3{,}75\Omega} = 0{,}2mm^2$

Der Draht hat eine Querschnittfläche von 0,2 mm2.

2 Trage die Werte aus ▸ Bild 02 B so auf, dass du eine Ursprungsgerade erhaltst. Um eine Ursprungsgerade zu erhalten, muss der Widerstand gegen l/A aufgetragen werden.

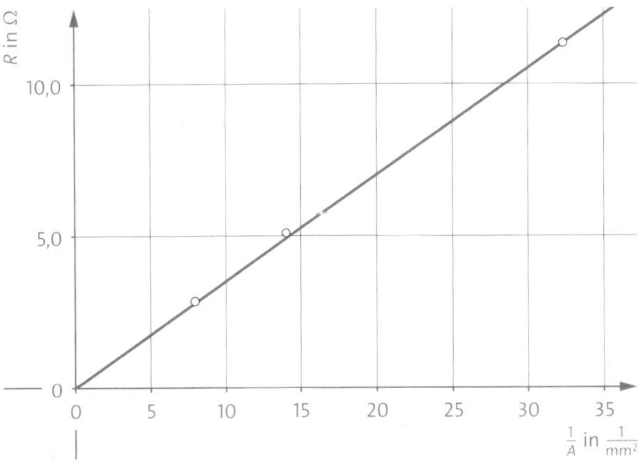

Cornelsen/newVISION! GmbH Bernhard A. Peter, Pattensen

3 Übertrage die Diagramme aus ▸ Bild 02 in dein Heft und zeichne die entsprechenden Graphen für einen größeren spezifischen Widerstand ein. Begründe.

Wenn der spezifische Widerstand größer ist, dann ist auch der Widerstand selbst größer. Die Gerade im R(l)-Diagramm wird also steiler. Die Kurve im R(A)-Diagramm liegt oberhalb der vorgegebenen Kurve.

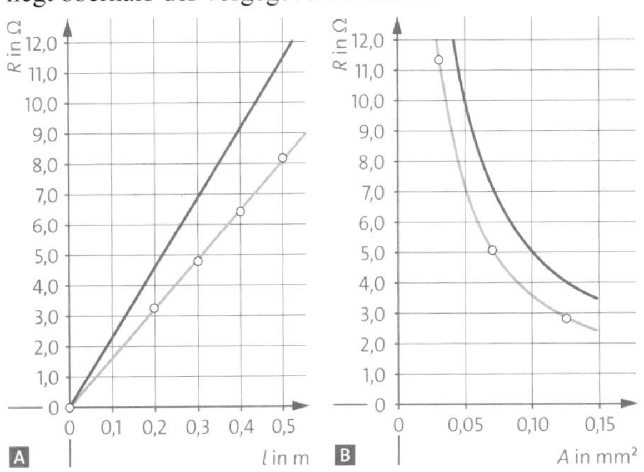

Cornelsen/newVISION! GmbH Bernhard A. Peter, Pattensen

2 Projekte

Projekt: Physical Computing

Seite 467

1 a) Erkläre den Aufbau des Programmcodes für den Temperatursensor.

In Bild 04 A ist der Programmkopf zu sehen, in dem die Variablen für den Kaltleiterwiderstand R_K, den fixen Widerstand R, die aus den Werten des Kaltleiters zu berechnende Temperatur $Temp$, sowie der Kaltleiterspannung U_K definiert werden. Auf die Definition von R könnte aber auch verzichtet und der entsprechende Wert in die nachfolgenden Formeln gesetzt werden (so wie es mit der Ausgangsspannung U_0 gemacht wurde).

Anschließend folgt eine Messchleife ohne Abbruchbedingung, in welcher zyklisch der Kaltleiterwiderstand R_K gemessen und daraus entsprechend die Temperatur berechnet und ausgegeben wird.

b) Erkläre, warum es keine Rolle spielt, ob bei der Umrechnungsformel ▸ Bild 04B analoge Wert oder die entsprechende Spannung eingesetzt wird.

Es spielt keine Rolle, solange alle weiteren Größen entsprechend angepasst werden. Setzt man für die Ausgangspannung U_0 einen Wert von 3,1 V ein, muss die Kaltleiterspannung U_K ebenfalls einen realen Spannungswert besitzen. Ist dies nicht der Fall, erhält man ein wenig sinnvolles Ergebnis.

c) Die LED auf dem Mini-Computer leuchtet in unterschiedlichen Farben. Erläutere die Bedeutung der Farben.

Wie in Bild 04B zu erkennen, leuchtet die LED während der Messschleife in den zwei Farben Blau und Grün. Blau gibt dabei den Start der Messung der Kaltleiterspannung bis hin zur Ausgabe eines Wertes für den Kaltleiterwiderstand an.

Die grüne LED kennzeichnet dann den Prozess der Berechnung und Ausgabe des Temperaturwerts bis zum Start einer neuen Messung nach 500 ms. Anschließend leuchtet die LED wieder Blau und ein neuer Messzyklus beginnt.

2 a) Baue die Schaltung nach und lade das Programm auf den Computer.

b) Erweitere das Programm durch eigenen Code so, dass der Temperaturwert des OnBoard-Temperatursensors ausgegeben wird.

c) Führe verschiedene Temperaturmessungen durch und vergleiche die Messwerte des Kaltleiters mit den Temperaturwerten des OnBoard-Temperatursensors. Dokumentiere die Werte in einer Tabelle.

d) Erkläre einen Vorteil des Eigenbau Temperatursensors gegenüber dem On-Board-Sensor

Lösung zu a) bis d):

Individuelle Lösung

Projekt: Rauchwarnmelder

Seite 470

1 Erläutere die Funktionsweise des Rauchwarnmelders und gehe dabei darauf ein, wie der Rauch den Fotowiderstand beeinflusst.
LED und LDR sind im Rauchmelder so voneinander abgetrennt, dass kein Licht der LED auf den LDR trifft. Sobald Rauch in der Kammer ist, wird das Licht der LED an den Rauchpartikeln gestreut. Dadurch breitet es sich in der Box aus und trifft schließlich auch auf den LDR.
Trifft Licht auf den LDR, sinkt dessen Widerstand. Der Widerstand ist dabei umso geringer, je stärker der LDR beleuchtet wird. Da der Widerstand abnimmt, fällt auch weniger Spannung am LDR ab. Die Spannungsänderung kann dann dazu genutzt werden, ein Licht- oder Tonsignal auszulösen.

Projekt: Elektromotor

Seite 61

1 a) Erkläre die Funktion eines Gleichstrommotors.
b) Der Gleichstrommotor verfügt über einen Kommutator (Polwender). Erkläre, warum der hier beschriebene Motor ohne einen Polwender auskommt.
a) Er besteht aus einem fest aufgestellten Hufeisenmagneten (Stator) und einem drehbaren Elektromagneten der an und ausgeschaltet werden kann (Rotor). Wenn man den Elektromagneten immer im richtigen Moment schaltet, dann gelingt es, den Rotor in eine ständige Drehbewegung zu versetzen. Ursache sind die magnetischen Kräfte, Anziehung und Abstoßung, zwischen Stator und Rotor. Um die Stromrichtung durch den Rotor immer im richtigen Moment umzuschalten, verwendet man einen Kommutator. Er besteht aus zwei metallischen Halbringen und zwei darauf schleifenden Kontakten. Nach jeder Halbdrehung ist der Stromkreis unterbrochen, folglich wirken keine Kräfte auf den Rotor, er befindet sich im sogenannten Totpunkt. Der Rotor hat jedoch genügend Schwung, um sich weiter zu drehen. In der sich anschließenden Position ist der Stromkreis in umgekehrter Richtung geschlossen. Dadurch sind beim Elektromagneten Nord- und Südpol vertauscht und der Rotor dreht sich weiter.
b) Beim „einfachsten Motor“ wird auf einen Polwender verzichtet. An den Enden des Kupferlackdrahts wird jeweils nur eine Seite abisoliert. Der Strom kann nur während einer Halbdrehung fließen. Während der anderen Halbdrehung liegt der Draht auf der isolierten Hälfte auf. Der Rotor dreht sich hier aufgrund der Trägheit weiter.

2 Zum Wickeln der Spule hast du Kupferlackdraht verwendet. Erkläre, warum du nicht mit einfachem Kupferdraht die Spule wickeln konntest.
Ohne die isolierende Lackschicht gäbe es einen Kurzschluss zwischen den Windungen der Spule.

3 Einen Gleichstrommotor kannst du auch als Generator nutzen. Beschreibe, wie du den Aufbau des Motors verändern musst, damit du ihn als Generator nutzen kannst.
Ein Ende der Spule wird verlängert und zu einer kleinen Kurbel gebogen. Dann werden die Batterien aus dem Batteriefach entnommen. An die Anschlüsse der Batterie oder die Ständer der Spule kann nun ein Lämpchen oder ein Spannungsmessgerät angeschlossen werden.